2025 | 직업기초능력평가 | **NCS**

고시넷
공기업

NCS 피듈형
통합 오픈봉투모의고사
6회

gosinet
(주)고시넷

정오표 확인 방법

고시넷은 오류 없는 책을 만들기 위해 최선을 다합니다. 그러나 편집 과정에서 미처 잡지 못한 실수가 뒤늦게 나오는 경우가 있습니다. 고시넷은 이런 잘못을 바로잡기 위해 정오표를 실시간으로 제공합니다. 감사하는 마음으로 끝까지 책임을 다하겠습니다.

고시넷 홈페이지 접속 고시넷 출판-커뮤니티 〉 정오표

www.gosinet.co.kr

모바일폰에서 QR코드로 실시간 정오표를 확인할 수 있습니다.

학습 질의 안내

학습과 교재신택 관련 문의를 받습니다. 석설한 교재선택에 관한 조언이나 고시넷 교재 학습 중 의문 사항은 아래 주소로 메일을 주시면 성실히 답변드리겠습니다.

이메일주소 **qna@gosinet.co.kr**

EXAMINATION GUIDE

구성과 활용

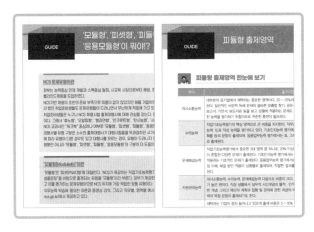

1

'모듈형', '피셋형', '피듈형', '응용모듈형'이 뭐야?

NCS 정통인 '모듈형'을 비롯한 '피셋형', '피듈형', '응용모듈형'의 특징을 설명하고 그에 따른 효율적인 학습방향을 제시하였습니다.

2

피듈형 모의고사 6회분

피듈형 문제들로 구성된 모의고사 6회분으로 효율적인 대비가 가능하도록 하였습니다.

모의고사 1~6회	의사소통, 수리, 문제해결, 자원관리, 조직이해, 정보, 기술, 자기개발, 대인관계, 직업윤리 + 상황판단 ⇨ 각 회별 40~60문항

3

상세한 해설과 오답풀이가 수록된 정답과 해설

기출예상문제의 상세한 해설을 수록하였고 오답풀이 및 보충사항을 수록하여 문제풀이 과정에서의 학습효과가 극대화될 수 있도록 구성하였습니다.

NCS '블라인드채용' 알아보기

NCS(국가직무능력표준 ; National Competency Standards)란?

국가가 체계화한 산업현장에서의 직무를 수행하기 위해 요구되는 지식·기술·태도 등 능력 있는 인재 개발로 핵심인프라를 구축하고 나아가 국가경쟁력 향상을 위해서 필요함.

직무능력(직업기초능력+직무수행능력)이란?

⊕ 직업기초능력 : 직업인으로서 기본적으로 갖추어야 할 공통 능력
⊕ 직무수행능력 : 해당 직무를 수행하는 데 필요한 역량(지식, 기술, 태도)

NCS기반 블라인드채용이란?

⊕ 의의 : 채용과정에서 차별적인 평가요소(지연, 혈연, 학연, 외모)를 제거하고, 지원자의 실력(직무능력)을 중심으로 평가하는 인재채용
⊕ 특징 : 직무능력중심 평가(차별요소 제외), 직무수행에 필요한 직무능력이 평가기준
⊕ 평가요소
  • 직무에 필요한 직무능력을 토대로 차별적 요소를 제외한 평가요소 도출·정의
  • NCS에 제시된 직무별 능력단위 세부내용, 능력단위 요소의 K·S·A를 기반으로 평가요소 도출
  • 기업의 인재상·채용직무에 대한 내부자료(직무기술서, 직무명세서로 응시자에게 사전 안내)

NCS기반 블라인드채용 과정은?

⊕ 모집공고 : 채용직무의 직무내용 및 직무능력 구체화 후 사전 공개
⊕ 서류전형 : 편견·차별적 인적사항 요구 금지, 지원서는 직무관련 교육·훈련, 자격 경험(경력) 중심 항목 구성
⊕ 필기전형 : 직무수행에 반드시 필요한 지식·기술·능력·인성 등, 필기평가 과목 공개(공정성 확보)
⊕ 면접전형 : 면접에 지원자 인적사항 제공 금지, 체계화된 면접으로 공정하게 평가 실시

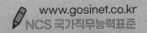

GUIDE

'모듈형', '피셋형', '피듈형', '응용모듈형'이 뭐야!?

NCS 문제유형이란

정부는 능력중심 인재 개발과 스펙중심 탈피, 사교육 시장으로부터 해방, 편견과 차별에서 벗어난 인재 채용을 목적으로 NCS 블라인드채용을 도입하였다.

NCS기반 채용이 초반의 준비 부족으로 미흡이 없지 않았지만 해를 거듭하면서 안정을 찾아가고, 필기시험을 어찌 대비할지 몰라 했던 취업준비생들도 문제유형들이 드러나면서 무난하게 적응해 가고 있다.

취업준비생들은 누구나 NCS 채용시험 출제대행사에 대해 관심을 갖는다. 문제 유형과 내용이 출제대행사에 따라 다르기 때문이다. 그래서 '휴노형', '오알피형', '행과연형', '인크루트형', '한사능형', '사람인형' 등 대행사 이름을 붙인 유형명이 등장하고 NCS 교과서인 '워크북' 중심이냐 여부로 '모듈형', '피셋형', '피듈형', '응용모듈형'이란 유형명이 나타나기도 했다.

대행사별 유형 구분은 소수의 출제대행사가 대형시험들을 독과점하던 시기에는 큰 도움이 되었으나 대행사가 같아도 채용기업에 따라 유형이 다른 경우도 있고 대행사를 모르는 경우, 유형이 드러나지 않은 대행사들도 다수 등장하게 되면서 대행사별 유형뿐만 아니라 '모듈형', '피셋형', '피듈형', '응용모듈형'의 구분이 더 도움이 되고 있다.

'모듈형(Module形)'이란

'모듈형'은 '피셋(PSAT)형'에 대립한다. 'NCS가 제공하는 직업기초능력평가의 학습모듈 교과서인 "워크북"과 "NCS 필기평가 샘플문항"을 바탕으로 출제되는 유형을 '모듈형'이라 부른다. 정부가 제공한 학습자료와 샘플문항을 통해 직업기초능력을 기르고 이를 평가하는 문제유형이므로 NCS 취지에 가장 적합한 정통 유형이다.

직무능력 학습에 필요한 이론과 동영상 강의, 그리고 직무별, 영역별 예시문제들은 NCS 국가직무능력표준 홈페이지(www.ncs.go.kr)에서 제공하고 있다.

'피셋형(PSAT形)'이란

NCS '피셋형'이란 5급 공무원(행정고시, 외무고시, 민간경력자 특채)과 7급 공무원(2021년 도입) 시험과목인 'PSAT(Public Service Aptitude Test)'에서 따온 말이다. PSAT는 정부 내 관리자로서 필요한 기본적 지식, 소양, 자질 등 공직자로서의 적격성을 종합적으로 평가한다.

PSAT는 1) 언어논리, 2) 자료해석, 3) 상황판단의 3가지 평가영역으로 구성되어 있는데 NCS의 의사소통능력, 수리능력, 문제해결능력 평가의 문제유형과 일부 유사하다. 그래서 NCS 문제집이 없었던 초기에는 PSAT 문제집으로 공부하는 이들이 많았다. PSAT 출제영역·내용과 난이도 차이를 감안하여 기출문제를 다루면 도움이 되지만 NCS는 문항당 주어지는 풀이시간이 1분 내외로 짧고, 채용기관이나 직급에 따라 난이도가 상이하며, 채용기관의 사규나 보도자료, 사업을 위주로 한 문제들이 나오기 때문에 이를 무시하면 고생을 많이 하게 된다. 뒤에 싣는 PSAT 인내를 참고해 주기 바란다.

'피듈형(Pdule形)', '응용모듈형'이란?

'피듈형'은 NCS의 학습모듈을 잘못 이해한 데서 나온 말이다. 일부에서 NCS '워크북'의 이론을 묻는 문제 유형만 '모듈형'이라 하고 이론문제가 아니면 '피셋형'이라고 부르는 분위기가 있다. 「이론형」과 「비(非)이론형」이 섞여 나오면 '피듈형'이라 부르고 있으니 부적절한 조어이다. 실례를 들면, '한국수자원공사'는 시험에서 기초인지능력모듈과 응용업무능력모듈을 구분하고 산인공 학습모듈 샘플문항과 동일 혹은 유사한 문제를 출제해왔고, '국민건강보험공단'은 채용공고문의 필기시험(직업기초능력평가)을 "응용모듈 출제"라고 명시하여 공고하였는데도 수험커뮤니티에 "피셋형"으로 나왔다고 하는 응시자들이 적지 않다.

NCS 직업기초능력 학습모듈은 기본이론 및 제반모듈로 구성되고 이를 실제에 응용하는 응용모듈로 발전시켜 직무상황과 연계되는 학습을 요구하는 것이다. NCS 필기평가 샘플문항도 직무별, 기업별 응용업무능력을 평가하는 문제이므로 이론이 아닌 문제유형도 '모듈형'이라고 하는 것이 옳다.

이론문제가 아니면 모두 'PSAT형'이라고 한다면 어휘, 맞춤법, 한자, 어법 등의 유형, 기초연산, 수열, 거리·속도·시간, 약·배수, 함수, 방정식, 도형넓이 구하기 등 응용수리 유형, 명제, 논증, 논리오류, 참·거짓 유형, 엑셀, 컴퓨터 언어, 컴퓨터 범죄 등 PSAT 시험에는 나오지도 않는 유형이 PSAT형이 되는 것이니 혼란스럽다.

모순이 있는 유형 구분에서 탈피하고 NCS 필기유형을 정확하게 파악하는 것이 시험 준비에 있어서 절대적으로 필요하다.

어떻게 준비할 것인가!!

⇨ 행간을 채워라

위에서 말한 바처럼 '모듈형'과 '피셋형', '피듈형', '응용모듈형'으로 NCS 유형을 나누면 출제(학습)범위에서 놓치는 부분이 다수 나온다. 'PSAT형'은 '의사소통능력, 수리능력, 문제해결능력' 중심의 시험에서 의사소통능력은 어휘, 한자, 맞춤법 등과 NCS 이론을 제외한 독해문제가 유사하고, 수리능력의 응용수리 문제를 제외한 자료해석이 유사하고, 문제해결은 'PSAT' 상황판단 영역 중 문제해결 유형이 비슷하다.

대개 의사소통능력, 수리능력, 문제해결능력이 주요영역인 시험에서는 모듈이론이 나오는 경우는 없다. 자원관리, 조직이해, 정보, 기술, 자기개발, 대인관계, 직업윤리 영역을 내는 시험에서는 모듈이론, 사례 등과 응용모듈 문제가 나올 수밖에 없다. PSAT에는 없는 유형이고 NCS에만 있는 특유한 영역이다.

'모듈형'도 한국산업인력공단 학습모듈 워크북과 필기평가 예시유형에서만 나오지 않는다. 워크북 이론에 바탕을 두면서도 경영학, 행정학, 교육학, 심리학 등의 전공 관련 이론들이 나오고 있는 추세이다(교과서밖 출제). 또 4차 산업혁명의 이해 및 핵심기술, 컴퓨터 프로그래밍(코딩) 등도 자주 나온다. 그분 아니라, 어휘관계, 한글 맞춤법, 외래어 표기법, 유의어, 다의어, 동음이의어 등 어휘, 방정식, 집합, 수열, 함수, 거·속·시, 도형넓이 구하기 등 응용수리, 명제, 논증, 참·거짓, 추론, 논리오류 찾기 등은 워크북에서 다루지 않은 유형들이 나온다.

⇨ 교과서 밖에서 나오는 문제에 대비하라

최근 공기업 채용대행 용역을 가장 많이 수주하는 업체가 '사람인HR'과 '인크루트'로 나타나고 있다. 이 업체들을 비롯해서 다수 대행사들이 한국산업인력공단의 NCS모듈형 학습자료(교과서)에 없는 이론과 자료를 항상 출제하고 있다. 즉, 명실상부한 응용모듈형의 문제를 출제하고 있는 것이다.

고시넷 초록이 모듈형 교재에는 NCS직업기초능력평가 시험 도입 이래 실제 시험에 출제된 교과서 밖 이론과 자료, 문제를 함께 정리하여 수록하고 있다. 단순히 한국산업인력공단의 워크북을 요약한 다른 교재들에서는 볼 수 없는 이론과 문제유형을 통해 교과서 밖 학습사항과 방향을 제시하고 있다.

⇨ NCS워크북, 지침서, 교수자용 개정 전, 후 모두 학습하라

최근 한국산업인력공단 NCS 학습자료(워크북, 지침서, 교수자용, 학습자용 등)가 개정되었다. 허나 개정 후 시행된 필기시험에는 개정 전 모듈이론과 학습자료, 예제문제가 여전히 출제되고 있다.

이에 대비하여 개정 전·후를 비교하여 정리하여야 빠뜨리지 않는 완벽한 NCS 학습이 된다.

고시넷 초록이 모듈형①통합기본서는 개정 전·후 자료를 모두 싣고 있으며 개정 전 자료는 '구 워크북'으로 표기를 하여 참고하면서 학습할 수 있도록 하였고, 고시넷 초록이 모듈형②통합문제집에는 'NCS 학습모듈' 10개 영역 학습내용에서 출제하는 문제유형만을 연습할 수 있도록 구성하였다.

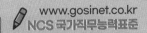
피듈형 출제영역

 ## 피듈형 출제영역 한눈에 보기

영역	출제경향
의사소통능력	대부분의 공기업에서 채택하는 중요한 영역이다. 20 ~ 25%의 비중을 차지하며, 문서를 읽고 답을 찾는 형태로 출제된다. 일반적인 비문학 독해 문제와 올바른 맞춤법 찾기, 공문서 작성하기 등 다양한 유형이 출제된다. 또한 설명서나 보고서, 기안서, 보도자료 등을 보고 상황에 적용하는 문제도 비중 있게 출제된다. 이는 실제 업무를 수행할 때 필요한 능력을 평가하기 위함이므로 꾸준한 훈련이 필요하다.
수리능력	직업기초능력평가의 핵심 영역으로 큰 비중을 차지한다. 직무상 필요한 사칙연산부터 통계자료, 그래프 이해 및 활용 능력, 도표 작성 능력을 평가하고 있다. 기초인지능력 평가에서는 수열, 요금ㆍ원가/손익ㆍ비율ㆍ속력과 거리 계산, 확률 등의 문항이 출제되며, 응용업무능력 평가에서는 표, 그래프 등을 분석하는 자료해석 문제가 문장형ㆍ사례형으로 출제된다.
문제해결능력	직업기초능력평가에서 중요한 3대 영역 중 하나로, 20% 이상의 비중을 차지하며, 의사소통, 수리, 자원관리 등 영역이 혼합된 다양한 문제가 출제된다. 기초인지능력 평가에서는 진위 판단, 명제 추론, 창의적ㆍ논리적ㆍ비판적 사고를 적용하는 기초적인 문제가 출제된다. 응용업무능력 평가에서는 실무 상황에서 발생하는 문제의 원인 파악과 해결 과정 이해, 해결 방안 적용이 상황별로 출제되며, 적절한 결과를 도출하거나 접근 방법의 오류 등을 묻는 문제도 출제된다.
자원관리능력	의사소통능력, 수리능력, 문제해결능력 다음으로 비중이 크다. 채택되는 경우 20% 전후의 출제 비중을 차지하며 난도가 높은 편이다. 직장 생활에서 실무적 시간개념과 물적ㆍ인적자원의 합리적ㆍ경제적 활용에 대한 계획과 집행에 대한 개념, 그리고 예산의 계획과 집행 및 관리에 관한 개념의 이해와 관리 능력을 확인한다. 수리능력이나 문제해결능력의 복합 문항이 출제되기도 한다.
조직이해능력	채택하는 기업이 점차 늘어나고 있으며 출제 비중은 5 ~ 10% 정도이다. 그러나 채택 여부와 무관하게 다른 능력과 함께 복합적으로 출제되기도 한다. 조직의 역할과 목적, 전략 등을 묻거나 실무와 관련된 상황이 제시되고 이를 정확히 이해했는지에 대해 묻는 유형이 출제된다.
정보능력	각 기업과 직군에서 점차 채택이 늘어나고 있는 영역이다. 출제 비중은 기업, 직군마다 차이가 있지만 5~10%를 차지한다. 컴퓨터 사용법과 엑셀 프로그램 사용법 등에서 주로 출제되고 있어서 수험생들은 어렵지 않게 생각하는 경향이 있다. 그러나 기업에 따라 문항 수와 출제 비중의 차이가 있고, 정보 분석과 정보 처리 문제도 난도가 높은 편이다.
기술능력	기술 직군에서 주로 채택되는 영역이다. 출제되는 기업이 많지 않고 다른 영역과 달리 출제 유형이 잘 드러나 있지 않다. 채택되는 경우 10 ~ 15%의 비중을 차지한다. NCS 모듈 예시 문항을 바탕으로 명령어 문제, 제품 설명서에 관한 문제 등이 출제된다. 관련 직군에서는 중요도가 높으므로 기술능력이 출제되는 기업의 경우에는 반드시 공부해야 한다.
자기개발능력	채택하는 기업이 많지 않고, 채택되어도 비중이 낮은 영역 중 하나이다. 시험에 출제되는 경우 대부분 자기개발의 필요성과 의미를 묻는 문제가 출제되거나, 자기개발의 하위항목과 관련한 상황을 설정하고 적절한 사례를 고르는 문제가 출제된다.
대인관계능력	고객이나 민원인을 직접 접촉하는 직무에서 주로 채택되지만, 출제비중이 높지 않으며 상식으로 풀 수 있는 문제가 많다. 대부분이 실제 있을 법한 상황 속에서 가장 적절한 판단이나 행동을 묻는 문제이므로 가장 합리적인 선택지를 골라야 한다.
직업윤리	채택하는 기업과 직군이 적고, 채택되더라도 5% 내외의 출제 비중을 갖는다. 기본적인 윤리의식에 관한 문제와 직업인으로서 지켜야 할 예절에 관한 문제로 구분되나 직업기초능력평가보다는 인성검사에서 다루어지는 경향이 있으므로 상식적인 선에서 답을 찾으면 된다.

PSAT 알아보기

PSAT를 NCS 직업기초능력평가 준비에 활용하기 위해 필요한 정확한 이해를 돕기 위한 안내입니다. PSAT의 평가영역은 언어논리, 자료해석, 상황판단의 3개 영역으로 구성되어 있습니다. NCS와 유사한 부분을 정확히 알고 공부하는 것이 효율적이겠습니다.

- 정부 발간 "공직적격성테스트(PSAT) 예제집"을 인용하여 재정리하였습니다.

PSAT(Public Service Aptitude Test)란

정부 내 관리자로서 필요한 기본적 지식, 소양, 자질 등 공직자로서의 적격성을 종합적으로 평가하는 제도이다.

[1] 언어논리영역

언어논리 영역에서는 일반적인 학습능력의 하나인 언어능력을 측정한다. 언어논리능력은 모든 직무 영역에 공통적으로 요구되는 능력으로 대인관계, 보고서 작성 등의 직무수행에 필수적인 능력이다. 언어논리 영역은 대부분의 적성검사와 학업 수행능력을 평가하는 시험에서 사용되고 있는 영역으로 의사소통능력(타 영역 사업에 대한 이해와 자기의 사업에 대한 설명력)과 자신이 알고 있는 지식을 종합·통합할 수 있는 능력을 요구한다. 특히 PSAT의 언어논리 영역에서는 어휘력이나 문법적 지식과 같은 문장 수준의 처리능력보다는 텍스트의 처리와 관련된 능력을 측정하고자 한다.

[출제 영역]
- 인문과학 : 고전문학, 인류학, 현대문학 등
- 사회과학 : 경제, 국제, 통일, 사회, 정치 등
- 자연과학 : 공학, 과학, 환경 등
- 문화 : 예술, 스포츠 등
- 기타 : 교육, 국사, 서양사 등

[문제유형]
- 이해 : 추론이나 요약, 또는 새로운 글의 생성 등이 요구되지 않고, 단순히 주어진 지문에 대한 이해만으로 해결할 수 있는 문제이다. 세부유형은 글의 이해, 관련 단락, 비관련 단락 등이 있다.
- 추론 : 주어진 지문을 충분히 이해하고, 이를 바탕으로 논리적 추론을 해야만 해결할 수 있는 문제이다. 세부유형은 반론, 비판, 전제 추론, 추론되는 내용 등이 있다.
- 주제 찾기 : 주어진 지문을 충분히 이해하고 지문이 어떤 주장이나 논지를 전하고자 하는지를 파악할 수 있어야만 해결할 수 있는 문제이다. 세부유형은 제목 찾기, 주제 찾기 등이 있다.
- 문장 구성 : 주어진 지문에 대한 단순한 이해를 넘어서, 언어를 산출하는 능력, 즉 텍스트를 구성하는 능력을 묻는 문제이다. 세부유형은 다음 주제, 문단 구조 파악, 문단 배열, 앞 문단 누락, 중간단락 누락, 후속 등이 있다.

[2] 자료해석영역

자료해석 영역은 숫자로 된 자료를 정리할 수 있는 기초 통계 능력, 수 처리 능력, 응용 계산 능력, 수학적 추리력 등을 측정하는 영역이며 측정하는 능력들은 특히 수치 자료의 정리 및 분석 등의 업무수행에 필수적인 능력이다. 자료해석력은 논리, 수학적 능력과 관련되는 영역으로서 언어 능력과 더불어 일반적성의 주요 영역으로 대부분의 학업적성검사와 직무적성검사에 포함되고 있다. 특히 PSAT의 자료해석 영역은 통계 등 수치정보에서 추출하는 자료 및 정보분석 능력, 그리고 수많이 제시되는 자료 중 필요한 자료를 추출하는 능력 등을 측정한다.

[출제 영역]

■ 일반 행정 ■ 법률/사건 ■ 재무/경제 ■ 국제통상 ■ 정치/외교 ■ 보건/사회복지 ■ 노동/문화 ■ 기술/과학 ■ 환경/농림수산 ■ 기타

[문제유형]

■ 자료 읽기 : 계산과 추론 등이 요구되지 않은 단순한 자료 읽기 문제이다. 문제에 대한 이해를 토대로 계산이 필요 없이 자료로부터 정답을 도출한다.

■ 단순 계산 : 문제의 요구에 따라 주어진 자료를 단순한 계산을 통해 정답을 도출하는 문제이다. 문제에서 요구하는 계산을 통해 정답을 도출한다.

■ 응용 계산 : 문제의 요구에 따라 주어진 자료를 응용 계산함으로써 정답을 도출하는 문제이다. 문제에 대한 이해를 토대로 필요한 계산공식과 과정을 도출하여 정답을 계산한다.

■ 자료 이해 : 문제의 요구에 따라 주어진 자료를 단순 또는 응용계산하고, 그 결과를 해석함으로써 정답을 도출하는 문제이다. 문제에서 요구하는 계산이나 또는 필요한 계산 공식과 과정을 스스로 도출하여 계산결과를 해석해야만 정답이 도출된다.

■ 자료 추리 : 문제의 요구에 따라 주어진 자료를 단순 또는 응용계산하고, 그 결과를 토대로 새로운 사실이나 미래의 상황을 추론함으로써 정답을 도출하는 문제이다. 문제에서 요구하는 계산공식/과정을 스스로 도출하여 도출된 결과를 토대로 관련 사실이나 미래에 대한 추론을 통해 정답을 도출한다.

[3] 상황판단영역

상황판단력은 제시된 자료에서 원리를 추리하고 자료와 정보를 올바르게 확장, 해석하는 능력과 논리적 추론을 하는 능력으로 기획, 분석, 평가 등의 업무수행에 필수적인 능력이다. 이 영역은 연역추리력, 문제해결, 판단 및 의사결정 능력을 측정한다. 문제해결의 경우 먼저 가능한 모든 방안을 머리 속에서 나열하고 각각의 방안에 대하여 문제해결에 도움이 되는지를 평가하고 최종적으로 문제해결책을 찾아내는 과정으로 구성되어 있다. 연역추리력과 판단 및 의사결정 과정도 여러 단계의 인지조작을 거쳐야만 문제를 해결할 수 있다. 모든 업무가 문제해결이나 판단·의사결정 등으로 구성되어 있으므로 이는 실제 과제를 수행하는 데 기본적인 능력이 있는지를 측정하는 영역이다. 자료해석력이 주로 귀납적 추리력을 측정하는 데 반해 이 영역은 연역추리와 종합추리 능력을 측정한다.

[출제 영역]

■ 문제 출제를 위한 특정 영역이 존재하지는 않으나, 가능한 현실적인 상황을 가지고 문항을 구성한다.

[문제유형]

■ 연역추리 · 주어진 사실(전제)들에서 논리적으로 정당한 결론을 도출해 낼 수 있는 능력을 측정하는 문제이다. 세부유형으로 결론유도, 논리구조, 논리적 인과, 논리적 타당성, 논증, 해석 등이 있다.

■ 문제해결 : 문제에 대한 적절한 표상을 형성하고, 목표달성에 도달하게 하는 적절한 조작자를 찾아내는 능력을 측정하는 문제이다. 세부유형으로 기획력, 여러 가능성 중 합리적 가능성을 묻는 문제, 문제에 대한 올바른 표상을 묻는 문제, 가능한 많은 문제해결 방식의 생성을 묻는 문제 등이 있다.

■ 판단 및 의사결정 : 주어진 정보와, 이 정보에서 유도된 정보들을 정확하게 판단하고, 그 판단에 근거하여 가장 합리적인 의사결정을 하는 능력을 측정하는 문제이다. 세부유형으로 판단과정에서 논리적 구조의 이해, 게임 이론, 판단오류, 합리적 선택 과정 등이 있다.

주요 5개 영역

인지적 능력

의사소통능력	상대방과 의견을 교환할 때 의미를 정확하게 전달하는 능력
수리능력	복잡한 연산 및 도표 분석으로 정보를 이해하고 처리하는 능력
문제해결능력	논리적 · 창의적인 사고로 문제를 바르게 인식하고 해결하는 능력
자원관리능력	주어진 자원을 효율적으로 활용하고 관리하는 능력
조직이해능력	조직의 체제와 경영, 국제 감각을 이해하는 능력

주요 영역 출제 키워드

자원관리능력

자원관리의 중요성, 효과적인 자원관리 방법, 직접비와 간접비, 시간낭비의 요인, 책정비용과 개발비용의 관계, 예산 집행의 원칙, 물적자원 활용의 방해요인, 물품 보관의 원칙, 인사관리의 원칙, 인력 배치의 3가지 원칙

의사소통능력

의사소통 스타일, 한류 현상, 승용차 TV 광고, 회의방법, 토론방법, 속담, 금기어, 완곡어, 유의어, 반의어, 에너지바우처, 건강보험, '괜찮다'의 의미, 사자성어, 보고서 작성, 미세먼지, 나눔도서관, 설의법, 영탄법, 점층법, 4차 산업혁명, 문서작성요령

조직이해능력

조직의 유형, 조직변화의 유형, 경영의 구성요소, 경영자의 역할, 집단의사 결정의 과정, SWOT 분석, 경영참가제도의 목적과 문제점, 조직목표의 기능과 특징, 조직구조의 형태, 조직문화의 구성요소, 업무의 특성, 업무수행 시트의 파악, 업무의 방해 요인, 국제동향 파악

NCS 주요 영역

- 25%
- 15%
- 10%
- 25%
- 25%

수리능력

연간 임대수익률, 예금 상품의 원리금, 건물의 건설 자재비용, 잔업일수, 기술사 시험의 수험현황, 국가별 선박등록 현황, 기업 매출현황표, 연도별 선박 입항 현황, PB 제품에 대한 소비자 인식 평가

문제해결능력

창의적 · 논리적 · 비판적 사고 개발, 브레인스토밍, 체크리스트, SCAMPER, 사고방식의 기능, MECE, 문제해결절차, 3C 분석, SWOT 분석, 가중치를 반영한 만족도 조사, 보고서 추가 항목, 규칙에 따른 결과 추론, Framework, 과제 선정, 실행 및 평가 이해

하위 5개 영역

인지적 능력

정보능력	컴퓨터를 활용하여 필요한 정보를 수집·분석·활용하는 능력
기술능력	직장 생활에 필요한 기술을 이해하고 선택하며 적용하는 능력

인성적 능력

대인관계능력	좋은 인간관계를 유지하고 갈등을 원만하게 해결하는 능력
자기개발능력	자신의 능력과 적성을 이해하여 목표를 수립하고 관리를 통해 성취해 나가는 능력
직업윤리	직업을 가진 사람이라면 반드시 지켜야 할 윤리 규범

 하위 영역 출제 키워드

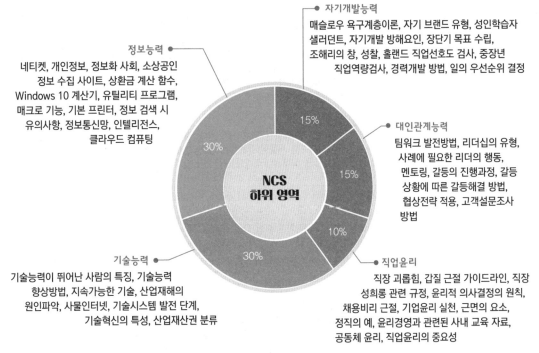

자기개발능력
매슬로우 욕구계층이론, 자기 브랜드 유형, 성인학습자 샐러던트, 자기개발 방해요인, 장단기 목표 수립, 조해리의 창, 성찰, 홀랜드 직업선호도 검사, 중장년 직업역량검사, 경력개발 방법, 일의 우선순위 결정

정보능력
네티켓, 개인정보, 정보화 사회, 소상공인 정보 수집 사이트, 상환금 계산 함수, Windows 10 계산기, 유틸리티 프로그램, 매크로 기능, 기본 프린터, 정보 검색 시 유의사항, 정보통신망, 인텔리전스, 클라우드 컴퓨팅

대인관계능력
팀워크 발전방법, 리더십의 유형, 사례에 필요한 리더의 행동, 멘토링, 갈등의 진행과정, 갈등 상황에 따른 갈등해결 방법, 협상전략 적용, 고객설문조사 방법

기술능력
기술능력이 뛰어난 사람의 특징, 기술능력 향상방법, 지속가능한 기술, 산업재해의 원인파악, 사물인터넷, 기술시스템 발전 단계, 기술혁신의 특성, 산업재산권 분류

직업윤리
직장 괴롭힘, 갑질 근절 가이드라인, 직장 성희롱 관련 규정, 윤리적 의사결정의 원칙, 채용비리 근절, 기업윤리 실천, 근면의 요소, 정직의 예, 윤리경영과 관련된 사내 교육 자료, 공동체 윤리, 직업윤리의 중요성

NCS 하위 영역: 정보능력 30%, 기술능력 30%, 자기개발능력 15%, 대인관계능력 15%, 직업윤리 10%

출제대행사별 수주 채용기업

출제대행사		채용기업
(주)사람인	2024년	한국가스공사, 한국가스기술공사, 한국남동발전, 한국중부발전('22~'24), 한국동서발전('23~'25), 한국남부발전, 국민연금공단, 한국자산관리공사, 신용보증기금, 도로교통공단, 경기도 공공기관 통합채용, 광주광역시도시공사, 전라남도 공공기관 통합채용(출제), 대한무역투자진흥공사, 예금보험공사, 한국예탁결제원, 화성시문화재단, 부천시 협력기관 통합채용, 대구공공시설관리공단, 서울주택도시공사, 안산시 공공기관 통합채용, 광주광역시 공공기관 통합채용, 국립부산과학관, 경상북도 공공기관 통합채용, 울산문화관광재단, 한국광해광업공단, 경기환경에너지진흥원, 한국방송광고진흥공사, 한국도로공사서비스, 부산환경공단, 화성시여성가족청소년재단
	2023년	국민연금공단, 한국가스공사, 한국전력거래소, 한국중부발전('22~'24), 한국동서발전('23~'25), 한국환경공단, 서울주택도시공사, 주택도시보증공사, 한국주택금융공사, 한국예탁결제원, 한전원자력연료, 한국가스기술공사, 한전KPS, 도로교통공단, 코스콤, 한국방송광고진흥공사, 한국산업단지공단, 경기도 공공기관 통합채용, 부산광역시 공공기관 통합채용, 대전광역시 공공기관 통합채용, 전라남도 공공기관 통합채용, 광주광역시 공공기관 통합채용, 경상북도 공공기관 통합채용, 평택도시공사, 인천신용보증재단, 전라북도콘텐츠융합진흥원, 평창군시설관리공단, 대구공공시설관리공단, 과천도시공사, 서울시 종로구시설관리공단, 인천시설공단
인크루트(주)	2024년	국민건강보험공단, 한국산업은행, 항만공사(인천·부산·울산·여수광양 / '23~'25), 파주도시관광공사, 시흥도시공사, 대한적십자사, 한국부동산원, 한국무역보험공사, 경기도사회서비스원, 용인시산업진흥원, 인천중구문화재단, 용인도시공사, 독립기념관, 유네스코아태무형유산센터, 인천문화재단, 우체국금융개발원, 경남테크노파크, 서울시자원봉사센터, 서울시 강서구시설관리공단, 금융감독원, 기술보증기금, 대전도시공사, 항공안전기술원, 축산환경관리원, 강원디자인진흥원, 우체국시설관리단(필기), 세종특별자치시사회서비스원, 서울주택도시공사 공무직, 안산도시공사
	2023년	한국철도공사, 국민건강보험공단, 근로복지공단, 한국관광공사, 기술보증기금, 한국수출입은행, 항만공사(인천·부산·울산·여수광양 / '23~'25), 한국과학기술기획평가원, 대한적십자사, 한국국학진흥원, 한국보훈복지의료공단보훈교육연구원, 과천도시공사, 용인도시공사, 세종특별자치시시설관리공단, 대전광역시사회서비스원, 서울시 금천구시설관리공단, 서울시 강서구시설관리공단, 포천도시공사, 남양주도시공사, 안산도시공사, 광주광역시 도시공사, 전주시시설관리공단, 한국항공우주연구원, 화성시여성가족청소년재단, 정선아리랑문화재단, 충남문화관광재단, 대한건설기계안전관리원, 부천시 협력기관 통합채용, 한국도로공사서비스(주)
(주)트리피	2025년	한국법제연구원
	2024년	한국가스안전공사, 한국환경공단, 한국수출입은행, 중소벤처기업진흥공단, 한국디자인진흥원, 국방과학연구소, 한국재정정보원, 서울문화재단, 한국해양진흥공사, 한국해양과학기술원, 한국전기안전공사, 한국산업안전보건공단, 코레일테크, 인천관광공사, 제주국제자유도시개발센터, 한국지방재정공제회, 광주과학기술원, 대구경북과학기술원, 한국학중앙연구원, 창업진흥원, 중소벤처기업진흥공단
(주)엑스퍼트컨설팅	2024년	국민체육진흥공단, 코레일로지스, 수원시 공공기관 통합채용, 한국승강기안전공단, 한국환경산업기술원
	2023년	한국농어촌공사, 금융감독원, 한국공항공사, 대한적십자사 혈액관리본부, 한국재정정보원, 한국환경산업기술원, 용인시 공공기관 통합채용, 서울교통공사 9호선운영부문(2차), 한국원자력환경공단, 용인도시공사, 서울문화재단
(주)매일경제신문사	2024년	한국토지주택공사, 한국수력원자력, 한국서부발전('22~'24)
	2023년	한국토지주택공사, 한국도로공사, 한국남동발전, 한국서부발전('22~'24)
(주)휴스테이션	2025년	(재)장애인기업종합지원센터
	2024년	서울교통공사, 건강보험심사평가원, 서울교통공사 9호선운영부문, 서울시설공단, 한국주택금융공사, 한국교통안전공단, 한국에너지공단, 코레일유통, 한국과학기술기획평가원, 농업정책보험금융원, 한국석유공사, 국방신속획득기술연구원, 서울신용보증재단, 한국생산기술연구원, 한국체육산업개발, 강원도사회서비스원, 양주도시공사, 한국보훈복지의료공단 대전보훈병원

출제대행사별 수주 채용기업

출제대행사		채용기업
(주)한국사회능력 개발원	2024년	한국철도공사, 에스알(SR), 국가철도공단, 한전KDN, 대구도시개발공사, 화성산업진흥원, 공무원연금공단, 국립공원공단, 부산광역시 공무직
	2023년	국가철도공단, 공무원연금공단, 한국국토정보공사, 대구교통공사, 국립공원공단, 국민체육진흥공단, 경기도 의정부시시설관리공단, 대구도시개발공사, 북한이탈주민지원재단
인트로맨(주)	2024년	한국수자원조사기술원, 한국교육학술정보원, 대한적십자사(필기전형), 한국문화재재단, 중소기업유통센터, 대전시사회서비스원, 코레일네트웍스, 인천도시공사, 경기문화재단, 농림수산식품교육문화정보원, 대한장애인체육회, 남양주도시공사, 한국양성평등교육진흥원, 원주시시설관리공단, 파주문화재단
	2023년	서울교통공사 9호선운영부문, 한국문화재재단, 대한적십자사, 서울특별시 여성가족재단, 한국수자원조사기술원, 한국식품산업클러스터진흥원, 대전광역시사회서비스원, 농림수산식품교육문화정보원, 세종특별자치시사회서비스원, 국립농업박물관, 인천도시공사, 국가평생교육진흥원
(주)스카우트	2024년	한국전력기술('24~'25), 시흥도시공사, 서민금융진흥원, 한국산림복지진흥원, 국립인천해양박물관, 대구농수산물유통관리공사, 한국원자력환경공단, 우체국시설관리단, 한국장학재단, 가덕도신공항건설공단, 인천교통공사, 인천시설공단
	2023년	인천국제공항공사, 인천교통공사, 중소벤처기업진흥공단, 한국과학기술원, 한국장학재단, 인천공항시설관리, 한국수산자원공단, 한국부동산원, 한국보훈복지의료공단, 한국원자력안전기술원
(주)휴노	2024년	한국전력공사, 한국지역난방공사, 한국농어촌공사, 한국공항공사('24~'25), 한국조폐공사, 한전KPS, 한국수자원공사('24~'25)
	2023년	한국지역난방공사, 한국수자원공사, 한국수력원자력, 한국조폐공사, 코레일테크
(사)한국행동과학 연구소	2024년	인천국제공항공사
	2023년	농협중앙회, 농협은행
(주)태드솔루션(TAD Solutions Co., Ltd.)	2024년	한전엠씨에스주식회사, 한국산업기술기획평가원, 서울시50플러스재단, (재)한국보건의료정보원, 한국사회보장정보원, 한국인터넷진흥원, 서울경제진흥원, 성남시청소년재단, 용인시 공공기관 통합채용, 화성시 공공기관 통합채용, 성남시 공공기관 통합채용, 한국발명진흥회, 무역안보관리원, 화성시문화재단
	2023년	한전엠씨에스주식회사, 충남테크노파크, 국립낙동강생물자원관, 한국보건산업진흥원, 성남시 공공기관 통합채용, 화성시 공공기관 통합채용, 방송통신심의위원회, 한국교육시설안전원, 한국지방재정공제회, 국립호남권생물자원관, 정보통신산업진흥원, 한국물기술인증원, 서울물재생시설공단
(주)나인스텝컨설팅	2024년	한국해양조사협회, 한국에너지기술평가원, 광주도시관리공사, 한국임업진흥원
	2023년	인천교통공사(업무직), 한국해양조사협회, 한국임업진흥원
(주)비에스씨	2024년	인천서구복지재단
	2023년	의왕도시공사
(유)잡코리아	2024년	국립대구과학관, 인천신용보증재단, 가축위생방역지원본부, 파주도시관광공사
	2023년	인천신용보증재단, 킨텍스, 경상남도 관광재단, (재)춘천시주민자치지원센터
(주)잡플러스	2024년	제주특별자치도 공공기관 통합채용, 남부공항서비스, 서울의료원, 서울시50플러스재단
	2023년	축산물품질평가원, 한국연구재단

출제대행사별 수주 채용기업

출제대행사		채용기업
(주)커리어넷	2024년	대구교통공사, 서울특별시농수산식품공사('23~'24), 한국건강가정진흥원, 신용회복위원회, 우체국물류지원단, 한국보훈복지의료공단 중앙보훈병원, 하남도시공사, 한국교육시설안전원, 소상공인시장진흥공단, 한국수산자원공단, 한국산업기술시험원
	2023년	서울특별시농수산식품공사('23~'24), 주택도시보증공사, 국립부산과학관, (재)한국보건의료정보원
(주)한국취업역량센터	2024년	원주시시설관리공단, 함안지방공사, 울산광역시복지가족진흥사회서비스원, 강화군시설관리공단
	2023년	아산시시설관리공단, 사천시시설관리공단, (재)전라북도 사회서비스원, 함안지방공사
(사)한국능률협회	2024년	보령시시설관리공단, 한국수목원정원관리원
	2023년	한국소비자원, 한국법무보호복지공단, 한국산림복지진흥원, 지방공기업평가원, 국립항공박물관
(주)한국인재개발진흥원	2024년	경상북도 공공기관 통합채용, 세종도시교통공사, 경남개발공사, 울산시설공단, 화성시복지재단, 오산시시설관리공단, 여수시도시관리공단, 인천광역시연수구시설안전관리공단, 화성도시공사 운수직, 화성시복지재단, 경상북도 문경시 공무직, 충남경제진흥원, 세종특별자치시시설관리공단, 평창관광문화재단, 오산도시공사, 천안도시공사
	2023년	세종시문화재단, 오산시시설관리공단, 한국국제보건의료재단, 평창유산재단, 화성시사회복지재단, 김포도시관리공사, 국가과학기술연구회, 인천광역시 연수구시설안전관리공단
(주)엔잡얼라이언스	2024년	화성시인재육성재단
	2022년	국립해양박물관
(주)굿파트너스코리아	2024년	한국물기술인증원
	2023년	한국항만연수원 부산연수원, (재)평창유산재단
(주)더좋은생각	2024년	전북특별자치도 공공기관 통합채용, 광주광역시북구시설관리공단, 정보통신기획평가원, 완주군시설관리공단, 이천시시설관리공단, 한국연구재단 정보통신기획평가원, 구리도시공사
	2023년	코레일네트웍스, 광주도시관리공사, 광주과학기술원, 우체국물류지원단, 연구개발특구진흥재단, 인천환경공단
(주)인사바른	2024년	한국농수산식품유통공사, 국립해양박물관, 세종학당재단, 국방기술품질원, 건설근로자공제회, 한국데이터산업진흥원, 한국마사회, 경상북도 공공기관 통합채용, 예술의전당, 국립인천해양박물관('24 하반기), 국립아시아문화전당재단
	2023년	한국마사회, 한국농수산식품유통공사, 한국어촌어항공단, 한국해양수산연수원, 건설근로자공제회, 예술의전당, 국방기술진흥연구소, 한국산업기술시험원, 충북개발공사
(주)잡앤피플연구소	2024년	인천광역시 미추홀구시설관리공단, 한국보육진흥원, 기장군도시관리공단, (재)한국특허기술진흥원, 서대문구도시관리공단, 국토안전관리원, 창원복지재단, 강원도사회서비스원, 세종시시설관리공단, 한국석유관리원, 원주미래산업진흥원, 서울시강동구도시관리공단, 천안도시공사, 인천시 부평구 시설관리공단, 방송통신심의위원회, 전주시시설관리공단, 광명도시공사, 한국건강증진개발원, 부평구시설관리공단, 대전도시공사
	2023년	한국에너지공과대학교, 한국석유관리원, 천안시시설관리공단, 부여군시시설관리공단, 춘천문화재단, 충주시시설관리공단, 인천시 부평구 시설관리공단, 여수시도시관리공단, 한국보육진흥원, 대구문화예술진흥원, 김천시시설관리공단, 세종시시설관리공단, (재)원주문화재단, 안양도시공사, 국토안전관리원, 한국수목원정원관리원, (재)대전문화재단, 천안도시공사
(주)잡에이전트	2024년	강릉과학산업진흥원
	2023년	(재)강릉과학산업진흥원

출제대행사별 수주 채용기업

출제대행사		채용기업
(주)휴먼메트릭스	2024년	한국고용정보원, 서울시여성가족재단
	2022년	중소기업은행, 한국장애인고용공단(필기전형)
갓피플(주)	2024년	해양환경공단
	2023년	전라북도 공공기관 통합채용, 경상남도 김해시 공공기관 통합채용
(주)한국직무능력평가연구소	2024년	국립광주과학관, 여주세종문화관광재단, 천안시청소년재단, 안양도시공사, 인천중구문화재단, 이천문화재단
	2023년	(재)장애인기업종합지원센터
(주)제이비에이	2025년	한국과학기술원 시설지원직
	2024년	한국과학기술원 시설지원직
(주)비엠더코리아인	2024년	구미도시공사
	2023년	국립해양과학관
(주)에이치알딥마인드	2024년	한국원자력안전재단, 한국장애인개발원, 인천환경공단, 진주시 시설관리공단, 한국기상산업기술원, 이천시시설관리공단, 대구경북첨단의료산업진흥재단, 화성산업진흥원, 군포도시공사, 국립항공박물관, 전북개발공사, 청주시시설관리공단, 군포시청소년재단, 대구시행복진흥사회서비스원, 동대문구시설관리공단, 한국법무보호복지공단
	2023년	국립중앙의료원, 군포도시공사, 한국항로표지기술원
(주)엔에이치알	2024년	학교법인한국폴리텍, 대한무역투자진흥공사, 제주특별자치도 사회서비스원, 제주에너지공사
	2023년	(재)대전광역시사회서비스원
피앤제이에이치알(주)	2024년	김해시 공공기관 통합채용, 부산시설공단, 사천시 공공기관 통합채용, 한국해양수산연구원, (재)김해연구원
	2023년	부산시설공단, 함안지방공사
(주)한국에이치알진단평가	2024년	케이에이씨 공항서비스, 경상남도투자경제진흥원, 여주도시공사, 당진도시공사, 한국지질자원연구원
(주)마이다스인	2025년	한국보건복지인재원
	2024년	한국항공우주연구원
(주)이디스앤	2024년	한국농업기술진흥원, 한국로봇산업진흥원, 농림식품기술기획평가원, 한국식품산업클러스터진흥원
(주)위링크글로벌	2024년	경상북도개발공사
(주)에이치알퍼스트	2024년	국가과학기술연구회, 광명도시공사, 광주광역시북구시설관리공단
(주)잡플러스에이치알	2024년	여수시도시관리공단, 전주시시설관리공단
(주)제니엘이노베이션	2024년	한국공항보안
비에스상사	2024년	부산시설공단
크로노그래프(주)	2024년	국제식물검역인증원

취업준비생의 관심이 높은 채용기업을 중심으로 나라장터와 시험 후기를 취합하여 정리한 자료입니다. 개찰 결과가 공개되지 않는 경우 등 정보의 접근과 검증의 한계로 일부 부정확한 내용이 있을 수 있습니다. 이외의 출제대행사가 많다는 점도 참고하시기 바랍니다.

실시간으로 업데이트되는
공기업 필기시험 출제대행사 확인하기

고시넷
NCS
피듈형

직업기초

영역별 출제비중

문제해결 32%
의사소통 38%
수리 30%

▶ 어법에 맞게 글 작성하기
▶ 글의 세부 내용과 주제 파악하기
▶ 연산식을 세워 계산하기
▶ 도표 자료의 수치 분석하기
▶ 다양한 자료를 바탕으로 결과 도출하기

피듈형 의사소통능력에서는 어법에 맞게 글을 작성하거나 수정하는 문제, 글의 내용을 이해하고 주제 및 중심내용을 파악하는 문제가 출제되었다. 수리능력에서는 기초연산 능력을 파악하는 응용수리 문제, 도표 자료를 분석하는 문제가 출제되었다. 문제해결능력에서는 회의록, 계획서, 규정, 공고문과 같은 자료를 이해하고 날짜 선정, 금액 산출, 사원 선정 등의 결론을 도출하여 문제해결을 도모하는 문제가 출제되었다.

통합 오픈봉투모의고사

1회 기출예상문제

영역	문항 수	시험시간	비고
의사소통능력 수리능력 문제해결능력	50문항	60분	코레일(한국철도공사), LH한국토지주택공사, 한국동서발전 등의 필기시험 유형을 기반으로 재구성하였습니다.

NCS란? 산업 현장에서 직무를 수행하기 위해 요구되는 각종 지식, 기술, 태도 등의 내용을 국가가 체계화한 것을 의미한다.

01. 다음 글의 밑줄 친 ㉠이 가장 많이 포함되어 있는 문장은?

> 형태소는 크게 두 가지 기준에 따라 나눌 수 있다. 먼저, 자립성 유무를 기준으로 문장에서 다른 형태소가 직접 연결되지 않고 혼자 쓰일 수 있는 형태소인 자립 형태소와 앞이나 뒤에 적어도 하나의 형태소가 연결되어야만 쓰일 수 있는 의존 형태소로 나눈다. 문장에서 체언, 수식언, 독립언은 전자에, 용언의 어간과 어미, 조사, 접사는 후자에 해당된다. 다음으로, 의미의 유형을 기준으로 실질적인 의미를 가진 형태소인 실질 형태소와 문법적인 의미만을 가진 ㉠형식 형태소로 나눈다. 자립 형태소를 실질 형태소로, 의존 형태소를 형식 형태소로 생각해 버릴 수 있는데, 다른 말에 기대어서만 쓰일 수 있는 의존 형태소인 용언의 어간은 실질적 의미를 가지기 때문에 실질 형태소라는 점을 주의해야 한다.

① 산에 꽃이 많이 피었다.

② 어제 나에게 그 선물을 주었다.

③ 그 아이의 이름을 물어볼 수 없었다.

④ 전화를 받으려다가 실수로 끊어 버렸다.

⑤ 할머니와 할아버지께서 진지를 잡수시다.

02. 다음 〈보기〉에서 어법에 맞지 않는 문장을 모두 고른 것은?

> **보기**
>
> ㄱ. 충신이라면 직언을 서슴치 않아야 한다.
> ㄴ. 물이 새지 않도록 수도꼭지를 꼭 잠가야 한다.
> ㄷ. 우리는 내일 뒤뜰에 있는 우물을 파기로 결정했다.
> ㄹ. 생명이 달린 일이라 염치 불구하고 이렇게 부탁드립니다.

① ㄱ, ㄴ   ② ㄱ, ㄷ   ③ ㄱ, ㄹ

④ ㄴ, ㄷ   ⑤ ㄴ, ㄹ

03. 다음 글의 제목으로 가장 적절한 것은?

불면증은 수면에 들어가기 어렵거나 하루 2회 이상의 잦은 각성, 원치 않는 시간에 일어나는 경우 등의 증상을 말한다. 불면증은 의식할수록 증상이 더 심해지는 질병이며, 4주 이상 지속하면 만성화되기 때문에 빠른 치료가 중요하다. 이런 심각한 상태가 발생하지 않으려면 불면증의 원인을 바로 알아야 한다. 건강한 사람이라도 정신적 긴장과 불안, 소음, 잠자리 변화, 시차 적응 등으로 일시적 불면을 경험하는 일이 있다. 일시적인 불면증은 수면리듬치료와 약물치료 등으로 빠르게 치료할 수 있지만, 그냥 지나치면 자칫 병을 키울 수 있다.

불면증으로 인식하지만 불면증이 아닌 경우도 빈번하다. 대표적인 질환이 하지불안증후군이다. 자기 전 다리가 불편해지면서 수면에 들어가는 것이 어려워지고, 수면 중에도 계속 사지를 움직이게 되면서 숙면이 어려워지는 것이다. 이런 증상을 불면증으로 오인하는 경우가 많은데, 증상이 계속되면 실제로 불면증으로 발전하기도 한다. 수면무호흡증도 불면증으로 오인된다. 수면 중 호흡이 불편해지면 뇌는 그 상황을 피하기 위해 잠에서 깨는 뇌파를 내보내어 수면을 방해한다. 이 또한 증상이 계속되면 불면증으로 발전하며, 양압기치료를 통해 호흡이 개선되면 불면증도 자연스럽게 극복될 수 있다.

이렇듯 불면증은 원인별로 치료를 달리해야 한다. 기본적으로 수면장애 치료는 질환에 따라 수술적 처치와 양압기치료, 심리치료, 빛치료 등 환자 개개인에게 알맞은 다양한 방법이 있다. 특히 불면증의 경우 심리적인 것인지 아닌지를 감별해야 하고, 수면다원검사를 통해 증상을 정확히 진단해야 한다. 그런 다음에 약물치료, 심리치료, 행동치료 등을 병행할 수 있다. 수면다원검사의 경우, 수면장애의 정확한 원인을 진단할 수 있어 수면장애 치료와 예방에 크게 도움이 된다. 불면증의 원인이 심리적인 것인지, 신체적인 것인지를 구분해 내는 것이다.

심리적인 문제로 인한 불면증 치료에는 인지행동치료가 최선이다. 인지행동치료의 경우 불면증을 유발하는 높은 각성상태를 조절하기 위해 인지치료를 통해 역기능적 사고(수면과 관련한 비합리적 생각들)를 보다 합리적인 사고로 바꾼다.

단기간 수면리듬에 문제가 생긴 경우에는 빛치료가 좋다. 아침에 강한 빛에 노출하게 해 수면리듬을 맞춰 주는 치료법이다. 예를 들어 오후 11시에 잠자기를 바란다면, 오전 8시에 빛에 노출되면 된다. 아침에 2,000룩스(lux) 이상의 강한 빛에 30분 이상 노출되면, 15시간 뒤에 잠자는 호르몬인 멜라토닌이 분비돼 숙면에 도움이 된다.

불면증의 경우 수면제 남용을 조심해야 한다. 수면제는 치료제가 아니다. 단지 잠을 재워 줄 뿐 근본적인 원인을 치료하지 못한다. 잠을 이루지 못하거나 수면의 질이 낮다고 무작정 수면제에 의존하면 또 다른 문제기 발생할 수 있으므로 주의해야 한다. 불면증도 질환이다. 치료하면 나아진다.

① 불면증의 치료법별 장단점　　② 수면제 남용의 부작용
③ 불면증 조기 치료의 필요성　　④ 불면증 원인에 따른 치료방법
⑤ 불면증으로 오해받는 질병

[04 ~ 05] 다음 글을 읽고 이어지는 질문에 답하시오.

기술진보가 노동시장에 미치는 영향에 대해서 다양한 연구가 진행되고 있다. 특히 기술진보가 노동을 대체 혹은 보완할 것인가는 항상 관심의 대상이었다. 다수의 전문가들은 지속적인 기술진보가 일자리 총량을 늘어나게 할 것이라고 주장한다. 그러나 일자리의 총량이 증가하더라도 일자리의 구성은 달라질 가능성이 높다. 특히 2016년 세계경제포럼(WEF ; World Economic Forum)에서 4차 산업혁명으로 인해 현재의 많은 일자리가 대체 혹은 사라질 것에 대하여 우려하는 목소리가 커지면서, 과거에 비해 오히려 기술진보로 인한 일자리의 소멸에 대한 두려움이 커지고 있는 실정이다. (㉠) 4차 산업혁명 및 기술진보가 노동시장에 미치는 영향을 분석하려는 시도가 최근에 활발하게 진행 중이다. 그러나 대부분의 연구가 장기적인 일자리 수 추이와 변화 혹은 거시적 수준에서의 방향성을 대상으로 한 연구이고, 미시적인 관점에서 산업 및 기업의 일자리 변화에 미치는 효과를 분석한 연구는 부족하다. (㉡) 특히 4차 산업혁명의 핵심기술이라고 불리는 인공지능, 로봇, 빅데이터, 사물인터넷 등은 기술 간 융·복합으로 복잡다기하게 산업 및 기업 생태계를 변화시킴으로써 과거의 기술진보가 산업 및 기업에 미치는 영향과는 큰 차이를 보일 것이다. (㉢) 이러한 기술진보는 인력양성 측면에서 새로운 변화를 요구하고 있다. 산업이나 기업에서 요구되는 기능과 역량을 갖춘 인력을 교육과 훈련을 통하여 공급하고, 이를 통해서 경제적인 보상을 받는 것이 개인의 삶을 영위하는 데 필요하다. (㉣) 그러나 교육과 훈련에는 시간이 필요하고, 또한 생애주기 측면에서 청년기에 집중되는 경향에 의해 다양한 보상이 줄어들 가능성이 높다. 그러므로 기술진보 및 4차 산업혁명 등으로 인한 노동수요의 변화를 통한 노동시장의 변화를 분석하고, 향후 근로자에게 요구하는 기능과 역량이 어떻게 달라지는지에 대한 고찰을 통해 교육과 훈련에 투입되는 비용을 줄일 수 있게 된다. 미래에 대한 불확실성과 자료의 제약으로 인해서 정교한 분석이 불가능하다는 한계점에도 불구하고 4차 산업혁명 및 기술진보가 노동시장에 미치는 영향에 관해서는 다양한 연구가 진행되어 왔다. (㉤) 이들 연구는 노동시장의 변화를 크게 업무 혹은 직업의 변화를 중심으로 분석하고자 했다. 전자는 기술진보로 인한 기업의 생산방식, 즉 생산 공장의 변화로 인한 노동수요의 변화를 분석한 연구이며, 후자는 직업의 변화에 미치는 영향을 분석한 연구를 의미한다.

04. 윗글을 쓴 필자의 의도로 가장 적절한 것은?

① 4차 산업혁명으로 인한 기술진보에 따른 노동시장과 직업의 변화를 파악하기 위해

② 4차 산업혁명의 영향에 따른 노동시장의 한계점을 알아보기 위해

③ 4차 산업혁명이 창출할 새로운 일자리를 예측하기 위해

④ 기술진보로 인한 새로운 직업의 교육과 훈련을 제공하기 위해

⑤ 4차 산업혁명과 과거의 기술진보의 차이점을 분석하기 위해

05. 제시된 글을 논지의 흐름에 따라 두 개의 단락으로 나눌 때, ㉠~㉤ 중 두 번째 단락의 시작으로 가장 적절한 위치는?

① ㉠   ② ㉡   ③ ㉢
④ ㉣   ⑤ ㉤

06. 다음 중 ㉠~㉤을 수정한 내용으로 올바르지 않은 것은?

> 문화재 안내문이란 문화재를 ㉠소개시키거나 사정을 알릴 목적으로 쓰인 글로, 문화재의 특성에 따라 작성 방법이 달라진다.
> 문화재 안내판의 기본적인 종류는 해설안내판과 기능성안내판으로 구분하며, 해설안내판은 종합안내판, 권역안내판, 개별안내판 등으로 분류하되, 이 중 1개 이상의 안내판은 ㉡반드시 설치하는 것을 원칙으로 한다.
> 문화재 안내문은 문화재를 관람하는 ㉢일반인을 대상으로 하고 문화재를 안내한다는 공공의 목적을 위해 사용된다는 점에서 공공언어라고 할 수 있다. 따라서 문화재 안내문 역시 ㉣공공언어로써 다음과 같은 공공언어 요건을 ㉤충족해야 한다.

① ㉠ '소개시키거나'는 과도한 사동표현이므로 '소개하거나'로 수정한다.
② ㉡ '설치하는 것을 원칙으로 한다'는 군더더기 표현이 있으므로 '설치하는 것이 원칙이다'로 수정한다.
③ ㉢ '일반인을 대상으로 하고'는 군더더기 표현이 있으므로 '일반인에게'로 수정한다.
④ ㉣ 공공언어의 자격을 기술한 것이므로 '공공언어로써'를 '공공언어로서'로 수정한다.
⑤ ㉤ '충족해야 한다'는 문장 성분 간의 호응이 이루어지지 않으므로 '충족시켜야 한다'로 수정한다.

07. 다음 글을 읽고 딥페이크 기술에 대해 보일 수 있는 반응 중 그 성격이 다른 하나는?

인공지능(AI)을 기반으로 한 이미지 합성 기술인 딥페이크(Deepfake)는 AI의 자체 학습 기술인 딥러닝(Deep Learning)에 가짜(Fake)라는 말을 덧붙여 만든 용어입니다. 본격적으로 쓰이기 시작한 건 2017년 말 해외 커뮤니티에서 딥페이크스(Deepfakes)라는 아이디를 쓰는 유저가 합성 포르노 영상을 게시하면서부터입니다. 이후 'FakeApp'이라는 무료 소프트웨어가 배포되면서 초보자도 쉽게 딥페이크 영상을 만들어 올리기 시작하였습니다. 기술이 고도화되면서 점차 진짜와 구분하기 어려운 수준까지 발전한 것이죠. 이제는 사진을 넘어서서 영상까지 합성이 가능하게 되어 우리는 또 철저히 의심해야 할 사항이 늘어났습니다.

그렇다면, 이 딥페이크 기술의 원리가 무엇인지 궁금하지 않으신가요? 딥페이크의 원리를 이해히기 위해서는 두 가지를 알아야 할 텐데요. 바로 딥러닝과 GAN입니다. 먼저 딥러닝은 심화신경망을 활용해 기계학습을 하는 방법론입니다. 즉, 컴퓨터가 사람처럼 생각하고 배우도록 하는 기계학습 기술로서 이미지검색, 음성검색, 기계번역 등 다양한 분야에 활용합니다. 그리고 두 번째는, 딥페이크의 핵심 알고리즘인 GAN입니다. GAN은 생성적 적대 신경망(Generative Adversarial Net)의 약자로, 두 신경망 모델의 경쟁을 통해 학습하고 결과물을 만들어 냅니다. 두 모델은 '생성자(Generator)'와 '감별자(Discriminator)'로 불리는데요. 이들은 상반된 목적을 가지고 있습니다. 생성자는 실제 데이터를 학습하고 이를 바탕으로 거짓 데이터를 생성하며 실제에 가까운 거짓 데이터를 생성하는 것이 목적입니다.

이와 다르게 감별자는 생성자가 내놓은 데이터가 실제인지 거짓인지 판별하도록 학습합니다. 진짜 같은 가짜를 생성하는 생성자와 이에 대한 진위를 판별하는 감별자 간의 경쟁을 통해 더욱 고도화된 진짜 같은 가짜 이미지를 만들 수 있는 것입니다. GAN은 이러한 작용을 통해서 사람의 눈으로는 실존 인물인지 가상인물인지 판별하기 어려운 수준의 사진을 제작하며, 과거에는 전문가가 포토샵 등을 이용해 일일이 작업해야 가능했던 일을 더 빠르고 쉽게 작업할 수 있게 하였습니다.

딥페이크 기술은 생산성을 높이고 과거 인물을 복원하는 등 긍정적인 활용도 있지만 현재는 부정적인 활용이 더 많이 나타나고 있다는 것을 부정할 수 없습니다. 딥페이크 기술을 악용하여 성인 영상물을 제작하거나 정치인들의 가짜뉴스를 제작하고, 음성 딥페이크를 통한 사기 행각이 벌어지는 등 피해 사례들이 속출하고 있습니다. 그중에서도 디지털 성범죄에 악용되는 사건이 자주 발생하였습니다. 딥페이크 영상 중 무려 98%가 포르노로 소비되고 있으며, 한국 여성 연예인은 이 중 4분의 1을 차지한다는 충격적인 조사 결과가 있기도 했습니다. 이에 따라 IT업계는 딥페이크의 폐해에서 벗어나기 위해 다양한 노력도 함께하고 있습니다.

① 가짜 뉴스를 제작하여 정치적으로 악용될 우려가 높다.

② 신원 보호가 필요한 사람에게는 안전한 장치로 사용될 수 있다.

③ 최근 딥페이크 기술이 디지털 성범죄에 악용되어 논란이 일기도 했다.

④ 요즘은 여러 웹사이트나 SNS를 통해 인물의 이미지 데이터를 쉽게 모을 수 있어 디지털 범죄의 대상이 유명인에서 일반인에게까지 확장되고 있다.

⑤ 기술의 발달과 동시에 질서가 제대로 정립되지 않는다면 기술의 오남용으로 인한 피해가 심각해질 수 있다.

08. 다음 글의 빈칸 ㉠에 들어갈 말로 적절한 것은?

한반도를 가로지르는 한강 하류 유역의 북쪽에 위치한 양주는 기후가 온화하고 토지가 비옥하여 특산물이 풍부하다. 또한, 삼국시대부터 교통의 요충지로 주목받아 온 만큼 성읍이 일찍이 형성되었다. 이렇듯 과거 정치, 경제, 사회, 문화, 군사의 요지로 기억되고 있는 양주는 삼국시대 이래 시대가 변함에 따라 명칭과 지역 범위도 수없이 변해 왔다. 따라서 양주 지역의 역사와 문화유적 등을 고찰하기 위해서는 양주라는 명칭이 등장하기 이전부터 오늘날까지의 양주 지역은 물론, 양주 일대를 (㉠) 지역도 살펴 광범위하게 분석해야 한다. 한편, 조선시대에 이르러 수도인 한성부(漢城府)가 들어서게 되면서 양주의 지역 범위는 동북쪽으로 밀려나 축소되었다. 하지만 조선시대 때는 경기도에 속한 행정 구역으로서 현재 서울 도봉구를 관할 구역으로 하고 있는 양주목(楊州牧)이 관리·감독하는 지역으로 광범위했기 때문에 폭넓은 자료의 수집과 분석이 요구된다.

① 추리 ② 둘러싼 ③ 벗어난
④ 제외한 ⑤ 축소시킨

09. 다음 글의 전개방식에 대한 설명으로 옳은 것은?

산수화는 마음속의 산수를 표현했기 때문에 눈에 보이지 않는 만 리 먼 곳을 그리기도 하고, 한 재(一尺)의 작은 화면 속에 천 리, 만 리 경치를 한 눈에 그리기도 한다. 먼 밭에서 일하고 있는 농부를 집보다 더 크게 그린다든지, 낙동강 칠백 리의 긴 진경(珍景)을 두루마리로 된 한 화면에 파노라마식으로 그리는 것은 동양의 산수화에서 엿볼 수 있는 특징적인 표현 기법이다. 마음속의 산수를 표현하는 데에는 풍경화를 그릴 때 필요한 원근감, 명암, 음영, 한 개의 시점(視點), 투시법을 염두에 두지 않아도 된다. 이에 따라 이치에 맞지 않고 시각적으로도 불합리한 표현들이 많이 나타나기도 했다.

실제로 산수화를 그릴 때 현지에 가서 풍경을 보면서 그리는 일은 극히 드물었다. 대부분 방 안에서 자신의 생각을 형상화하는 방식으로 그렸다. 현지에 가서 전경을 보고 그림을 그린다고 해도 경치 그 자체를 화폭에 옮기는 것이 아니라, 경치에 흠뻑 취한 상태에서 느낄 수 있는 호연지기나 인간과 자연의 친화적 관계, 자연의 오묘한 조화 등을 그림에 옮기려고 노력했다. 실제로 보고 그린 것이 아니기 때문에 조감도처럼 하늘에서 내려다본 모습으로도 그릴 수 있었다.

이러한 산수화적 특성에 비추어 볼 때, 풍경화는 산수화적 요소를 포함하고 있지 않다. 산수화의 제작 방법이 직접 현장에서 경치를 보고 묘사하는 형태가 아니라는 것만 봐도 풍경화와 다르기 때문이다. 조선 후기 정선, 김홍도 등의 실경산수도 역시 실제의 경치를 보고 그리긴 했지만 구도와 비례와 같은 화면상의 조화를 표현하고자 한 것이 아니라 누워서 경치를 구경하고자 하는 의도를 바탕으로 자연 속의 신비로움 등을 표현하려고 노력했던 것을 예로 들 수 있다. 이러한 관점에서 풍경화를 산수화라고 할 수 없는 것이다.

① 대조를 통해 대상에 대한 특징을 분명히 하여 깊이 있는 이해를 돕고 있다.

② 정의를 통해 대상이 지닌 본질을 드러내고 있다.

③ 서사를 통해 대상이 지닌 성격을 표현하고 있다.

④ 분류 방식을 사용하여 대상에 대한 구체화를 시도하고 있다.

⑤ 시간의 흐름에 따른 대상의 변화를 순차적으로 추적하고 있다.

10. 다음 글에 대한 의견 중 글의 주제에 가장 부합하는 것은?

피해자의 유가족인 김 모 씨는 피해자(지적장애 1급)가 거주하던 장애인 거주시설의 응급 조치가 미흡하여 피해자가 사망하였다고 ○○위원회에 다음과 같은 내역의 진정을 제기하였다.

피해자는 사건 당일 오전부터 창백한 얼굴로 소리를 지르는 등의 행동을 보여 같은 날 주간에 병원진료를 받았으나 혈압, 혈액, 소변, X-ray 검사 결과 별다른 이상 소견을 보이지 않아 이상증세 발생 시 응급실을 방문하라는 의사 당부를 받고 시설로 복귀하였다. 같은 날 22시부터 피해자가 다시 이상증세를 보여 안정제를 먹었으나 나아지지 않아 다음 날 새벽 1시경 생활지도교사가 피해자를 개인 차량에 태워 병원에 도착하였다. 응급실 도착 당시 피해자는 맥박이 190까지 올라가 의료진이 지속적으로 약을 투여하였으나 효과가 없었다. 이후 피해자의 심장 박동이 느려져 심폐소생술을 실시하였으나 소생 가능성이 없어 피해자 가족에게 연락을 하고 가족이 병원에 도착한 후 같은 날 오전 9시에 사망하였다. 피진정시설 측은 피해자가 평소에도 소리 지르는 경우가 있었고 전날 낮에 진료한 결과 특이한 소견이 없어 응급상황으로 생각하지 않았으며 119를 부르는 것보다 직접 병원으로 이송하는 것이 빠르다고 판단하였다는 설명이다. 그러나 당시 피진정시설은 중증지적장애인 거주시설 특성에 맞는 응급상황 지침이 없었으며, 피해자 사망 전뿐 아니라 사망 후에도 종사자와 거주인 대상의 응급상황 대응 지침 마련이나 이에 대한 교육이 전혀 없었던 것으로 확인되었다.

○○위원회는 장애인 거주시설에서 거주하던 지적장애인에게 발생한 응급상황에 대해 의사소통이 제대로 되지 않아 다음 날 사망에 이른 것과 관련하여 지적장애인은 자신의 증상을 제대로 표현할 수 없으니 유사한 사건이 언제든지 발생할 수 있으므로 대응 체계를 충실히 갖추고 적용하는 것은 시설 운영자의 기본적인 보호 의무에 포함된다고 판단하였다. ○○위원회는 응급이송이 늦은 것이 피해자의 직접적인 사망원인이라고 인정하기 어려우나 이로 인해 피해자가 적시에 진료받을 기회를 상실했으므로 향후 유사 사례가 발생하지 않도록 시설장에게 응급상황 발생에 대하여 대응지침을 마련하고, 종사자와 거주인들이 지침을 숙지할 수 있도록 교육을 강화할 것을 권고했다.

① 장애인의 진료받을 기회가 사회적으로 보장되어야 해.
② 지적장애인에게 적합한 응급체계를 마련해야 해.
③ 장애인 시설 종사자의 미흡한 행동으로 장애인이 숨진 것은 안타까워.
④ 응급이송 중 사망에 따른 보상금 지급체계가 가장 시급히 개선되어야 할 문제야.
⑤ 중증지적장애인 거주시설 운영자의 기본 권리를 회복해야 해.

[11 ~ 12] 다음 자료는 에너지 전환과 관련된 사업 계획서이다. 이어지는 질문에 답하시오.

(가)	• 석유 연료(BC유) 사용지사 인근 주민들이 친환경 연료 설비로 ⊙개체를 요구함. • 초미세먼지가 빈번하게 발생함에 따라 대기질에 대한 국민적 관심이 증대됨. • 인구증가 및 산업화에 따른 화석 연료의 과도한 사용으로 글로벌 기온이 상승함. • 정부의 신재생 에너지 확대 계획(20XX년까지 재생 에너지 발전량 비중 20% 목표) 및 봄철 석탄 화력 발전소의 가동 중단 등 고강도 미세먼지 저감 조치를 시행함.
(나)	• 효율적 · 경제적인 집단에너지 사업을 추진하고, 안정적인 REC가 확보됨. • 미활용에너지 활용을 통해 에너지 효율성을 ⓒ제고하고, 신기후체제 대응에 기여함. • 친환경 연료 전환을 통해 오염 물질 배출량을 감소시켜 대기질을 개선하고, 국민 환경 개선 편익을 증대함.
(다)	○ 국민의 환경 개선을 위한 친환경 연료 설비 개체 • C 시, D 시 등 석유 연료(BC유)를 사용하는 사업장의 연료를 친환경 연료(LNG)로 대체 – 대기오염물질 ⓒ저감을 유도하기 위하여 친환경 연료 설비 개체 추진 – 설비 ⓔ착공 후 최신 환경 시스템을 통한 설비의 실시간 오염 물질 배출 관리 · 운영 • 청정 연료인 LNG 사용의 비중을 증대시키기 위해 Y 시 집단에너지 시설을 ⓜ증설 ○ 신재생 · 미활용에너지 활용을 위한 융합 사업 • 신재생 · 미활용에너지와 집단에너지 사업을 연계한 융합형 집단에너지 사업을 추진 – 신재생 에너지 정책 및 고객 요구를 반영한 융합형 사업 모델 개발 – 도심형 · 친환경 에너지자립형 신재생 에너지 타운 추진 방향 도출 및 시범 사업 추진 – 지하철 미활용에너지 활용 등 시범 사업 추진

<table>
<tr><td rowspan="3">(라)</td><td>구분</td><td>'X2</td><td>'X3</td><td>'X4</td><td>'X5</td><td>'X6</td></tr>
<tr><td>친환경 연료 중심 설비 개체 노력</td><td>Y 시 사업 환경 영향 평가</td><td>C 시, D 시 사업 변경 허가</td><td>Y 시 건설 공사 착공</td><td>C 시, D 시 건설 착공</td><td>C 시, D 시 건설 공사</td></tr>
<tr><td>신재생 에너지와 융합 사업을 통한 REC 확보량</td><td>404,000 REC</td><td>569,000 REC</td><td>741,000 REC</td><td>835,000 REC</td><td>966,000 REC</td></tr>
</table>

<table>
<tr><td rowspan="2">(마)</td><td rowspan="2">세부 내용</td><td colspan="5">일정</td><td>예산</td><td>인력</td></tr>
<tr><td>'X2</td><td>'X3</td><td>'X4</td><td>'X5</td><td>'X6</td><td>(억 원)</td><td>(명)</td></tr>
<tr><td></td><td>1. 친환경 연료 설비 개체 시행</td><td colspan="5"></td><td>7,419</td><td>213</td></tr>
<tr><td></td><td>2. 신재생 융합형 모델 개발 및 시범 사업</td><td colspan="5"></td><td>7</td><td>57</td></tr>
</table>

11. 제시된 사업 계획서를 '추진배경 – 추진내용 – 추진계획 – 성과지표 및 목표 – 기대효과'의 순으로 배열하고자 한다. 다음 중 (가)~(마)를 순서대로 바르게 나열한 것은?

	추진배경	추진내용	추진계획	성과지표 및 목표	기대효과
①	(가)	(나)	(마)	(라)	(다)
②	(가)	(다)	(마)	(라)	(나)
③	(다)	(가)	(라)	(마)	(나)
④	(다)	(나)	(라)	(마)	(가)
⑤	(다)	(가)	(마)	(라)	(나)

12. 제시된 자료의 밑줄 친 ㉠~㉤ 중 어휘의 사용이 적절하지 않은 것은?

① ㉠   ② ㉡   ③ ㉢
④ ㉣   ⑤ ㉤

[13 ~ 15] 다음 글을 읽고 이어지는 질문에 답하시오.

2014년 페이스북의 오큘러스 인수 발표 이후 가상현실(VR)과 3D 기술에 대한 사용자와 시장의 기대가 본격적으로 증가하며 'VR'이라는 용어가 조금씩 사람들의 입에 오르내리기 시작했다. 그 이후 현재, VR 기술은 아직 완전히 대중화되지는 못했지만 엔터테인먼트 부문은 물론 유통, 제조, 디자인 및 설계, 의료, 안전교육 등 다양한 산업 분야에서 충분히 가능성을 인정받고 자리잡기 시작했다. ㉠또한 VR은 뉴스나 다큐멘터리 같은 저널리즘 영역에서도 그 활용이 시도되고 있지만, 허구와 현실의 경계를 모호하게 한다는 비판 또한 존재한다.

㉡실내 공간 부문은 어떨까. 3D 공간데이터 플랫폼 '어반베이스'는 실내 공간, 그중에서도 사람들이 살고 있는 혹은 살고 싶은 주거공간을 VR과 AR을 통해 꾸미고 즐길 수 있도록 관련 서비스를 제공하고 있다. '어반베이스(Urbanbase)'라는 홈디자이닝 VR 서비스를 개발하기 전에 주목했던 사회적인 현상은 크게 두 가지가 있었는데, 하나는 '공간에 대한 대중의 인식과 요구의 변화'이고 다른 하나는 '실내 공간정보의 비대칭성'이었다.

사람들은 왜 집이라는 공간에 큰 애착을 갖기 시작했을까? ㉢가장 큰 이유로는 소득 증가에 따른 라이프스타일의 변화로 볼 수 있다. 국민소득이 3만 달러가 되는 시대에는 개성화, 다양화, 차별화가 두드러지기 마련이다. 사람들은 자신의 공간을 아이덴티티를 표현하는 하나의 수단으로 생각하기 때문에 옷이나 액세서리로 몸을 치장하듯 집도 자신의 취향에 맞게 가꾸기 시작했다. 향후 5년 이내 20조 원 가까이 성장할 것으로 예상되는 홈디자이닝 시장 규모가 이를 증명해 준다.

1인 가구 및 소형 가구의 증가 또한 집에 대한 인식을 바꾸는 데 한 몫 했다. 싱글족에게 집은 휴식의 공간이자 취미나 여가를 즐길 수 있는 공간이기 때문에 그들에게는 집을 꾸미고자 하는 욕구가 누구보다 크다. 이들은 전체적인 콘셉트 아래 가구나 생활용품, 작은 소품까지 하나하나 골라 배치하는 반전문가 수준의 셀프 인테리어를 선보인다. ㉣건축이나 인테리어가 특정 계층이나 전문가들의 전유물이 아니라 대중 속으로 파고든 것이다.

주거공간과 VR 기술을 결합하게 된 배경으로는 '실내 공간정보의 비대칭성' 또한 들 수 있다. 실내 공간정보는 제한적이고 소비자가 직접 방문을 해야만 경험을 할 수 있기 때문에 공급자와 소비자 간의 정보가 비대칭적이라는 문제가 항상 제기되어 왔다. ㉤그러나 실내 공간을 3차원으로 재현한다면 입체 도면을 통해 현장의 사실성을 높이는 동시에 부동산 시장의 골칫거리인 '허위 매물'을 미리 검증할 수 있다.

시장이 커지면서 업계는 소비자 편익을 더 강화하기 위해 정교화된 서비스에 대해 고민하기 시작했다. 그 접점에 VR이라는 기술에 대한 요구가 있었을 것이다. 사람들이 자신만의 공간을 창조하는 데 VR을 활용한다면 마치 게임하듯이 홈디자이닝을 즐길 수 있고, 효율적인 의사결정을 내리는 데 도움이 될 것이다.

13. 제시된 글에서 밑줄 친 ㉠ ~ ㉤ 중 문맥상 적절하지 않은 문장은?

① ㉠   ② ㉡   ③ ㉢

④ ㉣   ⑤ ㉤

14. 다음 중 제시된 글을 파악한 내용으로 적절하지 않은 것은?

① 실내 공간데이터는 가상현실, 증강현실 등의 기술과 융합하면 경쟁력 있는 부가가치를 창출할 잠재력이 있다.

② VR 기술을 이용하여 실제 경험하지 않고도 재난상황에 대한 안전교육 등을 진행할 수 있다.

③ 어반베이스는 2D 공간 도면이 3D로 변환되어 사람들이 아이덴티티를 표현하는 하나의 수단으로 생각하는 홈디자이닝에 활용되는 기술을 의미한다.

④ 어반베이스 기술은 가구, 가전, 생활소품, 건자재 등의 산업 분야에서 유용하게 활용될 수 있다.

⑤ 어반베이스는 궁극적으로 '공간에 대한 대중의 인식과 요구의 변화'에 부응하고 '실내 공간정보의 비대칭성'을 해결하여 증강현실과 가상현실의 발전을 목표로 한다.

15. 다음 중 일상생활에 VR 기술이 활용된 사례로 볼 수 없는 것은?

① 화재상황 시 대피경로를 미리 체험해 볼 수 있다.

② 영화관 좌석 선택 시 미리 체험해 보고 원하는 자리를 선택할 수 있다.

③ 감지기와 보안시설 설치 시 최적의 위치를 미리 시뮬레이션해 볼 수 있다.

④ 어디서든 원하는 시간에 가전제품의 전원을 켜고 끌 수 있다.

⑤ 입주 전에 가상으로 미리 가구배치를 해 볼 수 있다.

16. 다음 글을 통해 추론할 수 있는 내용으로 적절하지 않은 것은?

달걀은 개체 하나에 하나의 세포로 된 단세포로, 크게 노른자위(난황), 흰자위(난백), 껍데기(난각)로 구성되어 있다. 달걀의 대부분을 차지하는 흰자위는 약 90%가 물이고, 나머지 약 10%가 단백질이다. 단백질은 많은 종류의 아미노산이 결합된 거대 분자이며, 물을 싫어하는 소수성 사슬과 물을 좋아하는 친수성 사슬이 혼합되어 있다. 그런데 흰자위는 소량의 단백질이 많은 물에 녹아 있는 액체이다. 이 때문에 흰자위 단백질 대부분은 구에 가까운 구조를 하고 있다. 극성을 띤 물에서 안정하게 녹아 있으려면 단백질의 외부는 친수성 사슬로, 내부는 소수성 사슬로 된 형태가 되고, 표면적을 최소화시켜 소수성 부분의 노출을 최대로 줄이는 구의 형태가 유리하기 때문일 것이다.

흰자위 단백질에서 가장 높은 비중을 차지하는 것은 오발부민으로, 비중은 약 60%다. 오발부민은 모두 385개의 아미노산으로 구성된 단백질로 알려져 있다. 다른 단백질과 마찬가지로 오발부민도 온도, pH 변화에 따라 변성이 된다. 달걀을 삶을 때 단백질은 열에 의해 변성이 진행된다. 가열되면 구 모양의 단백질 내부로 많은 물 분자들이 강제로 침투하여 더 이상 소수성 사슬끼리 뭉쳐진 구 모양을 유지하기 힘들다.

열 혹은 물의 작용으로 구 단백질은 길게 펴지고, 그것은 근처에 위치한 또 다른 펴진 단백질과 상호작용이 활발해진다. 소수성 사슬들이 물과의 상호작용을 피해서 자기들끼리 서로 결속하기 때문에 단백질은 더욱 잘 뭉쳐져 젤 형태로 변한다. 열이 더 가해지면 젤 상태의 단백질 내부에 물리적으로 갇혀 있던 물 분자마저 빠져나오면서 더욱 단단한 고체로 변한다. 젤 형태의 반고체만 되어도 반사되는 빛이 많아져 불투명한 상태가 된다. 달걀을 삶은 물이 간혹 흰자위의 찌꺼기로 혼탁한 경우가 있다. 그것은 온도에 의한 변성이 되기 전에 흰자위 단백질이 깨진 껍데기의 틈으로 흘러나온 후에 온도의 변성으로 형성된 찌꺼기가 떠돌아 다녀서 그렇게 되는 것이다. 그런 현상은 삶을 때 물에 약간의 소금을 첨가하면 예방이 가능하다. 물과는 달리 소금물에서는 틈으로 빠져 나온 흰자위 단백질이 곧 바로 염에 의해 변성이 되어 그 틈을 재빨리 메울 수 있다. 틈으로 흘러나온 구 단백질 겉면의 친수성 사슬은 나트륨이온 혹은 염소이온으로 인해서 순수한 물에 있을 때보다 더 활발한 상호작용이 일어난다. 그 결과 단백질 사슬이 더 펼쳐지면서 단백질 사슬끼리 소수성 상호작용이 강해져서 뭉쳐지면 틈을 메울 수 있다. 소위 말하는 단백질의 염석이 진행되어 깨진 틈을 막는 것이다. 두부를 만들 때 간수를 첨가하면 콩 단백질이 덩어리가 되는 것과 같은 이치이다.

노른자위는 루테인과 제아잔틴 같은 화학물질 때문에 색이 노랗다. 항 산화작용 능력을 갖춘 이 화학물질은 눈의 망막과 황반에 축적되어 눈을 보호해 준다. 짧은 파장의 가시광선 혹은 자외선 때문에 생성된, 눈 건강을 해치는 활성 산소(자유라디칼)를 없애 주는 고마운 물질이다. 또한 노른자위는 약 200밀리그램의 콜레스테롤과 약 5그램의 지방을 포함하고 있다. 아주 위험한 상태의 고지혈증 환자는 주의를 해야 되겠지만, 일주일 1~2회 달걀을 먹는다고 콜레스테롤 수치에 크게 영향을 줄 것 같지 않다. 콜레스테롤의 약 80%는 먹은 음식을 원료로 간에서 자체 생산되며, 약 20%는 섭취한 음식에서 보충되기 때문이다. 하루에 간에서 생산되는 콜레스테롤의 양이 약 1,000밀리그램 정도이므로, 달걀에 포함된 양이 그렇게 많다고 볼 수는 없다. 콜레스테롤은 담즙산, 남성 호르몬, 여성 호르몬은 물론 세포막을 형성하고 유지하는 데 필수적인 물질로, 각종 생리활성물질의 생산에 필요한 원료로 이용되고 있다. 심지어 피부에 햇볕을 쬐어 비타민 D를 형성하는 과정에도 콜레스테롤이 필요하다. 노른자위의 단백질은 흰자위보다 조금 적지만, 지용성 비타민(A, D, E)은 흰자위보다 훨씬 더 많이 녹아 있다. 거의 물로 이루어진 흰자위에는 지용성 물질이 녹아 있기 힘들기 때문이다. 삶은 달걀의 노른자위 색이 검푸르게 변한 것을 간혹 볼 수 있는데, 대개 노른자위와 흰자위의 접점에서 형성된다. 노른자위에 포함된 철 이온과 단백질의 분해로 형성된 황화이온이 반응하여 황화철이 형성되었기 때문이다. 흰자위 단백질에는 황을 포함한 아미노산인 시스테인이 포함되어 있다. 가열 변성된 흰자위의 단백질에서 형성된 황화수소 가스는 점점 내부로 들어간다. 왜냐하면 뜨거워져 이미 압력이 높은 흰자위에서 상대적으로 차가워서 압력이 낮은 노른자위로 가스가 이동하기 때문이다. 그리고 노른자위에 포함된 철 이온과 만나 화학반응이 일어나면서 황화철이 형성된다.

껍데기를 벗긴 삶은 달걀의 외형은 날달걀과 같은 타원형이 아니다. 대신 비교적 평평한 면이 보인다. 그것은 달걀 내부에 있던 공기가 삶을 때 빠져 나가지 못하고 흰자가 굳어지며 형성된 모양이다. 달걀을 삶을 때 온도를 급격히 올리면 달걀 내의 공기가 팽창하면서 껍데기가 깨진다. 그러나 서서히 가열하면 껍데기가 깨지는 것을 예방할 수 있다. 그 이유는 서서히 온도를 올리면 달걀 껍데기의 미세한 구멍으로 내부의 공기가 빠져나갈 수 있는 시간이 충분하기 때문이다. 그렇지만 달걀 껍데기(주성분이 탄산칼슘)의 두께가 균일하지 못한 경우에는 온도 증가에 따라 팽창 정도가 달라지므로 서서히 가열하더라도 껍데기가 깨질 수 있다. 냉장고에서 꺼낸 계란을 바로 삶지 말고 실온에 조금 두었다 삶으라고 하는데, 같은 이유다. 날달걀에서 흰자위만을 분리해서 저어 주면 거품이 생긴다. 이것은 물리적인 힘으로 펴진 단백질이 공기를 둘러싸면서 작은 구 모양의 거품이 되기 때문이다. 거품을 만들 때 그릇에 기름이 있으면 거품의 안정성이 깨져 원하는 거품을 만들기 어렵다. 따라서 거품을 잘 만들려면 기름때가 없는 깨끗한 그릇에서 적절하게 젓는 것이 필요하다.

① 흰자위의 소수성 사슬이 결합되면 단백질이 뭉쳐져서 점차 단단한 상태로 변한다.

② 오발부민이 큰 비중을 차지하는 흰자위 단백질은 온도, pH의 변화에 따라 변성된다.

③ 흰자위의 대부분은 물로 이루어져 있기 때문에 비타민 A가 노른자위보다 적게 녹아 있다.

④ 삶은 달걀의 노른자위 색이 푸르게 변하는 것은 철 이온과 황화이온의 반응으로 형성된 황화철 때문이다.

⑤ 달걀을 삶을 때 온도를 급격하게 올리면 달걀 껍데기의 두께 차이로 인해 팽창이 불균형하게 발생하여 달걀이 깨지게 된다.

17. 다음 글을 이해한 내용으로 적절하지 않은 것은?

일반적으로 교양인들이 아는 사실과 달리 헉슬리와 오웰은 동일한 미래상을 예언하지 않았다. 헉슬리는 우리가 외부의 압제에 지배당할 것을 경고했지만 오웰의 미래상에 있는 인간에게 자율성과 분별력 그리고 역사를 박탈하기 위한 빅 브라더는 필요 없다고 주장했다. 즉, 사람들은 스스로 압제를 환영하고, 자신들의 사고력을 무력화하는 테크놀로지를 떠받들 것이라고 내다 본 것이다.

오웰은 누군가 서적을 금지시킬까 두려워했고, 헉슬리는 굳이 서적을 금지할 만한 이유가 없어질까 두려워했다. 오웰은 정보통제 상황을 두려워했고, 헉슬리는 정보 과잉으로 인해 우리가 수동적이고 이기적인 존재로 전락할까 봐 두려워했다. 오웰은 진실이 은폐될 것을 두려워했고, 헉슬리는 비현실적 상황에 진실이 압도당할 것을 두려워했다. 오웰은 통제로 인해 문화가 감옥이 될까 두려워했고, 헉슬리는 우리가 '촉각영화'나 '오르지-포지', '원심력 범블퍼피'와 같은 것들에 몰두하느라 우리의 문화가 하찮은 문화로 전락할까 두려워했다. 한마디로 오웰은 우리가 증오하는 것이 우리를 파멸시킬까 봐 두려워했고, 헉슬리는 우리가 좋아서 집착하는 것이 우리를 파멸시킬까 봐 두려워했다.

(중략)

핵심에 근접한 한 가지 예를 더 들면, 미국의 27대 대통령이자 다중 턱에 몸무게가 150kg에 육박하는 윌리엄 하워드 태프트 같은 사람이 요즘 시대에 대통령 후보로 부상하리라고는 생각하기 어렵다. 만약 모두가 글이나 라디오, 심지어 연기신호를 이용해 자신을 알릴 경우 외모가 그 사람의 지성을 가로막는 일은 없을 것이다. 그러나 텔레비전에서는 보이는 게 전부이다. 150kg 가까이 되는 비대한 사람이 연설하는 TV 영상은 언어를 통해 전달되는 논리적이고 정신적인 민감성을 쉽게 압도해 버린다.

진실은 있는 그대로의 모습으로 나타나지 않고 그런 적도 없다. 진실은 반드시 적절한 옷을 입고 나타나며 그렇지 않으면 인정받지 못한다. 따라서 '진실'을 일종의 문화적 편견이라고 말할 수도 있겠다. 사람들은 텔레비전을 통해 온 세상과 교감을 유지하지만, 이는 인격이 사라진 무표정한 방식일 뿐이다. 문제는 텔레비전이 오락물을 전달한다는 점이 아니라 전달되는 모든 내용이 오락적 형태를 띤다는 것이다.

이를테면 "중앙아메리카에 대한 귀하의 정책은 무엇입니까?"라는 질문에 답하는데, 후보마다 5분 남짓의 시간이 주어지고 상대방은 불과 1분 이내에 반론을 마쳐야 한다고 가정해 보자. 이와 같은 상황에서는 복잡한 설명, 증거서류의 활용, 논리적 전개가 불가능하다. 게다가 실제로 어법에 전혀 맞지 않는 경우도 있었지만 별 문제가 되지 않았다. 결국 두 후보는 논쟁을 벌이기보다는 '강한 인상을 심는 데' 더 신경을 쓰려 할 것이다. 이러한 모습이 TV에서 할 수 있는 최선의 한계를 보여 준다.

뉴스 진행자가 "자, 다음은…"이라고 말할 때 그 의미는 "여러분께서는 앞의 문제에 대해서 충분히(대략 45초 동안) 생각하셨습니다. 따라서 더 이상 그 문제에 병적으로 집착하실(대략 90초 정도) 필요가 없습니다. 그러니 이제 다른 뉴스 쪼가리나 광고로 관심을 돌리십시오."와 같다. 간단히 말해, 텔레비전이 진실에 대한 새로운 정의를 제공한다는 것이다. 즉, 화자에 대한 신뢰도의 여부가 어떤 진술의 진실성을 최종적으로 결정한다. 여기서 '신뢰성'이란 가혹한 현실검사에서 살아남은 화자의 과거경력을 뜻하지는 않는다. 이는 단지 뉴스 진행자에게서 풍기는 성실성, 확실성, 취약성, 흡인력과 같은 느낌이나 인상을 뜻한다.

텔레비전 연출자는 특정 사건이 어느 정도 볼거리가 된다면 그 어떤 사건보다 눈에 띄게 우선적으로 취급하려고 한다. 경찰서로 압송되는 살인용의자, 사기당한 소비자의 화난 얼굴, 나이아가라 폭포로 떠내려가는 드럼통(그 속에는 사람이 있다고 한다), 백악관 잔디밭에 착륙한 헬기에서 내려오는 대통령 등의 장면은 황홀하고 재미있어야 한다는 쇼의 요구조건에 항상 부합한다. 물론 그러한 볼거리가 이야기의 핵심이 아닐지라도 아무 상관이 없으며, 왜 그러한 이미지를 대중에게 노출하는지 설명할 필요도 없다. 텔레비전 연출자라면 누구나 잘 알고 있듯이, 장면 하나하나가 스스로를 정당화할 뿐이다.

① 150kg 가까이 되는 비대한 사람이 연설하는 모습을 담은 시각적 매체는 언어를 통해 전달되는 논리적이고 정신적인 민감성을 압도해 버린다.

② 진실은 반드시 적절한 옷을 입고 나타나며 이때의 '진실'은 일종의 문화적 편견일 수 있다.

③ 현대 사회의 정보 문제는 특정 소수가 중요한 정보를 독점하고 있다는 데에서 시작한다.

④ 현대 사회의 사람들은 텔레비전을 통해 온 세상과 교감을 유지하지만, 이는 인격이 사라진 무표정한 방식일 뿐이다.

⑤ 텔레비전은 '진실'에 대한 새로운 정의를 제공하며 그 신뢰도는 뉴스 진행자에게서 풍기는 성실성, 확실성, 취약성 등과 같은 느낌이나 인상으로 결정된다.

[18 ~ 19] 다음 글을 읽고 이어지는 질문에 답하시오.

(가) 19세기, 독일 수학자 칸토어는 수학적 금기에 도전한다. 그는 집합론을 바탕으로 무한의 개념을 수학적으로 정의하며 수열에서 아무리 큰 수 하나를 골라도 이보다 큰 수는 반드시 존재한다고 발표했다. 지금은 당연하게 받아들이는 주장이지만, 당시 수학자들은 쉽게 받아들이지 못했다. 그의 스승 크로네커조차 칸토어가 수학계에 도전한다며 독설을 퍼부었다.

(나) 무한대와 관련된 개념을 사용한 흔적은 오래 전부터 발견할 수 있다. 철학자 제논이 '무한'이라는 수학적인 개념을 언급했으며, 고대 인도의 수학에도 무한대라는 개념이 등장한 바 있다. 오늘날 우리가 알고 있는 무한대 기호(∞)는 1655년 수학자 월리스 책에 처음으로 등장했다. 그의 원뿔 곡선에 대한 논문에서 "나는 평면이 무한한 숫자의 평행선으로 이루어져 있다고 생각한다. 또는 무한한 숫자의 평행사변형이라고도 볼 수 있는데, 폭이 무한히 작아 전체 폭의 $\frac{1}{\infty}$이다. 이때, 기호 ∞는 무한대를 뜻한다."라고 전했다.

(다) 수학, 컴퓨터, 우주론, 물리학 등에서 중요하게 여겨지는 무한대(Infinity)는 끝이 없거나 무한한 것을 설명하는 데 사용되는 추상적인 개념이다. 그렇다면 이 개념은 왜 만들어졌을까? 가장 큰 수를 생각해 보자. 이때 가장 큰 수를 생각했다 할지라도 그 수에 1만 더하면 가장 큰 수는 또 변한다. 이처럼 수가 커지는 데는 한계가 없기 때문에 수학에서 무한대라는 개념을 만들게 되었다. 무한대는 말 그대로 한계 없이 영원히 커지는 상태를 말한다.

(라) 기호가 등장한 뒤에도 무한의 개념은 그저 '인간이 셀 수 있는 한계를 넘은 매우 큰 수' 정도로 여겨질 뿐, 개념이 무엇인지, 어떤 성질을 갖고 있는지 확실히 설명할 수 있는 사람은 존재하지 않았다. 18세기 스위스의 수학자 오일러는 자신의 저서 대수학에서 아무 설명도 없이 10을 무한이라고 쓴 것을 예로 들 수 있다. 이러한 무한은 당시 인간의 한계를 초월한 신의 영역으로 여겨지기도 하여 무한을 분석하거나 규명하는 일이 수학계에서 금기시되기도 했다. 수학의 황제 가우스도 "무한은 수학적으로 가치가 없다."라고 말할 정도였다.

(마) 또한, 월리스가 펴낸 책 '무한의 산술론'도 가장 큰 업적으로 여겨지는데, 훗날 뉴턴이 미적분학을 고안할 때 많은 도움을 받은 것으로 알려져 있다. 이뿐만 아니라 그는 천문학, 식물학, 음악 등에서도 재능을 보였는데, 특히 암호 해독에 두각을 나타냈다. 월리스가 ∞를 무한대 기호로 선택한 이유를 따로 설명하지는 않았는데, 대부분의 사람들은 옛 로마 숫자로 1,000을 의미하는 CI 혹은 C에서 유래했을 것으로 추측한다. 이는 1,000이 로마뿐만 아니라 당시 영국에서도 매우 큰 수였기 때문이다. 또한, ∞가 그리스의 알파벳 가장 마지막 글자인 오메가(ω)에서 유래했다는 주장도 전해진다. 이는 오메가가 흔히 끝이라는 의미를 나타내는 알파벳으로 사용되고, ∞와 모양도 닮았기 때문이다.

(바) 이에 칸토어는 포기하지 않고 홀로 수많은 비판에 맞서 외로운 투쟁을 벌였지만, 결국 여러 차례의 정신적 충격을 받아 정신 병원을 오가는 생활을 하다 1918년 병원에서 생을 마감한다. 다행인 것은 죽기 전 스승 크로네커와 화해하고, 업적을 인정받았다. 칸토어가 생전 주장한 "수학의 본질은 자유에 있다."와 같이 (㉠   ) 사실을 기억하길 바란다.

18. 다음 중 제시된 글의 논리적 흐름에 따라 문단을 바르게 배열한 것은?

① (나)-(가)-(마)-(다)-(라)-(바)
② (나)-(다)-(라)-(마)-(가)-(바)
③ (다)-(나)-(가)-(마)-(라)-(바)
④ (다)-(나)-(마)-(라)-(가)-(바)
⑤ (다)-(나)-(라)-(가)-(마)-(바)

19. 제시된 글의 빈칸 ㉠에 들어갈 내용으로 적절한 것은?

① 다양한 분야에 대한 호기심이 위대한 발견을 가능하게 한다는
② 개념의 본질에 대한 호기심이 위대한 발견을 가능하게 한다는
③ 상식을 뒤집어 생각을 전환하는 것은 위대한 발견을 가능하게 한다는
④ 각 분야 전문가들과의 심층적인 토론은 위대한 발견을 가능하게 한다는
⑤ 과거를 이해하고 이를 응용함을 통해 위대한 발견을 가능하게 한다는

20. 다음 〈보기〉는 H사의 직원 수에 관한 자료이다. 직원들 중 30대가 아닌 남성의 수는?

> **보기**
>
> - 전체 직원은 30대, 40대, 50대로 구성되어 있다.
> - 40대 여성 직원은 총 5명이다.
> - 전체 직원의 44%는 남성 직원이다.
> - 여성 직원 중에서 50대는 25%이다.
> - 전체 직원에서 30대는 40%를 차지한다.
> - 30대 여성 직원은 30대 남성 직원의 4배이다.

① 14명   ② 16명   ③ 18명
④ 20명   ⑤ 22명

21. 기상청에 근무하는 박 사원은 현재 수도권에 접근 중인 태풍의 상륙 시점을 예측하려고 한다. 상황이 〈보기〉와 같을 때, 태풍이 수도권에 도착할 것으로 예상되는 시간범위에 해당하는 것은?

> **보기**
>
> - 7월 8일 오전 10시 제주도에 태풍이 위치하고 있다.
> - 태풍의 이동 속력은 일정하지 않으나, 시속 36 ~ 40km 범위를 벗어나지 않을 것으로 예상된다.
> - 태풍은 제주도에서 한반도 서쪽을 향해 450km 떨어진 수도권으로 북상하고 있다.

① 오후 8시 40분   ② 오후 9시 20분
③ 오후 10시 35분   ④ 오후 11시 10분
⑤ 익일 오전 12시 40분

22. 다음 〈강의 정보〉에 따라 의사소통, 수리, 문제해결, 정보 영역의 NCS 강의 시간표를 짜려고 할 때, 가능한 경우의 수는?

> **강의 정보**
>
> • 주말을 제외한 월 ~ 금 5일 동안 하루에 19시부터 23시까지 4시간씩 강의를 들을 예정이다.
> • 의사소통 영역은 총 4시간 강의로, 연속 4시간 강의 1개로 구성되어 있다.
> • 수리 영역은 총 9시간 강의로, 연속 3시간 강의들로 구성되어 있다.
> • 문제해결 영역은 총 3시간 강의로, 연속 1시간 강의들로 구성되어 있다.
> • 정보 영역은 총 4시간 강의로, 연속 2시간 강의들로 구성되어 있다.
> • 연속된 강의는 나눠서 수강할 수 없다.

① 160가지   ② 320가지   ③ 480가지
④ 640가지   ⑤ 800가지

23. 다음은 A, B, C 부서의 근무만족도를 조사한 결과이다. 이에 대한 설명으로 옳지 않은 것은?

> • A 부서의 근무만족도 평균은 80점이다.
> • B 부서의 근무만족도 평균은 90점이다.
> • C 부서의 근무만족도 평균은 40점이다.
> • A, B 부서의 근무만족도 평균은 88점이다.
> • B, C 부서의 근무만족도 평균은 70점이다.

① A 부서의 사원 수가 가장 적다.
② B 부서의 사원 수는 12의 배수이다.
③ C 부서의 사원 수는 짝수이다.
④ C 부서의 사원 수는 A 부서 사원 수의 3배를 초과한다.
⑤ A, B, C 부서의 근무만족도 평균은 70점을 초과한다.

24. 갑은 본인이 소유한 9,900m²의 대지에 용적률은 900%, 건폐율은 60%의 건물을 짓기로 하였다. 다음의 〈조건〉에 따라 대지 9,900m²에 건축할 수 있는 상업시설의 최대 건축면적과 건물층수를 구하여 바르게 짝지은 것은? (단, 상업시설은 1층부터 건축하며 모든 층의 바닥면적은 1층과 동일하다)

조건

▶ 용적률 : 건축물 전체 면적(=연면적)의 대지면적에 대한 백분율

$$용적률(\%) = \frac{건축물의 \ 전체 \ 면적(=연면적)}{대지면적} \times 100$$

▶ 건폐율 : 건축면적의 내지면적에 대한 백분율

$$건폐율(\%) = \frac{건축면적}{대지면적} \times 100$$

• 대지면적 : 땅의 면적, 해당 상업시설을 지을 수 있도록 허가된 땅의 크기
• 건축면적 : 지어질 건물의 크기(1층 바닥면적)
• 연면적 : 건물 내부의 모든 면적(각 층의 바닥면적의 합계)

	건축면적	건물층수
①	5,445m²	14층
②	5,568m²	15층
③	5,568m²	16층
④	5,940m²	14층
⑤	5,940m²	15층

25. 다음은 A 국의 농가수를 조사한 자료이다. 이에 대한 설명으로 옳지 않은 것은?

〈20X1년의 농가수 현황〉

구분	전체	전업	겸업	
			1종 겸업	2종 겸업
농가수(가구)	29,182	15,674	5,967	7,541

※ 전체 농가수＝전업 농가수＋겸업 농가수

※ 겸업 농가 중 1종 겸업은 농가 소득이 다른 소득보다 높은 가구, 2종 겸업은 농가 소득보다 다른 소득이 높은 가구를 의미한다.

〈현황별 농가수의 전년 대비 증감률〉

(단위 : %)

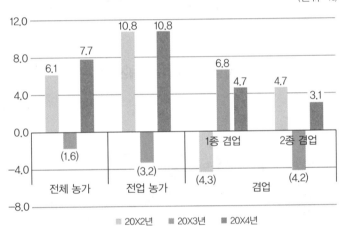

※ 증감률(%)은 소수점 이하 둘째 자리에서 반올림한다.

※ ( ) 안의 수치는 감소를 의미한다.

① 20X2년 전체 농가수 중 겸업 농가수의 비중은 47% 이하이다.

② 20X2년과 20X3년의 2종 겸업 농가수 차이는 310가구 이상이다.

③ 20X3년의 1종 겸업 농가수 대비 2종 겸업 농가수 비중은 120% 이상이다.

④ 1종 겸업 농가수가 가장 많았던 해의 전업 농가수는 18,200가구 이하이다.

⑤ 20X1 ~ 20X4년 중 전체 농가수에서 전업 농가수 비중이 가장 높았던 해는 20X4년이다.

[26 ~ 27] 다음 자료와 이를 바탕으로 작성한 보고서를 보고 이어지는 질문에 답하시오.

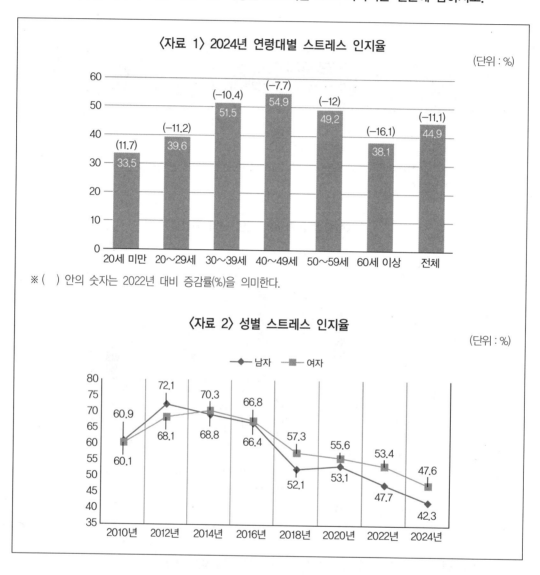

〈자료 1〉 2024년 연령대별 스트레스 인지율

(단위 : %)

※ ( ) 안의 숫자는 2022년 대비 증감률(%)을 의미한다.

〈자료 2〉 성별 스트레스 인지율

(단위 : %)

〈보고서〉

　개인의 건강은 신체건강과 정신건강으로 측정되며, 최근에는 정신건강의 중요성이 점점 더 부각되고 있다. 스트레스는 일상적으로 발생하는 것으로, 개인의 정신건강 상태를 측정할 수 있는 가장 대표적인 지표이다. 스트레스 인지율은 지난 2주 동안 스트레스를 받은 적이 있는 비율을 2년 단위로 조사한 것으로, 일상생활 전반에 스트레스를 어느 정도 느꼈는지에 대해 '매우 많이 느꼈다' 또는 '느낀 편이다'라고 응답한 사람의 비율을 기준으로 한다.

　㉠2022년 스트레스 인지율은 50.5%로, ㉡2020년의 54.4%보다 3.9%p 감소하였다. 2010년 60.5%에서 2012년 70.0%로 증가한 이후 2012년부터는 감소하는 추세를 보였다. ㉢성별로는 2022년에 남자는 47.7%, 여자는 53.4%로 여자가 스트레스를 더 많이 느끼는 것으로 확인되었으며, ㉣연령대별로는 30 ~ 40대의 스트레스가 가장 높고, 이후 ㉤연령이 낮아지거나 증가할수록 점차 감소하는 경향을 보인다.

26. 〈보고서〉의 밑줄 친 ㉠ ~ ㉤ 중 〈자료 1〉과 〈자료 2〉를 통해 확인할 수 없는 내용은?

① ㉠　　　　　　　　② ㉡　　　　　　　　③ ㉢

④ ㉣　　　　　　　　⑤ ㉤

27. 다음 중 2022년 60세 이상의 스트레스 인지율로 옳은 것은? (단, 소수점 둘째 자리에서 반올림한다)

① 38.1%　　　　　　② 45.4%　　　　　　③ 46.4%

④ 47.7%　　　　　　⑤ 50.5%

[28 ~ 29] 다음 자료를 보고 이어지는 질문에 답하시오.

〈업종별 가맹점 매출액 현황〉

구분	2022년(조 원)	2023년(조 원)	2023년 구성비(%)
전체 업종	74.6	74.4	100.0
편의점	23.2	22.9	30.8
문구점	0.6	0.7	0.9
의약품	3.9	4.3	5.8
안경(렌즈 포함)	1.1	1.0	1.3
한식	9.5	9.0	12.1
외국식	2.9	2.9	3.9
제과(제빵 포함)	3.0	3.1	4.2
피자(햄버거 포함)	3.8	4.1	5.5
치킨	5.3	5.5	7.4
김밥(간이 음식 포함)	2.8	3.0	4.0
생맥주(기타 주점 포함)	1.8	1.5	2.0
커피(비알콜음료 포함)	3.9	3.8	5.1
자동차 수리	3.3	2.7	3.6
두발 미용	1.1	1.0	1.3
가정용 세탁	0.5	0.4	0.5
기타	8.1	8.6	11.6

〈업종별 가맹점 종사자 수 현황〉

구분	2022년(명)	2023년(명)
편의점	192,616	190,364
문구점	4,412	4,379
의약품	12,862	12,952
안경(렌즈 포함)	8,985	8,563
한식	126,022	114,161
외국식	39,233	37,031
제과(제빵 포함)	34,267	33,560

피자(햄버거 포함)	60,572	55,941
치킨	66,854	63,331
김밥(간이 음식 포함)	46,342	45,513
생맥주(기타 주점 포함)	28,272	25,391
커피(비알콜음료 포함)	81,303	77,695
자동차 수리	29,349	22,057
두발 미용	21,339	19,656
가정용 세탁	9,113	7,031
기타	85,295	84,876

28. 위 자료를 보고 보인 반응으로 적절한 것은? (단, 자료에서 제시된 업종만을 고려한다)

① 전체 업종의 가맹점 종사자 수는 2022년보다 2023년에 더 큰 것으로 조사되었어.

② 전년 대비 2023년 가맹점 매출액이 같거나 증가한 업종은 기타 업종을 제외하고 모두 8개야.

③ 2023년 전체 업종에서 가맹점 매출액 구성비가 가장 낮은 업종은 가맹점 종사자 수도 가장 적은 것으로 나타났어.

④ 2023년 '피자(햄버거 포함)' 업종의 전년 대비 가맹점 매출액의 증감률은 약 8%야.

⑤ 전년 대비 2023년 가맹점 종사자 수가 가장 많이 감소한 업종은 '자동차 수리'야.

29. 제시된 자료에서 외식 업종만 뽑아 가맹점 수를 조사한 결과가 다음과 같았다. 이를 보고 추론한 내용으로 적절하지 않은 것은? (단, 아래 제시된 업종만을 고려한다)

〈주요 외식 업종별 가맹점 수 현황〉

(단위 : 개)

구분	치킨	한식	커피(비알콜 음료 포함)	제과 (제빵 포함)	피자(햄버거 포함)	전체 외식업
2021년	25,188	21,231	15,036	8,347	6,400	122,574
2022년	25,471	24,875	16,186	8,464	6,698	129,126
2023년	25,867	25,758	17,856	8,325	7,023	135,113

※ 전체 외식업은 외식 관련 모든 업종의 가맹점 수를 합한 것으로 개별 업종이 아니다.

① 2021년부터 2023년까지 전체 외식업의 가맹점 수는 계속 증가한다.

② 2021년부터 2023년까지 가맹점 수가 꾸준히 증가하고 있는 개별 업종은 4개이다.

③ 2023년 전체 외식업 가맹점 중에서 '치킨' 가맹점 수가 차지하는 비중은 '피자(햄버거 포함)' 가맹점 수가 차지하는 비중의 4배를 초과한다.

④ 2023년 가맹점 1개당 평균 매출액을 근거로 할 때, '한식' 업종보다는 '제과(제빵 포함)' 업종을 창업하는 것이 유리하다고 할 수 있다.

⑤ 2022년의 전년 대비 가맹점 수의 증감률이 가장 큰 개별 업종은 '한식' 업종이다.

30. 다음은 20X1 ~ 20X3년의 지역별 에너지 사용량 신고업체 수 현황에 대한 자료이다. 이에 대한 설명으로 옳은 것은?

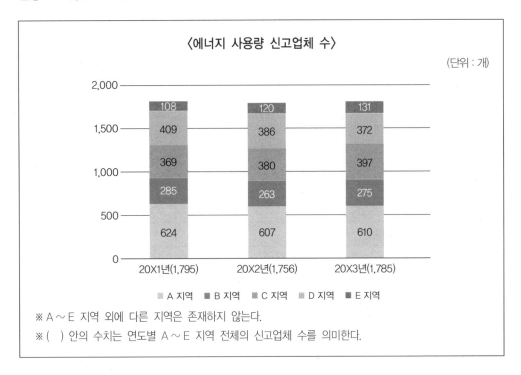

〈에너지 사용량 신고업체 수〉

(단위 : 개)

※ A ~ E 지역 외에 다른 지역은 존재하지 않는다.
※ ( ) 안의 수치는 연도별 A ~ E 지역 전체의 신고업체 수를 의미한다.

① 제시된 3개년 모두 전체에서 A 지역이 차지하는 비중은 40% 이상이다.

② 20X1 ~ 20X3년 중 A 지역의 신고업체 수 대비 C 지역의 신고업체 수가 가장 많은 해는 20X3년이다.

③ 20X1 ~ 20X3년 중 전체에서 D 지역의 비중이 가장 낮은 해와 B 지역 비중이 가장 높은 해가 같다.

④ 제시된 기간 중 E 지역이 전체에서 차지하는 비중은 매년 감소하고 있다.

⑤ 3개년 모두 신고업체 수의 지역별 비중은 A>D>C>B>E 지역 순이다.

[31 ~ 32] 다음 자료를 보고 이어지는 질문에 답하시오.

〈자료 1〉 우리나라 온실가스 배출원별 배출량

(단위 : 100만 톤 CO_2eq, 톤 CO_2eq/10억 원, 톤 CO_2eq/명)

구분		1995년	2000년	2005년	2010년	2015년	2020년
온실가스 총배출량		292.9	437.3	500.9	558.8	656.2	690.2
	에너지	241.4	354.2	410.6	466.6	564.9	601.0
	산업공장	19.8	44.1	49.9	54.7	54.0	52.2
	농업	21.3	23.2	21.6	20.8	22.2	20.6
	폐기물	10.4	15.8	18.8	16.7	15.1	16.4
GDP 대비 온실가스 배출량		698.2	695.7	610.2	540.3	518.6	470.6
1인당 온실가스 배출량		6.8	9.2	10.7	11.6	13.2	13.5

〈자료 2〉 주요국의 1인당 온실가스 배출량

(단위 : 톤 CO_2eq/명)

구분	1995년	2000년	2005년	2010년	2015년
인도	1.6	1.8	1.8	1.9	2.3
프랑스	9.2	8.9	8.8	8.6	7.9
이탈리아	9.0	9.1	9.5	9.7	8.2
중국	3.3	4.1	4.2	6.3	8.0
영국	13.4	12.3	11.8	11.2	9.4
독일	15.6	13.6	12.4	11.8	11.5
일본	10.2	10.6	10.6	10.7	10.1
브라질	4.3	4.8	5.0	5.3	5.5
미국	23.9	23.9	24.4	23.2	21.0
호주	26.1	25.6	27.9	29.1	26.5

31. 다음 중 〈자료 1〉에 대한 설명으로 옳지 않은 것은?

① 온실가스의 주된 배출원은 에너지 부문이다.

② 2020년 1인당 온실가스 배출량은 1995년에 비해 약 2배 증가하였다.

③ 2005년 온실가스 총배출량 중에서 에너지 부문을 제외한 나머지 부문이 차지하는 비율은 약 16%이다.

④ 온실가스 총배출량은 계속해서 증가하고 있고, 2020년 온실가스 총배출량은 1995년의 2배 이상이다.

⑤ GDP 대비 온실가스 배출량이 감소한 것은 온실가스 배출량의 증가 속도보다 GDP 증가 속도가 상대적으로 더 빨랐기 때문이다.

32. 다음 중 〈자료 1〉과 〈자료 2〉의 1인당 온실가스 배출량에 대한 설명으로 옳은 것은?

① 11개국 중 프랑스는 다른 국가들에 비해 1인당 온실가스 배출량의 변화폭이 가장 작다.

② 11개국 중 인도를 제외한 모든 국가들이 2005년 이후 1인당 온실가스 배출량이 감소하고 있다.

③ 11개국의 2015년 1인당 온실가스 배출량 평균은 우리나라 1인당 온실가스 배출량에 비해 높은 수준이다.

④ 11개국 중 1995년에서 2005년 사이 1인당 온실가스 배출량이 가장 큰 폭으로 증가한 나라는 호주이다.

⑤ 11개국 중 호주는 2010년 대비 2015년 1인당 온실가스 배출량이 가장 많이 감소하였지만, 1인당 온실가스 배출량은 다른 국가들보다 높다.

[33 ~ 34] 다음 자료를 보고 이어지는 질문에 답하시오.

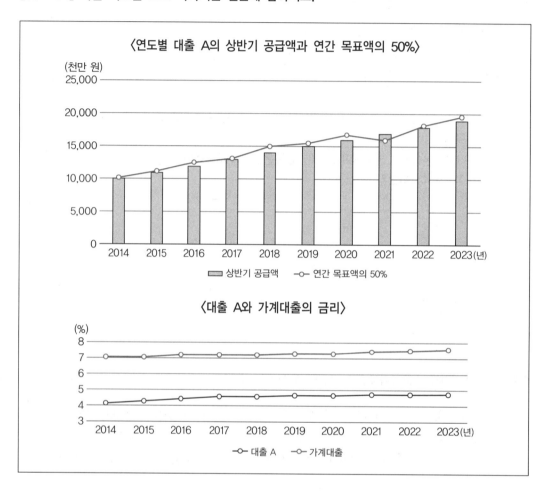

〈연도별 대출 A의 상반기 공급액과 연간 목표액의 50%〉

〈대출 A와 가계대출의 금리〉

33. 다음 중 위 자료를 옳게 파악한 사람은?

① 지민 : 대출 A는 2021년에 처음으로 연간 목표액을 초과 달성했어.

② 민영 : 2023년 대출 A의 상반기 공급액은 2015년의 연간 목표액보다 더 높아.

③ 호연 : 2018년 대출 A의 연 목표 대출이자수익은 1,500천만 원 이상이었어.

④ 영호 : 대출 A의 금리는 가계대출 금리와 매년 2%p 이상의 차이를 계속 유지하고 있어.

⑤ 진아 : 2019년에 대출 A 대신 가계대출로 70천만 원을 대출한 채무자가 부담해야 했던 이자지출의 차이는 2.8천만 원 이상이었어.

34. 2017년 대출 A의 상반기 공급액이 13,000천만 원, 2023년 대출 A의 연간 목표액이 39,000천만 원일 때, 다음 그래프를 보고 ㉠, ㉡에 들어갈 숫자를 적절하게 연결한 것은? (단, 소수점 아래 첫째 자리에서 반올림한다)

〈대출 A의 연도별 목표액 달성률〉

구분	2014년	2015년	2016년	2017년	2018년	2019년	2020년	2021년	2022년	2023년
달성률 (%)	107	103	106	106	107	112	108	104	107	110

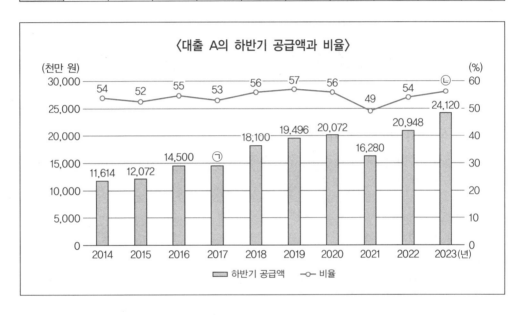

〈대출 A의 하반기 공급액과 비율〉

	㉠	㉡
①	14,095	56
②	14,660	56
③	14,975	56
④	14,095	58
⑤	14,660	58

35. 다음 자료를 바탕으로 '온라인 서비스시장의 현황과 활성화 방안'에 관한 보고서를 작성하려고 할 때, 추가적인 활동으로 적절하지 않은 것은?

1. 20X1년 온라인 쇼핑 거래액
(단위 : 억 원)

구분	음식서비스	음·식료품	가전·통신기기	생활용품	의복
매출액	24,505	22,401	21,402	18,349	16,380

※ 위 다섯 개 영역이 전체 거래액의 56%를 차지함.

2. 20X1년 전년 동월 대비 증감액 상위 3개
(단위 : 억 원, %)

구분	여행 및 교통서비스	가전·통신기기	의복
증가액	5,390	2,675	3,379
증감률	111.6	14.3	22.6

3. 상품군별 모바일쇼핑 거래액
(단위 : 억 원, %)

구분	20X1년 11월	20X1년 12월	전월 대비 증감액	전월 대비 증감률	전년 동월 대비 증감액	전년 동월 대비 증감률
합계	174,743	184,052	9,309	5.3	25,139	15.8
가전	29,563	30,232	668	2.3	3,636	13.7
도서	3,112	4,060	948	30.4	78	2.0
패션	48,555	48,004	−551	−1.1	4,827	11.2
식품	27,279	29,722	2,442	9.0	3,076	11.5
생활	24,377	24,939	562	2.3	2,714	12.2
서비스	39,110	43,743	4,633	11.8	11,130	34.1
기타	2,746	3,352	606	22.1	−322	−8.8

4. 온라인 쇼핑에서 모바일거래가 차지하는 비중
(억 원, %, %p)

구분	20X0년 연간	20X0년 12월	20X1년 11월	20X1년 12월	전월 대비 증감액	전월 대비 증감률(차)	전년 동월 대비 증감액	전년 동월 대비 증감률(차)
총거래액(A)	1,594,384	158,912	174,743	184,052	9,309	5.3	25,139	15.8
모바일 거래액(B)	1,082,659	110,737	124,978	136,075	11,098	8.9	25,338	22.9
비중(B/A)	67.9	69.7	71.5	73.9	−	2.4	−	4.2

① 모바일 거래가 활발히 이루어지는 플랫폼들을 조사한다.

② 온라인 해외 직접 구매 현황도 함께 조사한다.

③ 패션 분야의 모바일쇼핑 거래가 약화된 원인을 조사한다.

④ 최근 5년간 온라인 서비스의 매출액 추이를 확인한다.

⑤ 온라인 서비스 시장의 확대로 피해를 입은 시장들의 구제 방법을 조사한다.

36. 다음은 교통안전과 관련한 보고 내용이다. 이를 바탕으로 작성할 캠페인 문구로 적절하지 않은 것은?

회의록			
내용	교통안전 캠페인 문구 선정		
일시	20XX년 ○월 △일	장소	제1 회의실
보고내용	보복운전과 난폭운전의 구분		
발표자	김민규 팀장		
보고 내용	• 도로에서는 돌발적인 사고뿐 아니라 고의적인 사고도 발생할 수 있음. • 특히 최근 보복운전이나 난폭운전이 늘어나면서 도로 안전이 위협받고 있음. • 난폭운전과 보복운전의 두 단어가 혼용되는 경우가 있으나, 법률적으로 보복운전과 난폭운전은 상당한 차이를 지님. • 보복운전은 특정 인물, 난폭운전은 불특정 다수인을 대상으로 하고, 여기에는 상해, 폭행, 협박, 손괴 등의 행위가 포함될 수 있음. • 난폭운전에는 위협 또는 위해를 가하는 행위나 교통상의 위험을 야기하는 모든 행위가 포함됨. • 보복운전은 단 1회의 행위로도 성립되며, 난폭운전은 2회 이상의 행위를 연달아 하거나 하나의 행위를 지속, 반복할 때 성립될 수 있음. • 법적 처벌의 경우 보복운전은 행위별로 상이하며, 난폭운전은 1년 이하의 징역이나 5백만 원 이하의 벌금형에 처함(보복운전은 형법, 난폭운전은 도로교통법의 적용을 받음). • 행정 처분의 경우 보복운전은 난폭운전의 기준을 따르며, 난폭운전은 입건 시 벌점 40점 부여, 구속 시 면허 취소됨.		

① 앞 차를 위협하는 것으로 무엇을 얻을 수 있나요? 보복운전은 범죄입니다.

② 도로 위 모두를 떨게 하는 난폭운전! 본인의 면허와 바꾸겠습니까?

③ 도로교통법을 준수하여 모두를 안전하게! 난폭운전 이제 그만합시다!

④ 차선을 잘 지키고 계신가요? 깜빡 넘어선 한 번의 실수가 벌로 돌아옵니다.

⑤ 끼어든 자를 쫓아가 내뱉은 욕설! 상대에겐 무시무시한 협박이 됩니다.

37. 다음 조건에 따라 갑 ~ 무 중 2023년 12월 이달의 사원과 올해의 사원으로 선정될 사원을 골라 차례로 나열한 것은?

〈이달의 사원 선정기준〉

다음의 기준에 따라 총점이 가장 높은 사원을 '이달의 사원'으로 선정한다.

1. 일반 계약은 건당 15점, 중대한 계약은 건당 20점을 부여한다.
2. 이전에 세 번 이상 '이달의 사원'으로 선정된 사원의 경우 전체 점수의 20%를 가산한다. 단, 직전 3개월간 한 번이라도 '이달의 사원'으로 선정되었다면 선정 대상에서 제외된다.
3. 일반 실수는 5점, 중대한 실수는 10점을 차감한다.
4. 동점인 경우 '총합 계약 건수-총합 실수 건수'가 가장 높은 사람을 선정한다.

〈올해의 사원 선정기준〉

다음의 기준에 따라 가장 적합한 사원을 '올해의 사원'으로 선정한다.

1. 12월을 포함하여 2023년에 2회 이상 '이달의 사원'으로 선정된 사원이어야 한다.
2. 2023년 총합 계약 건수가 30건 이상이어야 한다.
3. 2023년 총합 실수 건수가 20건 미만이어야 한다.
4. 위 요건에 모두 해당하는 사람이 다수인 경우 '중대한 계약 건수-중대한 실수 건수'가 가장 높은 사람을 선정한다.

〈2023년 영업 실적〉

구분	계약 건수(건)		실수 건수(건)		'이달의 사원' 선정 이력
	일반 계약	중대한 계약	일반 실수	중대한 실수	
갑	18	20	6	9	1월, 3월, 8월
을	25	30	7	10	2월, 9월, 10월
병	22	19	8	12	4월, 5월, 7월
정	28	32	7	11	11월
무	16	25	10	15	6월

① 갑, 을
② 갑, 병
③ 을, 갑
④ 을, 병
⑤ 병, 병

38. 다음은 L 그룹이 내부 회의를 통해 결정한 조치사항과 프로젝트 평가 결과이다. L 그룹의 내년도 사업에 대한 예측으로 옳지 않은 것은?

> L 그룹은 다음과 같이 현재 진행 중인 프로젝트에 대한 경영 컨설팅을 진행하여 내년도 전략을 수립하려 한다. 컨설턴트들의 점수 평균이 95점 이상일 경우에는 1등급, 90점 이상 ~ 95점 미만은 2등급, 85점 이상 ~ 90점 미만은 3등급, 85점 미만은 4등급을 부여한다. 이때 가장 높은 점수를 부여한 컨설턴트의 점수를 제외하고 계산한다(동점인 경우 포함하여 계산한다).
>
> 〈등급별 조치사항〉
>
> • 1등급에 해당하는 사업은 내년에도 적극 지원 및 확장을 시도한다.
> • 2등급에 해당하는 사업은 일단 지속 수행하며 투자금을 유지하되 보다 세밀한 관찰과 관리가 필요한 사업으로 분류된다.
> • 3등급에 해당하는 사업은 투자 중단 및 내부 회의를 거쳐 사업 지속을 위한 결정을 내린다.
> • 4등급에 해당하는 사업은 폐지되고 관리조직과 담당자는 문책을 받게 된다.
>
> <center>〈프로젝트별 평가 결과〉</center> (단위 : 점)
>
> | 컨설턴트
사업명 | A | B | C | D | E |
> |---|---|---|---|---|---|
> | □□콜라보 마케팅 | 92 | 87 | 90 | 83 | 94 |
> | △△업체 지원 | 87 | 90 | 89 | 90 | 95 |
> | ○○펀드 투자 | 82 | 89 | 92 | 94 | 79 |
> | ◇◇선박 운용 | 89 | 98 | 95 | 96 | 98 |
> | 인도 ◎◎사 인수 | 79 | 88 | 83 | 84 | 85 |

① 인도 ◎◎사 인수는 내년에 사업 지속이 불가능하다.

② 금년 진행된 프로젝트 중 내년에 시행될 가능성이 있는 프로젝트는 최소 1개이다.

③ 금년 진행된 프로젝트 중 보다 세밀한 관찰과 관리가 필요한 사업은 존재하지 않는다.

④ E 컨실턴트가 ◇◇선박 운용에 대해 1점을 더 주어도 이 프로젝트의 등급에는 변화가 없다.

⑤ B 컨설턴트가 ○○펀드 투자에 대해 C 컨설턴트와 동점을 주어도 이 프로젝트의 등급에는 변화가 없다.

39. (주)대한은 신·재생에너지 설치의무 건축물의 건설에 필요한 설치계획서를 작성하고자 한다. 다음 자료를 참고할 때, 알 수 있는 내용은?

〈신·재생에너지설비 설치계획서 검토 사항〉

- 신·재생에너지 의무이용 대상건축물의 해당 여부
- 설치기획서상의 설비가 「신·재생에너지설비의 지원 등에 관한 규정」 제2조 제1호에 정의된 '신·재생에너지설비'에 해당하는지 여부
- 신·재생에너지설비 설치를 위한 건축공사비 산정기준 및 방법 적용의 적정성
- 기타 설치계획서 작성기준의 적정성 등

〈신·재생에너지설비 설치계획서 첨부서류〉

서류명	비고
설치계획서(필수)	기관장 직인 필요
건물설계개요(필수)	건물명, 주소, 용도, 연면적, 주차장 면적 등이 표시되어 건축허가용으로 기작성된 설계개요 제출
신·재생에너지설비 견적서(필수)	• 설비회사 등에서 제시한 총괄견적서 제출 • 세부적인 견적내용은 추가 요청 시 제출
건축물 부하용량 계산내역(필수)	• 연료 및 열사용량 내역, 전력사용량 내역 • 세부적인 부하용량 계산 근거는 추가 요청 시 제출
연간 신·재생에너지 생산량 산출근거(필수)	신·재생에너지 연간에너지생산량 계산 근거 및 내용 포함
건축물조감도(필수)	건축허가용으로 작성된 것으로 첨부에 해당하는 도면 제출
신·재생에너지설비 위치가 표시된 건축물 배치도(필수)	
신·재생에너지설비 장비일람표	
기타(선택)	기타 설비계획 검토에 필요한 설명자료 제출

---

① 신·재생에너지 의무이용 대상건축물의 해당 요건
② 대리인이 설치계획서를 제출할 경우 추가로 요구되는 서류
③ 신·재생에너지설비 설치의무에서 면제되는 대상건축물의 해당 요건
④ 신·재생에너지 설치를 위한 건축공사비 산정기준 및 방법
⑤ 건물설계개요 내용에 포함되어야 하는 사항

40. 다음 자료를 근거로 판단할 때, A ~ D 4개 부서 중 1인당 성과급이 가장 높은 부서는?

S 병원은 1년 동안의 부서별 총영업이익을 아래의 표와 같이 산출하였으며, 총 3가지 항목을 지표로 하여 정해진 기준에 따라 각 부서에 성과급을 지급하기로 하였다. 성과급 지급 기준은 다음과 같다.

기준 1) 총영업이익이 많은 부서 순으로 500만 원, 400만 원, 300만 원, 200만 원의 부서 전체 성과급을 지급한다.

기준 2) 전년 대비 증가율에 따라 부서원 한 명당 '부서의 전년 대비 증가율(%)×10만 원'을 지급한다.

기준 3) 전년 대비 업무의 효율성 평가가 향상된 부서에는 부서 전체 성과급의 20%를 추가 지급하고, 효율성 평가가 하락한 부서에는 부서 전체 성과급의 10%를 삭감 지급한다(단, 효율성 평가가 변함없는 부서에는 부서 전체 성과급을 그대로 지급하고 전년과 올해 모두 효율성 평가에서 '상'을 받은 부서는 부서 전체 성과급의 20%를 추가 지급한다).

〈S 병원의 총영업이익〉

부서	부서원 수(명)	1인당 영업이익(백만 원)	전년 대비 증가율(%)	업무 효율성 평가	
				전년	올해
A	8	360	10	상	상
B	10	310	13	중	하
C	12	320	12	상	중
D	15	300	8	하	중

① A
② B
③ C
④ D
⑤ A와 C

41. 다음 ○○대학의 C 교수에게 배부된 자료를 이해한 내용으로 옳지 않은 것은?

〈온라인 시험 진행 유의사항〉

1. 온라인 시험도 시험 감독이 필요합니다. 따라서 해당 시간에 직접 시험 감독(모니터링)을 실시해야 합니다.
   - 스마트캠퍼스 온라인 시험 기능은 시험 중 발생하는 모든 장애에 대비할 수 없습니다. 따라서 수강생의 신속한 민원 해결을 위해 담당 교수님이 모니터링을 실시하는 것이 좋습니다.
   - 시험 재응시 부여 방식은 사전에 숙지하는 것이 좋습니다(온라인 시험 설정 매뉴얼 10 ~ 15p 참고).
2. 시험 중 교수님께서 직접 재응시 기회를 부여하는 것이 불가능할 경우, 교육혁신원 재택(온라인) 수업 민원실(콜센터)에 전화로 그 권한을 위임한 후 다음과 같이 공지해 주세요.

> 〈공지사항 예시〉
>
> 본 교과목 온라인 시험 장애 시 재택(온라인) 수업 민원실(콜센터)에 전화하여 재응시 기회 또는 필요한 조치를 받으시기 바랍니다.
> ▶ 콜센터 전화번호 : 02 – 987 – 6543(4321)
> ▶ 콜센터 운영 시간 : (평일) 09:00 ~ 18:00, (토/일요일) 09:00 ~ 15:00

   - 민원실(콜센터)의 온라인 시험 감독 범위는 아래와 같습니다.
     • 재택(온라인) 수업 민원실 업무 시간 중에만 감독(모니터링) 진행
     • 시험 시간 중 발생한 장애에 대해서만 처리
     • 퀴즈 진행 시간에만 재응시 기회 부여
3. 본 시험 전 간단한 테스트 퀴즈를 진행하여 학생들이 사전에 본인의 응시환경을 테스트할 수 있도록 조치해 주세요.
4. 시험 중 인터넷이 끊길 경우 데이터 소실을 최소화하기 위해 반드시 1페이지에 1문제씩만 보이도록 설정해 주세요.
5. 특정시간에 시험 응시 인원이 많을 경우, 시간 변경 요청을 진행할 수 있습니다. 이 경우 협조하여 주시기 바랍니다.
6. 과목별 공지사항에 〈온라인 시험 응시 학습자 매뉴얼 안내〉를 게시하여 학생들이 이를 충분히 숙지할 수 있도록 안내하여 주세요.

---

① 온라인 시험일지라도 담당 교수가 직접 시험 감독하는 것을 권장한다.

② 재응시 부여 방식은 별도로 배부된 온라인 시험 설정 매뉴얼에서 찾을 수 있다.

③ 재응시 기회 부여가 곤란할 경우 C 교수는 어느 시간이든 02 – 987 – 4321로 전화를 걸면 된다.

④ 시험을 실시하기 전에 미리 응시환경을 점검할 수 있도록 해야 한다.

⑤ 특정 시간에 응시 인원이 많을 경우 시험 시간 변경을 요청받을 수도 있다.

42. ○○기업은 직원들의 내년 근무지를 재배치하지 위해 각 직원들의 희망 근무지를 2지망까지 확인하였다. 다음을 참고하였을 때, 직원들의 배치 결과로 옳지 않은 것은? (단, 올해부터 근무지 배치를 시작하였다)

〈희망 근무지 배치 규칙〉
1. 한 근무지에 한 명씩 배치되며, 현재 근무지에서 연장 근무를 할 수 없다.
2. 1지망 근무지를 우선하여 배치하되, 희망 인원을 초과할 경우 평가점수가 우수한 직원을 우선 배치한다.
3. 1지망 근무지에 배치되지 못한 경우 2지망 근무지에 배치하며, 2지망 근무지에도 배치되지 못할 경우 희망 인원이 미달인 근무지에 임의로 배치한다.
4. 근무지 배치가 처음인 직원은 1지망에 최우선으로 배치한다.

직원	현재 근무지			내년 근무 희망지역		올해 평가점수
	1지망	2지망	현재 근무지	1지망	2지망	
A	–	–	–	종로	여의도	없음.
B	춘천 경춘로	대전 유성구	춘천 경춘로	종로	여의도	98
C	여의도	종로	대전 유성구	춘천 경춘로	종로	100
D	여의도	김포공항	여의도	김포공항	대전 유성구	98
E	종로	대전 유성구	종로	춘천 경춘로	여의도	99

① A의 1지망 지점에 B가 배치될 것이므로 A는 여의도에 배치될 것이다.
② D는 본인 외에는 아무도 1지망으로 지망하지 않은 김포공항점에 배치될 것이다.
③ B는 1지망, 2지망 모두 다른 직원에게 우선권을 빼앗겨 임의로 배치될 것이다.
④ C는 올해 평가점수가 100점이므로 1지망 근무지인 춘천 경춘로점에 배치될 것이다.
⑤ E는 춘천 경춘로점을 희망했지만 평가점수가 더 높은 C에 밀려 여의도점에 배치될 것이다.

43. ○○은행 고객 박 씨는 다음과 같이 외화예금 추천을 문의하였다. 외화예금 상품 중 박 씨가 추천받을 상품으로 적절한 것을 모두 고르면? (단, 현재 USD 1불은 1,100원이다)

> 박 씨 : 요즘 외화예금을 많이 한다고 해서 외화예금 계좌를 하나 만들까 하는데, 저에게 맞는 상품을 추천해 주세요. 환율 우대 혜택 없이는 외화예금으로 이득을 보기 어렵다던데, 외화예금에 가입하면 환전수수료 할인 혜택은 당연히 받게 되겠죠? 요즘 호주달러 (AUD) 예금이 유행이라니 제 것도 호주달러로 예금거래가 가능하면 좋겠고, 소액으로도 가입할 수 있으면 좋겠어요. 처음에는 5 ~ 6만 원 정도로 시작해볼까 해요. 외화예금은 멀리 보고 시작하라기에 저도 3년 정도 두고 보려고 하는데, 어떤 상품에 가입하는 것이 좋을까요?

〈외화예금 상품 현황〉

상품	㉠	㉡	㉢	㉣
가입금액	USD 50불 이상	USD 50불 이상	USD 100불 이상	USD 50불 이상
가입통화	USD, JPY, EUR, GBP, CAD, AUD, NZD, CHF, HKD, SGD	USD, JPY, EUR, GBP, CAD, AUD, NZD, CHF, HKD, SGD	USD, JPY, EUR, GBP, CAD, AUD, NZD, CHF, HKD, SGD	USD, JPY, EUR, CNY
만기약정비율	영업점 및 인터넷뱅킹 고시	외화정기예금 금리 적용	외화정기예금 금리 적용	영업점 및 인터넷뱅킹 고시
기본 예치기간	3개월 이상 36개월 이내	1일 이상 1년 이내	7일 이상 2년 이내	3개월 이상 36개월 이내
세제혜택	–	–	–	–
비고	• 환율 우대(50%) 및 송금수수료 면제 • 수시 적립 가능 • 1년 이상 예치 시 우대 금리(0.2%p) 제공	• 환율 우대(70%)	• 특별 우대 금리 지급 • 1년 단위로 예치 기간 연장 가능	• 환율 우대(50%) • 금리 0.15%p 추가 제공 • 1계좌 1통화 원칙

① ㉠

② ㉡

③ ㉣

④ ㉠, ㉢

⑤ ㉡, ㉣

44. 다음 〈출장 여비 규정〉을 읽고 판단한 내용으로 적절한 것은?

〈출장 여비 규정〉

제1조(목적) 이 규정은 임직원이 업무수행을 위하여 국내외로 출장 또는 부임하는 경우 그 여비지급과 관련된 사항을 정하는 것을 목적으로 한다.

제2조(여비의 구분) 여비는 국내여비, 해외여비, 전임여비로 구분한다.

1. 국내여비라 함은 국내에 당일 또는 2일 이상의 출장에 의한 비용을 말한다.

2. 해외여비라 함은 국외 출장에 대한 비용을 말한다.

3. 전임여비라 함은 전임 또는 근무지 변경에 의한 비용을 말한다.

제3조(여비의 종류) 여비는 다음 각 호의 항목으로 규정한다.

1. 일비라 함은 출장지 내에서 발생하는 교통비, 제잡비 등의 경비를 말한다.

2. 식비라 함은 출장기간 중 식사에 사용된 비용을 말한다.

3. 숙박비라 함은 숙박료 및 숙박에 필요한 이하 부대비용을 포함한다.

4. 교통비라 함은 출장 출발지점부터 도착지점까지, 출장지 간 이동에 필요한 철도운임, 항공운임, 선박운임 또는 자동차운임과 주유비 등을 말한다.

제8조(휴일 출장일 경우의 여비) 휴일 당일 출장 또는 출장기간 중에 휴일이 포함되어 있는 때에는 휴일근무수당을 별도로 지급한다.

제12조(항공운임의 지급)

③ 공무원이 공무상 여행으로 적립한 항공마일리지(항공사가 항공기 이용 실적에 따라 적립하는 점수를 말하며, 이하 "공적 항공마일리지"라 한다)를 활용하여 항공권을 확보하거나, 항공기 좌석 등급을 상향 조정할 수 있는 경우에는 인사혁신처장이 정하는 바에 따라 공적 항공마일리지를 우선적으로 사용하여야 한다. 다만, 공적 항공마일리지만으로 부족한 때에는 인사혁신처장이 정하는 바에 따라 사적 항공마일리지(공무원이 사적으로 적립한 항공마일리지를 말한다. 이하 같다)를 합산하여 사용할 수 있다.

① 위 문서만으로는 출장 여비에 포함되는 모든 종류의 여비를 파악하기 어렵다.

② 숙박비에는 교통비가 포함된다.

③ A 주임이 비행기를 타고 출장지로 이동하기 위해 집에서 출발하여 택시를 타고 공항에 도착하였다면 택시비는 여비 중 교통비에 포함된다.

④ 출장기간 중에 휴일이 포함되어 있어 휴일에 업무를 진행하였더라도 출장 여비만 지급받을 수 있다.

⑤ 항공마일리지 사용 시 사적으로 적립한 마일리지는 사용할 수 없다.

45. 신약 개발 단계에 대한 다음 글의 내용으로 옳지 않은 것은?

<신약 개발 단계 중 전임상실험>

전임상시험(Pre-Clinical Trial)은 신약이 될 후보물질을 선정한 후 그 안정성과 효과를 확인해 보기 위해 동물 모델을 대상으로 진행하는 생화학적 실험으로, 크게 전임상 유효성 평가와 전임상 안전성 평가로 구분하여 진행한다. 전임상 유효성 평가는 후보물질이 가지는 약리작용의 프로필을 연구하고 그 안정성과 흡수성, 대사, 배설, 여러 장기기능에 미치는 효과를 연구하며, 전임상 안정성 평가는 유효성 평가를 통해 효과가 어느 정도 입증된 물질을 대상으로 물질의 독성, 흡수성, 용해성 등을 측정하여 이를 평가한다.

이러한 전임상시험을 통해 후보물질의 안전성(독성)과 유효성이 검증되면 사람을 대상으로 하는 연구를 수행하기 위해 식품의약품안전청의 임상시험허가신청(IND)을 거쳐 임상시험을 진행한다.

<신약 개발 단계 중 임상시험 단계>

전임상시험에서 검증이 된 약물이 사람에게도 안전하고 효과가 있는지 시험하기 위해 임상시험을 실시한다. 임상시험은 1상, 2상, 3상으로 이루어져 있다.

– 임상시험 1상

임상시험 1상은 안전성을 확신하기 위해 시행한다. 일반적으로 건강한 사람 20 ∼ 80명에게 약물을 투여해 약물이 문제를 일으키지 않는지 확인한다. 이 시험에서 사람에게 사용할 수 있는 최대용량을 결정한다. 또한 약이 몸에 흡수돼 최종적으로 제거되는 과정과 부작용을 조사한다. 항암제는 건강한 사람 대신 환자에게 약물을 투여한다. 이때 약의 효능이 나타나는지도 조사한다.

– 임상시험 2상

• 2상에서는 수백 명의 환자들을 시험에 참가시키지만 약의 효능을 완전히 증명할 만큼 충분하지는 않다. 이 단계에서는 약물로 치료하려는 질병을 앓고 있는 환자들이 참여한다. 안전성이 여전히 중요한 사안이며 특히 약물을 투여한 후 짧은 기간에 나타나는 부작용을 주의 깊게 관찰한다.

• 환자들을 최소 세 그룹으로 나눠 위약, 낮은 용량, 높은 용량을 투약하며 부작용이 가장 낮게 나타나면서 약효를 보이는 용량을 결정한다. 임상시험에서 파악하고 싶은 질문을 세부적으로 수정하면서 임상시험 방법을 최종적으로 결정한다. 이 시험결과에 따라서 약물 효능이 뛰어나다고 판명되면 3상을 진행하는데, 보통은 이 단계에서 약 67% 정도가 떨어지고 33% 정도가 임상시험 3상으로 진행된다.

– 임상시험 3상

• 임상시험 중에서 가장 중요하며 가장 비용이 많이 소요되는 연구다. 임상시험 3상은 개발사에서 계획하지만 FDA의 승인을 받아야 한다. 이때 FDA 규제요원과 만나면서 협의 과정을 거친다.

- 참여하는 환자의 수는 300 ~ 3,000명이다. 이때 1차 평가지수를 설정하며 이 평가지수가 바로 시험에 사용한 약의 성패를 결정하는 주요소가 된다. 2차 평가지수와 그 외 부수적으로 분석할 내용도 이때 결정한다. 통계적으로 약효를 입증해야 하는데, 암 치료제와 같이 약효를 명확하게 볼 수 있는 경우에는 수백 명, 백신과 같이 효과를 보려면 자연적인 감염이 필요할 경우에는 수천 명까지 참여시켜야 한다. 예외적인 경우 10만 명 이상 참가한 임상시험도 있다.

〈임상시험 모식도〉
소요 시간 : 3 ~ 10년 / 실험 대상 : 환자, 정상인

임상시험 1상	임상시험 2상	임상시험 3상
• 참여인원 : 20 ~ 80명	• 참여인원 : 100 ~ 300명	• 참여인원 : 300 ~ 3,000명
• 목적 : 주로 안전성 평가	• 목적 : 효능을 보이는 최고 복용량 조사	• 목적 : 효능 및 안전성 확인
• 성공률 : ~ 70%	• 성공률 : ~ 33%	• 성공률 : 25%

① 임상시험은 총 3상에 걸쳐 최소 3년 이상의 시간이 소요된다.

② 신약 개발 과정에서 약의 효능을 시험하기에 앞서 안전성을 먼저 확인해야 한다.

③ 사람에게 사용할 수 있는 최대용량을 결정하는 단계는 임상시험 1상이다.

④ 임상시험 2상은 약의 효능을 확인하는 단계로, 이 과정에서 약물의 대다수가 임상시험 3상으로 진행된다.

⑤ 전임상시험은 임상시험에 들어가기 전 실험동물을 대상으로 진행하는 시험단계이다.

46. 김 주임은 현재 소유하고 있는 자동차에 대한 자동차 보험에 새로 가입하기 위해 다음과 같이 보험료를 확인하였다. 남편과 상의해 아래 자동차 보험 가입 관련 자료를 참고하여 수정하기로 한 내역대로 보험료를 다시 확인한다고 할 때, 새로 확인되는 보험료의 추가 금액은 얼마인가?

보험료 확인

보험료 클릭 시 각 담보를 변경하여 설정할 수 있습니다.

대인배상 I	?	가입(자동차손해배상보장법 한도)	49,220원
대인배상 II	?	무한	66,530원 >
대물배상	?	3억 원	137,370원 >
자기신체사고/ 자동차상해	?	자동차상해 사망/후유장애 3억 원, 부상 5천만 원	22,240원 >
무보험차상해	?	2억 원	2,790원 >
자기차량손해	?	손해액의 20% 자기부담금 20만 원 ~50만 원	77,470원 >
긴급출동특약	?	하이카서비스 60km(잠금장치해제 포함)	29,410원 >
기타특약 등		실비케어 외 4개	3,590원 >
물적사고할증기준금		200만 원	>

남편 : 피보험자에 포함되는 건 당신과 나구나. 불의의 사고에 대비하기 위해서는 높은 보장을 선택하는 게 좋을 것 같아. 요새 무보험자동차가 많다고 하니 무보험자동차로 발생할 사고에 대비하기 위한 항목의 보장 금액을 높이는 것이 어떨까?

김 주임 : 그렇게 하는 것이 좋겠어. 우리 차의 사고로 인해서 우리가 상해를 입은 경우에 대한 보장 금액도 높이자. 이왕 높이는 거 사망 시 보장 금액도 높이는 것이 좋겠지?

남편 : 그래, 그리고 우리 둘 다 운전을 시작한 지 얼마 되지 않았으니 우리 차로 다른 차를 박거나 했을 때 보장되는 금액도 2억 원 더 늘리는 게 좋겠어.

〈대물배상 보험료와 보장범위〉

• 대물배상
  – 보상책임 : 피보험자동차의 사고로 인하여 타인의 자동차나 물건에 손해를 끼친 경우 법률상 손해배상책임을 짐으로써 입은 손해를 보상
  – 보상내용 : 한 사고당 선택한 보험 가입 금액 한도를 보상하며, 반드시 2천만 원 이상은 가입해야 하는 의무보험 외제차량을 포함한 고가 차량의 증가로 충분한 보험 가입 금액의 설정이 필요

보장범위	10억 원	5억 원	3억 원	2억 원	1억 원	7천만 원	5천만 원
보험료	141,090원	138,240원	137,370원	134,520원	132,050원	126,470원	124,490원

〈자동차상해 보험료와 보장범위〉

• 자동차상해
  – 보상책임 : 피보험자동차의 사고로 인하여 피보험자(본인 및 가족 – 부모, 배우자, 자녀)가 동승 중 죽거나 상해를 입은 경우 보상
  – 보상내용
    ▲ 사망 : 보험가입금액 한도 보상
    ▲ 후유장애 : 보험가입금액 한도 내에서 위자료 및 상실 수익액 추가 지급
    ▲ 부상 : 보험가입금액 한도 내에서 실제로 지출한 치료비 보상

보장범위 (사망/상해)	5억 원/ 1억 원	5억 원/ 5천만 원	5억 원/ 3천만 원	3억 원/ 1억 원	3억 원/ 5천만 원	3억 원/ 3천만 원	2억 원/ 1억 원	2억 원/ 5천만 원	1억 원/ 1억 원
보험료	27,820원	26,310원	24,630원	27,690원	22,240원	22,240원	25,990원	22,780원	24,470원

〈무보험차상해 보험료와 보장범위〉

• 무보험차상해
  – 보상책임 : 피보험자(본인 및 가족 – 배우자, 부모, 자녀)가 무보험자동차로 인한 사고로 죽거나 다쳤을 때 그 손해에 대하여 배상의무자가 있을 경우 보상
  – 보상내용
    ▲ 피보험자 1인당 선택한 보험 가입 금액 한도 보상
    ▲ 대인배상 I, 대인배상 II, 대물 배상, 자기신체 사고나 자동차상해 담보에 모두 가입하는 경우 가입 가능

보장범위	미가입	2억 원	5억 원
보험료	0원	2,790원	2,890원

① 5,040원   ② 5,540원   ③ 6,050원

④ 6,550원   ⑤ 7,060원

[47 ~ 48] 다음 자료를 바탕으로 이어지는 질문에 답하시오.

〈병·의원별 본인부담 병원비 산출방식〉

소재지	기관 종류	국적	산출방식
시·군 지역	종합병원	내국인	요양급여비용 총액 $\times \dfrac{50}{100}$
		외국인	(요양급여비용 총액 − 약제비 총액) $\times \dfrac{50}{100}$ + 약제비 총액 $\times \dfrac{30}{100}$
읍·면 지역		내국인	요양급여비용 총액 $\times \dfrac{45}{100}$
		외국인	(요양급여비용 총액 − 약제비 총액) $\times \dfrac{45}{100}$ + 약제비 총액 $\times \dfrac{30}{100}$
시·군 지역	일반병원, 치과병원, 한방병원, 요양병원	내국인	요양급여비용 총액 $\times \dfrac{40}{100}$
		외국인	(요양급여비용 총액 − 약제비 총액) $\times \dfrac{40}{100}$ + 약제비 총액 $\times \dfrac{30}{100}$
읍·면 지역		내국인	요양급여비용 총액 $\times \dfrac{35}{100}$
		외국인	(요양급여비용 총액 − 약제비 총액) $\times \dfrac{35}{100}$ + 약제비 총액 $\times \dfrac{30}{100}$

• 외국인의 경우 본인부담 병원비 산출액은 고용보험 가입자를 대상으로 함.
• 일반질환의 경우 위의 산출방식에 의해 본인부담 병원비를 산출하며, 중증질환자의 경우에는 다음과 같이 질환별로 본인부담률을 차등 적용하여 산출함.

〈중증질환별 차등 본인부담률〉

중증질환 대상	본인부담률
당뇨질환자	30%
희귀난치성질환자	15%
고위험임산부	10%

※ 중증질환자의 본인부담 병원비 산출방식 : (병·의원별 본인부담 병원비) × (중증질환자 차등 본인부담률)

47. ○○공사 총무부의 박 대리는 중증질환을 가진 직원에게 전년도 기준 본인부담 병원비의 평균 금액을 복지 포인트로 지급하려고 한다. 박 대리가 당뇨질환자인 일본국적의 A 사원에게 지급할 복지 포인트의 금액으로 적절한 것은? (단, 전년도 기준은 결제일을 기준으로 2023. 01.01. ～ 2023.12.31.이며, A 사원은 2023년도 기준 고용보험에 가입되어 있다)

〈A 사원의 본인부담 병원비 결제 내역〉

병원	소재지	결제일	요양급여비용 총액	약제비 총액
갑 한방병원	G면	2023.02.28.	180,000원	100,000원
을 치과병원	H시	2023.03.04.	150,000원	60,000원
병 종합병원	I군	2023.07.09.	100,000원	50,000원
정 한방병원	J면	2023.12.16.	300,000원	200,000원
무 치과병원	L시	2024.01.01.	160,000원	20,000원

① 12,000원　　　　② 16,200원　　　　③ 18,525원

④ 28,500원　　　　⑤ 61,750원

48. ○○공사 총무부의 박 대리는 이번 달 총무부 직원들의 본인부담 병원비를 계산하여 그 금액을 지원하려고 한다. 지급해야 할 병원비로 적절하지 않은 것은? (단, 총무부에서 고용보험에 가입되지 않은 직원은 없다)

구분	국적	병원정보	요양급여비용 총액	약제비 총액	중증질환 대상 여부	지원 금액
M 사원	한국	○○시 한방병원	200,000원	100,000원	해당 없음.	㉠80,000원
N 사원	중국	△△군 종합병원	180,000원	90,000원	고위험임산부	㉡45,000원
O 사원	한국	☆☆면 종합병원	100,000원	70,000원	당뇨질환자	㉢13,500원
R 사원	미국	●●시 치과병원	120,000원	80,000원	해당 없음.	㉣40,000원
S 사원	러시아	□□면 일반병원	100,000원	40,000원	희귀난치성질환자	㉤4,950원

① ㉠　　　　② ㉡　　　　③ ㉢

④ ㉣　　　　⑤ ㉤

[49 ~ 50] 다음 자료를 보고 이어지는 질문에 답하시오.

안녕하십니까? 이번 어린이날을 맞아 ○○시에서는 5월 동안 잔디 광장을 개방하여 행사를 진행하려 합니다. 이번 행사는 다음과 같이 다섯 개 구역으로 나뉘어 진행될 예정입니다.

테마	최대 수용 인원	행사 진행 날짜	자원 봉사자 수 (행사 진행 시)
무협	50명	5월 내내	5명
로봇	25명	5월 14, 20일	2명
마법	50명	5월 19, 29일	5명
숲속의 친구	30명	5월 18, 30일	3명
곰돌이	35명	5월 23, 28일	5명

- 모든 행사의 경우, 학생 10명당 최소 1명의 인솔자가 필요합니다(자원 봉사자들은 모두 인솔 자격을 가지고 있습니다).
- 행사는 09:00 ~ 17:00까지 진행됩니다.
- 로봇 테마와 마법 테마의 경우 사진 촬영이 금지됩니다.
- 구내식당이 있으며 인당 3,000원에 점심 식권을 구매하실 수 있습니다(식당 정원은 200명입니다).
- 문의사항은 ○○시청(339-9999)으로 연락주시기 바랍니다.

〈5월 달력〉

일	월	화	수	목	금	토
1	2	3	4	5	6	7
8	9	10	11	12	13	14
15	16	17	18	19	20	21
22	23	24	25	26	27	28
29	30	31				

49. ○○초등학교의 A 선생님은 제시된 자료를 보고 ○○시 행사에 참여하고자 한다. A 선생님이 이해한 내용으로 적절하지 않은 것은?

① 로봇 테마와 마법 테마의 경우 사진 촬영이 금지되므로 아이들에게 사전에 교육해야겠어.

② 우리 학교의 행사 참가자는 총 380명이니, 모든 학생들이 구내식당을 이용한다면 교대로 점심 식사를 해야 되겠군.

③ 자원봉사자 수가 모자란 테마가 한 곳 있으니, 다른 선생님이 인솔자로 참여하면 되겠어.

④ 문의사항이 있을 때는 339-9999로 전화하면 되겠군.

⑤ 우리 반 학생 33명이 모두 다 들어갈 수 있는 테마는 두 개겠구나.

50. 다음 ○○초등학교의 학사 일정표를 참고하여 계획을 짜려 할 때, 옳지 않은 것은? (단, 학생들은 ○○시 어린이날 행사의 모든 테마에 참여해야 하며 주말에는 행사에 참여할 수 없고, 학사 일정표에 따른 학교 행사 동안에는 ○○시의 어린이날 행사에 참여할 수 없다)

일정	교외 행사 이름
5월 5~6일	어린이날 행사
5월 8일	어버이날 행사
5월 15~16일	스승의 날 행사
5월 30일	가정의 달 행사

※ 평일에만 등교하며, 5월 학사 일정은 교외(校外)에서 진행됨.

① 5월 첫째 주에 아이들이 학교에 있는 날은 최대 3일뿐이겠어.

② 5월 중 아이들이 학교에 있는 날이 가장 많을 수 있는 주는 둘째 주야.

③ 로봇 테마에 아이들을 데리고 갈 수 있는 날은 하루뿐이야.

④ 5월 셋째 수에는 최대 네 개의 테마를 견학시킬 수 있겠군.

⑤ 5월 마지막 주에는 무협 테마가 아닌 다른 테마 참여 일정도 잡을 수 있겠어.

고시넷
NCS
피듈형

직업기초

영역별 출제비중

▶ 상황에 따른 대화와 글의 내용 이해하기
▶ 어법에 맞게 글 작성하기
▶ 자료를 바탕으로 수치 계산하기
▶ 문제해결 이론 적용하기
▶ 조건에 따라 적절한 결론 도출하기
▶ 컴퓨터 프로그램 활용하기

피듈형 의사소통능력에서는 효과적인 의사표현 기법을 이해하는 문제, 글의 내용을 분석하는 문제가 출제되었다. 수리능력에서는 도표 자료를 바탕으로 수치를 계산 및 분석하는 문제가 출제되었다. 문제해결능력에서는 문제해결 사고를 이해하고 조건에 따라 타당한 결론을 추론하는 문제가 출제되었다. 자원관리능력에서는 합리적인 자원관리 방법의 이해를 바탕으로 시간, 물적, 인적, 예산 등의 다양한 자원을 관리하고 그에 대한 올바른 선택을 내리는 문제가 출제되었다. 정보능력에서는 정보처리 관련 이론을 확인하고 워드프로세서, 스프레드시트 등의 컴퓨터 프로그램을 활용하는 문제가 출제되었다.

통합 오픈봉투모의고사

2회 기출예상문제

영역	문항 수	시험시간	비고
의사소통능력 수리능력 문제해결능력 자원관리능력 정보능력	50문항	60분	부산교통공사, 한국가스공사, 한국남동발전 등의 필기시험 유형을 기반으로 재구성하였습니다.

NCS란? 산업 현장에서 직무를 수행하기 위해 요구되는 각종 지식, 기술, 태도 등의 내용을 국가가 체계화한 것을 의미한다.

01. 다음 중 음성언어와 문자언어의 특징으로 적절하지 않은 것은?

① 음성언어는 사용되는 맥락에 대한 의존도가 낮고, 문자언어는 사용되는 맥락에 대한 의존도가 높다.

② 음성언어와 문자언어 모두 사람, 물체, 사건을 표현할 때 동일한 어휘를 사용한다.

③ 음성언어는 청각, 문자언어는 시각이라는 감각을 사용하는 표상체계이다.

④ 음성언어는 녹음하여 재생하지 않는 한 일시적이다.

02. 다음 밑줄 친 ㉠ ~ ㉣ 중 그 쓰임이 적절한 것은?

> 5월 31일은 세계보건기구(WHO)가 지정한 세계 금연의 날이다. 담배는 폐암뿐 아니라 후두암, 구강암, 식도암, 신장암, ㉠체장암, 방광암 등 각종 암과 사망의 주요 원인이며, 심혈관질환, 만성호흡기질환 등 각종 만성질환을 유발하는 물질이다. 그러나 금연은 누구에게나 쉽지 않은 과제다. 담배를 ㉡끈으려다 실패한 ㉢사람만이 금연의 어려움을 안다. 담배를 태우지 않는 사람은 ㉣번번히 금연에 실패하는 흡연자를 이해하기 어렵다. 건강에 무책임하거나 의지가 약한 사람으로 보이고 때론 가족들로부터 안쓰러운 시선을 받기도 한다.

① ㉠   ② ㉡

③ ㉢   ④ ㉣

03. 다음은 표준 발음법의 일부이다. 각 항에 대한 예시로 적절하지 않은 것은?

> **제23항**
> 받침 'ㄱ(ㄲ, ㅋ, ㄳ, ㄺ), ㄷ(ㅅ, ㅆ, ㅈ, ㅊ, ㅌ), ㅂ(ㅍ, ㄼ, ㄿ, ㅄ)' 뒤에 연결되는 'ㄱ, ㄷ, ㅂ, ㅅ, ㅈ'은 된소리로 발음한다.
>
> **제24항**
> 어간 받침 'ㄴ(ㄵ), ㅁ(ㄻ)' 뒤에 결합되는 어미의 첫소리 'ㄱ, ㄷ, ㅅ, ㅈ'은 된소리로 발음한다. 다만, 피동, 사동의 접미사 '-기-'는 된소리로 발음하지 않는다.
>
> **제25항**
> 어간 받침 'ㄼ, ㄾ' 뒤에 결합되는 어미의 첫소리 'ㄱ, ㄷ, ㅅ, ㅈ'은 된소리로 발음한다.
>
> **제26항**
> 한자어에서, 'ㄹ' 받침 뒤에 연결되는 'ㄷ, ㅅ, ㅈ'은 된소리로 발음한다. 다만, 같은 한자가 겹쳐진 단어의 경우에는 된소리로 발음하지 않는다.
>
> **제27항**
> 관형사형 '-(으)ㄹ' 뒤에 연결되는 'ㄱ, ㄷ, ㅂ, ㅅ, ㅈ'은 된소리로 발음한다.

① 제23항 – 닭장[닥짱]

② 제24항 – 안기다[안기다]

③ 제25항 – 넓게[널께]

④ 제26항 – 허허실실[허허실씰]

04. 다음은 음운 동화의 종류에 관한 설명이다. ㉠ ~ ㉢에 해당하는 예가 바르게 연결되지 않은 것은?

> 동화는 말소리가 서로 이어질 때 어느 한쪽 또는 양쪽이 영향을 받아 비슷하거나 같은 소리로 바뀌는 소리의 변화를 말한다. 동화의 방향에 따라 뒤의 음이 앞의 음의 영향을 받아 그와 비슷하거나 같게 나는 ㉠순행 동화, 앞의 음이 뒤의 음의 영향을 받아 그와 비슷하거나 같게 나는 ㉡역행 동화, 가까이 있는 두 음이 서로 영향을 주는 ㉢상호 동화로 나누기도 하며, 동화의 정도에 따라 서로 완전히 같아지게 되는 완전 동화, 비슷한 소리로 바뀌는 불완전 동화로 나누기도 한다.

	㉠	㉡	㉢		㉠	㉡	㉢
①	종로	신라	섭리	②	국민	건강	석류
③	칼날	손난로	독립	④	강릉	권력	막론

05. 다음 두 사람의 대화에서 나타난 다양한 맞장구의 기능에 대한 설명으로 적절하지 않은 것은?

> A : 오늘 서 대리 생일인 거 알아?
>
> B : ⓐ응? 깜빡하고 있었어.
>
> A : 나도 아침에 달력 보다가 갑자기 생각났어.
>
> B : 그런데 오늘 서 대리 표정이 별로 좋지 않던데.
>
> A : ⓑ그러게, 나이를 한 살 더 먹는다는 게 서글퍼서일까?
>
> B : ⓒ글쎄, 내 생각에는 생일날까지 야근을 해야 해서 짜증이 난 것 같아.
>
> A : ⓓ응, 듣고 보니 네 말이 맞는 것 같다.
>
> B : ⓔ그건 그렇고, 선물은 어떻게 하지?
>
> A : 점심시간에 백화점에 가서 선물을 고를까?
>
> B : ⓕ그게…, 내가 점심에 부장님과 식사 약속이 있어. 그냥 올해는 넘어가고 내년에 제대로 챙겨 주기로 할까?
>
> A : 안 돼. 서 대리가 이직을 준비 중이라 내년 생일엔 어떻게 될지 몰라.
>
> B : 정말? 그럼 올해 꼭 챙겨 줘야겠네.

① ⓐ와 ⓓ는 같은 기능을 한다.

② ⓑ는 동의의 표현을 나타내는 기능을 한다.

③ ⓒ는 분명하지 않은 태도를 나타낼 때 사용한다.

④ ⓔ와 ⓕ는 각각 '전환의 맞장구'와 '주저하는 맞장구'에 해당한다.

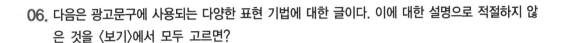

06. 다음은 광고문구에 사용되는 다양한 표현 기법에 대한 글이다. 이에 대한 설명으로 적절하지 않은 것을 〈보기〉에서 모두 고르면?

---

(1) 생략법 : 문장의 일부분을 생략하여 의미의 일부를 감추는 것이다. 사람에게는 감추어진 의미에 궁금증을 가지고 그것을 찾아보고 생각해 보려는 심리가 있는데, 생략법은 이를 이용한 수사법이다.

(2) 점층법 : 말하고자 하는 내용의 비중이나 강도를 점점 높이거나 넓히는 것으로 단순 나열과 달리 자연스럽게 소비자를 끌어들이는 효과가 있다.

(3) 열거법 : 서로 비슷하거나 내용상 관련이 있는 말들을 열거하여 그 뜻을 집중적으로 강조하여 나타내는 표현법이다.

(4) 과장법 : 사물의 수량, 성질, 상태 또는 글의 내용을 실제보다 더 늘리거나 줄여서 표현하는 방법이다. 과장법을 사용함으로써 강한 인상과 함께 전하고자 하는 메시지를 명확하게 전달할 수 있다.

(5) (ⓐ) : 상대방이나 사물을 지칭하여 부름으로써 주체를 집중시키고 전달하고자 하는 내용에 호감을 갖도록 하며, 나아가 광고 내용에 대한 거부감을 줄이는 방법이다.

(6) 영탄법 : 기쁨, 슬픔, 놀라움 등의 감정을 직접적으로 드러내어 표현하는 방법이다.

보기

(가) 제시된 기법들은 모두 음성언어에 따른 수사법의 종류이다.
(나) '여자가 하우젠을 꿈꾸면…'은 (1)의 예로 적합하다.
(다) '별을 흘릴수록, 나는 채워진다'는 (2)의 예로 적합하다.
(라) '세상에서 가장 맛있는 밥'은 (4)의 예로 적합하다.
(마) ⓐ에 들어갈 말은 '설의법'이다.

---

① (가), (다) 　　　　　　　② (나), (라)
③ (가), (다), (마) 　　　　　④ (나), (라), (마)

07. ○○교통공사에서는 시민들에게 4호선 탐방학습을 제공하고 있다. 다음 자료에 대한 설명으로 적절한 것은?

■ 탐방학습 패키지

• **역사와 미래가 공존하는 4호선으로 탐방학습 오세요!**

어린이 및 청소년들이 ○○의 역사가 스며들어 있는 동래읍성 임진왜란 역사관 및 충렬사 등을 탐방하고 동시에 미래형 도시철도 무인전철의 우수성을 경험해 볼 수 있는 4호선 탐방학습 패키지 코스에 여러분을 초대합니다.

• **운영기준**

– 대상 : 20인 이상 단체

– 일자 : 화 ~ 금요일(공휴일 · 공사 지정 휴일 제외)

– 개방시간 : 10:00 ~ 17:00

• **안내 순서**

– 한 단체당 단체 승차권 1매로 A 코스 또는 B 코스를 선택하여 이용함.

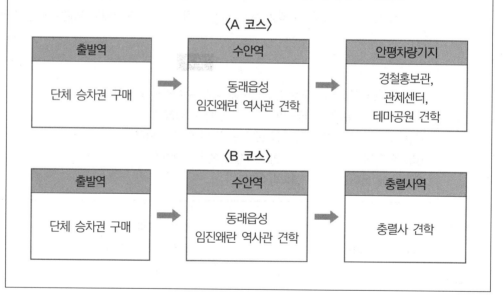

---

① 유치원생이 탐방학습 패키지에 참여하기 위해서는 청소년 이상의 보호자가 필요하다.

② 매주 월요일은 임진왜란 역사관이 휴관하므로, 패키지 코스를 이용할 수 없다.

③ 개방시간은 오전 10시부터 7시간으로, 1회 탐방에는 약 1시간 30분이 소요된다.

④ 15인의 청소년으로 구성된 단체는 단체 승차권을 구매할 수 없다.

08. 다음 글을 읽고 추론한 내용으로 적절하지 않은 것은?

> 세계 곳곳의 방역당국이 5G(5세대), 인공지능(AI)을 고도로 활용한 지능형 로봇을 코로나 19 방역 현장에서 운용하고 있다. 높은 감염력을 지닌 코로나19에 의료진이 감염되는 사태를 막기 위해 이전에 시범적으로 운영되던 로봇 기술을 더 적극적으로 활용하고 있는 것이다.
>
> (중략)
>
> 우선 덴마크의 블루오션 로보틱스가 개발한 UVD 로봇은 다수의 UV 램프와 라이다(LIDAR, 레이저를 목표물에 비춰 사물과의 거리 및 다양한 물성을 감지할 수 있는 기술)를 장착하고 미생물에 대한 심층 지식, 자율 로봇 기술 및 자외선을 결합해 10 ～ 15분 이내에 실내 병원균을 제거할 수 있다.
>
> 로봇 강국 중 하나인 일본에서도 방역 과정에서 로봇을 활발히 활용하고 있다. 전자 기업인 파나소닉의 로봇 'AHR HOSPI'는 환자들의 의약품, 검체, 혈액샘플 등을 수거해 보내는 데 사용한다. 24시간 가동되며 자동 충전되는 이 로봇은 자율주행 시스템도 갖추고 있다. 마찬가지로 방역 현장에서 사용되는 도요타의 로봇 'PractitioNERD'도 장애물을 스스로 피하거나 음성을 통해 경로 확보를 요청하기도 하고 충전이 필요하면 스스로 충전스테이션으로 귀환하는 기능을 갖추고 있다.
>
> 사람의 손이 닿기 힘든 곳에서 방역을 수행하는 데에도 로봇이 사용된다. 일본 ZMP는 자율주행 경비로봇 '파토로(PATORO)'를 올해 출시해 위치정보를 이용해 실내를 순찰하며 손이 닿기 어려운 곳에 소독액을 분사하는 기능을 갖추고 있다. 중국 징둥물류(京东)와 거리(格力)도 AI, 자율주행, IoT 등의 기술을 적용해 공공장소에서 발열 예·경보, 소독, 순찰 등의 업무를 할 수 있는 3종 로봇을 개발해 운용중이다.

① 방역 현장으로의 로봇 투입은 의료진의 안전을 향상시킨다.

② 자외선을 적절히 사용하면 살균 작용에 응용할 수 있다.

③ 파나소닉의 로봇은 자율주행 시스템이 있으며 24시간 가동된다.

④ 아시아에서는 일본만이 자율주행을 적용한 로봇을 운용한다.

[09 ~ 10] 다음 글을 읽고 이어지는 질문에 답하시오.

> (가) 만약 정글에서 악어에게 다리를 물렸다면 어떻게 해야 가장 좋을까. 손을 사용해 다리를 빼내려고 발버둥치면 다리에 이어 손, 심하면 목숨까지 잃게 된다. 할 수 없이 다리 하나만 희생하는 것이 가장 현명한 선택일 것이다. 이를 '악어의 법칙'이라고 부른다.
>
> (나) 포기를 한다는 것은 반대로 또 다른 어떤 것을 얻기 위한 길이기도 하다. 뭔가를 어쩔 수 없이 포기해야 될 때, 빠른 판단을 통해 오히려 더욱 많은 것을 얻게 될 수도 있는 것이 인생이다.
>
> (다) 하지만 주위를 보면 포기를 모르고 포기하는 고통을 두려워하다 결국은 더 큰 고통을 피하지 못하는 안타까운 경우가 많다. 절대 포기한다고 해서 끝나는 것이 아니며 방법이 오직 그 하나밖에 없는 것이 아님을 우리는 알아야 한다.
>
> (라) '악어의 법칙'을 일상생활에 대입해 보면 결정적 순간에 포기할 줄 아는 지혜로운 마음과 시기 적절하게 버릴 줄 아는 능력을 가진 사람이 결국 빛을 발할 수 있다는 이론이다.

09. 윗글의 (가) ~ (라)를 문맥에 따라 바르게 나열한 것은?

① (가) – (라) – (다) – (나)
② (나) – (다) – (가) – (라)
③ (라) – (가) – (다) – (나)
④ (라) – (나) – (다) – (가)

10. 윗글을 읽고 설명한 내용으로 적절하지 않은 것은?

① 욕심이 과하면 망한다는 말처럼 제때 포기하지 않으면 더 큰 손해를 볼 수도 있다.
② 악어의 법칙은 한쪽 다리를 잃더라도 살아서 다른 길을 모색하는 것이 더 현명함을 설명한다.
③ 불가능한 것을 포기하지 못한다면 스스로에게 고통을 주고, 그 고통은 결국 스트레스로 작용할 것이다.
④ 포기를 많이 하는 사람이 결국 현명한 사람이다.

11. 경쟁사인 A 통신사와 B 통신사의 인터넷 요금이 다음과 같을 때, 두 통신사의 요금이 같아지려면 인터넷을 한 달에 몇 분 사용해야 하는가?

〈A, B 통신사 인터넷 요금〉

구분	기본요금(원/월)	사용요금(원/분)
A 통신사	10,000	10
B 통신사	5,000	20

※ 인터넷 요금은 '기본요금+사용요금'으로 계산한다.

① 350분　　　　　　　　　　② 400분
③ 450분　　　　　　　　　　④ 500분

12. 다음 자료에 대한 설명으로 옳지 않은 것은?

〈202X년 재학 및 취업 현황〉

(단위 : %)

구분	남성				여성			
	비재학·취업	재학·취업	재학·비취업	비재학·비취업	비재학·취업	재학·취업	재학·비취업	비재학·비취업
15 ~ 19세	2.9	2.8	86.8	7.5	2.7	3.7	88.3	5.3
20 ~ 24세	25.4	6.2	41.6	26.8	35.8	7.2	36.2	20.8
25 ~ 29세	64.7	2.8	10.9	21.6	66.9	1.7	3.2	28.2
30 ~ 34세	85.9	1.2	0.9	12.0	58.9	0.9	0.7	39.5

① 20 ~ 24세의 경우, 남녀 모두 '재학·비취업' 비중이 가장 크다.

② 20 ~ 24세 비취업자의 비중은 남성이 여성보다 10%p 이상 높다.

③ 제시된 자료의 모든 연령대에서 남녀 모두 '재학·취업'의 비중이 가장 낮다.

④ 30 ~ 34세에서 재학 중인 사람의 비중은 남녀 모두 2.5%가 채 되지 않는다.

13. 다음 연산규칙을 이용할 때 7★9의 값으로 적절한 것은?

2★3＝9	3★2＝7	5★4＝26	4★5＝19

① 57

② 61

③ 63

④ 71

14. 다음 자료에 따를 때, 운동에너지가 가장 큰 물체(X)와 가장 작은 물체(Y)는?

〈물체별 질량과 속력〉

물체	질량(kg)	속력(m/s)
(가)	10	6
(나)	8	7
(다)	6	8
(라)	12	5
(마)	15	4

※ 운동에너지(E) $= \dfrac{1}{2} \times$ (질량) $\times$ (속력)^2

	X	Y		X	Y
①	(나)	(가)	②	(나)	(마)
③	(다)	(라)	④	(다)	(마)

[15 ~ 16] 다음은 우리나라 1차 에너지 소비량 자료이다. 이어지는 질문에 답하시오.

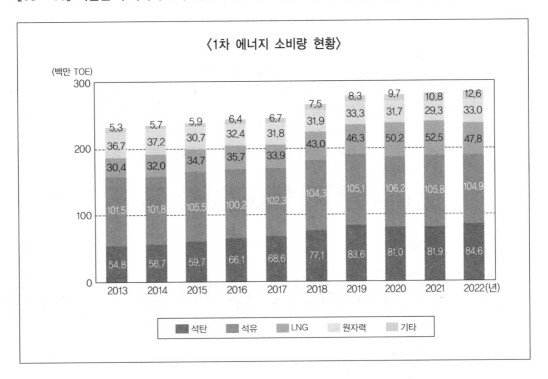

15. 위 자료의 수치 변화에 대한 분석으로 적절한 것은?

① 석유 소비량이 나머지 에너지 소비량의 합보다 많다.
② 석탄 소비량이 완만한 하락세를 보이고 있다.
③ 기타 에너지 소비량이 지속적으로 감소하는 추세이다.
④ 원자력 소비량은 증감을 거듭하고 있다.

16. 위 자료를 토대로 분석한 결과로 바르지 않은 것은?

① 우리나라 1차 에너지 소비량은 꾸준한 증가세를 보이고 있다.
② 1차 에너지 소비량의 증가가 가장 많은 연도는 2022년이다.
③ 기타 에너지에서 재생에너지가 차지하는 비중은 알 수 없다.
④ 석탄 사용량의 증가폭이 가장 큰 연도는 2018년이다.

17. ○○회사는 지난 체육대회에서 변형된 점수 부여 방식으로 야구 경기를 진행하였다. 다음의 자료를 참고할 때, 안타를 더 많이 친 팀(A)과 그 팀의 홈런 개수(B)는?

〈변형된 점수 부여 방식〉

- 3아웃으로 공수가 교대되며, 5회까지 경기를 한다(단, 루상에서의 아웃은 없다고 가정한다).
- 1번 타자부터 9번 타자까지 있고 교체 인원은 없으며, 1 ~ 9번이 타석에 한 번씩 선 후 1번부터 다시 타석에 선다.
- 홈런의 경우 점수 5점을, 안타(홈런을 제외한 단타, 2루타, 3루타)의 경우 2점을, 아웃의 경우 −1점을 부여한다.

구분	1회	2회	3회	4회	5회
청팀	5점	7점	5점	4점	2점
홍팀	3점	6점	8점	7점	4점

구분	청팀		홍팀	
	이름	타수	이름	타수
1번	조**	4	이**	4
2번	정**	4	장**	4
3번	양**	4	김**	3
4번	이**	4	장**	3
5번	박**	3	정**	3
6번	한**	3	윤**	3
7번	안**	3	전**	3
8번	변**	3	김**	3
9번	안**	3	이**	3

	A	B		A	B
①	청팀	2개	②	청팀	5개
③	홍팀	2개	④	홍팀	5개

18. 다음은 (주)○○고속의 고객만족도에 관한 자료이다. 〈보기〉 중에서 표에 대한 잘못된 해석을 모두 고른 것은?

〈연도별 만족도〉

(단위 : 점)

구분		20X7년 고객만족도(A)	20X8년 고객만족도(B)	증감(B-A)
종합만족도		84.34	88.60	4.26(↑)
차원별 만족도	서비스 환경	82.41	86.44	
	서비스 과정	84.30	87.21	
	서비스 결과	85.20	89.42	
	사회적 만족	85.76	90.38	
	전반적 만족	83.48	88.53	

〈20X8년 차선별 만족도〉

(단위 : 점)

구분		경기선	전라선	강원선	경남선
종합만족도					
차원별 만족도	서비스 환경	86.70	85.38	86.95	88.33
	서비스 과정	86.77	87.04	88.45	87.71
	서비스 결과	88.71	89.24	91.89	89.17
	사회적 만족	89.24	91.08	93.30	88.17
	전반적 만족	87.29	89.23	92.35	85.28

※ 종합만족도는 차원별 만족도 항목의 평균으로 계산한다.

보기

ㄱ. 〈연도별 만족도〉에 따르면 20X8년 고객만족가 가장 높은 항목과 가장 낮은 항목의 차는 3.94점이다.

ㄴ. 〈연도별 만족도〉에 따르면 종합만족도 증감(B-A)보다 더 큰 증감을 보인 항목은 2개 이다.

ㄷ. 〈20X8년 차선별 만족도〉에 따르면 서비스 환경 차원에서 경남선이 가장 높은 점수를 받았 으며, 전라선이 가장 낮은 점수를 받았다.

ㄹ. 〈20X8년 차선별 만족도〉에 따르면 강원선은 차원별 만족도 항목 중 4개 부분에서 최고 점수 를 받았고, 경기선은 1개 부분에서 최저 점수를 받았다.

ㅁ. 〈20X8년 차선별 만족도〉에 따르면 종합만족도가 90점을 넘는 노선은 2개이다.

① ㄱ, ㄹ   ② ㄴ, ㄹ   ③ ㄷ, ㅁ   ④ ㄹ, ㅁ

[19 ~ 20] 다음 자료를 보고 이어지는 질문에 답하시오.

〈세계 1차 에너지 공급원별 현황〉

(단위 : 백만 toe)

구분	2009년	2014년	2019년	2023년
석유	3,662	4,006	4,142	4,290
석탄	2,313	2,990	3,653	3,914
천연가스	2,071	2,360	2,736	2,901
원자력	676	722	719	661
신재생 등	1,315	1,455	1,702	1,933
합계	10,037	11,533	12,952	13,699

〈세계 1차 에너지 공급권역별 현황〉

(단위 : 백만 toe)

구분	2009년	2014년	2019년	2023년
유럽(OECD)	1,748	1,849	1,820	1,675
(가)	2,273	2,319	2,215	2,216
(나)	1,149	1,830	2,629	3,066
(다)	1,038	1,237	1,526	1,741
(라)	354	468	623	721
그 외 국가	3,475	3,830	4,139	4,277
전 세계	10,037	11,533	12,952	13,696

19. 다음 〈보기〉의 설명을 참고할 때, 제시된 표의 빈칸 (가) ~ (라)에 해당하는 지역명을 순서대로 나열한 것은?

보기
---

1. (가) ~ (라)의 지역은 중국, 중국 외 아시아, 중동, 미국 네 개 지역이다.
2. 2019년 대비 2023년의 에너지공급량 증가율이 가장 큰 지역은 중국이다.
3. 2009년 대비 2023년의 에너지공급량 증가율은 중동이 중국 외 아시아보다 더 크다.
4. 2019년 대비 2023년의 에너지공급량 증가율은 '그 외 국가'가 미국보다 크다.

① 중국－미국－중국 외 아시아－중동

② 미국－중국－중국 외 아시아－중동

③ 미국－중국－중동－중국 외 아시아

④ 미국－중국 외 아시아－중국－중동

20. (19와 이어짐) 다음 중 제시된 표에 대한 설명으로 올바른 것은?

① 제시된 모든 에너지원의 공급량은 매 시기 증가하였다.

② '그 외 국가'를 제외하고 1차 에너지 공급량이 가장 많은 공급권역은 매 시기 동일하다.

③ 2009년 대비 2023년의 중국 외 아시아와 중동의 1차 에너지 공급량 증가분 합은 중국의 증가 분보다 더 많다.

④ 1차 에너지 공급량은 매 시기 증가하고 있으나, 시기별 증가분은 감소하고 있다.

21. 다음 글에 관한 내용 중 잘못된 것은?

(ⓐ)는 목표를 현재 수준보다 더 높게 끌어올림으로써 의식적으로 만들어 내는 문제라고 할 수 있다. 주의할 점은 ⓑ예측문제와 (ⓒ)를 혼동해서는 안 된다는 것이다. (ⓒ)는 눈 앞에 보이는 문제로 원상복귀가 필요하다. 하지만 (ⓐ) 중 하나인 예측문제는 ⓓ그대로 두면 문제가 영원히 나타나지 않는다.

(ⓐ)의 원인을 분석하는 일은 '현 상황이 어째서 큰 효과를 내지 못하는가?'하는 의문을 갖는 것으로 문제가 있는 부분보다는 개선이 가능한 문제점을 찾아내는 작업이라고 할 수 있다.

① ⓐ에 들어갈 바른 말은 탐색형 문제이다.
② ⓑ의 예로는 집안에 햇볕이 잘 들지 않을 때 어떻게 하면 집안 분위기를 더욱 밝게 만들 수 있을까를 연구하는 행위 등이 있다.
③ ⓒ에는 발생형 문제가 들어가는 것이 옳다.
④ ⓓ는 올바른 설명이다.

22. 명품 매장에서 제품을 도난당하는 일이 일어났다. CCTV 확인 결과, A ~ E가 포착되어 이들을 용의자로 불러서 조사했다. 범인만 거짓을 말한다고 할 때, 범인은 누구인가?

A : B는 범인이 아니다.
B : C 또는 D가 범인이다.
C : 나는 절도하지 않았다. B 또는 D가 범인이다.
D : B 또는 C가 범인이다.
E : B와 C는 범인이 아니다.

① A   ② B
③ C   ④ D

23. 다음 〈조건〉에 따를 때, 가고 싶어 하는 나라가 서로 완전히 다른 사람끼리 묶인 것은?

조건

- 민경, 은희, 화영, 주은 4명이 휴가 때 놀러가고 싶은 나라를 각각 2곳씩 말하였다.
- 일본에 가고 싶어 하는 사람은 3명이다.
- 이탈리아와 미국에 가고 싶어 하는 사람은 각각 2명씩이다.
- 중국에 가고 싶어 하는 사람은 화영이 1명이다.
- 민경이는 이탈리아에 가고 싶어 하지만, 일본에는 가고 싶어 하지 않는다.
- 주은이는 일본과 이탈리아에 가고 싶어 한다.

① 민경, 은희   ② 민경, 화영
③ 은희, 화영   ④ 화영, 주은

24. 어린이의 창의적인 학습 경험을 위한 새로운 기술과 전략에 관한 다음 설명을 바탕으로 할 때, ㉠ ~ ㉣에 해당하지 않는 것은?

〈학습의 4P 요소〉

1. (㉠) : 이것은 학생들이 도달해야 할 목표점을 설정해 주고 열정을 가지고 동료들과 학습할 수 있게 해 주는 역할을 한다. 이것이야말로 다른 모든 P들의 시작점이자 기반이 되는 것이다. 이것과 놀이는 일정하게 연관되어 있다. 이러한 방식의 수업이 아니면 아이들의 놀이는 말 그대로 방치된 놀이에 그치게 될 가능성이 높다.

2. (㉡) : 자신이 좋아하는 것이 아니면 열심히 할 수가 없고 즐길 수도 없다. 아이들에게도 이것이 없는 학습은 어렵고 지겹다. 수업에서 이것이 중요한 이유는 어려운 과제를 끈기 있게 지속할 수 있는 원천이 학생들의 감정과 관련이 있기 때문이다. 학습에 집중한다는 건 감정의 문제이며 그런 감정을 불러일으킬 수 있는 수업을 설계하는 것이 교사의 몫이다.

3. (㉢) : 아이들은 동료들을 많이 의식한다. 다른 아이들은 어떻게 하고 있는지 궁금해하는 것이다. 동료들의 작업을 관찰하고 함께 뭔가를 하면서 서로의 것들을 공유하는 것이야말로 창의적인 학습을 가능하게 한다.

4. (㉣) : 아이들은 어른들이 실패라고 생각하는 사건을 실패라고 여기지 않는다. 블록으로 성을 쌓다가 성이 무너져 내리는 일은 실패가 아니라 놀이에서 벌어진 하나의 사건일 뿐이다. 이처럼 노는 것처럼 할 수 있다면 아이들은 실패를 두려워하지 않을 것이다.

---

① Play   ② Pride
③ Project   ④ Passion

25. 다음의 A, B 상황에서 요구되는 사고력의 종류를 적절하게 짝지은 것은?

> A : 사고의 전개에 있어서 전후의 관계가 일치하는가를 살피는 사고이다. 아무리 많은 지식을 가지고 있더라도 이러한 사고력을 갖추지 못한다면 자신이 만든 계획이나 주장을 주위 사람에게 이해시켜 실현시키기 어렵다. 또한 이것은 다른 사람을 공감시켜 움직일 수 있게 하며, 짧은 시간에 헤매지 않고 사고할 수 있게 한다.
>
> B : 어떤 주제나 주장 등에 대해서 적극적으로 분석하고 종합하며 평가하는 능동적인 사고이다. 이러한 사고는 어떤 논증, 추론, 증거, 가치를 표현한 사례를 타당하게 여겨 수용할 것인가 아니면 불합리하게 여겨 거절할 것인가에 대한 결정을 내릴 때 필요하다.

	A	B			A	B
①	비판적 사고	논리적 사고		②	창의적 사고	논리적 사고
③	논리적 사고	비판적 사고		④	창의적 사고	비판적 사고

26. ○○공사는 신입사원들을 5개 팀으로 나누고 과제를 부여하기로 하였다. 〈자료 1〉은 기존에 진행하고 있는 팀별 과제 현황이고, 나머지 8개(A ~ H)의 새로운 과제를 〈자료 2〉와 같이 배분하려고 한다. 다음 중 어떤 지침이 추가되어야 각 팀에 배분되는 과제가 명확해지는가?

〈자료 1〉 기존 팀별 과제 현황

팀	사랑	우정	소망	희망	끈기
과제 수(개)	1	3	2	0	2

〈자료 2〉 새로운 과제 배분 지침

지침번호	내용
1	모든 팀은 최소한 1개의 새로운 과제를 맡아야 함.
2	기존에 진행하던 과제를 포함하여 4개의 과제를 수행하는 팀은 1개이며, 나머지 팀에게는 과제의 수가 균등해지도록 배분함.
3	과제 A, C는 한 팀에서 맡아야 함.
4	과제 B, D, E는 한 팀에서 맡아야 함.
5	과제 H는 소망팀 또는 끈기팀에서 맡아야 함.

① 과제 F는 우정팀이 맡아야 함.　　② 과제 G는 소망팀이 맡아야 함.

③ 과제 H는 끈기팀이 맡아야 함.　　④ 과제 A는 사랑팀이 맡아야 함.

27. 다음은 ☆☆철도의 호선별 전동차 객실 상황을 나타낸 표이다. 승객이 하차 시 LED 행선지 안내판을 참고할 수 있고 광고 등의 영상을 LCD 화면으로 볼 수 있으며, 휠체어 장애인의 객실 이동이 편리한 구조를 가진 전동차는 몇 호선인가?

1호선 (신형)	• 내장판 : 세라믹 도장 AL 판넬 • 의자 : 난연소재 쿠션, 의자 폭 20mm 확대 • 행선안내 표시기 : LED 방식 • CCTV : 차량당 2개 • 출입문 : 전기식 포켓 슬라이딩 방식	• 바닥재 : 난연합성고무 • 수직손잡이 : 의자당 3개 • 객실 조명등 : 에너지 절약, LED 방식 • 화재감지기 : 열 · 연기 복합형 4개
2호선	• 내장판 : 알루미늄 • 바닥재 : 난연합성고무 • 손잡이 : 알루미늄 • 비상인터폰 : 승무원과 통화 가능 • 출입문 비상열림장치	• 단열재 : 유리섬유 • 의자 : 난연소재 쿠션 • 소화기 : 객실당 2개 • 화재감지기 : 열 · 연기 감지 • 행선안내 표시기
3호선	• 내장판 : 경량 Honey Comb • 의자 : 난연소재 쿠션, 경량구조 • 바닥재 : 난연합성고무 • 화재감지기 : 열 · 연기 감지 • 통로문이 없는 광폭연결막 • 비상인터폰 : 승무원과 통화 가능	• 단열재 : 유리섬유 • 의자하부 : 넓은 여유 공간 • 출입문 비상열림장치 • LCD 광고 및 행선안내 표시기 • 소화기 : 객실당 2개
4호선	• 내장판 : 알루미늄, Honey Comb • 출입문 비상열림장치 • LED 행선안내 표시기 • 통로문이 없는 광폭연결막 • 비상통화장치 : 긴급상황 시 관제센터와 통화 • CCTV : 관제센터에서 객실 상황 확인	• 단열재 : 유리섬유 • 화재감지장치 : 열 · 연기 감지 • LCD 광고 및 행선안내 • 소화기 : 객실당 2개 • 비상정지장치 : 긴급상황 시 열차 정지

① 1호선(신형)

② 2호선

③ 3호선

④ 4호선

28. 다음 커피머신 설명서를 읽고 이해한 내용으로 적절하지 않은 것은?

〈커피머신 설치 및 사용방법〉

1. 제품을 깨끗이 닦고 다음에 유의하여 설치해 주세요.
   - 제품의 수평이 맞지 않으면 소음의 원인이 됩니다.
   - 벽면과 15cm 이상 간격을 두고 설치해 주세요.

2. 보조물통 뚜껑을 화살표 방향으로 빼 주세요. 생수통 받침대 위에 생수통을 올려놓으시면 됩니다(13L 이하 용량의 소형, 중형 생수통 탑재 전용입니다).
   - 보조물통을 사용할 경우, 커피에 들어가는 물의 양에 차이가 발생할 수 있습니다. 반드시 생수통을 이용해 주시기 바랍니다.
   - 생수통 급수 시 제품 외관에 물이 흐르지 않도록 신속히 거꾸로 세워 탑재하시기 바랍니다.
   - 생수통의 무게가 무겁기 때문에 노약자나 어린이가 교체하지 않게 주의해 주세요.

3. 컵 보관통에 종이컵을 넣어 주세요. 컵을 넣은 후에는 제품 도어 내부의 컵 테스트 버튼을 눌러 컵이 정상 추출되는지 확인해 주세요.
   - 컵 감지기에 무리가 가지 않게 5 ~ 10개씩 나눠 넣습니다.
   - 비규격 컵, 찌그러진 컵 등을 넣어 사용하지 마세요.
   - 종이컵은 자판기용 크기를 사용해 주세요.

4. 원료통 상부에 끼워져 있는 스티로폼 판넬을 꺼내고, 원료통 손잡이를 잡고 살짝 들면서 당겨 빼내세요. 그리고 원료통에 원료를 넣고 뚜껑을 닫은 후 원료통의 회전축 고정 홈이 회전축에 맞물리게 끼운 다음 원료통 밑면의 돌출부를 판넬 홈에 맞게 끼워 주세요.
   - 원료 투입 시 원료통을 뒤로 약간 기울여 주세요.

5. 전원플러그를 220V 전용 콘센트에 꽂고, 제품 옆면의 전원 스위치를 켜 주세요.

6. 음료 선택 버튼을 누르고, 컵 추출구에서 음료가 담긴 컵을 꺼내세요.

---

① 커피머신 작동 시 소음이 발생하는 경우 비스듬한 각도로 커피머신이 설치된 것은 아닌지 확인한다.

② 컵을 보관통에 넣을 때 한꺼번에 넣지 않도록 주의하고, 다 넣은 후에 컵이 제대로 나오는지 확인한다.

③ 원료를 원료통에 넣을 때 원료통의 수평이 맞도록 유의해야 한다.

④ 220V 전용 콘센트에 전원 플러그를 꽂아도 작동이 되지 않는다면 제품 옆면에 있는 전원 스위치를 확인해야 한다.

29. 다음은 물의 전기분해 실험방법에 대한 글이다. 이에 대한 설명으로 적절하지 않은 것은?

실험 준비물
물, 저울, 침 핀, 9V 건전지, 집게 도선, 증류수, 수산화나트륨(황산나트륨으로 대체 가능), 비커, 유리관

실험 방법
1. 저울에 6g의 수산화나트륨을 올린다. 2. 유리 비커에 증류수 300ml을 담는다. 3. 6g의 수산화나트륨을 증류수가 든 유리비커에 넣고 녹여 수산화나트륨 수용액을 만든다(증류수는 순수한 물이므로 수산화나트륨을 조금 녹여서 전류가 흐르게 한다). 4. 만들어진 수산화나트륨 수용액을 유리관에 가득 차도록 담는다. 5. 유리관의 입구를 막은 채로 수산화나트륨 수용액이 들어 있는 비커에 유리관을 거꾸로 놓는다. 6. 침 핀을 끼운 집게 도선을 유리관 안쪽에 넣는다. 7. 집게 도선에 9V 건전지를 끼우고 30분간 반응을 지켜본다. [결과 1] 물 분자에서 수소는 전자를 얻기 쉬우므로 (−)극에서 만들어지고, 산소는 전자를 빼앗기므로 (+)극에서 만들어진다. [결과 2] 만들어진 산소와 수소 양의 비는 1 : 2이다. ※ (+)전하를 띠는 원소는 (−)극에서 만들어지고, (−)전하를 띠는 원소는 (+)극에서 만들어진다.

실험 시 주의할 점
1. 손으로 약품을 만지지 않는다. 2. 불을 쓸 때는 불이 옮겨 붙지 않도록 조심한다. 3. 유리비커와 유리관이 깨지지 않도록 조심한다. 4. 집게 도선을 유리관에 넣을 때 주의한다.

① 침 핀, 집게 도선, 비커는 실험 준비물에 포함된다.

② 정확한 실험을 위해 수산화나트륨과 증류수의 양을 계량하는 것이 좋다.

③ 수산화나트륨만이 증류수에 전류를 흐르게 한다.

④ 수소는 (+)전하를 띠고 있고, 산소는 (−)전하를 띤다.

30. 모임에 참석한 A ~ C는 오랜만에 만난 동기들과 좀 더 재미있게 음식을 먹기 위해 가위바위보 게임을 하게 되었다. 다음 내용을 바탕으로 할 때, 음식값을 가장 많이 낸 사람과 그 사람이 지불한 음식값을 바르게 나열한 것은? (단, 주어진 조건 외에는 고려하지 않는다)

- A, B, C가 가위바위보를 하여 음식값 내기를 하고 있다.
- 라운드당 한 번씩 가위바위보를 하여 음식값을 낼 사람을 정하며 총 5라운드를 겨룬다.
- 가위바위보에서 승패가 가려진 경우에는 패자가 해당 라운드의 음식값을 낸다.
- 비긴 경우에는 세 사람이 모두 음식값을 낸다. 단, 직전 라운드의 승자는 음식값을 내지 않는다.
- 음식값을 낼 사람이 2명 이상인 라운드에서는 음식값을 낼 사람들이 동일한 비율로 음식값을 나누어 낸다.
- A는 '가위-바위-보-가위-바위'를 순서대로 낸다.
- B는 1라운드에서 바위를 낸 후 2라운드부터는 직전 라운드에서 이긴 경우 가위를, 비긴 경우 바위를, 진 경우 보를 낸다. 단, B가 직전 라운드에서 음식값을 낸 경우에는 가위를 낸다.
- C는 1라운드에서 바위를 낸 후 2라운드부터는 직전 라운드에서 이긴 경우 보를, 비긴 경우 바위를, 진 경우 가위를 낸다.

〈라운드별 음식값〉

라운드	1	2	3	4	5
음식값(원)	10,000	15,000	20,000	25,000	30,000

---

① A, 25,000원

② B, 52,500원

③ B, 51,500원

④ C, 22,500원

31. 다음은 김 대리의 하루 일과를 정리한 내용이다. 〈조건〉을 바탕으로 밑줄 친 자원의 낭비요인 중 같은 종류끼리 바르게 묶은 것은?

> 김 대리는 어제 늦게까지 축구경기를 보다가 그만 ⓐ늦잠을 자 버리고 말았다. 부랴부랴 회사에 출근하였으나, 지각을 했다. 이후 김 대리는 탕비실에서 ⓑ1회용 종이컵으로 물을 마신 후 또 다른 종이컵에 커피를 타서 자리에 돌아왔다. 오전 업무를 본 후 점심시간에 동료들과 식사를 하면서 ⓒ새로 나온 별다방의 컵이 매우 인기가 높다는 말에 별다방의 컵을 사고 말았다. 식사 후 ⓓ핸드폰 충전기를 집에 놓고 왔다는 것을 깨닫고 새로 구입해 회사로 복귀하였다. 오후 근무를 하던 김 대리는 퇴근시간이 다가오자 일을 마치지 않았지만 ⓔ'내일 하면 괜찮겠지'라는 생각으로 퇴근 준비를 하고 집으로 향했다.

> **조건**
> 자원의 낭비요인은 시간 낭비요인, 예산 낭비요인, 인적자원 낭비요인으로 구분한다.

① ⓐ, ⓓ

② ⓑ, ⓔ

③ ⓐ, ⓓ, ⓔ

④ ⓑ, ⓒ, ⓓ

32. 다음 예산 구성요소에 관한 글을 바탕으로 할 때, 그 예를 잘못 짝지은 것은?

> • 직접비용(Direct cost) : 생산비용 중에서 제품 생산이나 서비스 창출을 위해 직접 투입된 비용
> • 간접비용(Indirect cost) : 생산비용 중에서 제품 생산이나 서비스 창출에 직접 관여하지 않는 비용으로, 직접비용에 해당하지 않는 모든 비용

	직접비용	간접비용		직접비용	간접비용
①	광고비	통신비	②	출장 교통비	전기세
③	컴퓨터 구입비	건물관리비	④	빔 프로젝터 임대료	설비의 재산세

33. 다음은 효과적인 물품 관리에 관한 설명이다. 이를 바탕으로 〈보기〉에서 잘못된 설명을 하는 사람을 모두 고른 것은?

물품의 효과적인 관리를 위해서는 적절한 과정을 거쳐야 한다. 물품을 마구잡이식으로 보관하게 되면 필요한 물품을 찾는 것 또한 어려워질뿐더러 물건의 훼손이나 분실의 우려가 있을 수 있다. 따라서 적절한 과정을 거쳐 물품을 구분하여 보관하고 관리하는 것이 효과적이라고 할 수 있다. 효과적인 물적자원관리 과정은 다음 그림과 같이 나타낼 수 있다.

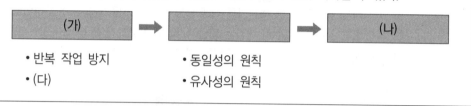

- 반복 작업 방지
- (다)

- 동일성의 원칙
- 유사성의 원칙

보기

A : (가)에 들어갈 말은 '사용 물품과 보관 물품의 구분'이 적절해.

B : 처음부터 철저하게 물품의 사용계획이나 여부를 확인함으로써 시행착오를 예방할 수 있어.

C : 유사성의 원칙은 동일 품종은 같은 장소에서 보관한다는 거야.

D : (나)에 들어갈 바른 말은 '물품 특성에 맞는 보관 장소 선정'이 되겠군.

E : 결국 사용 물품과 보관 물품을 구분하는 것은 물품활용의 편리성 때문이니, (다)에는 '물품활용의 편리성'이 들어가겠군.

F : (나)에 있어서 중요한 것은 분류에 따라 일괄적으로 같은 장소에 보관하는 거지.

① A, B
② C, F
③ A, D, E
④ B, C, F

34. 다음은 ○○기업 지원자 A ~ D의 평가 점수표이다. 이 중 합격자로 적절한 사람은?

서류점수 20%, 필기점수 30%, 실기점수 40%, 면접점수 10%를 반영하여 제일 점수가 높은 사람 1명을 합격자로 선정한다.

〈○○기업 지원자 평가 점수〉

(단위 : 점)

구분	A	B	C	D
서류평가	60	70	50	50
필기시험	80	60	70	90
실기시험	70	80	90	80
면접평가	50	60	60	50

① A
② B
③ C
④ D

35. 다음은 표적시장 선정 전략의 장단점을 비교한 것이다. (가) ~ (라)에 들어갈 내용으로 옳지 않은 것은?

구분	장점	단점
비차별화	(가)	(나)
차별화	(다)	(라)
집중화	자원의 집중화와 효율화	미흡한 대응 시 높은 위험

① (가)-규모의 경제로 인한 비용 절감
② (나)-정확한 시장 세분화와 합리적인 표적시장 선택에 실패하면 수익성 보장이 어려움.
③ (다)-각 시장에 적합한 프로그램을 적용함으로써 고객만족과 판매량 증가
④ (라)-모든 세분시장에 각각의 마케팅 프로그램을 도입하기 때문에 비용이 과다 소요됨.

36. ○○기업에서 기업자원통합관리시스템(ERP) 업무를 담당하는 A 사원은 핵심 ERP를 활용하여 관리 조직을 입력하려고 한다. 다음 중 입력 순서가 바른 것은?

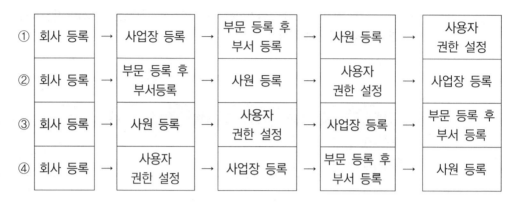

①	회사 등록	→	사업장 등록	→	부문 등록 후 부서 등록	→	사원 등록	→	사용자 권한 설정
②	회사 등록	→	부문 등록 후 부서등록	→	사원 등록	→	사용자 권한 설정	→	사업장 등록
③	회사 등록	→	사원 등록	→	사용자 권한 설정	→	사업장 등록	→	부문 등록 후 부서 등록
④	회사 등록	→	사용자 권한 설정	→	사업장 등록	→	부문 등록 후 부서 등록	→	사원 등록

37. 자재관리를 담당하는 김 부장은 넓이가 300m²인 창고에 다음과 같이 박스를 정리해 두려고 한다. 창고 안에 정리해 둘 수 있는 박스의 최대 수량은 몇 개인가?

- 창고의 가로 길이는 10m, 세로 길이는 30m이다.
- 한 변이 1m인 정사각형 박스 20개, 가로 1m × 세로 2m인 직사각형 박스 10개, 한 변이 2m인 정사각형 박스 20개, 가로 2m × 세로 3m인 직사각형 박스 25개, 한 변이 4m인 정사각형 박스 10개, 가로 4m × 세로 3m인 직사각형 박스 10개가 있다.
- 물품 특성상 박스 위에 다른 박스를 올릴 수는 없으며, 창고의 높이는 고려하지 않는다.
- 박스의 가로와 세로 방향을 바꿔서 둘 수는 없다.
- 넓이 6m²의 공간은 남겨 두어야 한다.

① 77개
② 78개
③ 79개
④ 80개

38. 아래 기사를 본 A ~ E는 일중독과 조직 몰입이라는 주제로 대화를 나누고 있다. 다음 중 잘못된 설명을 하는 사람을 모두 고른 것은?

〈한국을 대표하는 키워드 일중독(Workaholic)〉

지난 10월 18일 만화 사이트 '도그하우스 다이어리'가 키워드 하나로 지구촌 각 나라의 특성을 정리한 것이 화제가 됐다. 예를 들어 미국은 '노벨상 수상자'와 '잔디 깎기 기계로 인한 사망자 수'에서 세계 최고다. 일본은 '로봇', 러시아는 '라즈베리'와 '핵탄두', 인도는 '영화', 북한은 '검열' 이라는 키워드에서 세계 1위를 차지했다. 여기서 한국을 대표하는 키워드는 바로 '일중독'이었다. 몰랐던 것은 아니지만 이런 식으로 세계에 알려지는 것이 썩 유쾌한 일은 아니다.

A : 일중독은 몰입과는 달리 내재적인 동기요인보다 경쟁에서의 승리, 목표나 사명에 대한 동일시, 해고 또는 경제적 어려움에 대한 두려움 등 외재적 요인에 의해 강화되는 경우가 대부분이다.

B : 피터 베르거의 주장에 따르면 일중독에 빠지면 자기 의지로 일을 조절하는 것이 불가능하거나 어려워진다.

C : 일중독은 일과 개인 생활의 다른 영역과의 균형을 파괴한다.

D : 일중독은 건강한 삶의 균형을 깨뜨리기 때문에 몰입과는 달리 지속성이 없다.

E : 다른 중독과 비교했을 때 일중독은 본인 또는 타인이 알아채기 쉽다.

---

① A, D

② A, E

③ B, C

④ A, C, D

[39 ~ 40] 다음은 ○○사의 직원 연수 프로그램 운영 계획안이다. 이어지는 질문에 답하시오.

〈직원 연수 프로그램 운영 계획안〉

1. 프로그램명

   휴식, 행복한 일터 만들기

2. 프로그램 목표

   – 스트레스 관리 능력을 배양하여, 일상의 균형을 찾고 행복한 직장문화를 만든다.

   – 자연 속에서의 연수 과정을 통해 정신적·육체적 안정감을 회복한다.

   – 일정에 얽매이지 않는 자유로운 교육 과정을 통한 진정한 재충전의 기회를 제공한다.

   – 직원들의 능동적 참여를 바탕으로 한 사기 진작 및 긍정적 태도를 함양한다.

3. 일정

대상	운영기간	회차	총 인원	운영업체(장소)
직원	5~6월	3회차 (1박 2일)	100명	●●포레스트 (담양)

4. 세부 일정 및 내용

   – 추진일정 : (1차) 20X3. 5. 24.(수) ~ 5. 25.(목), 35명

   　　　　　　 (2차) 20X3. 5. 31.(수) ~ 6. 1.(목), 35명

   　　　　　　 (3차) 20X3. 6. 8.(목) ~ 6. 9.(금), 30명

   – 주요 내용

주제	진행내용
스트레칭	평화로운 음악과 함께 경직된 몸을 풀어주는 아침 스트레칭
숲 산책	풍부한 피톤치드와 맑은 공기 속에서 명상과 사색을 통해 숲과 나무, 바람과 교감
요가	신체를 자각하는 부드러운 동작으로 몸과 자연과 호흡
명상	전신이완과 집중유도를 통하여 깊은 휴식을 취하게 함.
힐링 마사지	소도구 및 신체를 활용한 마사지, 짝을 이루어 마사지를 통한 유대감 형성
힐링 모닥불	모닥불 아래서 편안한 대화, 자연과의 교감 및 감성회복

5. 예산 집행

구분		수량	단가(원)	금액(원)	비고
숙박비	숙소	(가)	200,000	5,000,000	4인실(100명)
식대	중식	100	8,000	800,000	–
	석식	100	10,000	1,000,000	–
	조식	100	8,000	800,000	–
	중식	100	8,000	800,000	–
프로그램	–	100	660,000	(나)	1인당 5%씩 할인
차량	운행비	3대	500,000	1,500,000	회차별 1대씩 운영 / 유류비 포함

39. 위 자료의 (가), (나)에 들어갈 수치가 바르게 연결된 것은?

	(가)	(나)			(가)	(나)
①	20	62,700,000		②	25	62,700,000
③	25	62,750,000		④	30	62,700,000

40. 한 대리가 위 운영 계획안을 회사 선배들에게 보여주고 조언을 구했다. 다음 중 적절한 조언을 한 사람을 모두 고르면?

> 갑 : 운영 시 어떤 자원이 얼마나 필요한지 필요한 자원의 종류와 양을 확인하는 것이 우선이에요.
>
> 을 : 예산을 책정할 때 꼭 필요한 고정비용을 먼저 고려하고, 불가피한 경우를 대비하기 위해 기타 예비비를 확보하는 것이 좋아요.
>
> 병 : 당초 계획한 성과를 달성하면서도 투입예산을 최대한 절감하거나, 동일한 예산 투입으로 최대의 성과를 달성하도록 집행하는 게 좋아요.
>
> 정 : 연수 종료 후 사후평가 결과 제출 등 사후평가를 철저히 해야 해요.

① 갑, 정
② 을, 병
③ 갑, 을, 병
④ 갑, 을, 병, 정

41. 당기에 영업을 개시한 K사는 한 개의 제조부문을 통해 제품 A, B, C를 생산 및 판매하고 있다. 다음은 제품 A, B, C와 제조부문의 제조원가 자료이며, 당기에 제조를 시작한 제품들은 모두 완성되었다고 가정한다. 노동시간을 기준으로 제조간접원가를 배부할 경우 제품 B의 당기총제조원가는 얼마인가?

(단위 : 만 원, 시간)

구분	제품 A	제품 B	제품 C	합계
직접재료원가	2,000	3,000	5,000	10,000
직접노무원가	5,000	5,000	10,000	20,000
제조간접원가				10,000
노동시간	3,000	2,000	3,000	8,000

① 80,000,000원
② 100,000,000원
③ 105,000,000원
④ 120,000,000원

42. 네티켓은 통신망을 뜻하는 네트워크와 예절을 뜻하는 에티켓의 합성어로, 네티즌이 사이버 공간에서 지켜야 할 비공식적인 규약이라고 할 수 있다. 다음 〈보기〉의 ㉠과 ㉡에 들어갈 네티켓 장소가 적절하게 연결된 것은?

보기

(㉠)에서의 네티켓	(㉡)에서의 네티켓
• 마주 보고 이야기하는 마음가짐으로 임한다. • 엔터키를 치기 전에 한 번 더 생각한다. • 유언비어와 속어, 욕설은 삼가고 상호비방의 내용은 금한다.	• 글의 내용은 간결하게 요점만 작성한다. • 제목에는 글의 내용을 파악할 수 있는 함축된 단어를 쓴다. • 글의 내용 중에 잘못된 점이 있으면 빨리 수정하거나 삭제한다.

　　　㉠　　　　　㉡
① 게시판 사용　온라인 대화
③ 전자우편 사용　게시판 사용

　　　㉠　　　　　㉡
② 온라인 대화　게시판 사용
④ 온라인 대화　공개 자료실

43. 다음 중 CPU에 관한 설명으로 옳지 않은 것은?

① CPU의 성능을 나타내는 단위 중 MIPS는 1초당 100만 개 단위의 명령어를 연산하는 것을 의미한다.

② 연산장치는 산술연산과 논리연산을 수행하는 장치로 가산기, 보수기, 누산기 등으로 구성된다.

③ 제어장치는 컴퓨터의 모든 동작을 지시, 감독, 제어하는 장치이다.

④ CISC는 범용 마이크로프로세서의 명령 세트를 축소하여 설계한 컴퓨터 방식으로 주로 고성능의 워크스테이션이나 그래픽용 컴퓨터에서 사용된다.

44. 다음은 기사문의 밑줄 친 부분에 사용된 통신기술에 대해 A ~ D 사원이 나눈 대화이다. 잘못된 설명을 한 사원은?

○○공사, 4차 산업혁명 기술로 전동차 고장 징후 예측

○○공사가 빅데이터, IoT 같은 4차 산업혁명 기술로 전동차 고장 징후를 검지, 선제적으로 대응하기 위한 '전동차 상태기반 정비 시스템(CBM ; Condition Based Maintenance)'을 개발했다.

'전동차 상태기반 정비 시스템'은 <u>비행기의 블랙박스 같은 역할을 하는 TCMS(열차 종합 관리 장치, Train Control and Monitoring System)가 수집한 빅데이터(전동차 운행정보, 고장기록 정보 등)를 자동으로 실시간 수집하고, 차량기지의 정비 작업 이력과 분석해 작업자에게 예지 정비 정보를 전달해 주는</u> 시스템이다.

예컨대, 그동안 차륜(전동차 바퀴)을 정비할 때 작업자가 차륜의 마모 상태를 확인하고 작업(삭정) 시기를 결정하는 방식이었다면 앞으로는 CBM이 측정된 정보를 분석해 최적의 시기를 도출해 작업자에게 알린다.

A : 사물에 센서를 부착하여 데이터를 인터넷으로 주고받는 기술이나 환경을 말해.

B : 사람의 조작 없이도 기기가 알아서 정보를 주고받아.

C : 사물끼리 정보를 주고받기 용이한 유선통신기술이 필수적이야.

D : 산업 현장뿐만 아니라 가정에서도 많이 이용되고 있어.

---

① A   ② B

③ C   ④ D

45. [G2] 셀부터 [G27] 셀까지에 COUNTIFS 함수를 활용하여 다음 〈조건〉에 부합하는 값을 넣기 위한 방법으로 알맞지 않은 것은?

	A	B	C	D	E	F	G
1	품번	품목	단가	색상	포인트	재고량	
2	SYUPN101	더블 쇼트 코트	100,000	NV	1,400	90	
3	SYUPN102	크리스반 싱글 코트	150,000	BK	1,900	16	
4	SYUPN103	맥스 더블 코트	130,000	BR	1,700	60	
5	SYUPN104	화이트 롱 패딩 점퍼	200,000	BR	2,500	13	
6	SYUPN110	베이직 더블 코트	260,000	NV	3,100	68	
7	SYUPN502	베이직 심플 재킷	50,000	KH	550	90	
8	SYUPN503	베이직 더블 재킷	55,000	IV	580	80	
9	SYUPN504	레더 패딩 재킷	60,000	BK	650	77	
10	SYUPN505	액츄얼 더블 재킷	67,800	BL	810	110	
11	SYUPN510	3버튼 레글런 재킷	67,500	NV	980	8	
12	SYUPN511	빅 후드 야상 점퍼	97,600	NV	1,400	130	
13	SYUPN513	더블 라이더 재킷	99,900	BR	1,500	117	
14	SYUPN515	글로시 레더 재킷	110,000	WH	1,570	155	
15	SYUPN616	스웨이드 클래식 재킷	145,000	IV	1,900	11	
16	SYUPN620	소프트 블루종 재킷	137,000	GR	1,500	78	
17	SYUPN711	넘버 49 프린트 후드티	20,000	BK	280	190	
18	SYUPN712	3색 집업 후드티	21,000	WH	320	13	
19	SYUPN715	비비드 컬러 후드티	30,000	NV	360	136	
20	SYUPN719	캐주얼 집업 후드티	45,700	BL	550	142	
21	SYUPN720	이글 후드티	50,000	RD	560	12	
22	SYUPN821	포멀 드레서 셔츠	35,000	VI	400	160	
23	SYUPN823	포멀 스트라이프 셔츠	42,000	BK	550	136	
24	SYUPN826	패치워크 체크 셔츠	46,000	WH	660	132	
25	SYUPN820	오버핏 체크 셔츠	52,000	EM	730	16	
26	SYUPN825	데님 포켓 셔츠	32,700	YL	460	125	
27	SYUPN822	베이직 스트라이프 셔츠	44,900	GR	540	54	

> **조건**
>
> 단가가 50,000을 초과하고 색상이 B로 시작하는 제품의 수를 구하고자 한다.

① COUNTIFS [함수 인수] 창에서 [Criteria_range1] 인수에 C2:C27을 입력한다.

② [Criteria1] 인수에 ")50000"을 입력한다.

③ [Criteria_range2] 인수에 D2:D27을 입력한다.

④ [Criteria2] 인수에 "B"를 입력한다.

46. C는 업무 중 고객의 개인정보가 필요하여 개인정보제공동의서 양식을 작성 중이다. 양식에 포함시켜야 할 내용이 아닌 것은?

① 개인정보의 수집이용 목적

② 동의를 거부할 권리가 있다는 사실 및 동의 거부에 따른 불이익이 있는 경우에는 그 불이익의 내용

③ 개인정보의 보유 및 이용 기간

④ 개인정보 피해 시 처리 절차

47. 아래한글을 이용하여 다음과 같은 자료를 작성하였다. 상위 5개국의 설비용량과 발전량의 총합계를 구하기 위해 계산식을 입력하고자 한다. 이에 대한 설명으로 올바르지 않은 것은?

국가명	설비용량 순위	설비용량(천 kW)	발전량(GWh)
미국	1위	845,312	3,743,010
중국	2위	298,768	1,233,141
일본	3위	253,544	1,066,130
러시아	4위	214,300	846,000
프랑스	5위	122,377	494,008
합계	–	( )	( )

① 계산식을 입력할 위치에서 Ctrl+N+F를 누른다.

② 설비용량의 합계는 계산식 란에 '=SUM(C2:C6)'을 입력하여 구한다.

③ 발전량의 합계는 계산식 란에 '=D2+D3+D4+D5+D6'을 입력하여 구한다.

④ 설비용량과 발전량의 합계 모두 계산식 란에 '=ABOVE'를 입력하여 구한다.

[48 ~ 49] 홍길동 사원이 엑셀을 이용하여 'K 가전 상품별 재고율'에 대한 보고서를 작성하고 있다. 이어지는 질문에 답하시오.

48. 'K 가전 상품별 재고율'에서 [E11] 셀에 들어갈 '두 번째로 재고율이 낮은 값'을 찾기 위한 함수식으로 옳은 것은?

① =MIN(D5:D9)   ② =MID(D5:D9,2)

③ =LARGE(D5:D9,2)   ④ =SMALL(D5:D9,2)

49. 'K 가전 상품별 재고율'에서 [E13] 셀에 들어갈 '품목이 노트북인 판매량 개수'를 찾기 위한 함수식으로 옳은 것은?

① =HLOOKUP(B4:D9,B8,1,0)   ② =HLOOKUP(B8,B5:D9,2,0)

③ =VLOOKUP(B5:D9,B8,2,0)   ④ =VLOOKUP(B8,B5:D9,2,0)

50. ○○도시철도 총괄기획부에서 한글 워드프로세서 프로그램으로 '20X1 주요업무계획 발간'을 위한 협의회 참석 공문을 작성하고 있다. '변경 전'의 블록 설정된 부분이 '변경 후'와 같이 표현되기 위해 '문단 모양'에서 설정해야 하는 것은?

변경 전	수신　　수신자 참조 (경유) 제목　　20X1 주요업무계획 발간을 위한 협의회 참석 협조 1. 관련 : ○○철도-11178(20X0. 11. 13.)호 2. 20X1년도 주요업무계획 발간을 위해 관련한 현장의견을 수렴하고자 철도공사 T/F팀 협의회를 실시하오니, 해당자가 참석할 수 있도록 협조하여 주시기 바랍니다. 가. 일시 : 20X0. 11. 25.(월) 15:00 ~ 22:00 나. 장소 : ○○철도공사 교육실
변경 후	수신　　수신자 참조 (경유) 제목　　20X1 주요업무계획 발간을 위한 협의회 참석 협조 1. 관련 : ○○철도-11178(20X0. 11. 13.)호 2. 20X1년도 주요업무계획 발간을 위해 관련한 현장의견을 수렴하고자 철도공사 T/F팀 협의회를 실시하오니, 해당자가 참석할 수 있도록 협조하여 주시기 바랍니다. 　　가. 일시 : 20X0. 11. 25.(월) 15:00 ~ 22:00 　　나. 장소 : ○○철도공사 교육실
문단 모양	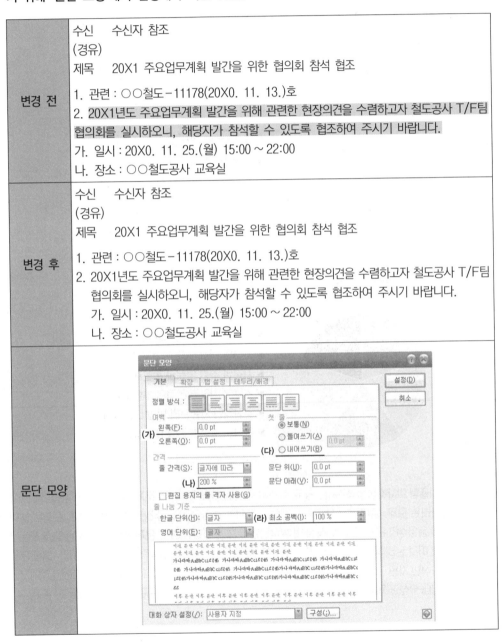

① (가)　　　　　　　　　　　　② (나)

③ (다)　　　　　　　　　　　　④ (라)

고시넷
NCS
피듈형
직업기초

영역별 출제비중

▶ 문서 작성, 대화 등에서 효과적인 의사표현하기
▶ 자료의 세부 내용 파악하기
▶ 자료의 수치 분석하고 도표 작성하기
▶ 조건에 따라 논리적인 추론하기
▶ 효과적인 자원관리 방법 이해하기
▶ 조직의 특성과 전략 이해하기

피듈형 의사소통능력에서는 공문서, 기사 등의 문서를 작성하는 문제, 올바른 경청 방법의 이해를 평가하는 문제, 글의 세부 내용을 이해하는 문제가 출제되었다. 수리능력에서는 평균, 도형의 넓이 등의 응용수리 문제, 도표를 작성 및 분석하는 문제가 출제되었다. 문제해결능력에서는 명제 또는 조건에 따라 논리적 추론을 하는 문제가 주로 출제되었다. 자원관리능력에서는 인적, 시간, 예산 등의 효율적인 자원 관리 방법을 이해하고 그 방법을 적용하는 문제가 출제되었다. 조직이해능력에서는 조직의 특성과 체제를 파악하고 업무 진행의 프로세스를 이해하는 문제가 출제되었다.

통합 오픈봉투모의고사

3회 기출예상문제

영역	문항 수	시험시간	비고
의사소통능력 수리능력 문제해결능력 자원관리능력 조직이해능력	50문항	60분	경기도 공공기관 통합채용 및 전국 시·도 공공기관 등의 필기시험 유형을 기반으로 재구성하였습니다.

NCS란? 산업 현장에서 직무를 수행하기 위해 요구되는 각종 지식, 기술, 태도 등의 내용을 국가가 체계화한 것을 의미한다.

01. 다음 공문서 작성 시 유의사항 중 적절하지 않은 것은 모두 몇 개인가?

> ### 〈공문서 작성 시 유의사항〉
>
> ㉠ 단기적으로 사용, 보관되는 문서이므로 개괄적으로 작성한다.
> ㉡ 관련 사항이 자세하게 전달될 수 있도록 여러 장에 걸쳐 작성한다.
> ㉢ 복잡한 내용도 하나의 항목으로 구성한다.
> ㉣ 문서 마지막에는 별다른 표기가 필요 없다.
> ㉤ 상대방이 이해하기 쉽게 작성하고, 작성 후 반드시 검토한다.
> ㉥ 날짜는 간략하게 연도만 작성한다.

① 2개

② 3개

③ 4개

④ 5개

02. 평소 동료에 대한 경청이 부족하다는 평가를 들은 김 주임은 '경청을 위한 세 가지 규칙'이라는 강의를 듣고 다음과 같이 내용을 정리하였다. ㉠ ~ ㉢에 해당하는 규칙을 올바르게 짝지은 것은?

> ### 〈경청을 위한 세 가지 규칙 정리〉
>
> ㉠ 시간을 낭비하지 않는 것이다. 다시 말하기를 통해 상대방의 말을 이해했다고 생각하자마자 명료화하여 바로 당신의 피드백을 주는 것이 좋다.
> ㉡ 당신이 진정하게 느낀 반응뿐만 아니라, 조정하고자 하는 마음, 또는 보이고 싶지 않은 부정적인 느낌까지 보여 주어야 함을 의미한다.
> ㉢ 상대방에게 잔인한 태도를 갖춰서는 안 된다. 부정적인 의견을 표현할 때도 상대방의 자존심을 상하게 하거나 약점을 이용하거나 위협적인 표현방법을 택하는 대신에 부드럽게 표현하는 방법을 발견할 필요가 있다.

	㉠	㉡	㉢		㉠	㉡	㉢
①	지지함	즉각적	정직함	②	즉각적	지지함	정직함
③	즉각적	정직함	지지함	④	정직함	즉각적	지지함

03. 다음 최 팀장과 오 대리의 대화에서 파악할 수 있는 오 대리의 문제점으로 적절한 것은?

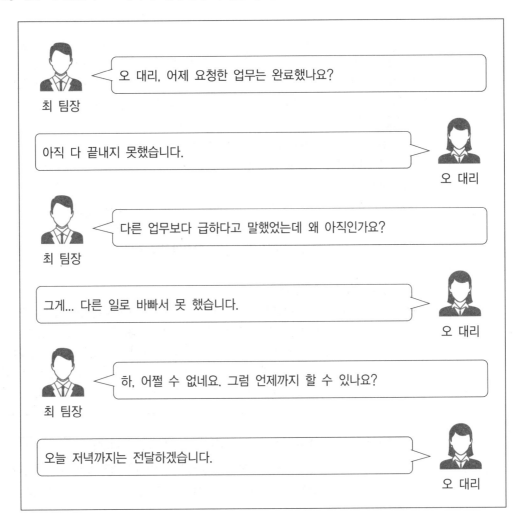

최 팀장: 오 대리, 어제 요청한 업무는 완료했나요?

오 대리: 아직 다 끝내지 못했습니다.

최 팀장: 다른 업무보다 급하다고 말했었는데 왜 아직인가요?

오 대리: 그게... 다른 일로 바빠서 못 했습니다.

최 팀장: 하, 어쩔 수 없네요. 그럼 언제까지 할 수 있나요?

오 대리: 오늘 저녁까지는 전달하겠습니다.

① 잘못된 가치관으로 옳고 그른 것을 제대로 판단하지 못했다.

② 상대방의 의견을 듣지 않고 자신이 판단한 대로 결론을 내려 행동했다.

③ 상대방의 몸짓이나 표정 등의 비언어적인 표현을 이해하려는 노력을 하지 않았다.

④ 상대방이 어떤 말을 듣고 싶어 하는지 생각하지 않고 자신이 하고 싶은 말을 했다.

04. 다음 글을 읽고 글쓴이가 ⓐ처럼 생각한 이유로 적절한 것을 고르면?

> 미국에서 대학교 4학년이 되고 나서, 현 수학과 교수님의 수업 조교로 운 좋게 뽑혔다. 내 담당은 금융수학이었는데, 조교 일을 하다 나와 처지가 같은 한국인 한 명을 만났다. 한국에서 학부를 졸업한 후 미국에서 MBA를 마치고 이 학교에서 재무학 박사 과정 중에 있는 형이었다. 어느 날, 그 형이 주식의 가격이 오르내리는 그래프를 분석하여 적정가격을 유추해 내는 문제를 풀고 있었다. 그래프를 보고 내가 말했다.
>
> "형, 조금 더 있으면 상한가를 찍고 가격이 떨어지겠네?"
>
> 그랬더니 형이 놀란 눈으로 물었다.
>
> "그걸 어떻게 알아?"
>
> "여기 보면 아래로 볼록한 모양으로 움직이던 곡선이 위로 볼록해졌잖아. 현 시점에서 기울기가 완만해지고 있으니까 다시 내리막으로 변하려는 징후겠지."
>
> "아래로 볼록? 위로 볼록? 그래프의 곡선이 오르막길을 지나고 내리막길을 지나는 순간까지 고려한 거야?"
>
> "그럼, 그게 얼마나 중요한데."
>
> 나는 오르막길 중에도 이제 바닥을 치고 오르기 시작하는 아래로 볼록한 곡선과 오를 만큼 오른 후 이제 최고점을 찍고 곧 떨어질 위로 볼록한 곡선 두 종류가 있다고 설명했다. 그리고 그 두 곡선에서 만나는 점이 변곡점이라고 말해 주었다. 그랬더니 형은 그동안 변곡점을 두 번 미분해서 0이 되는 점이라고 배웠을 뿐, 이렇게 활용할 수 있을 줄은 몰랐다고 말했다. ⓐ아, 한국에서 우리 모두는 문제 푸는 기계로 길러졌구나. 그때 나는 깨달았다.

① 변곡점을 두 번 미분하면 0이 되는 점이라는 것을 몰랐기 때문이다.

② 주식의 가격이 오르내리는 그래프를 보고 적정가격을 유추해 내지 못했기 때문이다.

③ 그래프에서 변곡점이 뜻하는 진정한 의미를 알지 못하고 이를 상황에 적용하여 활용하지 못하였기 때문이다.

④ 아래로 볼록한 모양의 그래프가 다시 위로 볼록한 그래프가 되는 이유를 기울기의 변화라고 이해하지 못했기 때문이다.

05. 다음 글을 쓴 목적으로 적절한 것은?

> 저는 오늘 시대와 시민의 요구 앞에 엄중한 소명의식과 책임감을 갖고 이 자리에 섰습니다. ○○시민의 삶을 책임지는 시장으로서 대승적 차원에서 힘겨운 결단을 하였습니다.
>
> 우리 0 ~ 5세 아이들의 무상보육을 위해 ○○시가 지방채를 발행하겠습니다. 올 한 해 ○○시의 자치구가 부담해야 할 몫까지도 ○○시가 책임지겠습니다. 단, 무상보육을 위한 지방채 발행은 올해가 처음이자 마지막이 돼야만 합니다. 더 이상 이렇게 지방 재정을 뿌리째 흔드는 극단적인 선택을 할 수는 없습니다. 이 결정은 올 여름을 뜨겁게 달군 무상보육 논쟁 속에서 과연 ○○시의 주인인 시민 여러분을 위한 길이 무엇인지, 오로지 시민 여러분만 기준으로 놓고 고민하고 또 고민한 결과입니다. 우리 사회는 그 누구도 부정할 수 없고, 그 누구도 거스를 수 없는 보편적 복지의 길로 나아가고 있습니다.
>
> (중략)
>
> 무상보육은 대한민국이 복지국가로 나아가는 중요한 시험대가 될 것입니다. 무상보육은 우리의 공동체가, 우리 사회가 나아가야 할 비전과 방향, 원칙과 철학의 문제입니다. 그 핵심은 바로 지속가능성입니다. ○○시가 어렵고 힘든 결단을 내렸습니다. 이것은 오로지 시민을 위한 판단이고 무상보육을 지속적으로 이어가기 위한 절박한 선택입니다.
>
> (중략)
>
> 지속가능한 원칙과 기준을 마련하지 않으면 무상보육의 위기는 앞으로도 계속 되풀이될 것입니다. 부디 지금부터라도 중앙정부와 국회가 결자해지의 자세로 이 문제를 해결하길 바랍니다. 중앙정부와 국회가 국민을 위한 현명한 판단을 한다면, ○○시는 전력을 다해 그 길을 함께하겠습니다. 우리 아이들의 희망과 미래를 위해 이제 정부와 국회가 답해 주시기를 간절히 바랍니다.
>
> 감사합니다.

① 새롭게 발견된 사실에 대한 정보를 제공하기 위함이다.

② 자신이 알고 있는 사실을 다른 사람에게 알리기 위함이다.

③ 새로운 정책을 알리고 이에 대한 동의를 구하고 설득하기 위함이다.

④ 중요한 지식을 설명하고 이를 듣는 사람들과 공유하기 위함이다.

06. (주)AA 커머스의 홍보담당인 박 씨는 〈보기〉를 바탕으로 기사를 작성하고 있다. 박 씨가 작성한 기사로 가장 적절한 것은?

보기

◇ 행사명 : 소상공인 우수제품 발굴 및 온라인 판로 활성화를 위한 업무협약(MOU) 체결식
◇ 업무협약 당사자 : ○○진흥원, (주)AA 커머스
◇ 체결 일시 및 장소 등
　• 일시 : 20XX. 11. 20. (수) 11:00
　• 장소 : ○○진흥원 본사 제1회의실
◇ 업무협약 참여자
　• ○○진흥원 : K 지역산업거점본부 김□□ 본부장
　• (주)AA 커머스 : 상품사업본부 박◇◇ 실장
◇ 협약 내용
　• 우수소상공인 제품 발굴 및 판로 활성화를 위하여 소셜커머스 입점 지원에 대한 협약기
　　관 간의 상호 협력
　　－ ○○진흥원 : 소셜커머스 입점 희망 소상공인 모집 및 자료 제공
　　－ (주)AA 커머스 : 소상공인의 소셜커머스 입점에 필요한 준비사항 지원
　• 입점제품 콘텐츠 제작 지원 · 등록 수수료 면제, 자체 기획전 운영(예산 소요)

① ○○진흥원과 (주)AA 커머스는 20일 오전 '소상공인 우수제품 온라인 판로진출 활성화'를 위한 업무협약을 체결하였다. 이번 협약으로 ○○진흥원은 우선적으로 소상공인협동조합 및 소공인 우수제품을 발굴한 후 (주)AA 커머스에 추천하여 소상공인의 신규판로채널 확보의 기틀을 마련 하게 되었다. 한편 (주)AA 커머스는 발굴된 소상공인협동조합 및 소공인 우수제품을 커머스 사 이트에 등록 시 등록비 면제, 상품기획 컨설팅을 제공하여 소상공인의 온라인 판로진출 활성화 에 기여하기로 하였다.

② ○○진흥원과 (주)AA 커머스는 20일 오전 '소상공인 우수제품 온라인 판로진출 활성화'를 위한 업무협약을 체결하였다. ○○진흥원의 이사장과 (주)AA 커머스의 대표이사가 참석한 가운데 체 결된 것으로, 이번 협약으로 ○○진흥원은 소상공인 우수제품을 발굴한 후 (주)AA 커머스는 입 점제품에 대한 콘텐츠 제작 및 등록 수수료 면제 등을 지원하기로 하였다.

③ ○○진흥원과 (주)AA 커머스는 20일 오전 '소상공인 우수제품 온라인 판로진출 활성화'를 위한 업무협약을 체결하였다. 이번 협약으로 ○○진흥원은 우선적으로 소상공인협동조합 및 소공인 우수제품을 발굴한 후 (주)AA 커머스에 추천하여 소상공인의 신규판로채널 확보의 기틀을 마련 하게 되었다. 한편 (주)AA 커머스는 발굴된 소상공인협동조합 및 소공인 우수제품을 커머스 사 이트에 등록하는 동시에 소상공인들을 위한 마케팅 플랫폼의 역할을 함으로써 이커머스로서의 입지를 더욱 확고히 해 나가기로 하였다.

④ ○○진흥원과 (주)AA 커머스는 최근 업무협약을 통해 소상공인들의 온라인 판로 활성화를 위한 협력을 지속하고 강화해 나가기로 했다. 협약내용은 우수 소상공인 제품 발굴 및 판로 활성화를 위하여 소셜커머스 입점지원에 대한 협약기관 간의 상호협력에 대한 것으로, ○○진흥원은 소셜커머스 입점을 희망하는 소상공인을 모집하고 이에 대한 자료를 제공하기로 하였으며, (주)AA 커머스는 소상공인의 입점제품에 대하여 상품기획 컨설팅을 지원하기로 하였다. 단, 기획전 참여 및 운영은 유료로 진행된다.

07. 다음의 기술용어를 자·모음 순으로 홈페이지에 업로드한다고 할 때, 그 순서로 바른 것은?

> ㉠ 승강장 스크린 도어(PSD ; Platform Screen Door) : 승강장의 스크린 도어는 지하철이나 경전철 승강장 위에 선로와 격리되는 고정벽(스크린)과 기둥도어를 설치하고 차량의 출입 문과 연동하여 개폐되는 승강장 안전지원 시스템으로, 승객의 추락 사고를 방지할 수 있는 장치이다. PSD는 승객의 안전 확보는 물론 승강장의 강풍 및 먼지, 분진을 현저히 줄이면서 공조효과를 증대시켜 승강장을 보다 쾌적하게 한다.
>
> ㉡ 대기열(Queue) : 중앙처리장치, 주기억 장치, 채널 등 각 부분마다 행렬로 기다리게 되는 것을 일컫는 말로, 선입선출방식(FIFO)에 따라 정보를 관리하는 자료 구조이다. 출입구가 각 한 개씩 있어 가장 먼저 발생하거나 도착한 자료를 가장 먼저 처리한다.
>
> ㉢ 실시간 처리(Real Time Processing) : 데이터 처리를 사고 발생시점에 입각하여 실시간으로 마스터 시스템에 전송하여 처리하는 기능으로, 사건·사고를 ms 단위의 시간으로 처리한다.
>
> ㉣ 속도제한(Speed Limit) : 특정한 목적으로 열차가 특정 궤도에서 특정 속도 이상으로 달리지 못하도록 제한속도를 해당 궤도에 설정하는 것이다.
>
> ㉤ 원시데이터(The Raw Data) : 정리되지 않은 데이터가 수집되어 있는 것 또는 처리나 집계가 되기 전 맨 처음의 데이터를 말한다.

① ㉡ - ㉣ - ㉠ - ㉢ - ㉤

② ㉡ - ㉣ - ㉢ - ㉠ - ㉤

③ ㉤ - ㉡ - ㉢ - ㉣ - ㉠

④ ㉤ - ㉡ - ㉣ - ㉠ - ㉢

[08 ~ 09] 다음 글을 바탕으로 이어지는 질문에 답하시오.

19세기 후기, 눈에 보이는 그대로를 화폭에 옮기고자 했던 사실주의와 자연주의에 대한 반발로 모더니즘이 등장했다. 모더니즘은 그 바탕에 인간 이성에 대한 불신을 두고 20세기 이후에 일어난 예술운동으로 기존 미술의 전통에서 탈피한 표현을 추구했다. 즉 눈앞의 대상을 똑같이 재현해야 한다는 기존 미술의 전통적인 의무감에서 벗어나 현실을 모방하지 않는 새로운 형태의 미술로 나아가는 아방가르드 미술을 추구한 것이다.

탈재현성을 가장 우선적인 목표로 둔 모더니즘 예술가들은 원근감이나 명암이 드러나는 사실적이고 실감나는 묘사를 기피했고, 이후에는 아예 묘사를 하지 않거나 대상을 부정하고 점, 선, 면 또는 색만 이용하여 작품을 그리기에 이르렀다. 이처럼 작품을 감상하는 사람이 사물을 알아볼 수 있도록 그리는 것을 뒤떨어지고 수준 낮은 미술로 취급하면서 모더니즘 미술은 점점 더 기하학적 형태를 띠며 추상화되었다. 시간이 흐를수록 모더니즘 미술은 난해하고 보수적이고 엘리트적인 성격을 띠며 더욱 대중에게서 멀어졌다. 대중적인 감상과 너무 거리가 벌어진 나머지, 후기 모더니즘에 들어서는 급기야 유명 비평가의 글에 의해 작품의 감상 결과와 성공 여부가 결정되기도 했다. 그 결과, 모더니즘에 대한 반발로 포스트모더니즘이 등장하게 되었다.

포스트모던이라는 용어는 1960년대 미국 건축 비평가에 의해 처음 사용되기 시작했으나 1980년대 이후 들어, 예술의 모든 영역에 걸쳐 널리 사용되었다. 일반적으로 포스트모더니즘은 모더니즘에 대한 의식적 단절 또는 비판적 의미로 해석된다. 모더니즘이 갖는 고급문화와 저급문화의 엄격한 구분, 지나치게 추상화된 양식, 장르 간 폐쇄성 등의 특징에서 느낀 한계를 배경으로 '다양성'을 주축으로 한 포스트모더니즘이 대두된 것이다.

포스트모더니즘은 다원성과 상대성에 대한 인식을 바탕으로 기성적 이성의 권위를 해체하고 이와 더불어 인간과 사회 문화를 향한 모든 객관적, 합리적 믿음을 부정하는 것을 특징으로 한다. 또한 포스트모더니즘은 불확실성과 불안을 긍정적으로 포용하며 지배이데올로기에 의해 억압받는 사회에서 저항하려는 움직임을 따른다. 이에 사회적 소수에 속하는 집단의 정체성을 드러내는 미술 작품들이 새롭게 주목받았다.

포스트모더니즘의 양식으로는 자본주의를 비판하고 고급예술의 허상을 고발하고자 했던 팝아트, 이전 시대의 양식 또는 이미지를 차용하여 만든 차용 미술, 그라피티 아트, 사회 및 정치를 향한 작가의 비판적인 메시지를 담은 정치 미술 등이 있다.

08. 제시된 글에 대한 설명으로 적절하지 않은 것은?

① 포스트모더니즘은 사실주의와 자연주의에 대한 반발로 등장했다.

② 차용 미술은 포스트모더니즘의 양식에 속한다.

③ 점, 선, 면만을 이용하여 작품을 구성했던 몬드리안은 모더니즘 미술가라고 볼 수 있다.

④ 아방가르드는 모더니즘의 특징 중 하나이다.

09. 제시된 글에 대한 설명으로 적절한 것은?

① 포스트모더니즘은 원래 건축 분야에서 처음으로 등장한 양식이다.

② 모더니즘은 인간 이성을 신뢰한다.

③ 포스트모더니즘의 특징으로는 다원성과 상대성이 있다.

④ 색만을 이용하여 대상을 묘사한 작품은 자연주의에 해당한다.

10. 다음 대화를 통해 파악할 수 있는 심리적 효과는?

> A : 내 생각에 이번 여행에서 중요한 건 그 도시에서만 경험할 수 있는 체험들이지, 맛있는 식당에 가는 게 아닌 것 같아.
>
> B : 그 체험이 바로 맛있는 식당에 가서 현지의 음식을 먹는 거라고 생각해. 아무리 그 식당이 외곽에 있다 하더라도 사람들이 다들 추천하는 데는 이유가 있을 거야. 난 꼭 가서 먹어 보고 싶어. 이 사진들을 봐봐. 해산물이 엄청 싱싱해 보이지 않아?
>
> A : 아, 잠시만. 나 전화 한 통만 하고 올게. 잠시 다른 일정 좀 짜고 있어 줄래?
>
> (잠시 뒤)
>
> A : 미안해. 중요한 전화였거든. 그래, 그러면 그 식당에 가도록 하자.
>
> B : 휴, 다행이다. 나 계속 그 식당을 신경 쓰느라 아무것도 못 하고 사람들의 추천 후기만 알아보고 있었거든.

① 부정성 효과 : 긍정적인 정보보다 부정적인 정보에 더 집중하는 현상

② 후광 효과 : 일부의 긍정적, 부정적 특성에 주목해 전체적인 평가를 비객관적으로 하게 되는 현상

③ 자이가르닉 효과 : 열중하던 것을 중도에 멈추게 되면 미련이 남아서 더욱 신경 쓰게 되는 현상

④ 침묵 효과 : 상대방의 부정적인 반응이 자신에게 영향을 미칠까 봐 나쁜 소식을 전달하지 않으려는 현상

11. 남직원이 x명, 여직원이 16명인 K사에서 전 직원을 대상으로 승진시험을 진행한 결과, 남직원의 평균은 70점, 여직원의 평균은 y점이었다. K사 직원의 전체 평균을 x, y를 이용한 식으로 나타낸 것은?

① $\dfrac{16x+70y}{x+16}$ 점

② $\dfrac{70x+16y}{x+16}$ 점

③ $\dfrac{70x+16y}{y+16}$ 점

④ $\dfrac{70x+16y}{x+y}$ 점

12. 다음 그림과 같이 점 B를 꼭짓점으로 하는 이차함수 $y=x^2-2x-3$의 그래프가 y축과 만나는 점을 A, x축의 양의 부분과 만나는 점을 C라고 할 때, 사각형 OABC의 넓이는? (단, O는 원점이다)

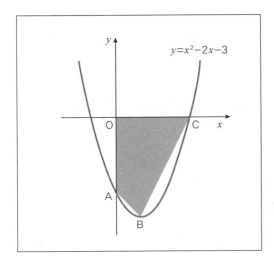

① 6.5

② 7

③ 7.5

④ 8

13. 다음의 〈규칙〉을 이용하여 〈보기〉의 식을 계산한 값은?

┌─────── 규칙 ───────┐

• A : 자릿수 각각에 1씩 가산한다.
  234A → 345
• B : 자릿수 각각에 1씩 차감한다.
  234B → 123
• C : 가장 큰 자리의 수와 일의 자릿수를 교체한다.
  567C → 765
• D : 각각의 자릿수를 모두 더한다.
  925D → 9+2+5=16

└──────────────────┘

┌─────── 보기 ───────┐

(367C×19D)−(633B+23A)

└──────────────────┘

① 6,192

② 7,074

③ 7,368

④ 7,863

14. 다음 중 도표 작성 절차를 순서대로 배열한 것은?

> ⓐ 가로축, 세로축 내용 정하기　　ⓑ 자료 표시하기
> ⓒ 사용할 도표 정하기　　ⓓ 가로축, 세로축 크기 정하기
> ⓔ 표시된 점에 따라 도표 작성하기　　ⓕ 도표의 제목 및 단위 표시하기

① ⓐ-ⓒ-ⓕ-ⓓ-ⓑ-ⓔ　　　② ⓒ-ⓐ-ⓓ-ⓑ-ⓔ-ⓕ
③ ⓒ-ⓑ-ⓐ-ⓓ-ⓔ-ⓕ　　　④ ⓕ-ⓐ-ⓒ-ⓓ-ⓑ-ⓔ

15. 다음 자료에 대한 설명으로 옳은 것은?

〈2015 ~ 2023년 K 국의 외국인 주민 수〉

(단위 : 명)

연도	남성	여성	합계
2015년	801,231	769,329	1,570,560
2016년	902,948	826,971	1,729,919
2017년	994,697	( )	1,926,784
2018년	996,581	902,802	( )
2019년	1,064,615	( )	2,075,008
2020년	1,142,570	1,027,207	2,169,777
2021년	1,152,472	1,054,269	( )
2022년	1,221,231	1,159,349	2,380,580
2023년	1,314,928	1,236,971	2,551,899

① 조사 기간 동안 K 국의 외국인 주민 수는 매년 증가했다.
② 2023년 K 국의 외국인 주민 수의 전년 대비 증가율은 남성이 여성보다 크다.
③ K 국의 남성 외국인 수 대비 여성 외국인 수의 비율은 2017년이 2019년보다 높다.
④ 조사 기간 동안 K 국의 외국인 주민 수가 전년에 비해 가장 많이 증가한 연도는 2022년이다.

16. 다음 표에 대한 설명으로 적절하지 않은 것을 〈보기〉에서 모두 고르면?

〈코트디부아르의 카카오 수출 현황〉

(단위 : 백만 달러, %)

순위	국가	2021년	2022년	2023년	증감률(2023년)
1	네덜란드	781	854	877	2.69
2	미국	734	554	438	−20.94
3	벨기에	43	262	398	51.91
4	말레이시아	226	239	344	43.93
5	독일	314	297	300	1.00
6	인도네시아	133	167	143	−14.37
7	터키	166	138	135	−2.17
8	에스토니아	90	74	128	72.97
9	영국	115	116	126	8.62
10	캐나다	90	97	122	25.77
⋮					
합계		3,472	3,257	3,581	9.95

보기

㉠ 2023년 코트디부아르의 전년 대비 카카오 수출액 증감이 가장 큰 국가는 에스토니아이다.

㉡ 2023년 코트디부아르의 카카오 수출 중 가장 큰 비중을 차지하는 3개 국가의 수출액 합은 전체 국가의 수출액 합계의 50% 미만이다.

㉢ 2021년 코트디부아르의 전년 대비 카카오 수출 증감률이 가장 큰 국가는 벨기에이다.

㉣ 2023년 코트디부아르가 카카오를 수출한 국가는 15개국 이상이다.

① ㉠, ㉡

② ㉠, ㉢

③ ㉠, ㉣

④ ㉡, ㉣

17. 다음은 〈합창의 구성〉과 〈△△기업 합창 동호회의 구성원〉에 관한 정보이다. △△기업 합창 동호회에서 가능한 합창의 구성은 모두 몇 가지인가?

〈합창의 구성〉

여성 2부 합창	소프라노, 알토
여성 3부 합창	소프라노, 메조소프라노, 알토
남성 2부 합창	테너, 베이스
남성 3부 합창	테너, 바리톤, 베이스
혼성 3부 합창	소프라노, 알토(또는 테너), 베이스

〈△△기업 합창 동호회의 구성원〉

구성원	성별	포지션
A	여	알토
B	여	메조소프라노, 소프라노
C	여	알토
D	남	테너
E	여	소프라노
F	남	베이스

① 7가지 ② 8가지
③ 12가지 ④ 13가지

18. 다음은 ○○기업의 A 제품 판매실적에 대한 자료이다. 이를 이용하여 작성한 그래프로 가장 적절한 것은?

(단위 : 천 개)

구분	2022년	2023년
1월	16	18
2월	17	22
3월	18	25
4월	17	25
5월	20	28
6월	25	33
7월	23	28
8월	26	31
9월	22	26
10월	25	28
11월	29	31
12월	33	35
합계	271	330

① 연도별 · 월별 판매 비교 그래프

(단위 : 천 개)

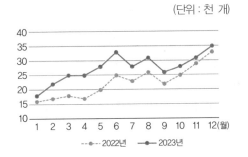

② 연도별 · 월별 판매 비교 그래프

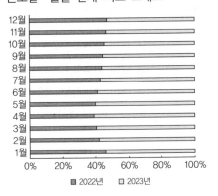

③ 연도별 · 월별 판매 비교 그래프

(단위 : 천 개)

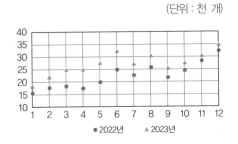

④ 연도별 · 월별 판매 비교 그래프

(단위 : 천 개)

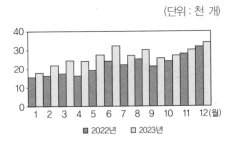

[19 ~ 20] 다음은 20X3 ~ 20X4년 대도시의 인구와 1,000명당 의사 수에 관한 자료이다. 이어지는 질문에 답하시오.

〈20X3 ~ 20X4년 대도시 인구수 및 인구 1,000명당 의사 수〉

구분	20X3년		20X4년	
	인구수(만 명)	인구 1,000명당 의사 수(명)	인구수(만 명)	인구 1,000명당 의사 수(명)
서울	1,002	3.3	1,000	3.4
부산	353	2.5	352	2.6
대구	250	2.7	250	2.7
인천	284	1.8	288	1.7
광주	147	2.8	147	2.8
대전	152	2.8	150	2.8
울산	114	1.9	110	1.8

※ 인구 1,000명당 의사 수 $= \dfrac{\text{의사 수}}{\text{총인구}} \times 1,000$

19. 위 자료에 대한 설명으로 옳은 것은?

① 전년 대비 20X4년의 의사 수 증가율이 가장 큰 도시는 부산이다.
② 전년 대비 20X4년의 의사의 비율이 감소한 도시는 인구도 감소했다.
③ 전년 대비 20X4년의 인구가 증가한 도시는 의사의 비율도 증가했다.
④ 20X4년 인구 1,000명당 의사 수가 가장 적은 도시는 의사의 수가 가장 적다.

20. 20X3년부터 1년간 증가한 서울의 의사 수는 정확히 몇 명인가?

① 580명
② 934명
③ 1,000명
④ 1,530명

21. 다음 전제를 근거로 할 때, 반드시 참인 결론은?

전제 1	요리를 잘하는 사람은 모두 똑똑하다.
전제 2	요리를 잘하는 어떤 사람은 날씬하다.
결론	

① 날씬한 사람은 모두 똑똑하다.

② 요리를 잘하는 어떤 똑똑한 사람은 날씬하지 않다.

③ 날씬한 사람은 모두 똑똑하지 않다.

④ 요리를 잘하는 어떤 날씬한 사람은 똑똑하다.

22. 업무지원팀 A ~ F 6명의 협업 실적은 모두 다르며, 이번 달 협업 실적 우수사원에게는 성과급을 주기로 하였다. 다음 명제들이 모두 참이라고 할 때, 성과급을 받지 못하는 사원은?

- 협업 실적 순위에 따라 1위부터 5위까지 성과급을 지급한다.
- A는 B보다 협업 실적 순위가 낮다.
- E의 협업 실적 순위는 C보다 낮고 F보다 높다.
- F의 바로 앞 순위에는 B가 있다.
- D와 F의 협업 실적 순위를 합한 값은 9 미만이다.

① A   ② C

③ D   ④ F

23. 다음은 ○○기업의 직무교육 내용 중 일부이다. 이를 참고할 때, 올바른 진술을 한 직원을 〈보기〉에서 모두 고른 것은?

상품의 종류에 대해 알아보도록 하겠습니다.

상품은 크게 정상재와 열등재로 나뉩니다. 정상재는 소득이 증가할 때 구매량이 증가하는 재화나 서비스이고, 열등재는 정상재와 반대로 소득이 증가할 때 구매량이 감소하는 재화나 서비스입니다.

이 둘은 소득탄력성을 기준으로 구분하는데, $\dfrac{\text{물건의 전년 대비 구매량 변화율}}{\text{전년 대비 소득 변화율}}$로 구한 소득탄력성이 0보다 크면 정상재, 0보다 작은 경우 열등재로 나눕니다. 그리고 정상재 중 소득탄력성이 1보다 큰 상품을 사치재라고 부릅니다.

보기

- 김 사원 : 재화 A가 열등재에 해당하는 경우 전년 대비 소득이 감소하였다면 전년 대비 구매량은 증가할 것이다.
- 최 대리 : 사치재는 소득이 증가할 때 구매량이 감소하는 물건이다.
- 박 과장 : 서비스 B의 전년 대비 소득 변화율이 −10%이고, 전년 대비 구매량의 변화율이 −20%라고 한다면 정상재라고 볼 수 있다.

① 김 사원
② 박 과장
③ 김 사원, 박 과장
④ 최 대리, 박 과장

24. 다음 대화에서 문제해결을 위한 접근을 가장 적절하게 하고 있는 직원은?

> A 대리 : 문제가 발생하면 무엇보다 속도가 가장 중요합니다. 따라서 철저한 분석보다는 빠른 분석이 중요합니다.
>
> B 과장 : 아닙니다. 문제를 해결하기 위해서는 자료가 중요합니다. 자료는 많으면 많을수록 무조건 좋으므로 최대한 많이 수집해야 합니다.
>
> C 대리 : 자료 수집도 수집이지만 기존 방식을 지키는 것도 중요합니다. 기존 방식을 사용해야 결과를 바람직하게 예측할 수 있어요.
>
> D 사원 : 문제를 전체로만 보지 말고 개별 요소로 나누어 요소별로 분석하고 이에 따라 구체적인 문제해결법을 실행하는 것도 좋은 방법입니다.

① A 대리

② B 과장

③ C 대리

④ D 사원

25. 다음 〈AA 역 공영주차장 요금〉을 기준으로 할 때, 김 대리가 주차장 요금으로 지불해야 하는 총금액은?

〈AA 역 공영주차장 요금〉

단기			장기
기본(30분)	추가(10분)	1일	월정기
1,000원	300원	15,000원	120,000원

1. 50% 할인 : 경형 자동차, 장애인, 국가유공자, 독립유공자

2. 30% 할인 : 열차 이용 고객

3. 30분 무료 : 철도승차권 예매 · 변경 · 반환 고객(단, 역 방문을 필요로 하지 않는 스마트 승차권 제외)

※ 마중, 배웅(승차권 미소지) 고객은 할인 · 감면 대상에 포함되지 않습니다.

※ 중복할인불가 : 일 정기차량 할인적용 제외, 2개 이상 해당하는 경우 높은 할인율 적용

> 김 대리는 AA 역에서 BB 역으로 가는 기차를 왕복으로 이용하였고, 본인 소유의 경형 자동차를 기차를 탄 5시간 동안 AA 역 공영주차장에 세워 두었다.

① 4,500원　　　② 4,550원　　　③ 5,400원　　　④ 6,370원

26. 인터넷에서 볼 수 있는 다음 댓글들이 공통적으로 범하고 있는 논리적 오류로 적절한 것은?

[댓글 1]

A : 나는 … 라고 주장해.

B : 쟤는 평소에도 말이 안 되는 주장을 많이 하잖아. 방금 A가 한 주장은 안 봐도 분명 틀렸을 거야!

[댓글 2]

A : 어떤 사람이 같은 성별을 사랑한다는 이유만으로 차별하는 것은 옳지 않아.

B : 그런 말을 하다니, 너 동성애자냐?

[댓글 3]

A : … 이유 때문에 히딩크가 한국으로 다시 오는 걸 반대해.

B : 우리나라 축구의 영웅인 히딩크가 오는 걸 반대해? 너는 분명히 축구를 싫어하는구나.

[댓글 4]

A : MSG라고 무조건 다 몸에 해로운 건 아니야!

B : MSG가 몸에 해롭지 않다고? 알겠으니까 너나 먹어.

---

① 무지에 호소하는 오류   ② 애매성의 오류

③ 허수아비 공격의 오류   ④ 원천봉쇄의 오류

27. 업무수행 과정 중 발생한 문제의 유형 중 〈자료〉의 유형과 가장 거리가 먼 것은?

자료

　탐색형 문제(찾는 문제)는 현재의 상황을 개선하거나 효율을 높이기 위한 문제이다. 또한 탐색형 문제는 눈에 보이지 않는 문제로, 별도의 조치 없이 방치하면 뒤에 큰 손실이 따르거나 결국 해결할 수 없는 문제로 나타나게 된다.

---

① 재고 감축   ② 신규 사업 창출

③ 생산성 향상   ④ 영업이익 향상

28. A 기업은 이번에 새로 입사하게 된 신입사원 갑을 대상으로 교육을 진행하고자 한다. 다음과 같은 조건에서 선행과정과 후행과정을 진행한다고 할 때, 202X년 1월 중 가장 빨리 모든 교육과정을 이수할 수 있는 날은 언제인가?

교육과정	이수조건	선행과정	후행과정
자기개발	1회 수강		
예산수립	2회 수강		
문서작성	3회 수강	커뮤니케이션	실무운영
실무운영	5회 수강	문서작성	
직업윤리	2회 수강		정보보안
정보보안	2회 수강	직업윤리	
커뮤니케이션	3회 수강	직업윤리	

※ 선행과정이 있는 교육과정의 경우 선행과정을 마친 후 수강이 가능하다.

※ 후행과정은 선행과정을 마친 다음 날부터 수강할 수 있다.

※ 7개의 교육과정은 매일 교육이 실시되며, 토, 일요일에만 휴강한다. 갑은 자신이 원하는 요일에 여러 교육과정을 수강할 수 있지만 동일한 교육과정은 하루에 1회만 수강할 수 있다.

202X년 1월						
일	월	화	수	목	금	토
			1	2	3	4
5	6	7	8	9	10	11
12	13	14	15	16	17	18
19	20	21	22	23	24	25
26	27	28	29	30	31	

① 1월 17일

② 1월 20일

③ 1월 23일

④ 1월 28일

[29 ~ 30] 다음은 가설 혹은 메시지를 제대로 지원하기 위한 분석에 관련된 〈상황판단의 프레임워크〉 도표이다. 이어지는 질문에 답하시오.

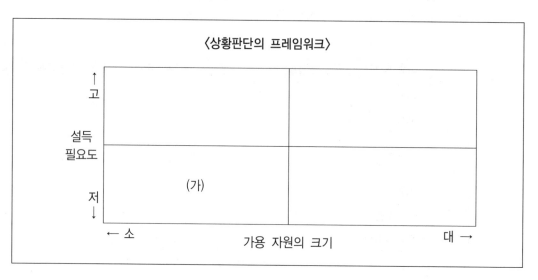

29. 위 도표에 대한 설명으로 잘못된 것은?

① 가용 자원에는 시간, 인력, 자금 등이 포함된다.
② 설득의 필요도가 높다는 것은 의외의 메시지 도출 가능성이 높다는 의미이다.
③ 원칙적으로 분석은 가설 혹은 메시지를 지원하기 위한 최대한의 수준에서 평해야 한다.
④ 분석의 정도는 메시지의 성격 등 상황에 대한 판단과 함께 비용 등의 가용 자원 등에 의해 결정된다.

30. (가) 영역에 해당하는 분석으로 옳은 것은?

① 분석이 불필요하다.
② 최소한의 분석을 말한다.
③ 하나는 심도 있게, 나머지는 주로 포인트만을 체크한다.
④ 최대의 폭과 깊이를 확보하여 분석한다.

31. 다음은 ○○기업 총무부에서 신입사원을 채용하기 위한 인사관리 계획이다. 해당 계획에 대한 설명으로 옳은 것을 모두 고르면?

〈인사관리 계획〉

- 부서 : 총무부
- 목적 : 신입사원 신규채용 시 채용요구 및 자격조건의 신청
- 방법 : 면접법
- 기대성과
  - 고객응대업무에 적합한 인성과 자질 및 자격조건을 설정할 수 있음.
  - 적재적소에 적합한 인재를 선발할 논리적 기지를 제공할 수 있음.

ㄱ. 심층적인 응답을 유도할 수 있다.
ㄴ. 직무에서 결정적 역할을 한 사건이나 사례를 중심으로 자료를 수집한다.
ㄷ. 피면접자가 거짓으로 답하거나 면접자의 주관이 개입될 수 있다.
ㄹ. 시간과 비용이 많이 든다.

① ㄱ, ㄴ
② ㄱ, ㄷ, ㄹ
③ ㄴ, ㄷ, ㄹ
④ ㄱ, ㄴ, ㄷ, ㄹ

32. 조직의 수명주기의 각 단계에 따른 인적자원관리 활동으로 적절하지 않은 것은?

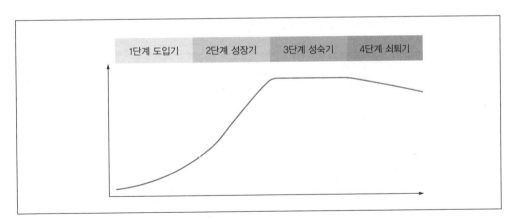

① 도입기에는 우수인력의 영입이 중요하다.
② 성장기에는 인력감축 계획을 세워야 한다.
③ 성숙기에는 직원들의 이직이나 배치전환을 장려한다.
④ 쇠퇴기에는 기존 직원들을 대상으로 재훈련을 실시한다.

33. 다음 제시된 자원관리의 기본 과정들을 순서에 맞게 나열한 것은?

> (가) 자원을 실제 필요한 업무에 할당하여 계획을 세워야 한다. 여기에서 중요한 것은 업무나 활동의 우선순위를 고려하는 것이다. 최종적인 목적을 이루는 데 가장 핵심이 되는 것에 우선순위를 두고 계획을 세울 필요가 있다. 만약 확보한 자원이 실제 활동 추진에 비해 부족할 경우 우선순위가 높은 것에 중심을 두고 계획하는 것이 바람직하다.
>
> (나) 확보된 자원을 활용하여 계획에 맞는 업무를 수행해 나가야 한다. 물론 계획에 얽매일 필요는 없지만 최대한 계획대로 수행하는 것이 바람직하다. 불가피하게 수정해야 하는 경우에는 전체 계획에 미칠 수 있는 영향을 고려하여야 한다.
>
> (다) 실제 상황에서 그 자원을 확보하여야 한다. 수집 시 가능하다면 필요한 양보다 좀 더 여유 있게 확보할 필요가 있다. 실제 준비나 활동을 하는 데 있어서 계획과 차이를 보이는 경우가 빈번하기 때문에 여유 있게 확보하는 것이 안전하다.
>
> (라) 업무를 추진하는 데 있어서 어떤 자원이 필요하며, 또 얼마만큼 필요한지를 파악하는 단계이다. 자원은 크게 시간, 예산, 물적자원, 인적자원으로 나누어지지만 실제 업무 수행에서는 이보다 더 구체적으로 나눌 필요가 있다. 구체적으로 어떤 활동을 할 것이며 이 활동에 어느 정도의 시간, 돈, 물적·인적자원이 필요한지를 파악해야 한다.

① (가) – (다) – (나) – (라)

② (다) – (라) – (나) – (가)

③ (라) – (다) – (나) – (가)

④ (라) – (다) – (가) – (나)

34. 다음은 SMART 법칙에 따른 목표 설정표이다. ㉠ ~ ㉣ 중 적절하지 않은 것은?

S(Specific) 구체적으로	㉠ 나는 영어실력 향상을 위해 토익 점수 900점을 달성할 것이다.
M(Measurable) 측정 가능하도록	㉡ 나는 5일 동안 100페이지 분량의 보고서를 작성한다.
A(Action-oriented) 행동 지향적으로	㉢ 업무 성과 향상을 위해 고민한다.
R(Realistic) 현실성 있게	㉣ 두 달 동안 한 권 이상의 책을 읽는다.
T(Time Limited) 시간적 제약이 있게	이번 주 금요일까지 월말 보고서 작성을 마무리 한다.

① ㉠

② ㉡

③ ㉢

④ ㉣

35. 준형이는 자신의 성격에 맞는 여행유형을 알아보기 위해 다음과 같은 테스트를 시작하였고 그 결과 '힐링형'으로 나왔다. 다음 중 적절하지 않은 설명은?

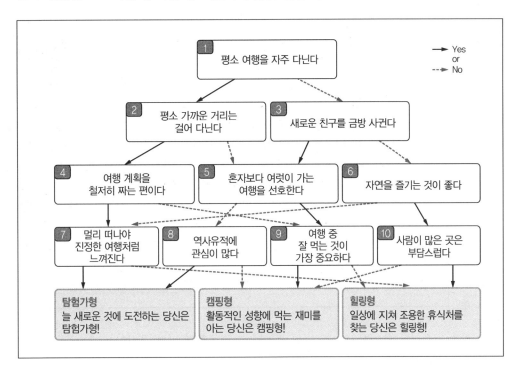

① 준형이는 혼자보다 여럿이 가는 여행을 선호한다.

② 준형이는 여행 중 먹거리에 크게 신경 쓰지 않는다.

③ 준형이는 한번 여행할 때 계획을 철저히 짜서 멀리 떠나는 것을 선호한다.

④ 준형이가 새로운 친구를 금방 사귀지 못한다면, 사람이 많지 않은 자연을 즐기는 유형이다.

36. 다음 시간관리 매트릭스와 K 사원의 일과를 참고할 때, A ~ D와 밑줄 친 (a) ~ (d)를 바르게 연결한 것은?

구분	긴급한 일	긴급하지 않은 일
중요한 일	A	B
중요하지 않은 일	C	D

기획팀의 막내 K 사원은 입사 이래 가장 바쁜 나날을 보내고 있다. 기획팀이 대규모 프로젝트를 시작하면서 (a) 탕비실의 물통이나 복사기를 관리하는 등 팀의 모든 잡무를 K 사원이 맡게 되었기 때문이다. K 사원은 출근을 하자마자 거래처에서 보낸 계약서를 확인했다는 안내 메일을 보낼 것을 부탁받았다. K 사원이 메일을 작성하려는 찰나 팀장이 30분 뒤에 회의를 열 것이라 공지했다. 팀원들의 (b) 새로운 아이디어 제출을 장려하기 위한 회의였다. 그런데 회의 자료를 담당하였던 P 대리가 지각을 하는 바람에 K 사원이 (c) 회의 자료를 인쇄하고 배포하는 업무를 하게 되었다. 한참 회의를 진행하던 도중, 팀장은 다른 팀장에게 한 통의 사내 메시지를 받았다. 기존에 진행하고 있던 프로젝트의 기획안 마감일이 바로 오늘까지였다는 것이다. 기획팀은 진행하던 회의를 멈추고 (d) 기존 프로젝트 기획안 작성에 매달렸다.

① A-(a), C-(b)　　　　　　　② A-(d), B-(b)
③ B-(b), D-(c)　　　　　　　④ C-(c), D-(b)

37. 소비자 관점의 가격에 관하여 다음 (가) ~ (다)에 들어갈 말을 바르게 연결한 것은?

(가)	→	소비자가 가격이 적당한지 판단하는 기준 가격을 의미한다.
(나)	→	소비자가 어떤 가격에 대하여 지불할 수 있는 최고 가격을 의미한다.
(다)	→	소비자가 해당 상품의 품질을 의심하지 않는 수준의 가격을 말한다.

	(가)	(나)	(다)
①	준거 가격	유보 가격	최저 수용 가격
②	유보 가격	준거 가격	최저 수용 가격
③	유보 가격	최저 수용 가격	준거 가격
④	최저 수용 가격	준거 가격	유보 가격

[38 ~ 39] H 기업 본사 영업부에 근무하는 S는 회사차량을 이용하여 본사에서 출발해서 협력업체 A, B, C, D, E를 순서대로 방문하려 한다. 협력업체까지의 도로 길이, 차종별 연비, 분기별 연료공급 가격이 다음과 같을 때, 이어지는 질문에 답하시오.

〈도로 길이〉 (단위 : km)

본사-A	20
A-B	40
B-C	30
C-D	60
D-E	50

〈차종별 연비〉 (단위 : km/L)

(가)	17
(나)	10
(다)	20
(라)	15
(마)	12

〈분기별 연료공급가격〉 (단위 : 원/L)

구분	휘발유	경유
1분기	1,700	1,500
2분기	1,800	1,600
3분기	1,600	1,400
4분기	1,500	1,250

38. 3분기에 최소 비용으로 H 기업 본사에서 협력업체 E까지 순서대로 이동하려고 할 때, S가 사용해야 하는 차와 연료의 종류는?

① (가)-휘발유
② (나)-경유
③ (다)-경유
④ (마)-경유

39. S가 4분기에 10만 원의 예산으로 연비가 가장 좋은 차종과 경유를 사용하여 협력업체 전체를 순서대로 방문하려 할 때, 최대 방문 횟수는? (단, 협력업체 E에서 본사까지의 거리는 무시한다)

① 5회
② 6회
③ 7회
④ 8회

40. 신기술개발팀에서 근무하는 김 대리는 미국 올랜도에서 열리는 한 IT엑스포의 초청을 받게 되어 비행기 표를 알아보고 있는 중이다. 다음 내용을 바탕으로 할 때, 김 대리가 엑스포 장소에 도착하는 올랜도 현지 시각은 몇 시인가?

> 김 대리는 4월 6일 오전 8시 30분에 출발하는 비행기표를 예약하였다. 비행시간은 경유시간 없이 총 12시간이다. 그 외 자세한 소요시간을 알아보았더니, 현지 공항에 도착하여 입국수속을 하는 데 30분, 공항에서 숙소인 호텔까지 이동하여 체크인하는 데 1시간 30분, 호텔에서 출발하여 엑스포 장소에 도착하는 데 30분이 소요된다고 한다. 서울 시각이 현재 4월 5일 오후 7시 30분이고, 올랜도 현지 시각은 같은 날 새벽 5시 30분이다.

① 4월 6일 오전 9시

② 4월 6일 오전 9시 30분

③ 4월 6일 오전 10시

④ 4월 7일 오전 9시

41. 다음 중 조직에서의 의사결정에 대한 설명으로 옳지 않은 것은?

① 하위기관이나 하위자에 대한 권한의 위임 정도는 의사결정에 영향을 미친다.

② 조직에서 행하여지는 의사결정은 집단 내 회의를 통해 이루어지는 경우가 많으며, 부서장을 비롯한 경영자들은 조직 내 사람들의 의견을 경청하고 수용해야 한다.

③ 품의제는 계선상의 관리자들이 함께 의사결정에 참여할 수 있는 동양적인 의사결정 유형이다.

④ 델파이 기법은 여러 사람이 해결해야 할 문제를 놓고 무작위로 아이디어를 교환하며 해결책을 얻는 방법이다.

42. 다음 자료에서 제시된 리더의 역할로 옳지 않은 것은?

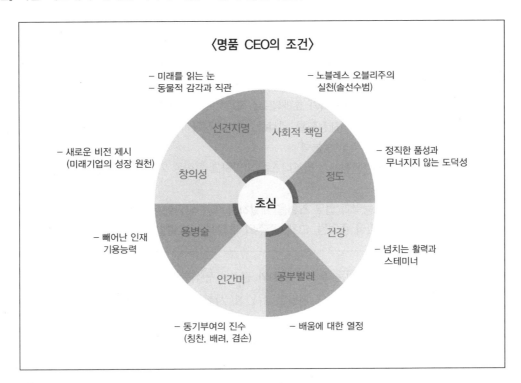

〈명품 CEO의 조건〉

① 높은 수준의 도덕적 의무를 이행하고 사회적 책임을 다한다.

② 세미나, 독서, 벤치마킹 등 다양한 방법으로 공부하여 스스로를 발전시킨다.

③ 뛰어난 인재를 적재적소에 활용하며, 인재들에게 적절한 애정과 관심을 표현한다.

④ 미래를 예견하여 수단과 방법을 가리지 않고 기업의 이익을 최대로 끌어올린다.

43. 다음은 글로벌 마인드세트의 정의에 관한 내용이다. 이를 토대로 글로벌 마인드세트 역량을 키우기 위한 방법으로 적절하지 않은 것은?

- 자신과 다른 개인과 그룹, 조직에 영향을 미치는 개인의 능력
- 전 세계에 존재하는 다른 문화와 관련된 맥락에서 자신의 문화를 인식하고, 여러 문화에 걸쳐 자신이 속한 문화가 효과적으로 작용하도록 적절하게 해당 문화에 스타일을 맞추는 능력
- 글로벌 환경의 이해정도를 제시하고 조직 전략과 운영에 영향을 미치는 경제, 사회, 정치적 동향을 파악하는 능력
- 관련된 모든 관점에서 비즈니스를 파악하고 통합된 가치사슬에 따라 세계를 바라볼 수 있는 능력
- 문화 인식 능력과 업무 스킬을 개발하여 모든 국가에서 비즈니스를 성장시키고 국가의 경계와 관계없이 종업원, 고객, 주주와 효과적으로 일할 수 있는 능력

① 자신이 가지고 있는 문화적 가치와 편견을 인식한다.
② 자신의 성격적 특성, 즉 개발성, 유인성, 사회성 및 호기심의 정도를 파악한다.
③ 관련 국가 · 시장의 사업장 및 비즈니스 기대치에 대해 알아본다.
④ 변화를 위협으로 인지하여 구체적 지식과 기술을 습득하는 학습 방향을 취한다.

44. 빠르게 변화하는 복잡한 경영환경과 불확실한 미래에 빨리 적응할 수 있는 네트워크 조직구조를 만들기 위한 방법으로 적절하지 않은 것은?

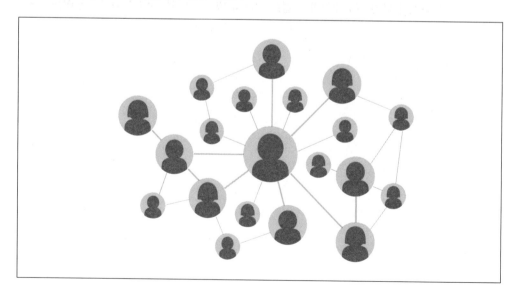

① 소비자의 변화에 빠르게 대응할 수 있도록, 다양한 일을 동시에 수행할 수 있는 팀을 구성한다.

② 조직의 핵심을 유지하면서 주변 조직의 혁신을 배양하는 인큐베이터로 활용하여 변화를 시도한다.

③ 조직의 공동 비전을 목표로 하여 서로 공유하며, 리더가 조직원들의 업무를 세세하게 확인하고 관리한다.

④ 구체적인 성과 목표를 가지고 여러 가지 기능을 동시에 수행하는 자율적인 팀을 구성하여 네트 워크 팀의 잠재력을 끌어올린다.

45. 맥킨지는 전통적인 기존 오프라인 매장이 옴니채널에 대응하기 위한 전략으로 STORE 모델을 제시하고 있다. STORE 모델의 단계인 ㉠ ~ ㉤에 대한 설명으로 적절한 것은 모두 몇 개인가?

| ㉠ 매장 역할의 재정의 | ㉡ 상품 카테고리 및 형식 구성 | ㉢ 매장 포트폴리오 최적화 | ㉣ 쇼핑경험 재설계 | ㉤ 체계적 실행계획 |

가. ㉠ 단계에서 매장이 고객에게 편리함을 제공하는지, 구매에 필요한 정보를 제공하는지, 즉각적인 혜택을 제공하는지를 분석한다.

나. ㉡ 단계에서는 ㉠에서 정의한 매장 역할에 맞추어 고객우선순위와 매장효율화를 고려 하여 상품을 검토하고 매장 공간을 최적화한다.

다. ㉢ 단계에서는 옴니채널 관점에서 오프라인 매장 포트폴리오 재평가를 한다.

라. ㉢ 단계에서는 매장의 구매정보와 지리정보를 분석하여 매장 내 고객 유입과 상품 구매 뿐 아니라 온라인 구매의 연계를 고려한 분석이 이루어져야 한다.

마. ㉣ 단계에서 옴니채널을 실행할 수 있는 조직체계 구성과 온·오프라인 매장의 통합과 유기적인 연계를 위한 매장 직원의 교육과 관리가 필요하다.

바. ㉤ 단계에서는 신기술 및 고객경험을 강화하며 고객들이 매장 내에서 다양한 채널에 쉽게 접근하고 끊임없이 경험할 수 있도록 해야 한다.

① 3개

② 4개

③ 5개

④ 6개

[46 ~ 47] 다음은 M 기업 회의록의 일부이다. 이어지는 질문에 답하시오.

〈경영관리팀 회의록〉

회의일시	20X1년 1월 15일	부서	경영관리팀	작성자	K 대리
참석자	A 팀장, B 과장, C 대리, D 대리, E 사원, 작성자 본인					
회의안건	가. 팀원의 자기개발 함양 나. 결재 프로세스의 재정비					

	내용
회의내용	가. 팀원의 자기개발 함양 　– 팀 업무의 필요 역량 파악 : 기존 직무분석 자료 파악 및 정리(1월 20일까지) 　– 팀원의 역량 강화에 필요한 교육방향 및 방법 결정 　　☞ 팀원별 교육 필요성 설문조사 : 1월 25일까지 분석 완료 　– 팀원별 자기개발 방법 결정 및 진행 : 4개월의 자기개발 기간을 준 후 6월 첫 주부터 매주 수요일 30분씩 본인이 익힌 주제 내용을 발표하고 팀원별로 토론을 진행하기로 함. 　　☞ 주제 발표순서는 제비뽑기로 결정 : 2월 셋째 주 수요일에 제비뽑기를 함. 　– 주제 발표의 내용이 가장 좋은 팀원을 선발하여 시상을 하기로 함. 　　☞ 평가방법 및 시상내용은 추후 결정하기로 함. 나. 결재 프로세스 재정비 : 기존 결재 프로세스 폐기, 새로운 결재 프로세스 시행 　– 기존 결재 프로세스 : 당사자, 대리, 과장, 팀장, 임원, 대표 순으로 결재 진행 　– 신(新)결재 프로세스 : 프로세스 이원화, 결재 라인의 단순화 　① 근태(휴가 포함) 관련 사항 : 당사자, 담당 팀장 순으로 결재 　② 일반 업무(구매, 출장 포함) 관련 사항 : 당사자, 팀장, 임원 순으로 결재. 단, 소모품(사무용품 포함, 10만 원 미만)의 경우 최종결재권자는 팀장

	내용	진행일정
결정사항	팀 업무의 필요 역량 파악	1월 20일
	팀원의 자기개발 방향 설정	1월 21일부터 1월 25일까지
	팀원의 자기개발 진행	6월부터 매주 수요일 주제별 30분씩 발표 및 토론 진행
	새로운 결재 프로세스 시행	금일부터

46. 제시된 회의록을 토대로 경영관리팀에 대해 파악할 수 있는 정보가 아닌 것은?

① 경영관리팀의 전 직원은 6명이며 그중에서 대리 직급자가 3명이다.

② 20X1년 1월 15일 경영관리팀의 회의에 참석한 인원은 총 6명이다.

③ 팀원의 자기개발을 위해 기존 직무분석 자료 분석 및 정리가 필요하다.

④ 주제 발표순서가 가장 늦은 팀원에게 주어진 자기개발 기간은 최대 4개월을 넘지 않는다.

47. 경영관리팀의 막내인 E 사원이 1월 마지막 주 금요일에 연차휴가를 내어 고향을 다녀오겠다며 연차휴가계를 기안하였다. 해당 사항의 결재 프로세스를 바르게 나타낸 것은?

① E 사원 ⇒ D 대리 ⇒ B 과장 ⇒ A 팀장 ⇒ 담당 임원 ⇒ 대표

② E 사원 ⇒ B 과장 ⇒ A 팀장 ⇒ 담당 임원 ⇒ 대표

③ E 사원 ⇒ A 팀장 ⇒ 담당 임원

④ E 사원 ⇒ A 팀장

[48 ~ 49] 다음 조직문화의 〈경쟁가치 모형〉과 〈사례〉를 바탕으로 이어지는 질문에 답하시오.

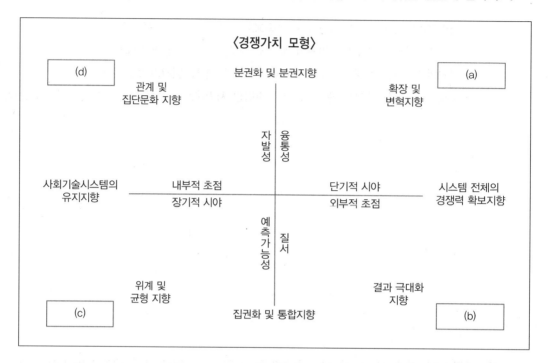

〈경쟁가치 모형〉

분권화 및 분권지향

(d) 관계 및 집단문화 지향

(a) 확장 및 변혁지향

자발성 / 융통성

사회기술시스템의 유지지향   내부적 초점 / 장기적 시야   단기적 시야 / 외부적 초점   시스템 전체의 경쟁력 확보지향

예측가능성 / 질서

(c) 위계 및 균형 지향

(b) 결과 극대화 지향

집권화 및 통합지향

사례

　A ~ D는 대학동창으로 졸업 후 각자 다른 자신들이 원하던 회사에 입사하였다. 졸업 후 오랜만에 만나 대화를 나누던 도중 자신들이 다니고 있는 회사 조직문화를 소개하기 시작했다.

A : 우리 회사는 직장은 가정과 같이 화목한 곳이어야 한다는 문화가 있어. 그래서 그런지 충성심과 전통을 매우 중시하지.

B : 우리는 역동성과 창의성을 중시하는 문화야. 그래서 새로운 시도를 하다 실패를 하더라도 질책 보다는 격려가 우선하지.

C : 나는 예전부터 안전성을 제일로 여겼잖아? 그래서 그런지 우리 회사의 문화와 딱 맞는 것 같아.

D : 내가 근무하는 회사는 사원들 사이에 경쟁의식이 대단해. 과업의 성공적인 목표달성이 가장 중요한 관심사라고 할 수 있지.

48. ○○기업의 조직문화는 (a)에 해당한다. 〈사례〉의 진술을 바탕으로 할 때, ○○기업에 근무하는 사람은 누구인가? (단, A ~ D는 (a) ~ (d)의 조직문화에 해당하는 회사 중 각각 다른 한 회사에 근무하고 있다)

① A   ② B
③ C   ④ D

49. C가 근무하는 회사의 조직문화가 이상 비대화되었을 때 나타날 수 있는 문제점으로 적절하지 않은 것은?

① 규정만능주의   ② 토론 문화의 부재
③ 관료주의   ④ 방만한 실험문화

50. 다음 중 조직의 유형에 대한 설명으로 적절하지 않은 것은?

> 조직은 공식화 정도에 따라 공식조직(Formal Organization)과 비공식조직(Informal Orga-nization)으로 구분할 수 있다. ㉠공식조직은 조직의 구조, 기능, 규정 등이 조직화되어 있는 조직을 의미하며, 비공식조직은 개인들의 협동과 상호작용에 따라 형성된 자발적인 집단 조직이다. 즉, ㉡비공식조직은 인간관계에 따라 형성된 것으로, 조직이 발달해 온 역사를 보면 비공식조직으로부터 공식화가 진행되어 공식조직으로 발전해 왔다. 조직의 규모가 커지면서 점차 조직 구성원들의 행동을 통제할 장치를 마련하게 되었고 이는 공식화되게 된다. 그러나 공식조직 내에서 인간관계를 지향하면서 비공식조직이 새롭게 생성되기도 한다. ㉢공식조직 내에서의 비공식조직은 구성원들의 일체감을 저하시키며, 바람직하지 않은 가치체계나 행동 유형 등이 공존하면서 하나의 조직문화가 되면 공식조직의 기능을 저해하는 큰 문제가 된다.
> 또한 조직은 영리성을 기준으로 영리조직과 비영리조직으로 구분할 수 있다. ㉣영리조직은 기업과 같이 이윤을 목적으로 하는 조직이며, 비영리조직은 정부조직을 비롯하여 공익을 추구하는 병원, 대학, 시민단체, 종교단체 등이 해당된다.

① ㉠   ② ㉡
③ ㉢   ④ ㉣

고시넷
NCS
피듈형

직업기초

상황판단 5%
의사소통 18%
대인관계 20%
수리 18%
정보 15%
문제해결 24%

▶ 글의 세부 내용과 중심 내용 파악하기
▶ 금융 자료의 수치 계산하기
▶ 문제해결 기법 이해하기
▶ 자료를 바탕으로 상품과 업무 분석하기
▶ 상황에 적합한 대처법 이해하기

피듈형 의사소통능력에서는 어휘와 상황 이해를 바탕으로 글의 세부 내용과 주제를 분석하는 문제가 출제되었다. 수리능력에서는 예금액, 부채, 환율과 관련된 응용수리 문제와 도표 분석 문제가 출제되었다. 문제해결능력에서는 문제해결 과정과 기법을 이해하는 문제, 실제 업무 내용과 연관된 자료를 바탕으로 결과를 도출하는 문제가 출제되었다. 정보능력에서는 순서도(알고리즘), 업무 프로세스 등의 정보를 처리하여 결괏값을 판단, 도출하는 문제가 출제되었다. 대인관계능력에서는 업무 시 원활한 대인관계 형성을 위한 관련 이론을 이해하는 문제, 상황별 갈등을 해결하는 문제가 출제되었다. 상황판단 평가는 은행권 필기시험에서 자주 출제되는 유형으로, 실제 업무 수행 중 발생할 수 있는 상황의 핵심 문제를 파악하고 적합한 대응을 선택하는 문제가 출제되었다.

통합 오픈봉투모의고사

4회 기출예상문제

영역	문항 수	시험시간	비고
의사소통능력 수리능력 문제해결능력 정보능력 대인관계능력 상황판단 평가	40문항	40분	새마을금고, 신한은행, 기업은행 등의 필기시험 유형을 기반으로 재구성하였습니다.

NCS란? 산업 현장에서 직무를 수행하기 위해 요구되는 각종 지식, 기술, 태도 등의 내용을 국가가 체계화한 것을 의미한다.

[01 ~ 02] 다음은 신입직원 연수 자료의 일부이다. 이어지는 질문에 답하시오.

기술이 일, 직업, 임금에 미치는 영향에 관한 논쟁은 산업시대 역사만큼이나 오래되었다. 새로운 기술진보가 나타날 때마다 노동자들은 자신들의 일자리가 빼앗길지도 모른다는 두려움을 느꼈다. 1800년대 운송수단의 핵심이었던 말 노동의 역사가 이를 잘 보여준다. 1900년대에 이르러 내연 기관이 도입되면서 수십 년 간 급증해 온 말이 반세기 만에 88%나 감소하게 되었고, 제대로 된 기술이 개발되자 노동력으로서 말의 운은 끝나게 되었다.

그러나 인간은 말과 다르다. 내연기관은 말을 대체하는 데 성공했지만 우리 인간은 인간노동력에 대한 수요를 전적으로 인공지능이나 로봇으로 대체하고 싶어 하지 않는다. 이것이 완전 자동화된 경제로 나아가는 데 있어 가장 큰 장벽이며, 인간의 노동이 완전히 사라지지는 않을 가장 큰 이유다. 인간은 철저히 사회적인 동물이며 인간관계에 대한 욕망이 경제생활로 이어진다. 우리가 소비하는 돈의 대부분은 대인관계와 관련되어 있다. 우리는 연극이나 스포츠 행사에 참석해서 인간의 표현력이나 능력에 대해 찬사를 보낸다.

사람들이 특정 바나 레스토랑을 자주 찾는 이유는 단지 음식이나 음료 때문이 아니라, 그들이 베푸는 환대 때문이다. 코치와 트레이너들은 운동에 관한 책이나 비디오에서는 찾을 수 없는 동기를 부여한다. 좋은 교사는 학생들이 배움에 대한 의지를 계속 유지하도록 격려하고, 상담사와 치료사들은 고객과 유대를 형성해서 치료에 도움을 준다. 이와 같이 인간의 상호작용은 경제적 거래에 있어 부수적 요소가 아닌 핵심이 된다. 인간욕구에 있어 양이 아닌 질에 집중하는 것이다. 인간의 경제적 욕구는 오로지 다른 인간만이 충족할 수 있다. 이것이 우리가 말이 걸어간 길을 ⊙답습할 가능성을 줄여 준다. 인간의 모든 욕구를 기계가 대신해 줄 수 없기 때문이다.

01. 다음 중 윗글을 바르게 이해하지 못한 신입직원은?

① 박△△ : 대인관계가 경제활동의 중심요소이구나.

② 이□□ : 인간의 욕망은 과학 발전의 필수요소이구나.

③ 정○○ : 인간의 경제적 욕구를 로봇이 완전히 충족시킬 수는 없겠구나.

④ 김☆☆ : 인간은 로봇이나 인공지능과 달리 동기와 의지를 부여할 수 있겠구나.

02. 제시된 글에서 밑줄 친 ㉠의 뜻으로 올바른 것은?

① 어떤 사회에서 오랫동안 지켜 내려와 그 구성원들이 널리 인정하는 질서

② 어떤 행위를 오랜 기간 되풀이하여 저절로 익혀진 행동이나 그 방식

③ 이미 배운 이론을 토대로 하여 실제로 해 보고 익히는 일

④ 예로부터 해 오던 방식이나 수법을 좇아 그대로 행함.

03. 다음 초대장에서 제시된 토의의 방식으로 적절한 것은?

〈초대장〉

○○감독원에서는 금융소비자보호의 일환으로 아래와 같이 공개 토의를 실시하오니 관심 있는 분들의 많은 참가를 바랍니다.

• 일시 : 202X년 3월 12일
• 장소 : 영등포구 여의도동 소재 금융교육원 대강당
• 논제 : 금융소비자보호의 새로운 관점
• 진행 순서
 1. 금융소비자보호처 처장 김○○ 부원장 주제발언 (15분)
 2. ○○대학교 강○○교수 주제발언 (15분)
 3. 소비자권익보호 수석연구원 기○○ 박사 (15분)
 4. 청중과 토론자 간 질의응답 (시간제한 없음)

---

① 포럼
② 콘퍼런스
③ 심포지엄
④ 패널 토의

[04 ~ 05] 다음은 김 교수가 강의한 내용을 정리한 글이다. 이어지는 질문에 답하시오.

한 사회의 정치·경제와 관련된 문제는 정치적으로 접근하느냐 경제적으로 접근하느냐에 따라 이를 바라보는 시각이 달라진다. 정치논리에서는 공평성을 중시하고 경제논리에서는 효율성을 중시하는데, 두 가지 가운데 어느 것을 더 중시하느냐에 따라 문제 인식과 해법이 크게 달라진다.

정치논리는 '누구에게 얼마를'이라는 식의 자원 배분의 논리로서 주로 분배 측면을 중시한다. 반면에 경제논리는 효율성 혹은 '최소의 비용으로 최대의 효과'를 얻고자 하는 경제 원칙에 입각한 자원 배분의 논리이다. 정치논리와 경제논리는 일반적으로 정치인과 경제인에게 잘 드러난다. 여기서 정치인은 사회적 의사 결정에 합법적인 권한을 갖고 있는 공직자를 말하고, 경제인은 공공 정책의 분석·진단·수립 및 평가 등을 담당하는 경제 전문가를 의미한다. 물론 사회적 쟁점에 대해 모든 정치인이 정치논리만을 주장하거나 모든 경제인이 경제논리만을 주장하는 것은 아니며, 경제논리를 내세우는 정치인이나 정치논리에 좌우되는 경제인도 있다. 그러나 여기서는 정치인과 경제인의 일반적 속성에 비추어 그들이 각각 정치논리와 경제논리에 기초한다고 본다. 이를 통해 정치인과 경제인의 기본 발상과 환경 속성을 비교해 본다면 그들의 주장에 담긴 정치논리와 경제논리의 차이점을 살펴볼 수 있을 것이다.

정치인은 선거를 통해 국민에게 권력을 위임받은 사람들이다. 이러한 의미에서 이들은 자연인이라기보다 권력 기관들이다. 그리고 국민 투표 사안을 제외한 모든 사회적 의사 결정에서 주권자를 대신할 권한을 지닌다. 반면에 경제인은 주권자를 대신해 사회적 의사 결정을 할 권한도 없고 합법성도 없다. 그렇지만 경제인은 시장경제체제에서 인간 활동의 동기가 되는 경제 행위에 관한 전문 지식과 분석 기술을 보유하고 있어 정치인의 결정에 도움이 되는 대안을 제시할 수 있다. 또한 이들은 정책을 결정하는 당사자가 아니므로 대안 선정에 따른 궁극적인 책임을 지지는 않는다.

정치인은 정책을 투입의 관점에서 보는 반면, 경제인은 효과의 측면에서 본다. 경제인은 효율성 원칙에 따라 여러 가지 정책을 수립하고 예상되는 정책 효과를 기준으로 하여 그 정책의 우선순위를 정한다. 그러나 정치인의 입장에서 보자면 정책이 미래에 가져올 효과는 정확히 측정하기 어려운 반면, 어느 지역에 어떤 정책을 시행했고 어느 정도의 자원(예산)을 투입했는지는 정확히 파악할 수 있다. 따라서 정치인은 유권자에게 제시하기 쉬운 투입을 기준으로 하여 정책을 결정하는 경향이 있다.

정치인은 국민의 의견을 수렴하여 정책에 반영한다. 그런데 국민은 소득, 직업, 성별, 연령 등에 따라 이해관계가 각기 다르다. 정치인은 이들의 요구를 모두 충족해 줄 수 없으므로 자신의 지지 기반이 되는 유권자의 요구를 우선적으로 고려한다. 이러한 속성 때문에 정치인은 공공 정책을 결정할 때 그 결정이 사회 전체에 미치는 영향보다는 특정 개인이나 집단에 미치는 영향에 더욱 민감하게 반응하는 경향이 있다. 반면에 경제인은 정책을 분석하고 수립할 때 유권자의 영향력을 오히려 배제하고자 한다. 또 정치인과는 달리 조직되지 않은 다수의 이해관계를 중시하기 때문에 되도록 객관적·거시적 입장에서 사회적 필요성이 있는 정책을 수행하려는 경향이 있다. 정치인은 투자 효과가 특정 지역이나 계층에만 한정되고 사회 전체적으로는 비효율적인 정책을 마다하지 않는 반면, 경제인은 계획이 비효율적이라고 결론이 나면 투자의 유보 또는 취소를 건의할 것이다.

정치인은 상호 경쟁 관계에 있는 정책 목표들은 되도록 명확하게 규정하지 않고 어느 정도 여지를 남겨 둔 상태에서 정치적 과정을 통해 합의를 도출하고자 한다. 제한된 자원의 분배를 둘러싸고 이익 집단 간에 생기는 마찰을 해소하려는 과정에서 정책이 정치적으로 도출될 수 있다고 믿는 경향이 있기 때문이다. 그런 만큼 정치인에게는 협상, 타협, 교섭 등의 정치적 기술이 중요한 무기가 된다. 그러나 경제인은 한정된 자원의 효율적 분배를 중시하기 때문에 정책에 수반되는 사회 전체의 효율성을 기준으로 정책을 판단하는 경향이 있다. 경제인은 명확하게 규정된 목표에 초점을 두고, 문제를 분석하고 정책을 제시하기 위해 전문 지식과 분석 기술을 활용한다.

정치논리와 경제논리는 서로 상충하는 경우가 많다. 이때 정치논리와 경제논리 가운데 어느 하나가 절대적으로 옳다고 말하는 것은 어렵다. 우리 사회가 시장경제체제라는 점을 감안하면 경제논리가 정치논리를 앞서는 것이 당연해 보이지만, 효율성만을 내세우기 어려운 정책 사안에 관해서는 정치논리가 설득력을 발휘하기도 한다. 어떤 논리가 더 중요한가, 혹은 어떤 논리에 입각한 자원 배분이 더 바람직한가에 대한 완결된 사회적 합의는 없다. 정치논리와 경제논리는 사안에 따라 적절히 활용되어야 한다.

04. 윗글을 바탕으로 정치인과 경제인을 구분하였을 때, 적절하지 않은 것은?

	정치인	경제인
①	선거를 통해 국민에게 권력을 위임받음.	의사 결정 권한이 없음.
②	명확한 목표를 규정함.	명확하지 않게 목표를 규정함.
③	투자 효과가 특정 지역이나 계층에만 한정되고 사회 전체적으로 비효율적인 정책도 수행하려고 함.	비효율적인 정책에 대해서는 반대함.
④	유권자에게 제시하기 쉬운 투입을 기준으로 정책을 결정하는 경향이 있음.	예상되는 정책 효과에 따라 정책의 우선순위를 정함.

05. 다음 중 제시된 글을 통해 전하고자 하는 중심 내용으로 적절한 것은?

① 정치인과 경제인은 정책을 수행하는 방법에서 차이를 나타낸다.

② 정치, 경제 문제에 대한 접근 관점의 차이가 문제 인식과 해법을 결정한다.

③ 정치논리와 경제논리는 일반적으로 정치인과 경제인의 모습에서 잘 드러난다.

④ 정치논리와 경제논리는 서로 다른 시각을 가지고 있으며, 어느 하나가 절대적으로 옳은 것이 아니므로 사안에 따라 적절하게 활용되어야 한다.

06. 글의 흐름상 ㉠에 들어갈 말로 적절한 것은?

> 우리나라는 사계절이 뚜렷한 나라이다. 겨울에는 여러 날 동안 영하 10도 이하의 기온이 지속되기도 한다. 이 때문에 우리나라 사람들은 지역별로 같은 듯 다른 기후를 가지고 있다.
>
> 하와이 지역은 월별 평균 기온이 연간 거의 변동이 없이 유지된다. 그래서 1년 내내 따뜻한 날씨에서 보낼 수 있다. 만일 미국 하와이 지역의 사람이 우리나라 연평균 기온을 본다면 뭐라고 할까? 자신이 사는 지역에 비해 일 년 내내 추운 곳이라고 생각하지 않을까?
>
> 여름과 겨울의 기온 차이가 심한지에 대해서 연평균 기온만으로는 알 수가 없다. 1월부터 2월까지의 월별 평균 기온을 알고 월별 기온 차이를 파악해야 여름과 겨울의 기온 차이를 알 수 있다.
>
> 그렇다면 월별 평균 기온만으로 충분할까? 그렇지 않을 수 있다. 우리나라에는 환절기에 일기 변화가 많아진다. 그 이유는 낮과 밤의 기온 차인 일교차가 심하기 때문이다. 그래서 우리가 보통 여행을 갈 때도 여행지의 해당 기간의 평균 기온만이 아니라 하루의 최고와 최저 기온을 알아야 한다. 즉, (㉠   )을/를 통해 다양한 요소를 고려할 수 있어야 한다.

① 숫자의 빈도   ② 자료의 변수

③ 숫자의 기준   ④ 자료의 평균

07. 다음 기사의 중심 내용으로 적절한 것은?

金융업계는 블록체인을 기반으로 한 금융 서비스들을 속속들이 선보이고 있다. 블록체인 기술의 핵심이라고 하는 탈중앙화로 시간과 비용을 아낄 수 있으며 거래기록의 높은 신뢰성과 해킹의 위험이 없다는 점에서 기술협약이 이루어지고 있다. 이는 블록체인 기술을 활용한 업무 효율성 증대와 함께 고객 유치 경쟁에 돌입하기 위함으로 분석된다.

그중 블록체인 기반의 모바일 신분증이라 할 수 있는 분산신원확인(DID ; Decentralized ID)이 본격화 된다. 분산신원확인이라 불리는 DID는 블록체인 기술 기반의 증명으로 개인 정보를 데이터화해 스스로 관리 · 통제하는 시스템이다.

DID에 저장된 개인 정보는 로그인 기록이 남아 개인 정보 인증만 된다면 자동으로 로그인 돼 아이디와 비밀번호가 필요 없다. 또한 새로운 서류를 출력할 필요없이 신분증, 은행 보안카드, 성적 · 재학 증명서, 회사 재직증명서 등을 원하는 장소에서 모바일을 통해 바로 제출할 수 있다.

A 은행과 B 은행은 지난 12일 이동통신 3사 코스콤과 함께 블록체인 기반의 모바일 전자증명 사업을 위한 업무협약을 맺어 다양한 금융 서비스를 도입할 예정이다. 특히나 '계좌보유증명'과 '제증명서 간편제출 서비스'를 확장 · 검토 중이다. A 은행의 '계좌보유증명'은 계좌정보로 본인 확인 및 통장사본 제출을 대체할 수 있는 서비스로, 은행에서 발행하는 다양한 금융증명서 서비스 범위를 확장할 예정이다. B 은행은 재직증명서, 정책자금 수령자격 등을 위변조가 불가한 형태로 모바일을 통해 간편하게 제출할 수 있는 '제증명서 간편제출 서비스'를 검토 중이다.

블록체인을 기반으로 한 서비스는 점점 다양해지고 있는 추세이다. C 은행은 '쏠 위임장' 서비스를 선보였다. 이 서비스는 대리인을 통한 업무처리를 원하는 고객들의 편의성을 높이기 위해 개발됐다. 그동안은 업무처리 당사자가 은행에 직접 방문하지 못할 경우 대리인이 위임장과 위임자의 인감증명서, 신분증 사본 등을 지참해 영업점을 찾았다. C 은행의 모바일 위임장 서비스는 이러한 불편한 점을 간소화해 주는 서비스이다.

C 카드는 블록체인 기반 '여신 가상화폐 생성 장치 · 여신 가상화폐 관리 장치'라는 신용결제시스템을 개발하고 특허를 취득했다. 이번 시스템을 통해 신용한도 발급부터 일시불 · 할부등 신용 결제, 가맹점과의 정산까지 이어지는 신용거래 프로세스를 블록체인 위에서 그대로 구현할 수 있게 됐다.

은행권 관계자는 "블록체인 기술은 가장 안전하고 신뢰할 수 있기 때문에 블록체인 기반을 활용한 금융권의 서비스는 앞으로도 계속 진화 · 확대될 것"이라며 "이를 통해 고객은 더 편리한 금융서비스를 제공받을 수 있을 것"이라고 말했다.

① 은행들이 4차 산업혁명 시대를 선도하고 있다.
② 블록체인 기술을 활용한 은행들의 경쟁이 치열하다.
③ 블록체인 기술은 분산신원확인(DID ; Decentralized ID)이 본격화 되는 계기가 되었다.
④ 블록체인 기술을 활용한 금융 서비스가 다양해지고 있다.

08. K 씨는 3년 만기 예금상품에 가입하려고 한다. 이자는 1년마다 복리로 지급되며 연이율은 처음 1년 동안은 2.0%, 다음 1년 동안은 2.2%, 마지막 1년 동안은 2.5%가 적용된다고 한다면, 3년 만기가 되었을 때 K 씨의 통장 잔액이 1,000만 원 이상이 되기 위해 예금해야 할 최소 금액은 얼마인가? (단, 예금하는 금액은 만 원 단위로 계산한다)

① 933만 원 ② 934만 원
③ 935만 원 ④ 936만 원

09. 박○○ 씨가 X월 3일에 은행을 방문했을 때, 환율 정보는 다음과 같았다. 그리고 X월 10일에 은행에 방문하였더니, 파운드-유로-위안의 현찰을 살 때의 환율은 같았으나 매매기준율은 모두 5% 상승했다. 박○○ 씨가 X월 10일에 3,000위안과 520파운드를 유로화로 환전한다면, 환전을 통해 얻는 액수는? (단, 외화에서 외화로 환전 시 중간에 반드시 원화 환전 단계를 거친다)

〈A 은행 환율정보(X월 3일)〉

구분	매매기준율	현찰 살 때
유로(EUR)	1,400원	1,500원
위안(CNY)	180원	193원
파운드(GBP)	1,600원	1,710원

※매매기준율 = $\dfrac{\text{현찰 살 때의 환율} + \text{현찰 팔 때의 환율}}{2}$

① 935유로 ② 942유로
③ 958유로 ④ 966유로

10. 다음은 기업 A ~ E의 자산과 부채에 대한 자료이다. 이에 대한 설명으로 옳은 것은?

구분	A	B	C	D	E
자산	14,557	17,697	19,052	21,754	25,912
부채	2,096	3,547	4,501	4,862	5,741

※ 순자산 = 자산 - 부채

① 부채가 많을수록 순자산이 적다.

② 자산 중 부채비율이 가장 높은 기업은 E이다.

③ 기업 A ~ E 전체의 자산 대비 부채비율은 24% 이상이다.

④ 순자산 대비 부채 비율이 가장 높은 기업은 C이다.

11. 다음 자료를 보고 △△연금 사원들이 나눈 대화 중 가장 적절한 의견을 낸 사람은?

〈△△연금 자산군별 투자규모 추이〉

(단위 : 천억 원)

구분	20X0년	20X1년	20X2년	20X3년	20X4년
국내주식	1,210	1,380	1,750	1,670	1,320
해외주식	1,190	1,650	1,910	2,550	2,350
국내채권	3,110	3,200	3,260	3,390	3,090
해외채권	260	310	450	630	640
가상자산	760	840	920	1,190	1,350
단기자금	210	170	200	240	310
기타	40	40	40	40	140
전체	6,780	7,590	8,530	9,710	9,200

① K 사원 : 제시된 기간 내내 국내채권 투자규모는 해외채권 투자규모보다 5배 이상 많아.

② J 사원 : 자산 투자규모 순위는 변동 없이 쭉 유지되는구나.

③ Y 사원 : 20X1년부터 20X3년까지 전체 투자규모는 계속 전년 대비 10% 이상 증가했어.

④ S 사원 : 20X4년에 주식 전체의 투자규모는 전년 대비 20% 이상 감소했어.

[12 ~ 14] 다음 제시 상황과 자료를 보고 이어지는 질문에 답하시오.

직원 K는 환율조회 결과표를 보고 있다.

〈20X3년 6월 23일 통화별 환율〉

□ 기준별 환율

구분	매매기준율(원)	송금 받을 때(원)	송금 보낼 때(원)	대미환산율
미국 달러	1,332.50	1,319.80	1,345.20	1.0000
유럽 유로	1,331.83	1,318.78	1,344.88	0.9995
스위스 프랑	1,381.54	1,368.01	1,395.07	1.0368
중국 위안	194.03	192.09	195.97	0.1456
덴마크 크로네	179.20	177.41	180.86	0.1344

□ 현찰 기준 환율

구분	팔 때(원)	팔 때 스프레드(%)	살 때(원)	살 때 스프레드(%)
미국 달러	1,309,19	1.75	1,355.81	1.75
유럽 유로	1,305.46	1.98	1,358.20	1.98
스위스 프랑	1,354.19	1.98	1,408.89	1.98
중국 위안	184.33	5.00	203.73	5.00
덴마크 크로네	174.72	(㉠)	183.68	(㉠)

※ 환율 스프레드 : 외환을 살 때와 팔 때의 수수료 비율
 – 현찰 살 때의 환율=매매기준율+(매매기준율×환율 스프레드)
 – 현찰 팔 때의 환율=매매기준율−(매매기준율×환율 스프레드)

12. 다음 중 직원 K가 제시된 자료를 이해한 내용으로 적절하지 않은 것은? (단, 환율 차이는 절댓값으로 계산한다)

① 현찰을 살 때와 팔 때의 환율 차이가 가장 큰 통화는 유로이다.

② 모든 통화에서 현찰을 살 때의 환율이 송금 받을 때의 환율보다 높다.

③ 유럽 유로를 송금할 때 환율보다 스위스 프랑을 송금 받을 때 환율이 더 높다.

④ 매매기준율을 기준으로 할 때, 스위스 프랑, 미국 달러, 유럽 유로 순으로 환율이 높다.

13. 다음 중 제시된 자료의 빈칸 ㉠에 들어갈 값으로 옳은 것은?

① 1.75   ② 2.25

③ 2.50   ④ 2.75

14. 다음 중 6달러를 송금하고 14위안을 현찰로 살 때 지출되는 총비용으로 옳은 것은? (단, 지출비용은 원화 기준으로 한다)

① 10,651.82원   ② 10,781.52원

③ 10,847.22원   ④ 10,923.42원

15. '트리즈 기법'에 관한 다음 글을 읽고 네 명의 사원들이 나눈 대화에서 빈칸에 들어갈 말로 가장 적절한 것은?

> 문제해결 방법 중 하나인 트리즈 기법은 '주어진 문제에 대하여 얻을 수 있는 가장 이상적인 결과를 정의하고, 그 결과를 얻기 위해 관건이 되는 모순을 찾아내어 그 모순을 극복할 수 있는 해결책을 생각해내는 방법'이다. 그러한 예로 ○○노천탕의 사례를 들 수 있다. 많은 시민들이 찾는 ○○노천탕은 일부 탕 안에서 소변을 보는 사람들로 인해 탕 내에서 악취가 나고는 했고, 급기야 노천탕 측에서는 탕 입구에 '소변금지'라는 팻말을 붙였지만, 문제는 여전히 해결되지 않았다. 그러던 중 한 직원의 아이디어로 탕 바로 앞에 간이 소변기를 만들었더니 문제는 자연스럽게 해결되었다. 이처럼 트리즈 기법은 문제 자체를 의심하고 그 속에 모순을 찾아 해결하는 기법이라 할 수 있다.
>
> 김 사원 : 최근에 업무를 하면서 좋은 아이디어가 잘 떠오르지 않아서 고민이었는데, 트리즈 기법이 도움을 줄 수 있겠구나.
> 이 사원 : 나는 글만 읽어서는 트리즈 기법의 원리를 잘 모르겠어. 제시된 사례와 같은 창의적인 아이디어가 어떻게 도출된 걸까?
> 박 사원 : (   )
> 최 사원 : 맞아. 그런 발상이 트리즈 기법의 시작인 것 같다.

① 얼핏 보기에는 간단해 보이는 방법이지만, 실제로는 이러한 기법을 습득하고 원활히 적용하는 데는 많은 노력과 시간이 필요할 거야.

② '탕 안에서 소변을 보는 사람이 없다'는 결과를 도출하기 위해 실현 가능한 아이디어를 최대한 산출해내고 이를 절충하는 과정을 거쳤을 거야.

③ 탕 안에서는 소변을 봐서는 안 된다는 것과, 탕에 들어간 사람들이 소변이 마려운 경우가 많다는 문제를 동시에 해결하려 한 것에서 출발한 것이지.

④ 노천탕 안에서 소변을 보는 행위를 엄격히 금지해야 한다는 고정관념에만 사로잡혀 있었다면 좋은 아이디어는 나올 수 없었을 거야.

[16 ~ 17] 다음은 A 쇼핑몰회사 전략팀 K 팀장이 팀원들에게 전달한 업무 지시이다. 이어지는 질문에 답하시오.

> 현재 우리 쇼핑몰의 결제 및 배송프로세스는 1. [결제완료] → 2. [배송준비중] → 3. [배송중] → 4. [배송완료]의 4단계로 나뉘고, 사용자는 [배송준비중]이 뜨기 전까지 취소가 가능하다. [배송준비중]은 물류창고에서 상품을 출고한 뒤 운송장을 시스템에 등록하는 순간부터 적용되는데, 상품 출고 후 운송장을 시스템에 등록하는 틈에 사용자가 취소하는 경우 취소 여부가 누락되고 오배송되어 월 평균 300만 원의 비용 손실이 발생하고 있다.
>
> 문제 해결을 위해 [배송준비중] 단계 이전에 [상품준비중] 단계를 추가하여 물류창고 담당자가 주문 확인 시 [상품준비중] 상태로 변경한 뒤 배송 진행하며, 사용자는 [상품준비중] 표기 전까지만 취소가 가능하도록 시스템 정책을 변경하려 한다. 변경 사항을 적용하기 위해서는 개발팀의 개발 작업, 운영팀의 물류창고 담당자 교육, CS팀의 사용자 공지 작업이 필요하다. 늦어도 7월 15일부터 이와 같이 변경된 프로세스를 적용하고자 한다.

16. 다음 중 업무지시를 제대로 이해하지 못한 팀원은?

① 구 사원 : 개발팀에는 7월 15일까지만 내용을 공지하면 되겠네.
② 최 사원 : 이제 결제 및 배송 프로세스가 5단계로 늘어나게 되겠군.
③ 김 사원 : 물류창고에서 주문 확인 시점에 배송단계를 추가하라는 거군.
④ 민 사원 : 오배송을 예방하기 위해 배송프로세스의 틈을 메우겠다는 거구나.

17. 업무회의 결과, 위 내용에 따라 변경된 사항과 관련하여 개발팀에 협조 요청문서를 보내기로 하였다. 보낼 문서의 제목으로 적절한 것은?

① 배송만족도 제고를 위한 서비스 개선안 요청서
② 오배송으로 인한 피해 보상 협의사항
③ 상품 A/S 관련 대응 매뉴얼 작성 요청
④ 배송프로세스 개선안 도입을 위한 요청사항

[18 ~ 20] 다음 제시 상황과 자료를 보고 이어지는 질문에 답하시오.

직원 K는 20X2년 결산보고서를 확인하고 있다.

(단위 : 천만 원)

구분	20X1년	20X2년			
		1/4분기	2/4분기	3/4분기	4/4분기
A 본부	• 평균 분기 매출액 : 2.0 • 평균 분기 매출이익 : 0.5	• 매출액 : 3.0 • 매출이익 : 1.0	• 매출액 : 4.5 • 매출이익 : 1.5	• 매출액 : 5.0 • 매출이익 : 1.5	• 매출액 : 4.0 • 매출이익 : 2.5
B 본부	• 평균 분기 매출액 : 4.0 • 평균 분기 매출이익 : 1.5	• 매출액 : 4.5 • 매출이익 : 2.0	• 매출액 : 5.0 • 매출이익 : 3.0	• 매출액 : 4.5 • 매출이익 : 2.5	• 매출액 : 4.0 • 매출이익 : 2.0
C 본부	• 평균 분기 매출액 : 6.0 • 평균 분기 매출이익 : 2.5	• 매출액 : 8.5 • 매출이익 : 4.0	• 매출액 : 9.0 • 매출이익 : 3.5	• 매출액 : 9.5 • 매출이익 : 2.5	• 매출액 : 9.0 • 매출이익 : 4.0
D 본부	• 평균 분기 매출액 : 5.0 • 평균 분기 매출이익 : 3.0	• 매출액 : 6.0 • 매출이익 : 4.0	• 매출액 : 5.5 • 매출이익 : 5.0	• 매출액 : 5.0 • 매출이익 : 4.5	• 매출액 : 6.0 • 매출이익 : 5.5

• 20X2년 목표
 − 제1목표 : 20X1년 대비 매출이익 150% 이상 달성
 − 제2목표 : 20X1년 대비 매출원가 10% 이상 절감
 − 제3목표 : 20X1년 대비 매출액 150% 이상 달성

• 목표 달성 여부는 분기별로 판단한다.
 (예시) D 본부의 1/4분기의 제1목표 : 매출이익 4.5천만 원 이상 달성
※ 매출이익＝매출액−매출원가

18. 다음 중 20X2년 2/4분기 제2목표를 달성한 본부의 수로 적절한 것은?

① 1개 ② 2개
③ 3개 ④ 4개

19. 다음 중 직원 K가 〈보기〉에 따라 지급할 전체 보너스의 합으로 옳은 것은?

> **보기**
>
> □ 각 본부별로 20X2년 목표 달성 여부를 판단하여 보너스를 지급할 예정입니다.
> * 1/4분기와 3/4분기에 목표를 달성했다면 달성한 목표의 개수당 50만 원씩 본부별로 지급
> * 2/4분기에 목표를 3개 달성할 경우 200만 원, 2개 달성할 경우 180만 원, 1개 달성할 경우 150만 원씩 본부별로 지급
> * 4/4분기 목표 달성은 별도 포상하므로 보너스 지급에서 제외

① 1,090만 원　　　　　　　　② 1,140만 원
③ 1,180만 원　　　　　　　　④ 1,190만 원

20. 직원 K는 본부별로 분기별 성과의 평균을 계산하여 20X2년 목표 달성 정도에 따라 〈보기〉와 같이 등급을 정하고자 한다. 다음 중 C 본부가 받을 등급으로 가장 적절한 것은?

> **보기**
>
> * 수 등급 : 20X2년 목표 3개 모두 달성
> * 우 등급 : 20X2년 목표 중 제1, 제2목표 달성
> * 미 등급 : 20X2년 목표 중 제1, 제3목표 달성
> * 양 등급 : 20X2년 목표 중 제2, 제3목표 달성
> * 가 등급 : 20X2년 목표 중 1개 이하 달성

① 우 등급　　　　　　　　② 미 등급
③ 양 등급　　　　　　　　④ 가 등급

[21 ~ 22] 다음 제시 상황과 자료를 보고 이어지는 질문에 답하시오.

최민영 대리는 G사에서 고객제안서를 접수 및 관리하는 업무를 담당하고 있다.

〈고객제안 심사 절차〉

| 제안서 접수 | → | 해당 업무 관련부서
(주말 포함 14일
이내) | → | 우수 고객제안
실무위원회 | → | 최우수 고객제안
실무위원회 |

〈고객제안 선정 및 포상 규정〉

고객 여러분의 제안은 자사의 '우수 고객제안 실무위원회', '최우수 고객 제안심사위원회' 등에서 「고객제안 심의표」에 따라 효과성(30%), 실용성(30%), 창의성(20%), 노력도(20%)를 기준으로 평가·심사 후 선정됩니다.

고객제안 포상기준과 포상(상금)은 다음과 같습니다.

- 해당 업무부서(수시)

내용	기념품
채택제안 선정	1만 원 상품권(1인당, 1개월, 1회 한함)

※ 1개월(1일 ~ 말일) 이내 1인이 여러 건을 제안하여 복수의 건이 채택되었는데, 그중 1건이 우수 고객제안 포상대상에 해당되는 경우 다른 채택 제안에 대해서는 상품권을 지급하지 않습니다.

- 우수 고객제안 실무위원회(분기당 1회, 연 4회)

내용	기념품
분기별 우수 고객제안 선정	10만 원 상품권

- 최우수 고객제안 심사위원회(연 1회)

내용	기념품
금상(90점 이상)	공단이사장표창 및 포상금 100만 원
은상(80점 이상 90점 미만)	공단이사장표창 및 포상금 50만 원
동상(70점 이상 80점 미만)	공단이사장표창 및 포상금 30만 원

※ 채택된 제안에 관한 권리는 채택일로부터 G사에 귀속됩니다.

※ 제출하신 개인정보는 업무와 관련하여 일부 활용될 수 있음을 알려 드립니다.

21. 다음 중 문의 사항에 대한 최민영 대리의 답변이 가장 상세하고 올바른 것은?

Q. 지난 3월 15일과 3월 31일에 귀사에 고객제안서를 제출했습니다. 그렇다면 수시 채택제안 선정 시 두 번째 제안 건에 대해서는 상품권을 받을 수 없는 건가요?
A. ① 고객제안 제도는 고객의 다양한 의견을 수렴하여 정책으로 반영하는 것에 취지가 있으므로 기념품 지급은 인당 1회까지로 한정하고 있습니다.
Q. 고객제안을 접수했는데, 채택 여부는 언제 알 수 있을까요?
A. ② 고객제안은 접수 후 해당 부서에서 주말 제외 최대 14일까지 검토기간을 거친 후에 결과를 통지합니다.
Q. 최우수 고객제안으로 선정되었을 경우에 포상 내용은 어떻게 되나요?
A. ③ 10만 원 상품권이 지급됩니다.
Q. 8월 10일에 제출하여 8월 18일에 해당 제안이 채택되었다고 통지받았습니다. 제출한 제안에 대한 지적재산권이 G사 측으로 이전되는 시점이 언제인가요?
A. ④ 채택된 제안에 대한 모든 권리는 채택 일자인 8월 18일부터 G사에 귀속됩니다.

22. 다음은 최민영 대리가 정리한 20X3년 최우수 고객제안 심사 결과이다. 이 중 수정되어야 하는 것은? (단, 각 항목별 점수는 100점 만점이다)

〈20X3년 최우수 고객제안 심사위원회 심사 결과〉

(단위 : 점)

이름	효과성	실용성	창의성	노력도	심사 결과
이철민	38	40	90	80	① 포상 없음.
윤정숙	40	60	85	70	② 동상
이명훈	89	85	55	45	③ 동상
김정수	95	80	72	80	④ 은상

23. 다음 설명을 읽고 빈칸 (가) ~ (마)에 해당하는 단계를 바르게 연결한 것은?

> 문제처리능력이란 목표와 현상을 분석하고 이 분석결과를 토대로 문제를 도출하여 최적의 해결책을 찾아 집행 및 평가를 할 수 있는 능력을 말한다. 즉, 문제점의 근본 원인을 제거하기 위한 활동으로써 업무 수행 중 발생하는 문제 해결, 변화하는 주변 환경과 현장상황 파악을 통한 업무의 핵심 도달, 주어진 업무를 처리하는 서류 처리, 문제해결을 위한 사례의 분석·개발·적용, 공정 개선 및 인원의 효율적 운영 등의 경우에 사용할 수 있다. 이러한 문제처리능력은 문제해결절차를 의미하는데, 일반적인 문제해결절차는 아래의 5단계를 따른다.
>
> | (가) | ⇨ | (나) | ⇨ | (다) | ⇨ | (라) | ⇨ | (마) |

	(가)	(나)	(다)	(라)	(마)
①	문제인식	원인분석	문제도출	실행 및 평가	해결안 개발
②	문제인식	문제도출	원인분석	해결안 개발	실행 및 평가
③	문제도출	문제인식	원인분석	실행 및 평가	해결안 개발
④	문제도출	원인분석	문제인식	해결안 개발	실행 및 평가

24. 다음 중 ㉠, ㉡에 대하여 옳은 설명을 한 사람을 〈보기〉에서 모두 고르면?

> ㉠ 개인형 퇴직연급(IRP)과 ㉡ 연금저축은 모두 노후 대비 저축상품이다. 구체적으로 노후를 위해 미리 저축을 해서 퇴직 이후에 연금의 형태로 사용하기 위한 계좌이다. 두 상품은 모두 연말정산 때 세액공제를 받을 수 있다. IRP와 연금저축은 노후자금 마련과 세액공제 혜택이라는 공통점이 있지만 다른 상품이다.

보기

갑 : ㉠은 근로소득자가 주요 가입대상이다.

을 : ㉡은 연간 받을 수 있는 최대 세액공제 한도가 1,000만 원이다.

병 : ㉠은 위험자산에 대한 투자가 적립금의 70%까지 가능하다.

정 : ㉡은 특별한 사유(요양, 파산, 천재지변 등) 외에는 일부 인출이 불가능하다.

① 갑, 을
② 갑, 병
③ 을, 병
④ 병, 정

25. 정 씨는 금융상품 분류를 위해 순서도를 제작하였다. AA 적금의 상품 상세와 순서도상에서의 위치가 다음과 같을 때, (가)와 (나)에 들어갈 수 있는 질문을 적절하게 짝지은 것을 〈보기〉에서 모두 고르면?

〈AA 적금〉

- 기본 이자율 : 연 2.1%
- 온라인 전용 상품 / 자유적립식 적금
- 월 100만 원 납입한도 / 최대 가입기간 24개월
- 이자 만기일시지급
- 우대 이자

적용조건	우대 이자율
마이데이터 서비스 가입	연 0.1%p
상품 만기 시점에 ○○은행 거래기간 60개월 이상	연 0.3%p
상품 만기 시점에 ○○은행 청약상품 보유	연 0.3%p

- 최종 이자율 : 기본 이자율+우대 이자율

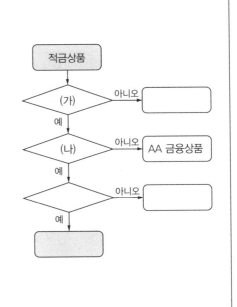

보기

㉠ (가)-마이데이터 서비스에 가입할 경우 우대 이자율이 적용되는가?
㉡ (가)-월 이자지급 방식인가?
㉢ (가)-오프라인으로 상품 가입이 가능한가?
㉣ (나)-가능한 최대 이자율이 연 3.0% 이상인가?
㉤ (나)-월 납입한도가 존재하는가?
㉥ (나)-최대 가입기간이 30개월 이상인가?

① ㉠, ㉡, ㉤   ② ㉠, ㉣, ㉥
③ ㉢, ㉤, ㉥   ④ ㉣, ㉤, ㉥

[26 ~ 27] 다음 제시 상황과 자료를 보고 이어지는 질문에 답하시오.

김 사원은 자사 홈페이지 접속과정에서 오류가 발생했을 때 우선적으로 문제해결 마법사를 통해 해결할 수 있는 문제를 해결한 후 해결되지 않는 오류는 원격상담을 통해 해결하는 시스템을 구축 중이다.

〈원격상담 예약 단계〉

[1단계] 문제해결 마법사 자동 실행

원격상담 예약페이지 접속 → 문제해결 마법사 자동 실행 → 오류 탐색 → 오류 해결 시도 → 모든 문제해결 시 종료/미해결 시 예약화면으로 이동

→

[2단계] 예약접수

예약일시 선택 → 고객 정보 입력 → 오류내용 입력 → 하단 '예약접수' 버튼 선택 → 예약 확정 및 상담원 배정

→

[3단계] 원격상담 프로그램 설치

'프로그램 설치' 버튼 선택 → 기기에 접근 허용 'OK' 버튼 선택

→

[4단계] 원격상담 프로그램 실행

이용약관 '동의' 체크 후 '다음' 버튼 선택 → 원경상담 '접속번호 요청' 버튼 선택

→

[5단계] 상담원 연결

상담원 연결을 위해 안내받은 6자리 접속번호 입력 → 상담원 연결

〈문제해결 마법사 구동 프로세스〉

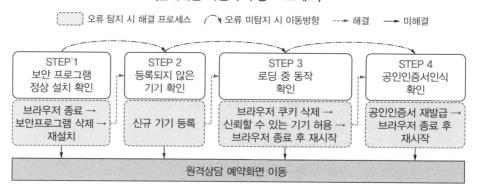

26. 김 사원은 원격상담 예약을 위한 정보처리 과정의 일부를 사용자와 관리자 입장에서 다음과 같이 정리하였다. 그 내용이 올바른 것은?

①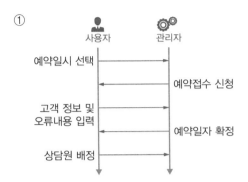

②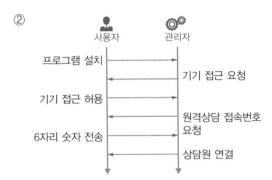

③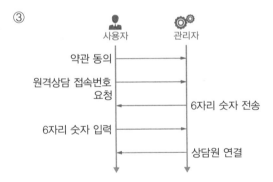

④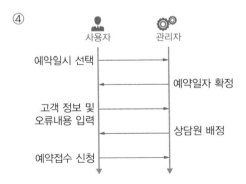

27. 원격 상담원 J의 모니터에 다음과 같은 내용이 나타났을 때, 원격상담 이전 문제해결 마법사의 실행 과정을 올바르게 나타낸 것은? (단, '〉' 표시는 다음 작업으로 이동함을 의미한다)

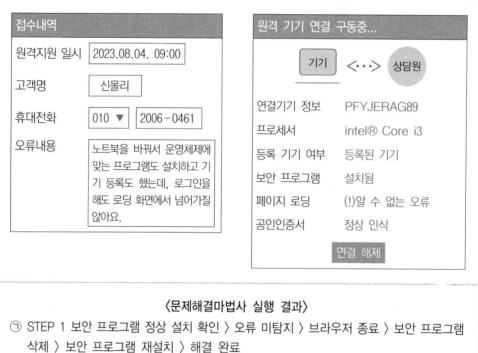

접수내역

원격지원 일시	2023.08.04. 09:00
고객명	신몰리
휴대전화	010 ▼ 2006－0461
오류내용	노트북을 바꿔서 운영체제에 맞는 프로그램도 설치하고 기기 등록도 했는데, 로그인을 해도 로딩 화면에서 넘어가질 않아요.

원격 기기 연결 구동중...

기기 〈·· 〉 상담원

연결기기 정보	PFYJERAG89
프로세서	intel® Core i3
등록 기기 여부	등록된 기기
보안 프로그램	설치됨
페이지 로딩	(!)알 수 없는 오류
공인인증서	정상 인식

연결 해제

〈문제해결마법사 실행 결과〉

㉠ STEP 1 보안 프로그램 정상 설치 확인 〉 오류 미탐지 〉 브라우저 종료 〉 보안 프로그램 삭제 〉 보안 프로그램 재설치 〉 해결 완료

㉡ STEP 2 등록되지 않은 기기 확인 〉 오류 미탐지 〉 STEP 3 이동

㉢ STEP 3 로딩 중 동작 확인 〉 오류 탐지 〉 브라우저 쿠키 삭제 〉 신뢰할 수 있는 기기 허용 〉 브라우저 종료 후 재시작 〉 해결 완료

㉣ STEP 4 공인인증서 인식 확인 〉 오류 미탐지 〉 공인인증서 재발급 〉 브라우저 종료 후 재시작 〉 미해결 문제 탐지 〉 원격상담 예약화면으로 이동

① ㉠

② ㉡

③ ㉢

④ ㉣

28. 오 사원은 고객정보를 바탕으로 고객을 분류하여 전산에 등록하기 위해 아래와 같은 순서도를 만들었는데, 고객 B와 F의 분류 결과가 다음과 같았다. 이때, (가), (나), (다)에 들어갈 수 있는 질문을 바르게 연결한 것은? (단, 고객 B와 F만 같은 분류로 등록되었다)

정보＼고객	A	B	C	D	E	F	G
성별	여	여	남	여	남	여	남
투자성향	안정추구	중립투자	안정추구	안정추구	중립투자	공격투자	공격투자
관심 상품	예금	펀드	예금	대출	퇴직연금	펀드	대출
마케팅 정보 활용	동의	동의	동의	동의	미동의	동의	동의
나이	23세	25세	38세	34세	43세	22세	31세
가입 기간	6개월	3년 4개월	5년 8개월	4년	3년 3개월	2년 2개월	4년 5개월

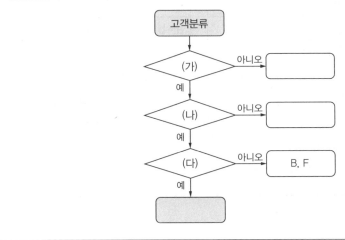

	(가)	(나)	(다)
①	성별이 여자인가?	관심 상품이 대출인가?	투자성향이 안정추구인가?
②	마케팅 정보 활용에 동의했는가?	관심 상품이 펀드인가?	가입 기간이 3년 이상인가?
③	20세 이상인가?	마케팅 정보 활용에 미동의했는가?	가입 기간이 4년 이상인가?
④	가입기간이 1년 이상인가?	마케팅 정보 활용에 동의했는가?	30세 이상인가?

[29 ~ 30] 다음 제시 상황과 자료를 보고 이어지는 질문에 답하시오.

직원 C는 업무흐름을 파악하기 위해 순서도를 활용하려고 한다.

〈순서도 기호〉

⬭	시작/종료를 나타낸다.	◇	참, 거짓을 판단하여 흐름을 제어한다.
▭	배정된 명령을 수행한다.	▱	변수를 선언 또는 출력한다.

〈연산자〉

기본 연산자	설명	a=5, b=2일 때 결과	조건 연산자	설명	a=5, b=2일 때 결과
a=b	b의 값이 a에 대입된다.	a=2,b=2	a==b	a와 b가 같다.	거짓
a+b	a와 b를 더한다.	7	a!=b	a와 b가 다르다	참
a−b	a에서 b를 뺀다.	3	a〉b	a가 b보다 크다.	참
a*b	a와 b를 곱한다.	10	a〉=b	a가 b보다 크거나 같다.	참
a/2	a를 2로 나눈 값	2.5	a〈b	a가 b보다 작다.	거짓
a//2	a를 2로 나눈 몫	2	a〈=b	a가 b보다 작거나 같다.	거짓
a%2	a를 2로 나눈 나머지	1			

※ 사칙연산의 결과가 우변에서 좌변에 대입된다.

29. 〈보기〉의 순서도에 따를 경우, 두 변수 A, B가 서로 바뀐 값으로 출력된다. 다음 중 ㉠에 들어갈 내용으로 옳은 것은?

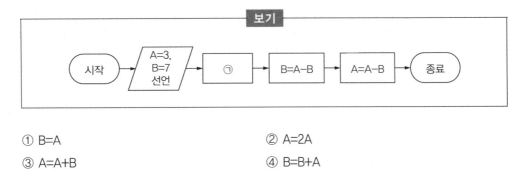

① B=A

② A=2A

③ A=A+B

④ B=B+A

30. 다음 중 〈보기〉의 순서도에서 출력되는 N의 값으로 옳은 것은?

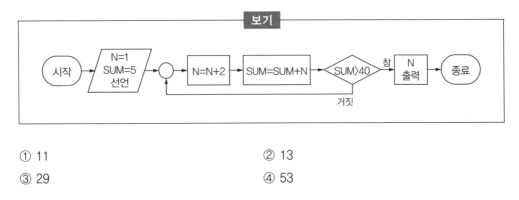

① 11

② 13

③ 29

④ 53

31. 다음 중 팀워크와 응집력에 대한 설명으로 옳은 것은?

① 응집력은 팀에 카리스마적인 리더가 존재하지 않아도 상호 관계성을 가지고 협력하여 일을 해 나가는 것을 의미한다.

② 팀이 성과를 내지 못하면서 분위기만 좋은 것은 팀워크가 좋은 것이다.

③ 목표 달성의 의지를 다지고 성과를 내는 것이 팀워크이다.

④ 팀워크는 사람들에게 집단에 머물도록 느끼게끔 만들고, 그 집단의 구성원으로서 계속 남아 있기를 원하게 만드는 힘을 의미한다.

32. 다음 중 ㉠의 기본 원칙에 대한 설명으로 적절하지 않은 것은?

> 대표적인 커뮤니케이션 도구인 (　㉠　)은/는 조직의 지속적인 성장과 성공을 이끌어내기 위해 리더가 갖추어야 할 필수 덕목 중 하나이다. 이러한 (　㉠　)은/는 직원들에게 질문을 던지는 한편 직원들의 의견을 적극적으로 경청하고, 필요한 지원을 아끼지 않아 생산성을 높이고 기술 수준을 발전시키며, 자기 향상을 도모하는 직원들에게 도움을 주고 업무에 대한 만족감을 높이는 과정이다.

① 서로가 자유롭게 논의할 수 있고 제안할 수 있어야 한다.

② 리더는 직원들이 어떠한 일이든 자신의 업무에 책임의식을 갖고 완전히 책임질 수 있도록 이끌어야 한다.

③ 코치인 리더가 지식이나 정보를 하달하며 의사결정의 권한을 가지고 있다.

④ 코치인 리더는 적극적인 경청자로서 잡념을 떨치고 직원에게만 모든 관심을 집중해야 한다.

33. 다음 고객 응대 행동절차 중 (가)의 단계에서 판매원이 수행해야 할 행동으로 옳은 것은?

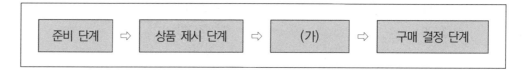

| 준비 단계 | ⇨ | 상품 제시 단계 | ⇨ | (가) | ⇨ | 구매 결정 단계 |

① 고객이 쉽게 상품을 접하거나 직접 시연해 볼 수 있도록 한다.

② 고객이 언제든지 다가와도 당황하지 않고 응대하도록 마음의 준비를 한다.

③ 구매 결정을 서둘러 유도할 경우 자칫 고객이 구매 결정을 철회할 수 있으니 차분히 비교하도록 하며 구매결정이 올바르게 이루어졌음을 확신시켜준다.

④ 상품이 갖는 기능, 특징에 대해 소개하고 고객이 얻게 되는 이익이 무엇인지 명확하게 짚어준다.

34. 다음 기사를 통해 배울 수 있는 직장인의 생활 태도로 적절한 것은?

> △△다이노스야구단은 24일 서울 고척 스카이돔에서 열린 2020 한국시리즈 6차전에서 □□베어스야구단을 4 대 2로 꺾고 시리즈 전적 4승 2패로 창단 9년 만, 1군 진입 8년 만에 한국시리즈 우승과 통합 우승을 달성하는 기쁨을 누렸다.
>
> 우승이 확정된 순간 △△다이노스야구단 선수들은 모기업인 △△소프트의 대표게임에 나오는 검 모양의 아이템을 활용한 세리머니로 세계적 관심을 불러일으켰다. 팀의 주장이자 시리즈 MVP ●●●선수가 검을 뽑은 후 들어 올리자 △△다이노스 선수들은 환호성을 질렀다. 이른바 '집행검 세리머니'였다.
>
> △△구단 측은 이 세리머니에 대해 삼총사의 유명 대사인 '올 포 원, 원 포 올(All for One, One for All : 하나를 위한 모두, 모두를 위한 하나)'을 활용했다고 밝혔다. 정규리그 캐치프레이즈였던 '다 함께 더 강하게(Stronger Together)'의 의미를 한국시리즈 상황에 맞춰 계승한 것이다. △△구단은 한국시리즈 엠블럼 또한 삼총사의 상징인 3개의 검을 야구방망이로 표현해 디자인에 반영한 바 있다.
>
> 이어서 한국시리즈 우승 확정 후 행사에서 ○○○구단주가 직접 검을 공개했고, "선수단이 △△구성원 모두의 기운을 모아 함께 이룬 결실을 'One for All' 세리머니로 표현했다."라고 우승 세리머니의 의미를 전했다.
>
> ○○○구단주는 "만화 같은 일이 벌어졌다. KBO리그에서 9번째로 출발한 우리 구단이 창단 9년 만에 우승을 이뤄냈다. 우승의 날을 만들어 준 모든 분들께 감사드린다."라고 소감을 전했다.

① 다른 사람과 소통하는 힘을 기른다.
② 팀원이 사명감을 갖도록 명확한 목적과 목표를 공유한다.
③ 구성원으로서 공동목적 달성을 위해 상호협력으로 업무를 수행한다.
④ 솔선수범하여 주인의식을 가지고 기대 이상의 성과를 내려고 노력한다.

[35 ~ 38] 다음은 업무를 수행하며 갈등에 직면한 직원의 인사기록카드와 상황을 나타낸 자료이다. 각 자료에 제시된 상황에서 해당 직원이 취할 행동으로 가장 바람직한 것을 고르시오.

35.

이름	이지호	소속 / 직급	인재개발원 / 대리
성별 / 나이	남 / 32세	담당 업무	자료 총괄

[상황]

   인재개발부에서 사용하는 자료를 총괄하고 있는 이 대리는 현재 신입사원 연수에 필요한 자료들을 제작하는 업무도 함께 진행하고 있다. 전체 부서와 협의해 자료 제작 일정을 결정하였으며, 각 부서별로 자료에 수록될 내용을 협의한 기간에 맞춰 전달받기로 했다. 대부분의 부서에서 기간 내에 전달해 주었지만, 몇몇 부서에서는 자료 전달이 늦어질 것 같다고 연락이 왔으며, 연락이 안 되는 부서도 있다. 부서들의 편의를 최대한 봐주는 선에서 기간을 정했기 때문에 더 늦어지면 이 대리의 부담이 커지는 상황인데 사측에서는 신입사원 연수 일정을 앞당겼다.

① 자료 제작 시간을 확보할 수 있도록 신입사원 연수 날짜를 조정하자고 한다.

② 기한 내에 제출하지 못한 부서에게 책임이 있으므로 자료 제작을 해당 부서에 맡긴다.

③ 계획된 일정에 맞추어 자료를 제작할 수 있도록 회신이 안 된 부서의 자료는 삭제하자고 한다.

④ 제작 인력을 추가로 확보해 일정을 맞추고, 그에 대한 비용은 자료 전달이 늦어진 부서에서 지불할 것을 제안한다.

36.

이름	장서윤	소속 / 직급	홍보기획부 / 신입사원
성별 / 나이	여 / 27세	담당 업무	시장 조사 및 콘텐츠 개발

[상황]

   장 사원은 과장으로부터 한 달 동안 신입사원들끼리 진행해야 하는 업무를 부여받았다. 부여받은 업무 내용은 홍보 콘텐츠를 기획하고 제작하는 것으로, 목적은 신입사원들의 업무 능력 및 실무 능력을 향상시키는 데 있다. 또한, 해당 업무의 결과는 신입사원 평가 항목에도 포함될 예정이다. 그러나 과제를 부여받은 장 사원은 잘해낼 수 있을지 의심스러웠다. 입사한 지 얼마 안 된 신입사원끼리만 해결하기에는 어려운 프로젝트였기 때문이다.

① 다른 회사 마케팅팀에 재직 중인 경험 많은 친구에게 도와줄 것을 요청한다.

② 업무 능력이 좋은 선배들에게 찾아가 선배들이 신입사원일 때 진행했던 자료를 얻어 해당 내용을 반영한다.

③ 신입사원끼리 모여 회의를 연 후 과반수의 의견에 따라 해당 업무를 시작할지, 바꿔달라고 요구할지 결정한다.

④ 평가 항목이므로 신입사원들끼리 협력해 진행한 후 과장에게 진행 상황과 결과를 자세히 설명하고 피드백을 받는다.

37.

이름	강민정	소속 / 직급	★★지점 / 계장
성별 / 나이	여 / 33세	담당 업무	수신 담당

[상황]
　　현재 강 계장은 일주일 된 신입사원과 단 둘이 창구에 있고, 신입사원에게 업무를 진행하는 모습을 보여 주며 교육도 병행하고 있어 매우 바쁜 상황이다. 이러한 상황에서 아직 순번이 아닌 고객이 강 계장에게 급히 달려와 지금 당장 인출해야 하니 본인부터 처리해 줄 것을 요구하고 있다. 대기 고객이 많아 해당 고객의 업무를 먼저 처리해 줄 경우 대기 고객들의 항의가 예상된다.

① 번호표 순서대로 진행해야 한다고 완강하게 말한다.

② 신입사원에게 고객과 함께 ATM으로 가 업무를 처리해 드리라고 한다.

③ 다른 곳에서도 인출할 수 있다고 하며 다른 지점으로의 방문을 유도한다.

④ 신입사원에게 대기 중인 고객들의 업무를 맡기고 해당 고객의 요구를 들어준다.

38.

이름	한지원	소속 / 직급	콜센터 / 사원
성별 / 나이	여 / 26세	담당 업무	콜택시 배차

[상황]
　　한 사원의 업무는 콜택시 이용을 원하는 고객들의 전화를 받아 접수한 후 원활하게 배차가 이루어질 수 있도록 하는 것이다. 평소와 같이 전화를 받고 있는데, 한 시간째 배차가 안 되고 있다며 따지는 고객의 전화를 받게 되었다. 고객은 이용하려는 거리가 짧아서 일부러 누락시킨 게 아니냐며 막무가내로 언성을 높이고 있다. 그런데 고객의 이용정보를 조회해 본 결과 실제로 고객이 콜택시를 신청한 내역은 없었다.

① 해당 지역은 일하기 피곤하다고 생각하며 전근을 신청한다.

② 억지를 부리는 민원인이 안타깝지만 업무에 방해가 되므로 경찰을 불러 인계한다.

③ 불편을 느낀 것에 동감하고 전화 목록을 확인시켜 주며 누락한 것이 아니라고 충분히 설명 후 배차를 진행한다.

④ 퇴근 시간이 얼마 남지 않았으므로 조금만 기다려 달라고 안내한 후에 직접 고객이 원하는 장소로 모셔다 드린다.

39. 다음의 상황에서 H 주임이 고객에게 해야 할 말로 가장 적절한 것은?

상황제시		
업무 수행자	이름	H
	소속	○○은행 □□지점
	직급	1년 차 주임
업무배경	수신 창구에서 근무하는 H 주임은 입출금, 외환, 금융상품 등 다양한 업무를 맡아 처리하고 있다.	

H 주임의 창구에 한 고객이 USB 디스크를 들고 찾아와 다음과 같이 문의했다.

안녕하세요. 작년에 공동인증서를 발급받아서 인터넷뱅킹을 잘 사용해 왔는데, 오늘 계좌이체를 하려고 인터넷뱅킹 홈페이지에 접속하니까 공동 인증서가 만료됐다고 나오면서 사용이 안 되더라고요.

우리 아들 말로는 홈페이지에서 공동인증서를 재발급 받을 수 있다던 데, 말만 들어도 복잡하고 못 할 거 같아서 일단 이 USB 디스크를 들고 와봤어요. 공동인증서를 대신 발급해서 여기에 넣어주실 수 있을까요? 저는 인터넷뱅킹에서 계좌이체밖에는 못 하거든요.

공동인증서는 1년마다 인터넷뱅킹 홈페이지에서 갱신을 하여 이용할 수 있다. 만약, 공동 인증서가 만료되는 경우에는 고객이 인터넷뱅킹 홈페이지에서 본인인증 절차를 거쳐 스스로 재발급을 받아야 하며, 직원의 명의로는 불가능하다. 또한, 지점에서 사용하는 업무용 PC로 는 보안상의 이유로 인해 외부 USB 디스크를 사용할 수 없기 때문에 은행에서 고객의 계정으로 접속하여 USB 디스크에 공동인증서를 담아주는 것도 어렵다.

① 인터넷뱅킹 홈페이지에서 도움말 메뉴를 보시면 공동인증서 재발급 방법이 상세하게 안내돼 있습니다. 천천히 따라서 해보신 후에 그래도 안 되면 가족들께 도움을 요청해 보시면 어떨까요?

② 보안시스템상의 이유로 지점 내에 있는 PC로는 개인 USB에 공동인증서를 담아드릴 수 없습니다. 그러니 나중에 개인 노트북을 가져오시면 고객님 아이디로 접속해서 공동인증서를 재발급해 드리겠습니다.

③ 공동인증서를 기존에 발급받으셨기 때문에 댁으로 돌아가셔서 공동인증서를 재발급받으시면 됩니다. 죄송하지만 제가 도와드릴 수 있는 것이 없습니다.

④ 인터넷뱅킹 페이지에서 재발급 메뉴를 누르시고 본인인증 절차를 통해 재발급이 가능합니다. 대신 해드리기는 어렵지만, 본인인증을 좀 더 편하게 하실 수 있도록 대면확인 1회용 인증번호를 발급해 드리고 방법을 안내해 드리겠습니다.

40. 다음 상황의 Q 대리가 주간회의에서 낼 의견으로 가장 적절한 것은?

상황제시		
업무 수행자	이름	Q
	소속	○○은행 ◇◇지점
	직급	3년차 대리
업무배경	• 수신팀 소속인 Q 대리는 신규 상품 출시 때마다 직원들에게 신규 상품에 대해 교육하는 업무를 담당하고 있다. • 고령화 사회에 맞춰 고령층을 대상으로 한 신규 상품이 출시를 앞두고 있다.	

Q 대리는 고객을 직접 응대하는 창구 직원들에게 다음 주에 출시 예정인 신규 상품의 내용과 유의사항에 대해 교육하였다. 교육이 끝난 후 자유롭게 질문이나 건의사항을 이야기해보라고 하자, 교육을 받은 직원들이 다음과 같이 고충을 털어놓았다. Q 대리는 이를 바탕으로 이번 주간회의 시간에 신규 상품 영업 방향에 대해 의견을 내고자 한다.

K 사원 : 평소에 고령층 고객들을 응대하고 상품에 대해 이해시키기가 쉽지 않은데, 고령층을 대상으로 한 전용 상품이 출시되었다니 벌써부터 걱정이 돼요. 시간을 들여 길고 자세히 설명해드려도 잘 이해하지 못하시는 경우가 많거든요.

O 주임 : 맞아요. 그래서 상품에 관한 내용 숙지가 덜 된 상태로 가입을 하고 나중에 찾아오셔서는 자신이 알고 있던 내용과 다르다고 하시는 경우도 종종 있어요.

S 대리 : 그래서 이용실적에 따른 적용금리나 혜택을 고령층 고객들에게 충분히 이해시킬 수 있는 방안이 상품 출시 전에 미리 마련되면 좋겠어요.

① 고령층 고객들에게 맞추어 상품을 수정해서 적용금리체계와 혜택을 단순화하자고 본사 상품기획부서에 건의하는 게 좋겠습니다.

② 신규상품의 핵심 내용을 고령층 고객들도 이해하기 쉽게 설명한 유인물을 제작해서 가입상담 시 보조자료로 활용하면 도움이 될 겁니다.

③ 수신팀 직원들의 금융상품 전반에 대한 이해와 영업 스킬을 향상시키기 위한 추가 직원 교육을 시행하는 것이 필요합니다.

④ 상품 가입 이후 발생하는 모든 피해는 고객의 책임임을 가입 시에 고객들에게 다시 한번 주지시켜야 합니다.

고시넷
NCS
피듈형

직업기초

영역별 출제비중

직업윤리
9%

정보
13%

의사소통
13%

수리
13%

대인관계
20%

문제해결
15%

조직이해
17%

▶ 자료의 세부 내용 이해하기
▶ 도표 자료의 수치 분석하기
▶ 조건과 자료를 바탕으로 추론하기
▶ 조직 구조와 결재양식 파악하기
▶ 직무 수행상의 올바른 대인관계와 윤리관 형성하기
▶ 프로그램 정보 해석하기

피듈형 의사소통능력에서는 자료의 내용 이해를 바탕으로 글을 재배치하거나 의도 파악, 추론하기 등의 문제가 출제되었다. 수리능력에서는 도표 자료의 수치를 계산 및 분석하는 문제가 출제되었다. 문제해결능력에서는 자료와 그에 따른 조건을 바탕으로 분석 결과를 도출하고 합리적으로 결정하는 문제가 출제되었다. 조직이해능력에서는 업무 수행 전략 파악, 결재규정 이해, 사업 분석 등 실제로 업무를 수행할 때 마주할 수 있는 상황에서 적절한 판단을 할 수 있는지를 평가하는 문제가 출제되었다. 대인관계능력에서는 팀워크에 관한 문제가 다수 출제되었고, 리더십, 협상전략 등을 묻는 문제도 출제되었다. 정보능력에서는 코딩이나 프로그램 설명 자료를 해석하는 문제가 주로 출제되었다. 직업윤리에서는 기업과 직업인의 윤리적 덕목과 직장 내 예절에 관한 문제가 출제되었다.

통합 오픈봉투모의고사

5회 기출예상문제

영역	문항 수	시험시간	비고
의사소통능력 수리능력 문제해결능력 조직이해능력 대인관계능력 정보능력 직업윤리	60문항	60분	한전KDN, 한국도로공사, 국민연금공단 등의 필기시험 유형을 기반으로 재구성하였습니다.

NCS란? 산업 현장에서 직무를 수행하기 위해 요구되는 각종 지식, 기술, 태도 등의 내용을 국가가 체계화한 것을 의미한다.

[01 ~ 02] ○○연구소에서 'CEO의 역할'에 대한 강연을 실시하였다. 이어지는 질문에 답하시오.

(가) 한때 세상을 품었던 C사, N사 등의 글로벌 기업은 자신의 분야에 안주하다 우월적 지위를 잃어버렸다. 이런 우를 범하지 않기 위해서는 경쟁력이 있는 분야와 함께 새로운 혁신 분야를 끊임없이 연구하고 개척해야 한다. 어느 기업이나 미래를 위해서 신사업을 창출하고 새로운 먹거리를 개발하는 것은 기업의 생존 방정식이다.

(나) 요즘처럼 경기가 불황일 때는 미래 지속가능성이 경영에서 제일 우선시되는 목표가 된다. 이를 위해서는 꾸준히 잘 수행해 왔던 부문을 유지하고 그동안 하지 않았던 새롭고 어려운 과업에도 지속적으로 도전해야 한다. 현재와 미래, 오른손과 왼손에 대한 동시 고려는 기업과 정부 등 사회의 모든 조직은 물론 우리 모두의 최우선 핵심 과제이다. 선진국에서처럼 100년 이상 장수하게 될 우리 기업이 앞으로 얼마나 나올지 벌써 궁금해진다. 우리도 당장 덜 사용해 온 손으로 글도 써 보고, 식사를 하며 100세 시대를 대비해야 하지 않을까.

(다) 기업 경영에서도 이와 똑같은 이치가 적용된다. 기업들은 관성에 따라 수행하기 익숙한 것에 집중하는 경향이 있다. 현재 잘나가는 제품, 기술이나 사업부문에만 집착하다 보면 결국 뒤처지게 된다.

(라) 모든 것은 시간이 흐름에 따라 익숙해지지만 낡고 약해진다. 우리 몸도 마찬가지다. 한 부분을 오랫동안 사용하다 보면 숙련되지만 고장이 나는 경우가 생긴다. 어느 한쪽 손을 주로 사용하다 보면 나이가 들면서 손목이나 관절에 문제가 발생하게 된다. 주로 오른손을 사용하는 사람의 경우 오른손이 탈나게 되면 왼손을 대신 사용하면 좋을 텐데, 평생 생활이 오른손에 익숙해진 터라 왼손이 대신 채워 주기에는 역부족이다.

(마) 저명한 혁신 연구가인 찰스 오라일리 스탠퍼드대 교수는 이를 '양손잡이 경영'이라 부르며 이야기한 바 있다. 현재 잘하는 분야를 계속해서 개발(exploitation)하여 효율성과 생산성을 높이는 데 초점을 맞추면서, 창조성과 모험성을 강조하는 탐사(exploration) 활동을 통해 미래 성장을 꿈꿀 수 있다는 것이다. 현재의 성공 사업을 잘 유지해 수익을 창출하고 미래의 성장 동력을 찾아 대박을 낼 사업을 키우는 것이 양손잡이 경영의 핵심이다. 실패 위험이 높은 혁신 활동을 전담할 조직은 최고경영자(CEO)가 직접 챙겨야 한다. 미래 핵심 사업을 창조하고 위험에 대비하는 것이 기업 경영의 요체이고 CEO의 역할이자 의무이기 때문이다.

01. (가) ~ (마)를 글의 흐름에 맞게 순서대로 나열한 것은?

① (라)-(나)-(마)-(가)-(다) 　　② (라)-(다)-(가)-(마)-(나)

③ (마)-(가)-(나)-(다)-(라) 　　④ (마)-(나)-(가)-(라)-(다)

⑤ (마)-(라)-(나)-(가)-(다)

02. 다음 문장을 제시된 글에 추가하고자 할 때, 들어갈 위치로 가장 적절한 곳은?

> 　얼마 전 오른쪽 손목 문제로 병원 신세를 진 필자도 왼손을 대신 사용하는 생활과 습관을 들여 세월의 변화와 미래에 대비해야겠다고 다짐하고 있으나, 실제로 이를 실천에 옮기기에는 보통의 의지력으로는 매우 힘들다.

① (가) 문단 뒤　　　　② (나) 문단 뒤　　　　③ (다) 문단 뒤

④ (라) 문단 뒤　　　　⑤ (마) 문단 뒤

[03 ~ 04] 다음 글을 읽고 이어지는 질문에 답하시오.

현대 생명윤리는 크게 두 가지 관점을 통해서 해결에 접근한다. 그것은 바로 자유주의 윤리학과 공동체주의 윤리학이다. 주목할 점은 자유주의 윤리학과 공동체주의 윤리학은 동시에 대립하며 발전한 것이 아니라 자유주의 윤리학의 이론과 적용에 대하여 공동체주의 윤리학이 반론을 제기하면서 발전했다는 점이다. 그러므로 대응방식으로서 생명윤리학의 현대적 의의는 자유주의 윤리학에 대한 공동체주의 윤리학의 보충이 아닌 맞대응이라고 할 수 있다. 여기서 맞대응은 생명윤리의 전제조건에 대한 전환을 말한다.

자유주의 진영에서 존 롤스(John Rawls)의 출현은 규범적 전환이라고 불릴 정도로 규범에 관한 논쟁을 일으켰다. 대표적인 논쟁이 규범윤리학 방법론이다. 생명윤리 문제에서 공동체주의의 대응은 원칙주의와 결의론 등 자유주의적 관점이 지닌 문제점에 대한 인식에서 나왔다. 현대 바이오테크놀로지(Biotechnology)는 기술만으로는 해결하기 어려운 많은 생명윤리적 쟁점과 질문을 동시에 세상에 내놓았다. 이와 같은 한계를 극복하고 문제를 해결하는 대응으로 출현한 것이 공동체주의 관점의 생명윤리학이다.

자유주의 생명윤리가 개인의 자율성을 강조한 것에 대항하여 공동체주의 학자 샌델(Michael Sandel), 매킨타이어(Alasdair MacIntyre), 테일러(Charles Taylor), 왈저(Michael Walzer)는 각자의 정치철학 이론에 기초하여 생명윤리관을 서술했다. 이들은 정의로운 사회란 공동체가 공유하는 가치와 선(Good)으로 구성된다고 말한다.

다시 말하자면 공동체주의는 공동선(Common Good)이 옳기 때문에 정의의 자격이 부여되는 것이 아니라, 그것을 사람들이 좋아하고 그로 인해 행복할 수 있기 때문에 정의로서 자격을 갖춘다고 주장한다. 하지만 공동체주의적 접근방식은 공동선을 강조하다 보니 인간의 권리와 자유를 소홀히 할 수 있고, 공동체에 대한 개념과 공동체가 지닌 현실적 한계가 무엇인지 모호하다는 비판이 있다. 그러나 이런 한계에도 불구하고 공동체주의 접근방식은 개인의 자율성으로 경도되어 지나치게 보호하는 자유주의적 관점에 대하여 개인이 현실적으로 속해 있는 공동체와 대화할 수 있는 길을 열어 주었다는 점에서 큰 공헌을 했다. 사실 현실 세계와 분리된 상황에서 인간의 도덕적 지위를 확립하고 그 이념에 따라 모든 인간이 올바른 가치판단을 내리면서 올바르게 삶을 선택한다면 좋겠지만, 현실 속의 인간은 추상화된 개념의 이상(理想) 속에 고립되고 한정된 존재가 아니라는 점을 간과해서는 안 된다. 추상적 존재로도 불리지만 현실적, 경험적인 인간이 속해 있는 공동체의 가치와 선을 고려한다는 것은 삶이 허무주의로 흐를 수 있는 고립된 자아에게 좋은 삶을 위한 방향으로 수정할 수 있는 기회를 제시해 주는 것과 같다. 이 점은 개인과 공동체 사이에 여러 가지 차이와 간극이 있음에도 불구하고 공동체주의가 주는 현실적 가치임을 기억해야 한다.

03. 제시된 글에 대한 이해로 옳지 않은 것은?

① 현대 바이오테크놀로지는 기존의 자유주의 윤리학의 관점만으로는 해결하기 어려운 생명윤리적 쟁점을 가진다.

② 자유주의 윤리학은 공동체주의 윤리학에 선행하여 발생하였으며 공동체주의 윤리학은 자유주의 윤리학을 반박하는 개념이다.

③ 개인의 자율성을 지나치게 보호하는 자유주의적 관점을 따를 경우 자아가 고립되어 삶이 허무주의로 흐를 가능성이 있다.

④ 공동체주의는 절대적으로 정의로운 공동선을 설정한 후 이에 기초한 올바른 가치판단을 내리는 삶을 이상적으로 본다.

⑤ 각자의 공동체주의적 정치철학 이론에 기초하여 생명윤리관을 서술한 학자로는 샌델, 매킨타이어, 테일러, 왈저 등이 있다.

04. 다음 중 공동체주의 생명윤리 사상을 가진 사람이 제시할 만한 연명치료에 대한 의견으로 적절한 것은?

① 의사는 의학적으로 전문가니까 연명치료 중단 여부도 주치의 의견에 최대한 따르는 것이 맞지 않을까?

② 가족들의 동의가 없더라도 환자 본인이 원한다면 연명치료를 중단할 수 있도록 해야 해.

③ 극한 상황에서는 정상적인 판단이 어려울 수 있으니까 아프기 전의 생각에 따라서 연명치료 여부를 결정해야 해.

④ 의식불명 환자가 현재 치료 중단을 요구하지 못하더라도 과거에 연명치료를 원치 않는다는 의견을 표명했다면 환자의 의지를 중시하여 연명치료를 중단하는 것이 옳아.

⑤ 개개인의 의지에 따라 연명치료를 중단하는 것은 결국 사람을 죽도록 방치한다는 측면에서 사회통념상 옳지 않고 사회적으로 악용될 우려도 있으니 신중한 검토가 필요해.

5회

기출예상

[05 ~ 06] 다음 자료를 읽고 이어지는 질문에 답하시오.

> 설마 했던 브렉시트(영국의 유럽연합 탈퇴)가 국민투표로 확정되자 국제금융시장이 요동쳤다. 탈퇴 확정 소식이 알려지자마자 영국의 통화인 파운드화 가치는 10% 이상 폭락했고, 기축 통화 역할을 했던 미국 달러화나 일본 엔화 가치 등은 치솟았다. 각국 증권시장의 출렁거림도 가히 역대급 태풍에 견줄만했다. 그동안 양적 완화를 통해 자국 통화 가치를 떨어뜨렸던 경제대국들은 이번 사태가 실물경제로 이어지지 않을까 좌불안석인 모양이다.
>
> 사실 이번 결정이 어떤 배경에서 나온 것인지 어리둥절했다. 지난 수십 년 동안 자유무역의 확장만이 유일무이한 정답인 것처럼 의심의 여지없이 주입받아 왔다고 볼 수 있기 때문이다. 유럽 이민자들의 유입으로 일자리를 빼앗겼다는 등의 얘기가 전해진다. 그러나 통합에 따른 편익을 꼽자면 얼마든지 그 이상의 것을 거론할 수도 있지만 지금 당장 ⊙종합적인 계산서를 뽑아 보기는 어렵다. '국경 없는'이란 표현이 진부하게마저 느껴지는 요즘 세상에 국경의 담벼락을 높이 쌓게 된 이유를 유심히 들여다봐야 한다.
>
> "출렁이는 파도가 아니라, 그 밑에 거대하게 흐르고 있는 해류(海流)의 모습을 이해해야 합니다." 대학 시절, 연일 계속된 시위로 몇 개월 만에 겨우 성사된 수업 시간에 노교수가 아날학파를 설명했던 것으로 기억한다. 왕의 이름이나 임진왜란 등이 일어난 연도를 외우는 것이 고작이었던 역사를 보는 시각에 약간의 변화가 생긴 것은 당연했다. 그러나 이후로도 루시앙 페브르와 마르크 블로흐는 그저 잡담의 소재 정도였을 뿐, 진정으로 시대를 이해하고 반응하는 데 큰 촉매가 되지는 않았다. 간간이 사회 양상이-내 주변과 우리 사회, 나아가 글로벌한 차원에서-잘못 전개되고 있다는 느낌을 받은 적은 많다. 그래도 출렁이는 파도에 뱃멀미를 느끼기 바빴을 뿐 해류가 어떻게 흘러가고 있는지에 대해서는 관심을 두지 못했다.
>
> 일상에 치여 사는 생활인으로서 자책까지 할 필요는 없다. 다만, 이번 브렉시트를 계기로 당연하게 생각했던 많은 것을 꺼내 놓고 "뭣이 중헌디."라고 자문해 볼 필요는 있을 것 같다.

05. 다음 중 밑줄 친 ㉠이 의미하는 것은?

① 통화가치 하락에 따른 득실 계산
② 유럽 이민자 유입에 의한 경제적 영향
③ 유럽연합 탈퇴에 따른 손익
④ 해류 중심의 역사 해석이 주는 득실
⑤ 브렉시트에 대한 각국의 찬반 여부

06. 제시된 글을 통해 알 수 있는 내용으로 적절하지 않은 것은?

① 필자는 브렉시트를 지난 수십 년 동안 이어져 온 자유무역의 확장이란 방향에서 어긋난 결정으로 본다.
② 필자는 국가 간 보호무역으로의 회귀가 가져올 결과를 부정적으로 보면서 이에 대한 반대 입장을 보이고 있다.
③ 루시앙 페브르와 마르크 블로흐는 아날학파와 관련된 인물들이다.
④ 필자는 이민자의 유입을 막기 위해 브렉시트를 결정했다고 보는 것은 너무 단순한 해석이라고 보고 있다.
⑤ 브렉시트는 국경의 담벼락을 높이 쌓는 결정이라고 할 수 있다.

[07 ~ 08] 다음은 코로나19 관련 사회적 거리두기 2단계 규정 자료이다. 이어지는 질문에 답하시오.

(가) 사회적 거리두기 2단계 기준 및 방역 조치

개념	지역 유행 급속 전파, 전국적 확산 개시
상황	1.5단계 조치 후에도 지속적으로 유행이 증가하는 양상을 보이며, 유행이 전국적으로 확산되는 조짐이 관찰됨.
기준	다음의 3개 중 1개라도 충족 시 적용 가. 유행권역에서 1.5단계 조치 1주 경과 후, 확진자 수가 1.5단계 기준의 2배 이상 지속 나. 2개 이상 권역에서 1.5단계 유행이 1주 이상 지속 다. 전국 확진자 수 300명 초과 상황 1주 이상 지속
핵심 메시지	지역 유행 본격화, 위험지역은 불필요한 외출과 모임 자제, 사람이 많이 모이는 다중이용시설 이용 자제

(나) 사회적 거리두기 2단계 일상 및 사회·경제적 활동

마스크 착용 의무화	실내 전체, 위험도 높은 실외 활동
모임·행사	100인 이상 금지
스포츠 관람	관중 입장 제한(전체 관중의 10%)
교통시설 이용	마스크 착용 의무화, 교통수단(차량) 내 음식 섭취 금지
직장근무	기관부서별 재택근무 등 확대 권고, 환기·소독, 근로자 간 거리두기 등 의무화, 고위험 사업장 마스크 착용

07. 제시된 자료를 이해한 내용으로 적절한 것은?

① 1개의 권역에서 1.5단계 유행이 1주 이상 지속되면 2단계로 격상될 것이다.

② 1.5단계 조치 후 2 ~ 3일 일시적인 유행 양상을 보이더라도 2단계로 격상될 수 있다.

③ 유행권역에서 1.5단계 조치 후 2 ~ 3일 동안 확진자 수가 1.5단계 기준의 2배 이상이라면 전국적 대유행으로 판단될 것이다.

④ 전국 확진자 수가 300명이 초과되는 상황이 1주 이상 지속된다면 스포츠 경기는 관중 입장이 전체 관중의 10%로 제한될 것이다.

⑤ 유행권역에서 확진자가 100명 이상일 때, 1.5단계 조치를 취했을 경우 조치 다음 날 확진자 수가 200명 이상이 되면 곧바로 2단계로 격상될 것이다.

08. 제시된 자료를 바탕으로 할 때, 다음의 ○○기관이 취해야 할 조치로 적절하지 않은 것은?

> ○○기관에서는 사회적 거리두기 1.5단계일 때 기관 전체의 $\frac{1}{5}$ 수준의 직원이 재택근무를 실시하였으며, 외부강사를 초빙하여 직원 100명을 대상으로 청렴교육을 진행하기로 계획하였다. 그러나 청렴교육 실시일 전에 사회적 거리두기가 2단계로 격상되었다.

① 100인 이상의 모임은 금지되므로 계획된 청렴교육은 실시할 수 없다.

② 실내 및 실외 전체에서 마스크 착용을 의무화해야 한다.

③ 환기와 소독을 자주 하고 근로자 간 거리두기 등을 의무화해야 한다.

④ 재택근무를 확대하는 방안에 대해 논의해야 한다.

⑤ 지역 유행이 본격화되고 있으므로 불필요한 외출과 모임은 최대한 자제한다

[09 ~ 10] 다음의 제시 상황과 자료를 보고 이어지는 질문에 답하시오.

○○산업연구기관의 K 연구원은 해외 주요국과 한국의 전력 소비량을 비교하고 있다.

〈해외 주요국 전력 소비량〉

(단위 : TWh)

구분	1990년	2000년	2010년	2020년
중국	478	1,073	3,493	5,582
미국	2,634	3,500	3,788	3,738
인도	212	369	720	1,154
일본	771	969	1,022	964
독일	455	484	532	519
한국	94	240	434	508
브라질	211	321	438	499
프랑스	302	385	444	437
영국	274	329	329	301
이탈리아	215	273	299	292
⋮	⋮	⋮	⋮	⋮
전 세계 합계	9,702	12,698	17,887	

09. 다음 중 K 연구원이 위 자료를 파악한 내용으로 적절하지 않은 것은?

① 제시된 국가들 중 1990년 전력 소비량이 가장 큰 국가는 같은 해 전 세계 합계 전력 소비량의 25% 이상을 소비했다.

② 제시된 국가들 중 1990년 대비 2000년 전력 소비량 증가값이 가장 큰 국가는 중국이다.

③ 제시된 국가들 중 2000년 대비 2010년 전력 소비량은 영국을 제외한 모든 국가에서 증가했다.

④ 제시된 국가들 중 2010년 대비 2020년 전력 소비량이 감소한 국가 수는 증가한 국가 수보다 많다.

⑤ 제시된 국가들 중 2020년에 전력 소비량이 가장 많은 국가와 가장 적은 국가의 전력 소비량 차이는 5,290TWh이다.

10. K 연구원은 제시된 자료를 토대로 다음과 같이 전 세계 전력 소비량과 한국 전력 소비량의 증감률을 비교하고 있다. ㉠ ~ ㉣에 들어갈 값으로 적절한 것은? (단, 증감률은 소수점 둘째 자리에서 반올림한다)

〈전 세계 및 한국 전력 소비량 증감률〉

(단위 : %)

10년 전 대비 증감률	2000년	2010년
한국	㉠	㉡
전 세계 합계	㉢	㉣

① ㉠ : 282

② ㉡ : 72.4

③ ㉢ : 30.9

④ ㉣ : 25.2

⑤ ㉣ : 41.6

11. 다음은 20XX년 국내 주요 도시의 전출·입 인구 자료이다. 이에 대한 해석으로 적절하지 않은 것은?

〈국내 5개 도시 전출·입 인구〉

(단위 : 명)

전입 \ 전출	서울	부산	대구	인천	광주	계
서울	190,065	183	1,029	50,822	95	242,194
부산	3,225	81,566	75	4,550	152	89,568
대구	2,895	622	69,255	202	122	73,096
인천	8,622	326	192	19,820	256	29,216
광주	3,022	118	82	268	36,562	40,052
계	207,829	82,815	70,633	75,662	37,187	474,126

① 대구에서 부산으로 전입해 온 사람의 수는 622명이다.

② 같은 도시로 전출 간 사람의 수가 3번째로 적은 곳은 대구이다.

③ 서울은 전체 서울 전입 인구의 약 10% 이상이 다른 도시에서 전입해 온 것이다.

④ 인천으로 전입해 온 사람의 수는 75,662명이다.

⑤ 광주에서 다른 도시로 전출을 제일 많이 간 곳은 서울이다.

12. 다음은 어느 포장이사 전문 기업 프레젠테이션의 일부이다. ㉠ ~ ㉣ 중 표에 대한 설명으로 옳지 않은 것을 모두 고르면?

〈20X1년 10월 인구이동 예상〉

구분		20X1년		
		9월	10월(예상)	전년 동월 대비
이동자 수 (천 명, %)	계	591	529	−14.2
	시도 내	405	365	−14.1
	시도 간	186	164	−14.5
이동률 (%, %p)	계	1.15	1.03	−0.17
	시도 내	0.79	0.71	−0.12
	시도 간	0.36	0.32	−0.05

　　안녕하십니까. 기획팀의 김유진 팀장입니다. 프레젠테이션을 시작하겠습니다. 우선 20X1년 10월 인구이동 예상지표와 관련하여 말씀드리겠습니다. ㉠20X1년 10월에는 전년 동월 대비 약 14.2% 감소한 약 52만 9천 명의 인구이동이 예상되는데, 이는 10월에 추석 연휴가 있기 때문입니다. 그렇기 때문에 10월에는 포장이사 시장에서 경쟁이 더욱 치열해질 것이므로 공격적인 마케팅이 필요하다고 생각합니다. 특히 ㉡20X1년 10월 이동 예상 인원 중 시도 내 이동자 수가 차지하는 비중은 약 69%이고, 전년 동월 대비 전체 이동자 수의 감소율보다 시도 내 이동자 수의 감소율이 더 작으므로 ㉢전체 예상 이동자 수에서 시도 내 이동자 수가 차지하는 비중은 20X0년 10월에 비해 감소할 것으로 예상됩니다. 따라서 장거리 포장이사에 배치된 인력을 단거리 포장이사 부문으로 인사이동을 미리 준비해서 인력자원을 안정적으로 운용하여야 할 것입니다. 마지막으로, 인구 100명당 이동자 수를 의미하는 이동률은 ㉣20X1년 10월에 전년 동월 대비 약 0.17% 감소할 것으로 예상됩니다. 최근 이동률의 감소폭이 둔화되고 있어 이동률 지표가 안정화 단계에 들어선 것이라 추산할 수 있으며, 이에 따라 저렴한 이사비용을 전면에 내세우는 우리 기업의 방침에서 탈피하여 보급형과 고급형에 이르는 다양한 포장이사 서비스를 개발하는 것이 시급하다고 생각합니다. 이상 프레젠테이션을 마치겠습니다. 감사합니다.

① ㉠, ㉡　　　　　　　　② ㉠, ㉣　　　　　　　　③ ㉡, ㉢

④ ㉡, ㉣　　　　　　　　⑤ ㉢, ㉣

13. 다음은 지역 A ~ F에서 발생한 교통사고에 대한 자료이다. 〈조건〉에 따를 때, A와 C에 해당하는 도시를 적절하게 연결한 것은?

〈교통사고 발생 현황〉

(단위 : 건)

구분	A	B	C	D	E	F
20X9년	37,219	63,360	44,006	45,555	53,692	219,966
20X8년	36,330	61,017	40,698	44,304	51,784	217,598
20X7년	34,794	57,837	37,766	40,510	52,055	204,313
20X6년	34,934	57,816	36,333	40,017	48,031	203,197

〈교통사고 사망자 수〉

(단위 : 명)

구분	A	B	C	D	E	F
20X9년	185	354	77	238	308	250
20X8년	197	409	93	246	354	304
20X7년	236	425	86	307	351	343
20X6년	219	495	99	284	388	368

〈교통사고 부상자 수〉

(단위 : 명)

구분	A	B	C	D	E	F
20X9년	64,851	100,425	70,908	75,377	92,635	321,675
20X8년	63,242	96,775	64,612	70,737	88,928	318,192
20X7년	20,982	91,447	59,579	66,704	91,852	297,364
20X6년	63,032	94,882	57,920	67,922	85,282	296,073

조건

- 교통사고 건수가 매년 증가하는 지역은 경북, 대전, 전북, 서울이다.
- 교통사고 건수와 교통사고 사망자 수가 반비례하는 지역은 강원, 경북, 충남, 서울이다.
- 교통사고 사망자 수와 부상자 수가 반비례하는 지역은 강원, 전북, 충남, 서울이다.
- 20X7년 교통사고 사망자 수는 전년 대비 증가했지만, 교통사고 부상자 수는 전년 대비 감소한 지역은 강원, 전북이다.

	A	C			A	C			A	C
①	서울	강원		②	충남	대전		③	대전	서울
④	경북	충남		⑤	강원	대전				

[14 ~ 15] 다음의 제시 상황과 자료를 보고 이어지는 질문에 답하시오.

○○기관 직원 Y는 차기 예상 발전량에 관한 보고서를 작성하기 위해 2X20년도 발전원별 발전 전력량 추이를 열람하고 있다.

(단위 : GWh)

구분	3월	4월	5월	6월	7월	8월	9월	10월	11월	12월
총발전량 (증감률)	46,141 (−2.3)	42,252 (−3.9)	41,578 (−6.2)	43,825 (0.1)	46,669 (−6.2)	51,245 (−1.2)	44,600 (0.3)	43,164 (−3.3)	64,932 (−0.5)	51,601 (2.6)
기력 (증감률)	14,025 (−19.8)	15,001 (2.0)	14,876 (−2.1)	16,520 (−5.9)	19,058 (−14.6)	20,850 (−9.3)	19,038 (−9.2)	14,512 (−27.7)	34,880 (−22.3)	16,631 (−15.9)
원자력 (증감률)	14,463 (3.1)	13,689 (−3.3)	15,258 (3.3)	14,069 (3.6)	13,721 (17.5)	12,526 (2.7)	9,293 (−10.0)	13,468 (27.1)	14,048 (37.4)	15,060 (26.2)
복합 (증감률)	13,477 (10.2)	9,287 (−21.0)	7,555 (−29.0)	9,439 (0.6)	10,367 (−30.9)	13,346 (4.0)	11,966 (20.1)	11,483 (10.0)	12,732 (0.7)	16,382 (0.7)
수력 (증감률)	534 (18.4)	511 (−3.5)	563 (4.2)	513 (6.7)	612 (8.0)	1,074 (78.8)	880 (55.6)	474 (−13.2)	425 (−5.9)	496 (−0.7)
대체 에너지 (증감률)	2,904 (−0.8)	3,069 (13.0)	2,607 (−16.6)	2,402 (−11.6)	2,153 (−22.6)	2,693 (−13.6)	2,718 (6.0)	2,897 (30.3)	2,613 (33.7)	2,728 (30.3)
기타 (증감률)	738 (857.0)	695 (680.6)	719 (817.8)	882 (922.8)	788 (805.0)	756 (650.5)	705 (746.0)	330 (−55.6)	234 (−68.0)	304 (−48.5)

※ ( ) 내의 숫자는 전년 동월 대비 증감률(%)을 의미함.

14. 다음은 직원 Y가 제시된 자료를 파악한 내용이다. 이 중 적절한 것은?

① 2X20년 4월 총발전량은 2X20년 3월 대비 약 3.9% 감소하였다.

② 2X20년 4월에 동년 전월 대비 발전전력량이 제일 크게 증가한 것은 복합 발전원이다.

③ 2X20년 6월과 9월의 발전원별 발전전력량 순위는 같다.

④ 수력 발전원의 발전전력량이 가장 적은 달은 11월이다.

⑤ 2X20년 10월 발전전력량이 동년 전월 대비 증가한 발전원의 수가 감소한 발전원의 수보다 많다.

15. 직원 Y는 제시된 자료를 바탕으로 보고서에 삽입할 〈보기〉와 같은 그래프를 작성하였다. 다음 중 ㉠ ~ ㉣에 들어갈 발전원을 바르게 연결한 것은?

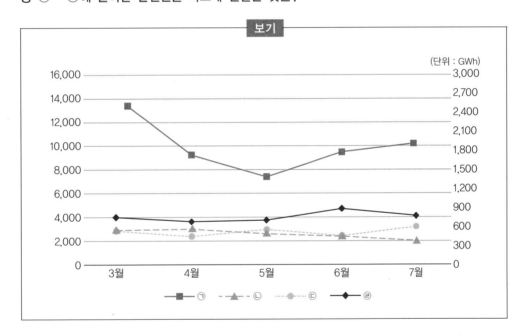

	㉠	㉡	㉢	㉣
①	수력	기력	복합	대체에너지
②	수력	기타	원자력	기력
③	기력	원자력	수력	복합
④	복합	수력	기타	원자력
⑤	복합	대체에너지	수력	기타

16. 다음은 20X5년 우리나라의 상품수지 현황에 관한 자료이다. 이에 대한 설명으로 옳은 것을 〈보기〉에서 모두 고르면?

〈지역별 수출 현황〉

구분	20X5년		20X0년 대비 증가율(%)
	수출(백만 달러)	구성비(%)	
동남아	143,868.1	23.81	−0.32
중국	131,577.1	21.78	14.04
미국	95,485.0	15.81	4.96
EU	65,306.5	10.81	5.06
일본	35,593.0	5.89	17.94
중동	34,758.3	5.75	89.54
중남미	33,747.3	5.59	38.40
기타	63,791.99	10.56	–

〈지역별 수입 현황〉

구분	20X5년		20X0년 대비 증가율(%)
	수입(백만 달러)	구성비(%)	
중동	118,985.5	22.96	67.65
중국	88,973.7	17.17	−6.33
동남아	71,756.4	13.84	7.06
EU	63,787.4	12.31	19.10
일본	50,297.5	9.70	14.35
미국	48,511.9	9.36	−22.74
중남미	18,389.1	3.55	7.23
기타	57,591.17	11.11	–

보기

㉠ 20X5년 우리나라의 상품수지 흑자규모는 850억 달러 이상이다.

㉡ 20X0년에 비해 20X5년 우리나라 상품수지 흑자액은 중국보다 미국이 더 많이 증가했다.

㉢ 20X6년에 20X5년의 수출 상위 3개 지역만 수출액이 20%씩 증가한다면 수출 총액은 7,000억 달러 이상이 된다.

㉣ 20X5년에 기타를 제외한 7개 지역 중 우리나라가 상품수지 적자를 보이고 있는 지역은 2개이다.

① ㉠, ㉡　　　　　　② ㉠, ㉣　　　　　　③ ㉡, ㉣

④ ㉠, ㉢, ㉣　　　　　⑤ ㉠, ㉡, ㉢, ㉣

17. ○○공사의 재무팀에서 근무하는 김필승 대리는 중대한 세미나를 앞두고 세미나 장소를 대관하려고 한다. 〈평가 기준〉에 근거하여 다음의 5개 후보지 중 총점이 가장 높은 곳을 대관하려고 할 때, 김필승 대리가 대관하게 될 세미나 장소는?

〈세미나 장소 정보〉

구분	○○공사로부터 이동시간	수용 가능인원	대관료	세미나 참석자들을 위한 교통편	빔 프로젝터 사용가능 여부
갑 센터 401호	1.5시간	400명	65만 원	불량	O
을 구민회관 2층	2시간	500명	60만 원	양호	O
병 교통회관 302호	1시간	350명	90만 원	양호	O
정 지역 상공회의소 3층	3시간	700명	70만 원	양호	O
무 빌딩 5층	2.5시간	600명	100만 원	매우 양호	X

〈평가 기준〉

• ○○공사로부터 이동시간, 수용가능인원, 대관료는 각 장소마다 1 ~ 5점을 준다.
• ○○공사로부터 이동시간과 대관료는 적은 순, 수용가능인원은 많은 순으로 높은 점수가 부여된다.
• 세미나 참석자들을 위한 교통편이 매우 양호하면 5점, 양호하면 4점, 불량하면 2점이 부여된다.
• 빔 프로젝터 사용이 가능하면 가점 2점이 붙는다.

① 갑 센터 401호　　　　　　　② 을 구민회관 2층
③ 병 교통회관 302호　　　　　　④ 정 지역 상공회의소 3층
⑤ 무 빌딩 5층

[18 ~ 19] 다음 자료를 보고 이어지는 질문에 답하시오.

〈터널에 영향을 미치는 현상과 요인〉

역학적 거동		원인	㉠				㉡					
			특수지형	특수지질	저온	기타	설계불량	천장공극	복공불량	배수불량	시공불량	기타
하중증가	토압증대	이완토압·소성압		◎				◎				
		절리 등		◎				◎				
		편토압·사면활동 등	◎	○			○					
	수압증대	수원지 인접										◎
		지하수 차단·배수불량		○			○			◎		
		지표수 유입				○				○	○	
	동상압	복공압력		○	◎							
	기타	지진				◎	○					
지반지내력저하	지반이완	균열확대·고결도 저하		◎				◎		○	◎	
	습윤	흡수·팽창		◎			○			○		
	간극수압	전단강도 저하		○						◎		
복공내력저하	구조열화	균열·박리·단면변형						◎	◎	○		
		침하·이동·경사	○	◎			○				○	
	재료열화	경시 변화·중성화				○						
		저온·습윤			◎					◎		
		배합불량									◎	
	기타	지진				◎						
		화재·교통사고										◎

※ ◎ : 주요 원인, ○ : 원인

18. 다음 중 제시된 표에 대한 설명으로 옳지 않은 것은?

① 지진, 화재나 교통사고와 터널 주변의 특수지질로 인한 균열과 단면변형은 복공내력 저하를 유발한다.

② 시공불량으로 인해 지표수가 유입되거나 설계불량으로 인해 배수불량이 나타나면 수압이 증대될 수 있다.

③ 터널에서 토압이 증대될 경우, 지형이나 지질이 특수한 것은 아닌지 의심해 볼 필요가 있다.

④ 복공압력에 이상이 나타날 경우, 복공불량을 의심할 것이 아니라 저온과 지질의 특수성을 살펴봐야 한다.

⑤ 지반지내력이 저하될 경우, 지질의 특수성이나 배수불량을 더 면밀히 살펴볼 필요가 있다.

19. 다음 중 제시된 표를 통해 추론한 정보로 옳지 않은 것은?

① 지반이완이 나타날 때는 천장공극이나 시공불량 또는 특수지질을 먼저 의심해 보고 만약 아닌 경우, 배수불량은 아닌지 확인해 봐야 한다.

② 터널을 제작할 때는 특수지형, 특수지질, 저온, 설계불량, 복공불량 중에서 지질의 특수성에 대해 알아보는 데 가장 많은 노력을 기울여야 한다.

③ 터널에 이상이 생기는 요인은 크게 인위적 요인과 자연적 요인으로 구분할 수 있으며, ㉠에는 인위적 요인, ㉡에는 자연적 요인이 들어간다.

④ 터널을 설계하고 시공할 때 배수에 대해서 세심하게 고려하지 않으면, 터널의 하중 증가, 균열확대, 재료열화 등 7가지의 문제점이 발생할 수 있다.

⑤ 터널을 설계하고 시공할 때 지형의 특수성을 고려하지 않으면, 터널의 하중 증가와 복공내력 저하의 문제가 발생할 수 있다.

[20 ~ 21] 다음 자료를 보고 이어지는 질문에 답하시오.

SWOT이란 강점(Strength), 약점(Weakness), 기회(Opportunity), 위협(Threat)의 머리글자를 모아 만든 단어로, 경영전략을 수립하기 위한 도구이다. SWOT 분석을 통해 도출된 조직의 내부·외부 환경의 분석 결과를 통해 각각에 대응하는 전략을 도출하게 된다.

SO 전략이란 기회를 활용하면서 강점을 더욱 강화하는 공격적인 전략이고, WO 전략이란 외부 환경의 기회를 활용하면서 자신의 약점을 보완하는 전략으로 이를 통해 기업이 처한 국면의 전환을 가능하게 할 수 있다. ST 전략은 외부환경의 위협요소를 회피하면서 강점을 활용하는 전략이다. WT 전략이란 외부환경의 위협요인을 회피하고 자산의 약점을 보완하는 전략으로 방어적인 성격을 갖는다.

내부환경 / 외부환경	강점(Strength)	약점(Weakness)
기회(Opportunity)	SO 전략 (강점-기회 전략)	WO 전략 (약점-기회 전략)
위협(Threat)	ST 전략 (강점-위협 전략)	WT 전략 (약점-위협 전략)

20. 다음 □□식당의 환경 분석결과에 따른 전략으로 옳은 것은?

□□식당	
강점(Strength)	저렴하고 깔끔한 식당 이미지
약점(Weakness)	국내 점포 수 부족
기회(Opportunity)	1인 가구 증가로 인한 간단한 식사에 대한 선호 증가
위협(Threat)	재료 값 상승으로 인한 재료비용 증가

내부환경 / 외부환경	강점(S)	약점(W)
기회(O)	① 1인 가구를 위한 저렴한 가격의 간편 메뉴 추가	② 가족 단위 고객에게 어필할 수 있는 깔끔한 음식 이미지 광고
위협(T)	③ 점포 수 증가를 통한 재료 대량구매 시스템 구축	④ 국내산 재료를 사용하여 고급스러운 이미지 구축 ⑤ 1인분 용량 메뉴의 다양화

21. 다음 ○○케이크 전문점의 환경 분석결과에 따른 전략으로 옳은 것은?

○○케이크 전문점	
강점(Strength)	• 다양한 종류의 미니 케이크와 저렴한 가격 • 뛰어난 SNS 활용 능력과 그 결과 SNS상에서 형성된 유행
약점(Weakness)	• 부족한 생산능력으로 인한 물량 부족 • 현재 입점 위치의 낮은 접근성
기회(Opportunity)	• 영업점 근처의 버스 노선 신설 • 예쁜 디저트에 대한 계속되는 유행
위협(Threat)	• 생과일 케이크의 신선도 논란으로 인한 소비자들의 불안감 확산 • 대형 카페들의 연이은 케이크 신메뉴 출시

내부환경 외부환경	강점(S)	약점(W)
기회(O)	① SNS 계정을 이용하여 버스 노선 신설 소식을 알리고 이를 통해 예비 고객들이 접근성 향상	② 부족한 생산능력을 인지하고 논란 중인 생과일 케이크를 메뉴에서 제거
위협(T)	③ 대형 생산 시설에 생산을 위탁하여 충분한 물량 확보	④ 현재 판매하는 미니 케이크들의 가격을 인상하여 고급화 전략 추진 ⑤ 예쁜 디저트라는 점을 SNS에 더욱 활발히 홍보

[22 ~ 23] 다음 K시 소재 S 연구기관의 계약 절차 및 유의사항의 일부를 보고 이어지는 질문에 답하시오(단, 다음 내용에 기재된 금액은 모두 부과세 10%가 포함된 값이다).

□ 계약 준비 시 고려사항
- 물품, 제조, 인쇄
  - 1백만 원을 초과하고 2.2천만 원 이하인 경우에는 소액 수의계약 추진
  - 2.2천만 원 초과인 경우 경쟁입찰을 통한 계약 추진(물품구매의 경우 계약부서로 구매가능 여부 문의, 특정한 경우 사유서 제출 후 수의계약 가능)
  - 2천만 원 이하는 견적서 1개 이상, 2천만 원 초과는 견적서 2개 이상 필수
- 용역
  - 3백만 원을 초과하고 3천만 원 이하인 경우 수의계약 추진
  - 3천만 원 초과인 경우 경쟁입찰을 통한 계약 추진(1억 원 이하의 경우 특정한 경우 사유서 제출 후 수의계약 가능)
  - 3천만 원 이하의 경우 견적서 1개 이상, 3천만 원 초과는 견적서 2개 이상 필수

□ 계약의 종류
- 제한경쟁 중 지역제한 계약 : 법인등기부상 본점 소재지가 해당 물품 납품지 혹은 용역결과물 납품지의 지역 관할 구역 안에 있는 자로 입찰참가자격을 제한 가능(물품과 용역의 경우 추정가격 2억 원 미만)
- 수의계약
  - 물품, 제조, 인쇄 : 견적서 1개 이상, 구매물품사양서 첨부하여 계약 신청하며, 1천만 원 이상의 경우 일상감사 결재 필수, 예산 2.2천만 원 이하 인쇄 시 수의계약
  - 용역 : 견적서(혹은 산출내역서 1개), 과업내용이 필요할 경우 2개 이상의 업체 견적서를 첨부

□ 계약신청서 내부결재선
- 물품, 제조, 인쇄

계약 금액	1천만 원 이하	1천만 원 초과~ 3천만 원 이하	3천만 원 초과~ 5천만 원 이하	5천만 원 초과~ 1억 원 이하	1억 원 초과
결재선	실장	센터장	차상위부서장(원장 직속 부서일 경우 원장)	부원장(원장 직속 부서일 경우 원장)	원장

- 용역

계약 금액	3천만 원 이하	3천만 원 초과~ 5천만 원 이하	5천만 원 초과~ 1.5억 원 이하	1.5억 원 초과~ 3억 원 이하	3억 원 초과
결재선	실장	센터장	차상위부서장(원장 직속 부서일 경우 원장)	부원장(원장 직속 부서일 경우 원장)	원장

- 수의계약

계약 금액	2천만 원 이하	2천만 원 초과~3천만 원 이하	3천만 원 초과
결재선	차상위부서장(원장 직속 부서일 경우 원장)	부원장(원장 직속 부서일 경우 원장)	원장

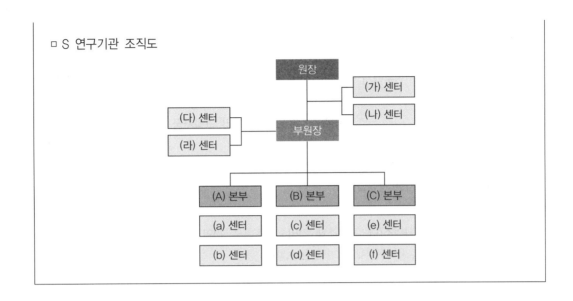

□ S 연구기관 조직도

22. 다음과 같은 5명의 연구원이 각각의 업무를 수행하고자 할 때, 최종 결재선이 다른 사람은?

① (가) 센터 박 연구원 – 동영상 편집 용역, 2.5천만 원, 수의계약
② (c) 센터 김 연구원 – 홍보물 인쇄, 3천만 원
③ (라) 센터 정 연구원 – 사업평가 연구 용역, 5천만 원, 경쟁입찰
④ (d) 센터 이 연구원 – 연구 장비 구입, 2천만 원, 경쟁입찰
⑤ (e) 센터 한 연구원 – 교재개발 용역, 3.5천만 원, 경쟁입찰

23. S 연구기관의 신입사원 구○○ 씨는 K시 소재의 G사와 다음과 같은 계약을 진행하게 되었다. 선배 사원이 구○○ 씨에게 조언할 말로 적절하지 않은 것은?

> • 계약명 : 온라인 교육 콘텐츠 개발
> • 금액 : 90,000,000원(부가세 10% 별도)
> • 계약내용 : 6차시(1차시당 30분) 6개 과목 교재개발 및 동영상촬영
> • 진행부서 : (니) 센디

① 최종 결재선은 원장입니다.
② 어떤 경우에도 수의계약은 진행할 수 없습니다.
③ 지역제한 경쟁입찰로 진행할 수 있습니다.
④ 견적서는 2개 이상 있어야 합니다.
⑤ 수의계약을 진행할 경우 견적서를 첨부합니다.

5회

기출예상

[24 ~ 25] 다음 제시 상황과 자료를 바탕으로 이어지는 질문에 답하시오.

○○기업 경영지원부에서 근무하는 P는 일자리 안정자금 관련 업무를 담당하고 있다.

〈자료 1〉 20X8년 일자리 안정자금

• 일자리 안정자금이란?

최저임금 인상에 따른 소상공인 및 영세중소기업의 경영부담을 완화하고 노동자의 고용불안을 해소하기 위한 지원 사업입니다.

• 지원대상 기업

30인 미만 고용사업주(단, 공동주택 경비·청소원은 30인 이상 고용사업주도 지원)

※ 제외 ⅰ) 고소득 사업주(과세소득 5억 원 초과)

ⅱ) 임금체불 명단 공개 중인 사업주

ⅲ) 공공기관, 국가로부터 인건비 재정지원을 받고 있는 사업주

ⅳ) 당해 연도 최저임금을 준수하지 않는 사업주

• 지원 요건(지원대상 근로자)

대상 기업의 근로자 중 아래의 요건을 충족한 근로자에 대해 인건비 중 일부를 사업주에게 지원

ⅰ) 월평균 보수액 190만 원 미만 근로자(단, 배우자, 사업주의 직계존비속은 제외)

ⅱ) 1개월 이상 고용을 유지하고 있는 근로자

〈자료 2〉 20X9년 달라지는 일자리 안정자금

• 지원대상이 확대되었습니다.

55세 이상 고령자를 고용하고 있는 경우 고용규모가 30인 이상 300인 미만이면 지원 가능합니다 (단, 공동주택 경비·청소원을 포함 사회적기업, 장애인활동지원기관, 자활기업, 노인돌봄서비스 제공기관, 노인장기요양기관의 경우 기업 규모와 상관없이 지원 가능).

• 월평균 보수액 기준이 확대되었습니다.

월평균 보수액 210만 원 이하 근로자에게 일자리 안정자금이 지원됩니다.

• 5인 미만 사업장의 경우 근로자 1인당 2만 원이 추가로 지원됩니다.

5인 미만 사업장의 경우 근로자 1인당 15만 원, 5인 이상 사업장의 경우 근로자 1인당 13만 원이 지원됩니다.

• 20X9년 최저임금 기준이 반영됩니다.

월평균 보수액을 월평균 근로시간으로 나눈 금액이 20X9년 최저임금(8,350원)보다 적은 근로자가 있는 사업장에 대한 지원이 불가능합니다.

24. 다음 중 20X8년 대비 20X9년에 새롭게 지원대상 기업이 될 수 있는 사업주의 개수는? (단, 최저임금 기준은 모두 충족하며, 20X8년과 20X9년에 모두 신청했다고 가정한다)

〈20X9년 일자리 안정자금 지원신청 내역〉

사업주	고용 규모(명)	과세소득(원)	업종	비고
A	35	4억	공동주택 경비	-
B	30	5억	소매업	-
C	310	3억	노인돌봄 서비스제공	-
D	30	4억	운수업	55세 이상 고령자 고용 기업
E	4	2억	소매업	-
F	15	5억	유치원	국가 인건비 재정지원
G	300	4억	사회적기업	55세 이상 고령자 고용 기업
H	29	5억 5천	운수업	-
I	29	5억	요식업	-
J	15	4억 5천	요식업	임금체불 명단 공개 중
K	40	4억	공동주택 청소	-

① 2개　　　　　　② 3개　　　　　　③ 4개
④ 5개　　　　　　⑤ 6개

25. 다음의 일자리 안정자금 지원신청 세부내용을 바탕으로 사업주가 지원받을 수 있는 금액은 얼마인가?

〈20X9년 일자리 안정자금 지원신청 세부내용〉

1. 기업 정보

업종	과세소득	비고
장애인활동지원기관	4억 9천만 원	55세 이상 고용

2. 고용인 정보

성명	20X8년 월평균 보수액	20X9년 월평균 보수액	20X9년 월평균 근로시간	비고
김○○	1,800,000원	1,800,000원	200시간	
윤○○	2,000,000원	2,100,000원	209시간	
송○○	2,000,000원	2,000,000원	200시간	사업주의 직계 비속
이○○	2,400,000원	2,500,000원	209시간	
최○○	1,600,000원	1,650,000원	209시간	

---

① 지원 불가능　　　　② 26만 원　　　　③ 39만 원
④ 45만 원　　　　⑤ 48만 원

26. △△사는 회사의 매출 향상과 업무 효율성 증진을 위해 대대적인 조직 개편을 단행하였다. △△사 조직도의 개편 전후가 다음과 같을 때, 이를 분석한 내용으로 적절하지 않은 것은?

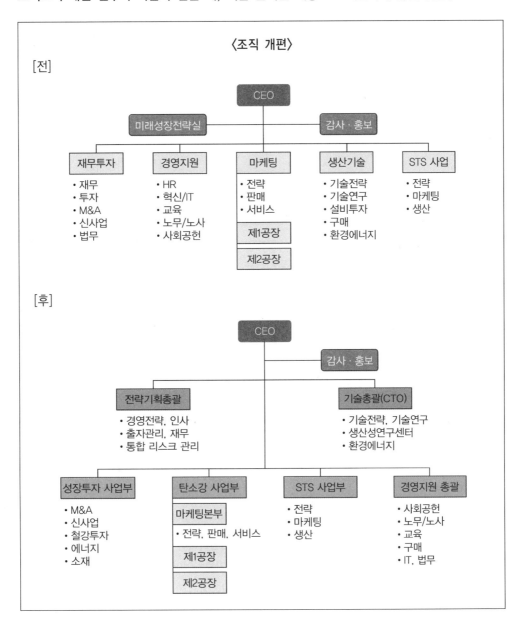

① 생산기술부서에서 기술부문을 독립시킨 기술총괄부를 새로 만들었다.

② 여러 부서에서 분산 수행되던 투자기능을 성장투자 사업부로 합하였다.

③ 마케팅과 생산기술부서를 통합해 탄소강 사업부로 개편하였다.

④ STS 사업부와 감사 · 홍보 부서는 조직개편 전과 후에 달라진 것이 없다.

⑤ 미래성장전략실이 폐실되었다.

[27 ~ 28] 다음 글을 읽고 이어지는 질문에 답하시오.

표준근무가능시간은 정원 산정을 위한 가장 기초적인 자료로, 시간 외 근무시간(OT), 사고일수, 여유율 등을 고려하여 산출된다. 각 기관 또는 기업별 정규직에 한하여 적용되며, 표준근무가능시간의 구성형태는 다음과 같다.

365일×1일 근무시간		
법정 공휴일		
시간 외 근무시간		표준근무가능시간
사고일수		
여유율	생활여유율	
	관리여유율	

표준근무가능시간은 (1년 365일−공휴일+시간 외 근무시간(OT)−휴가 및 사고일수−여유율)로 산출한다. 이때 기준이 되는 근무시간은 각 기관 또는 기업별로 상이하다. 사고일수는 휴가, 연가 등의 법정 공휴일을 제외한 휴가일수를 말한다. 법정근로시간 8시간을 기준으로 연간 표준근무가능시간을 산정하며, 연간 OT시간 적용에 있어서는 기관 및 기업에서 인정하는 초과근무일을 적용한다. 초과근무는 공휴일 근무시간과 평일 초과근무시간으로 분류된다. 공휴일 기준은 법정공휴일과 인사규정상 공휴일을 합한 것으로 적용하며, 기준근무시간에 포함되지 않는다. 여유율은 피로회복이나 생리적 욕구에 의거하는 인적행위, 교육, 출장, 결재 대기 및 업무대기 시간과 같은 관리행위 등 업무성격에 따라 그 비율이 달라질 수가 있다.

27. 윗글을 참고할 때 업무량 산정에 대한 설명으로 옳지 않은 것은?

① 기준시간은 기관마다 다를 수 있다.
② 추석은 기준근무시간에 포함하여야 한다.
③ 병원 치료를 위한 휴가는 사고시간으로 계산하여야 한다.
④ 공휴일 근무시간과 평일 초과근무시간을 기록하여야 한다.
⑤ 연간 OT시간 적용에 있어서는 기관 및 기업에서 인정하는 초과근무일을 적용한다.

28. 다음 중 업무량 산정에 대한 이해로 옳지 않은 것은?

① OT시간은 합산해서 계산한다.

② 파견근로자에게는 적용할 수 없다.

③ 사고시간은 차감하고 산정한다.

④ 1년 기준은 365일 근무 기준이다.

⑤ 여유율은 국가에서 정해 놓은 비율을 적용한다.

29. 전략기획팀에서 근무하는 박 사원은 5 Force Model을 이용하여 자사 역량을 분석한 후, 다음과 같이 보고서를 작성하였다. 작성된 보고서의 항목 중 그 내용이 적절하지 않은 것은?

보고서

1. 잠재적 진입자의 위협이 크다.
   - 시장의 진입 장벽이 낮다.
   - 본 기업에 대한 고객 충성도가 낮다.

2. 기존 경쟁자의 경쟁 정도가 강하다.
   - 경쟁자가 많다.
   - 서비스의 차별화 요소가 적다.

3. 대체재의 위협이 크다.
   - 본 기업의 서비스와 제품을 대체할 수 있는 다른 재화가 충분히 많다.

4. 공급자의 협상력이 강하다.
   - 협력 업체들이 제공하는 제품의 대체재가 많아 협상력이 강하다.
   - 공급자를 교체하는 비용이 커 협상력이 강하다.

5. 수요자의 협상력이 강하다.
   - 다수의 구매자가 본 기업 제품에 대해 불매운동을 하고 있다.
   - 본 기업의 제품에 대한 소비자들의 충성도가 낮다.

---

① 잠재적 진입자의 위협

② 기존 경쟁자의 경쟁 정도

③ 대체재의 위협

④ 공급자의 협상력

⑤ 수요자의 협상력

30. 다음 글의 내용처럼 조직에 발생할 수 있는 문제점으로 적절하지 않은 것은?

> **'자신이 남보다 서열이나 신분이 높다고 여기고, 자기가 옳다는 생각을 하면서 남에게 충고하는 걸 당연하게 생각하며, 권위주의적이고 특권의식에 사로잡힌 사람'**
>
> 소위 젊은이들에게 '꼰대'라 불리며 신뢰받지 못하는 어른들을 일컫는 말이다. 이들은 사회 전반에서 남들 모르게 맹렬히 활동하며 세대 간 소통을 가로막고 본인 스스로만 인지하지 못하는 폭력을 행사하고 있다.
>
> 특히 조직에서 이러한 '꼰대'를 많이 발견할 수 있는데, 명령이나 지시라는 명목으로 부하직원에게 자신의 생각을 강요하는 상사, 조직에 대한 헌신을 당연하게 여기며 집단 중심에서 개인 중심으로 변화하는 시대에 적응하지 못하는 기성세대들이 그 대표적 예이다.
>
> 조직에서의 꼰대 상사는 "내가 해 봐서 아는데", "그건 이게 문제야", "그건 말이지 ~ " 등과 같은 단정적이고 권위적인 표현을 자주 사용한다. 일의 원칙과 기준에 대한 충분한 대화와 토론 없이 일방적인 지시와 복종을 강요하여 대화를 단절시키기도 하며, 조언을 빙자한 잔소리와 오지랖으로 일관하거나, 극단적인 질투, 막말을 쏟아내는 무례한 언어폭력을 행하기도 한다.

① 조직 내 상사와 구성원 간의 대화 단절로 신뢰를 상실할 수 있다.
② 경쟁사와의 갈등이 심화되어 기업 경쟁력이 점차 약화될 가능성이 커진다.
③ 상사와의 갈등으로 부서를 옮기거나 조직을 떠나는 직원들이 발생할 수 있다.
④ 상사의 단정적이고 권위적인 표현으로 인해 구성원들이 자신의 의견을 말하기 곤란해 한다.
⑤ 조직 내 경직적인 분위기가 형성되어 창의와 도전이 발생하기 어렵게 된다.

[31 ~ 32] 다음 자료를 보고 이어지는 질문에 답하시오.

> 동기부여 강화이론은 특정한 자극과 반응을 반복하는 것으로 개인의 행동을 증가 또는 감소시키는 행동 변화 방법을 설명한 이론이다. 바람직한 행동을 증가시키거나 바람직하지 못한 행동을 감소시키기 위하여 4가지 강화전략을 통한 변화를 유도한다.

강화전략	내용
㉠	바람직한 행동이 일어난 후 긍정적 자극을 주어 그 행동을 반복하게 하는 전략
㉡	바람직한 행동이 일어난 후 부정적 자극을 감소시켜 그 행동을 반복하게 하는 전략
㉢	바람직하지 않은 행동이 일어난 후 긍정적 자극을 감소시켜 그 행동을 감소시키는 전략
㉣	바람직하지 않은 행동이 일어난 후 부정적 자극을 주어 그 행동을 감소시키는 전략

31. A 온라인 쇼핑몰의 사장 김 씨가 고객들을 효율적으로 관리하기 위해 위 이론을 활용하여 전략을 수립하였다. 다음 중 전략 내용과 강화전략 유형의 연결이 옳지 않은 것은?

최종 관리목표	고객 로열티 확보 및 매출 향상
강화전략의 목표	• 단골 고객 구매 활성화 및 신규 고객 구매 유도 • 블랙컨슈머 분류 및 제재 조치

① ㉠ : 사진을 첨부한 구매후기를 작성한 고객은 상품 구매 적립 포인트를 2배로 제공

② ㉡ : 1분기 동안 누적 구매 금액 50만 원 이상인 고객은 다음 분기 동안 배송비 감면

③ ㉢ : 지속적으로 악의적 후기를 작성하는 고객에게 법적 제재 조치

④ ㉢ : 제품에 대해 근거 없는 악성 후기를 게시하는 고객의 마일리지 적립 2달간 정지

⑤ ㉣ : 반복해서 제품 사용 후 반품 또는 환불을 요구하는 고객은 경고 후 1달간 구매 제한 조치

32. B 레스토랑 매니저인 한 씨가 직원들을 효율적으로 관리하기 위해 위 이론을 활용하여 전략을 수립하였다. 다음 중 전략 내용과 강화전략 유형의 연결이 옳지 않은 것은?

최종 관리목표	전년 대비 매출 50% 상승
강화전략의 목표	• 비위생적 요소 제거 • 고객서비스 만족도 향상

① ㉠ : 고객 응대가 뛰어난 직원을 선발하여 소정의 상품 부여

② ㉡ : 근무 태도가 불량한 직원에게 경고 부여

③ ㉢ : 위생 규정을 지속적으로 준수하지 않은 직원에게 보너스 미지급

④ ㉢ : 일정 주기마다 재료의 신선도를 평가하여 관리가 소홀한 직원에게 벌점 부과

⑤ ㉣ : 재료의 보관 환경을 수시로 점검하여 책임이 있는 직원에게 야간 청소 근무 배정

[33 ~ 35] 다음 〈결재규정〉을 보고 이어지는 질문에 답하시오.

〈결재규정〉

- '결재'라 함은 사무의 내용에 따라 결재권을 가진 자(이하 결재권자)가 직접 행하는 결재를 말한다.
- '전결'이라 함은 회사의 경영활동이나 관리활동을 수행함에 있어 의사 결정이나 판단을 요하는 업무에 대하여 최고결재권자의 결재를 생략하고, 결재권을 위임받은 자의 책임하에 최종적으로 의사 결정이나 판단을 하는 행위를 말한다.
- 결재 시 최고결재권자(이사)와 담당자를 포함한 이하 직책자의 결재를 받아야 한다. 이하 직책은 차례로 부장 < 처장 < 이사 순서이다.
- 전결사항에 대해서도 위임받는 자를 포함한 이하 직책자의 결재를 받아야 한다. 다만, 전결사항을 위임받은 자가 결재 전결 당사자일 경우 직책자의 결재는 불필요하다.
- 전결사항 시 최고결재권자의 결재란에는 위임받은 자의 직책을 표시하고 최고결재권자로부터 전결사항을 위임받은 자는 결재란에 전결이라고 표시한다. 결재가 불필요한 자의 결재란은 상향선을 기입한다.
- 결재사항 및 최고결재권자로부터 위임된 전결사항은 아래의 표에 따른다.

구분	내용	금액기준	결재서류	부장	처장	이사
업무 지원비	교육훈련비, 연료유지비	5백만 원 이하	지출결의서 기안서 출장계획서		◇	◆
		3백만 원 이하			◆◇	
		1백만 원 이하		◆◇		
업무 추진비	프로모션 행사비	5백만 원 이하	기안서 사업보고서		◆	◇
		2백만 원 이하		◆	◇	
		1십만 원 이하		◆◇		
시설공사 추진비	사업부서 내부 기준에 따른 고정가격	2억 원 이하	기안서 공사계획보고서 지급요청서			◆◇
		1억 원 이하			◆◇	
		5천만 원 이하		◆◇		
복리 후생비	의료비, 동호회 지원비 등	30만 원 초과	지출결의서 비용청구서		◆	
		30만 원 이하		◆		

※ 일반적인 시설공사는 1억 원, 전기공사 · 정보통신공사 · 소방시설공사는 1천만 원

※ ◇ : 기안서, 출장계획서

※ ◆ : 지출결의서, 지급요청서, 비용청구서, 각종 보고서

---

33. 총무팀 신 사원은 신제품 출시 후 70만 원이 소요되는 소규모 프로모션 행사를 기획하여 소요비용을 결재받으려 한다. 결재양식으로 옳은 것은?

①

기안서					
결재	담당	부장	처장	이사	최종결재
	신		전결		처장

②

지출결의서					
결재	담당	부장	처장	이사	최종결재
	신	전결			부장

③

기안서					
결재	담당	부장	처장	이사	최종결재
	신			결재	이사

④

사업보고서					
결재	담당	부장	처장	이사	최종결재
	신				처장

⑤

기안서					
결재	담당	부장	처장	이사	최종결재
	전결				부장

34. 기획팀 권 과장은 다음 달부터 새로운 사업으로 소방시설공사를 추진하려고 한다. 공사의 추정가격이 1천만 원이라면, 권 과장이 작성한 결재양식으로 옳은 것은?

①

비용청구서					
결재	담당	부장	처장	이사	최종결재
	권		전결		처장

②

공사계획보고서					
결재	담당	부장	처장	이사	최종결재
	권			전결	이사

③

지출결의서					
결재	담당	부장	처장	이사	최종결재
	권			전결	이사

④

기안서					
결재	담당	부장	처장	이사	최종결재
	권	전결			부장

⑤

지출결의서					
결재	담당	부장	처장	이사	최종결재
	권				전결

35. 마케팅팀 윤 대리는 외부 강사를 초청해 1회에 45만 원씩, 총 10회로 진행되는 교육을 진행하고자 한다. 이때 윤 대리가 작성할 결재양식으로 옳은 것은?

①

기안서					
결재	담당	부장	처장	이사	최종결재
	윤		전결		처장

②

지출결의서					
결재	담당	부장	처장	이사	최종결재
	윤	전결			부장

③

기안서					
결재	담당	부장	처장	이사	최종결재
	윤			결재	이사

④

지급요청서					
결재	담당	부장	처장	이사	최종결재
	윤		전결		처장

⑤

기안서					
결재	담당	부장	처장	이사	최종결재
	윤	전결			이사

36. 분노의 감정은 직접적인 공격 활동 외에 다양한 방법으로 표현될 수 있다. 다음 중 공 대리의 행동은 무엇과 관련 깊은가?

> 공 대리는 결재를 올린 기획서 건으로 상사인 박 과장에게 혼이 났다. 이런저런 트집을 잡힌 공 대리는 박 과장 앞에서는 아무 말도 하지 못하고 진 사원에게 화풀이를 했다. 동료인 김 대리는 박 과장에게 혼이 난 후 자신보다 약한 진 사원에 분풀이를 한 공 대리가 한심스러웠다.

① Sublimation(승화)

② Forgiveness(용서)

③ Introjection(내적 투사)

④ Passive Aggression(수동 공격)

⑤ Displacement Activity(전위(轉位) 행동)

37. 다음 글은 안중근 의사가 쓴 '동양평화론' 중 일부이다. 이 글에서 교훈을 얻어 직장생활에 적용하려고 할 때, 〈보기〉 중 적절한 것을 모두 고르면?

> 무릇 '합하면 성공하고 흩어지면 실패한다.'는 말은 만고불변의 진리이다. 지금 세계는 지역이 동쪽과 서쪽으로 갈라지고 인종도 제각기 달라 서로 경쟁하기를 마치 차 마시고 밥 먹는 것처럼 한다. 농사짓고 장사하는 일보다 무기를 연구하는 일에 더 열중하여 전기포·비행선·잠수함을 새롭게 발명하니 이것들은 모두 사람을 해치고 사물을 손상시키는 기계이다. 청년을 훈련시켜 전쟁터로 몰아넣어 수많은 귀중한 생명을 희생물처럼 버리니 핏물이 내를 이루고 살점이 땅을 덮는 일이 하루도 끊이지 않는다. 살기를 좋아하고 죽기를 싫어하는 것은 모든 사람의 보통 마음이거늘 맑고 깨끗한 세상에 이 무슨 광경이란 말인가? 말과 생각이 여기에 미치자 등골이 오싹하고 마음이 싸늘해진다.

보기

> ㉠ 동료와 협력하고 화합하라.
> ㉡ 가까운 사람과 좋은 관계를 유지하라.
> ㉢ 창의적인 아이디어로 문제를 해결하라.
> ㉣ 경쟁에서 살아남을 수 있는 역량을 키워라.

① ㉠, ㉡

② ㉠, ㉢

③ ㉡, ㉣

④ ㉠, ㉡, ㉢

⑤ ㉡, ㉢, ㉣

38. 다음 두 사람의 대화는 협상 5단계 중 어느 단계에 해당하는가?

> 집주인 : 세입자님, 202X년 12월에 전세계약이 만료되어서 전세계약을 갱신할 것인지, 퇴거
> 할 것인지를 정해 주셔야 할 것 같습니다.
>
> 세입자 : 먼저 알려 주셔서 감사합니다. 벌써 그렇게 되었군요. 좋은 집에서 거주해서 그런지
> 2년이란 시간이 금방 지나갔네요.
>
> 집주인 : 저도 좋은 세입자 분을 만나서 큰 걱정이 없었습니다. 제가 더 감사합니다.
>
> 세입자 : 저는 집주인 분만 괜찮으시다면 전세계약을 갱신하여 계속 거주하고 싶습니다. 혹시
> 원하시는 조건이나 내용이 있다면 말씀해 주시겠습니까?
>
> 집주인 : 서로가 원하는 조건을 딱 맞게 맞추는 것은 항상 어려운 것 같습니다. 얼마 전 주택
> 임대차보호법도 개정되었으니, 저는 최대한 세입자 분의 입장을 경청하면서 법을 존
> 중하는 계약을 하고 싶습니다.
>
> 세입자 : 먼저 좋은 의견을 말씀해 주셔서 감사합니다. 저도 집주인 분의 의견과 입장을 존중
> 하면서 세입자로서의 역할에 어긋나지 않도록 계약을 진행하겠습니다.
>
> 집주인 : 그럼 이쯤에서 우리 서로의 입장은 확인되었으니 12월 중순에 새로운 전세계약을
> 위해 협상하는 것이 좋을 것 같습니다.
>
> 세입자 : 네, 저도 그때까지 충분히 준비하여 좋은 계약이 이루어질 수 있도록 노력하겠습니다.

① 협상 시작   ② 상호 이해   ③ 실질 이해   ④ 해결 대안   ⑤ 합의 문서

39. 다음 사례에서 드러나는 효과적인 팀의 특징으로 옳지 않은 것은?

> A 부서장은 연초에 부서의 목표를 규정하는 과정에 부서원들이 관여하도록 하고 있으며,
> 부서원들이 실패에 대한 두려움 없이 새로운 프로세스를 도입하도록 격려한다. 부서원들은
> 열정적으로 협력하여 일하는 것을 선호하며, 서로 직접적이고 솔직하게 대화한다. 또한 A 부
> 서장은 모든 부서원이 감독자로서 능력을 발휘할 기회를 제공하여 역할을 이해할 기회를 제
> 공하고 있다.

① 팀의 풍토를 계속 발전시켜 나간다.
② 팀을 운영하는 방식이 창조적이다.
③ 명확하게 기술된 팀 목적 및 목표를 가진다.
④ 팀 내 구성원에게 리더십 역량이 공유된다.
⑤ 팀 내 구성원 간 불화 및 의견 불일치가 발생하지 않는다.

40. 다음 글은 팔로워십(Followership)에 대한 설명이다. 훌륭한 팔로워가 되기 위한 조건으로 적절하지 않은 것은?

> 팔로워십의 사전적 의미는 상사를 대하는 부하의 바람직한 특성과 행동으로, 단순히 상사에게 'YES'만을 외치는 사람이라고 해서 좋은 팔로워(Follower)가 되는 것은 아니다. 상황에 맞게 자신의 의견을 제시하는 팔로워가 되어야 하며, 팔로워들의 역량에 따라 훌륭한 리더가 만들어진다.

① 대안을 제시한다. 조직에 위기 상황이 닥쳐 리더가 갈피를 잡고 있지 못할 경우 리더의 결정만을 기다리기보다는 대안을 제시하여 조직 운영에 적극적으로 참여해야 한다.

② 헌신을 두려워하지 않는다. 조직의 일은 상황, 조건에 따라 달라지는 변수가 많으므로, 자신의 업무가 끝난 경우 주저하지 않고 다른 팀원의 업무를 돕는다.

③ 책임감을 가진다. 각자가 맡은 일을 완벽하게 수행하여, 리더의 업무에 보탬이 될 수 있어야 한다.

④ 리더의 마음가짐을 갖는다. 리더와 팔로워는 결국 하나의 조직을 함께 이끌어 나가기 위한 공동체이므로, 리더의 생각과 자신의 생각이 같음을 인지하며 자신의 의견대로 리더를 움직일 수 있어야 한다.

⑤ 책임감을 가진다. 리더와 하나의 공동의 목표를 가지고 일하는 파트너임을 인지하고 있어야 한다.

41. 다음은 A 공사에 신설된 공공사업부의 특징과 운영 방식을 점검한 내용이다. 공공사업부는 현재 팀의 발전 단계 중 어느 단계에 해당하는가?

> 〈점검 내용〉
> • 공공사업부 팀원들은 과제 수행을 위한 체계를 갖추게 되면서 서로 간의 경쟁과 마찰이 발생하고 있다. 뿐만 아니라 업무에 대한 책임, 규칙, 보상체계, 평가 기준에 대한 팀원들의 질문이 제기되고 있다.
> • 효과적인 경쟁과 원활한 의사소통을 통해 시험과 검증의 자세에서 문제해결의 자세로의 변화가 요구된다.

① 형성기   ② 격동기   ③ 규범기

④ 성취기   ⑤ 해산기

42. 다음 글을 통해 추론할 수 있는 오 박사에게 부족한 대인관계능력은?

> 202X년 8월 학술대회 회원 20명이 워크숍을 떠났다. 워크숍 장소에 도착하자 회원들은 각자 맡은 일을 하느라 분주하게 움직였다. 개인별 워크숍 자료도 정리하고 발표 장소도 세팅하고, 식사 및 음료도 준비해야 했기 때문이다.
>
> 배 박사와 신 박사는 짐을 풀자마자 발표 장소를 정리하는 등 바쁘게 움직였지만, 오 박사는 오로지 자기가 발표해야 할 자료만을 정독하느라 바빴다. 이윽고 워크숍이 시작되자 오 박사는 가장 먼저 발표 순서를 차지했고, 본인의 발표가 끝나자 제일 먼저 휴식시간을 가졌다.

① 강한 자신감으로 상대방의 사기를 높이는 태도
② 협력하며 각자의 역할과 책임을 다하는 태도
③ 솔직한 대화로 서로를 이해하는 태도
④ 칭찬하고 감사하는 마음
⑤ 공동의 목표를 성취하기 위한 강한 도전의식을 지니는 태도

43. 임파워먼트의 장애요인은 다음과 같이 구분된다. ㉠에 들어갈 내용으로 옳은 것은?

장애요인	내용
개인 차원	
대인 차원	
관리 차원	㉠
조직 차원	

① 책임감 부족
② 약속의 불이행
③ 정책 및 기획의 실행 능력 결여
④ 갈등처리 능력 부족
⑤ 동기 결여

44. ○○기관의 인사팀 A 대리는 B 사원의 사내 설문조사 항목 중 팀워크 관련 응답을 검토하고 있다. 다음 중 A 대리가 B 사원을 평가한 항목으로 옳지 않은 것은?

〈B 사원의 설문조사 응답표〉

항목	1	2	3	4	5
동료에게 솔직하게 의견을 말하며 상대방의 입장을 이해하고자 노력하는 편이다.				●	
나는 주로 팀 내에서 동기를 부여하는 역할을 맡는다.		●			
처음 업무를 시작할 때 개인 업무를 파악하는 것이 조직 전반에 대해 파악하는 것보다 더 중요하다.				●	
동료가 나와 상반된 의견을 주장하면 한 귀로 듣고 한 귀로 흘린다.	●				
팀 성과를 내는 것이 나의 역량을 개발하는 것보다 중요하다.	●				

〈척도표〉

1	2	3	4	5
매우 그렇지 않다	그렇지 않다	보통이다	그렇다	매우 그렇다

① 전사적인 목표 달성보다 개인의 목표를 우선시하는 자기중심적인 면이 있다.

② 솔직한 대화를 통해 개인적인 의견을 피력함으로써 팀워크 유지에 도움이 된다.

③ 자신감 넘치는 태도로 상대방의 사기를 높이는 타입은 아니다.

④ 조직에 대한 이해도를 높이려는 노력이 부족하여 팀 구성원 간 협력에 부정적인 영향을 미칠 수 있다.

⑤ 사고방식의 차이가 생기면 상대방을 무시하는 태도를 보여 공동의 목적 달성에 방해가 될 수 있다.

45. 다음 사례에서 박 과장이 사용한 협상전략은?

> 박 과장은 급하게 이사를 가야 하는 상황이다. 박 과장은 자금마련을 위해 연봉협상에서 20%의 연봉 인상을 요구했다. 사측은 박 과장이 회사의 중요한 인재이지만 10% 이상 인상은 수용하기 어렵다는 입장이었다. 박 과장은 대신 연봉의 5% 인상과 회사가 담보가 되어 대출금을 지원해 줄 것을 요구했다. 회사 입장에서는 박 과장이 대출금을 갚지 못하더라도 퇴직금으로 문제를 해결할 수 있기 때문에 제안이 크게 부담이 되지 않았다. 이 제안을 통해 박 과장은 자금마련 목표를 달성했고, 회사는 인재 유출을 방지할 수 있었다.

① 유화전략   ② 협력전략   ③ 회피전략
④ 경쟁전략   ⑤ 강압전략

46. 직업인은 고객의 소리를 경청하고 요구사항을 해결하기 위해 일하는 '봉사' 정신이 요구된다. 다음 중 고객 서비스(SERVICE)의 7가지 의미에 해당하지 않는 것을 모두 고르면?

> ㉠ S(Smile&Speed) : 서비스는 미소와 함께 신속하게 하는 것
> ㉡ E(Equality) : 서비스는 고객을 나와 동등한 시각으로 바라보는 것
> ㉢ R(Respect) : 서비스는 고객을 존중하는 것
> ㉣ V(Value) : 서비스는 고객에게 가치를 제공하는 것
> ㉤ I(Investment) : 서비스는 고객에게 최상의 상품을 제공하기 위해 투자하는 것
> ㉥ C(Courtesy) : 서비스는 예의를 갖추고 정중하게 대하는 것
> ㉦ E(Experience) : 서비스는 고객에게 잊지 못할 경험을 선사하는 것

① ㉠, ㉡, ㉦   ② ㉠, ㉣, ㉥   ③ ㉠, ㉤, ㉥
④ ㉡, ㉤, ㉦   ⑤ ㉢, ㉥, ㉦

47. 박성호 씨는 인사팀의 조직문화 담당자로 현재 팀워크 개선 프로젝트를 진행하고 있다. 다음 자료를 참고할 때 현재 조직에 필요한 조언으로 가장 적절한 것은?

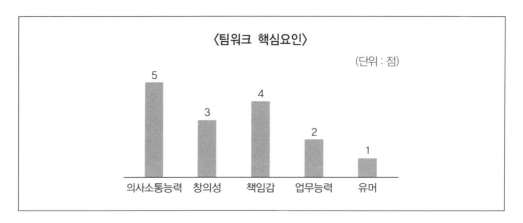

① 구성원들은 대화할 때 상황에 맞는 적절한 농담을 던지는 것이 좋습니다.

② 구성원들 각자는 스스로의 행동에 책임을 져야 합니다.

③ 생각과 관점을 넓히기 위해 박물관 및 각종 전시회에 참여해 보기를 권장합니다.

④ 상대방의 뜻한 바를 파악하고 자신의 뜻한 바를 글과 말을 통해 정확하게 표현할 줄 알아야 합니다.

⑤ 우선순위를 정하여 효율적으로 업무를 수행할 수 있어야 합니다.

48. 다음 글에서 설명하는 용어는?

- 인터넷을 사용하여 전 세계 사람들과 대화를 나눌 수 있도록 만들어진 채팅 프로그램이다.
- 문서, 동영상, 사진 전송 등도 가능하다.
- 수많은 사용자들을 위해 별도로 대화를 할 수 있는 다양한 채널을 가지고 있고, 관심 분야에 따라 이 채널에서 저 채널로 옮겨 다닐 수도 있다.
- 일반 PC통신과 비슷하지만, PC통신은 개인적인 성격인 강한 반면, 이는 클라이언트 프로그램이나 클라이언트를 제공하는 서버에 접속하기만 하면 시간이나 공간에 구애받지 않고 전 세계의 어떤 사람과도 대화가 가능하다. 동시에 다중 대화가 가능한 채팅 프로그램이다.

① WAIS   ② FTP   ③ USENET

④ IRC   ⑤ TELNET

[49 ~ 52] 다음의 제시 상황과 자료를 보고 이어지는 질문에 답하시오.

직원 K는 아래와 같은 진단 프로그램을 담당하게 되어 조작법을 숙지하고 있다.

• Condition Check(초기 진단)

구분	설명	종류	
Device Type	장치 종류	Control(C)	제어장치
		Logic(L)	연산/논리 장치
		Memory(M)	기억장치
Detecting Error Code	• 탐지된 에러의 상세 분석 • 3종류의 Error Factor로 구성 • 복수의 Error Code 발생 시 동일 Factor별 합산값 사용	Hazard Value(HV)	에러의 위험도
		Complexity Value(CV)	에러의 복잡도
		Influence Value(IV)	에러의 확산성

예시	Detecting Error Code…… Error 783 : HV(3), CV(11), IV(7) → Error 783의 위험도 3, 복잡도 11, 확산도 7

• Action Code Function(조치 코드 기능)

조치 코드는 A ~ K의 알파벳으로 구성되며, 각 코드는 사용 가능한 Device와 Error Factor에 대한 조치 능력이 상이함. 탐지된 에러에 대하여 모든 Error Factor와 동일한 조치 능력을 지니도록 3종의 조치 코드를 조합하여 입력해야 함.

조치 코드	적용 Device	조치 능력		
		Hazard	Complexity	Influence
A	C	1	1	0
B	C	2	0	0
C	L	0	1	1
D	L	0	2	0
E	M	1	0	1
F	M	0	0	2
G	C, L, M	1	1	1
H	C, L, M	2	2	2

I	C, L, M	3	0	0
J	C, L, M	0	3	0
K	C, L, M	0	0	3

- 복수의 조치 코드의 조치 능력 계산 시 동일 Factor에 대한 처리능력은 합연산으로 적용
- 조치 코드는 항상 알파벳 순서대로 기입
- 조치 코드 간에는 +를 사용해서 연결
- 조치 코드는 중복하여 사용 불가능

[예시 1]

```
Confirm Device Type……
Device Type is Control.

Detecting Error Code……
Error 872 : HV(1), CV(2), IV(0)
Error 959 : HV(3), CV(0), IV(5)

Input code? : _____
```

[예시 2]

```
Confirm Device Type……
Device Type is Logic.

Detecting Error Code……
Error 872 : HV(2), CV(0), IV(1)
Error 959 : HV(2), CV(2), IV(1)

Input code? : _____
```

Device Type은 Control, 각 Error Factor의 합산값은
HV : 1+3=4, CV : 2+0=2, IV : 0+5=5 이다.

Control Device에 사용 가능한 조치 코드 중 Influence Value에 대해 5의 조치 능력을 지니려면 H, K 조치 코드를 반드시 사용해야 한다.
H+K의 조치 능력은 HV(2), CV(2), IV(5)이므로 HV(2)의 조치 능력이 더 필요하다.

이를 충족시키는 조치 코드는 B이다. 따라서 조치 코드는 B+H+K이다.

Device Type은 Logic, 각 Error Factor의 합산값은
HV : 2+2=4, CV : 0+2=2, IV : 1+1=2 이다.

Logic Device에 사용 가능한 조치 코드 중 Hazard Value에 대해 4의 조치 능력을 지니려면 G, I 조치 코드를 반드시 사용해야 한다.
G+I의 조치 능력은 HV(4), CV(1), IV(1)이므로 CV(1), IV(1)의 조치 능력이 더 필요하다.

이를 충족시키는 조치 코드는 C이다. 따라서 조치 코드는 C+G+I이다.

• 시스템 설명 요약

구분	Device Type		Detecting Error Code	
설명	장치 종류		• 탐지된 에러의 상세 분석 • 3종류의 Error Factor로 구성 • 복수의 Error Code 발생 시 동일 Factor별 합산값 사용	
종류	Control	제어장치	Hazard Value(HV)	에러의 위험도
	Logic	연산/논리 장치	Complexity Value(CV)	에러의 복잡도
	Memory	기억장치	Influence Value(IV)	에러의 확산성

조치 코드	적용 Device	Hazard	Complexity	Influence
A	C	1	1	0
B	C	2	0	0
C	L	0	1	1
D	L	0	2	0
E	M	1	0	1
F	M	0	0	2
G	C, L, M	1	1	1
H	C, L, M	2	2	2
I	C, L, M	3	0	0
J	C, L, M	0	3	0
K	C, L, M	0	0	3

49. 다음 중 위 프로그램에 대한 설명으로 적절하지 않은 것은?

① 모든 종류의 Error Factor에 조치 능력을 지닌 조치 코드는 2개이다.

② 모든 종류의 장치에 적용할 수 있는 조치 코드는 5개이나.

③ 각 장치별로 처리 가능한 조치 능력이 가장 높은 Error Factor는 서로 다르다.

④ Memory Device는 Influence Value에 대해 최대 7의 조치 능력을 지닐 수 있다.

⑤ HV, CV, IV가 모두 3인 Error에 대해 G+H 코드를 입력할 수 있다.

50. 다음 중 아래의 모니터에 나타난 정보를 바탕으로 입력할 조치 코드로 적절한 것은?

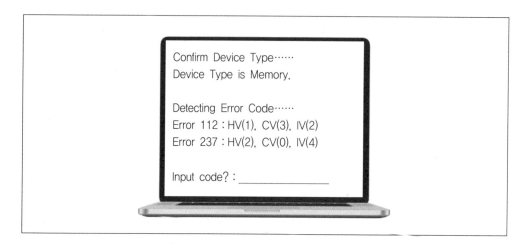

Confirm Device Type……
Device Type is Memory.

Detecting Error Code……
Error 112 : HV(1), CV(3), IV(2)
Error 237 : HV(2), CV(0), IV(4)

Input code? : _____

① E+H+K　　　　② F+G+K　　　　③ G+H+K
④ H+I+K　　　　⑤ I+J+K

51. 다음 중 아래의 모니터에 나타난 정보를 바탕으로 입력할 조치 코드로 적절한 것은?

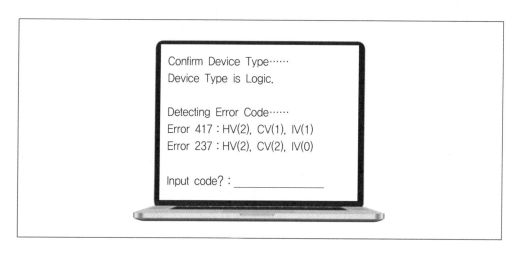

Confirm Device Type……
Device Type is Logic.

Detecting Error Code……
Error 417 : HV(2), CV(1), IV(1)
Error 237 : HV(2), CV(2), IV(0)

Input code? : _____

① C+D+H　　　　② C+G+I　　　　③ D+G+I
④ G+I+J　　　　⑤ I+J+K

52. 다음 중 아래의 모니터에 나타난 정보를 바탕으로 입력할 조치 코드로 적절한 것은?

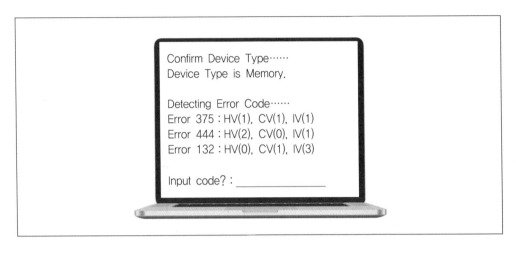

Confirm Device Type……
Device Type is Memory.

Detecting Error Code……
Error 375 : HV(1), CV(1), IV(1)
Error 444 : HV(2), CV(0), IV(1)
Error 132 : HV(0), CV(1), IV(3)

Input code? : _____

① E+F+H   ② E+F+K   ③ F+G+H
④ F+G+K   ⑤ G+H+K

53. 다음은 K 공단의 시민참여 게시판 공지사항 중 일부이다. 인터넷의 역기능 중 밑줄 친 내용과 가장 관련이 깊은 것은?

◎ 게시물 삭제 관련 사항

시민참여 게시판 운영 목적에 부합하고 건전한 토론 문화 정립을 위하여 다음 사항 중 하나 이상 해당할 경우, 사전 예고 없이 삭제 조치할 예정이오니 양해 부탁드립니다. 또한 다음 삭제사항에 해당되지 않더라도 글의 성격상 별도의 답변이 필요 없을 경우 답변을 생략할 수 있습니다.

✓ 비실명 사용 또는 인적사항을 허위로 작성하는 경우
　※ 게시자와 답변자 모두 실명 사용 원칙에 따라 비실명으로 작성된 글은 삭제 조치합니다.
✓ <u>비속어 사용, 타인을 비방·명예 훼손하는 내용</u>
✓ 상업성 광고, 장난·반복성 게시물

① 사이버 언어폭력   ② 사이버 사기   ③ 인터넷 중독
④ 언어 훼손   ⑤ 저작권 침해

54. 다음 코딩조건을 참고할 때, 로봇(Robot)이 현재 위치에서 시작하여 청소를 완료하기 위해 필요한 코드 순서로 적절한 것은?

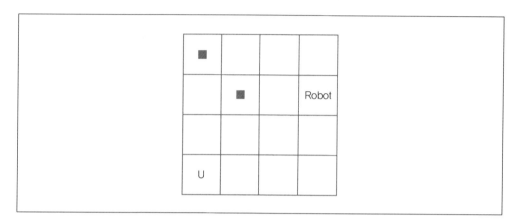

이동		행동	
↑	Up	일어나기	Stand
↓	Down	앉기	Sit
←	Left	청소하기	Clean
→	Right	넣기	Put

조건

1. 코드를 입력할 때, 이동은 Move(code1, code2..), 행동은 Act(code1, code2..)로 입력해야 하며, 이동 코드와 행동 코드는 따로 입력해야 한다.
2. ■는 쓰레기, U는 쓰레기통을 의미한다.
3. 쓰레기를 청소하기 위해서는 로봇이 해당 위치에 가서 앉은 후 청소를 하고 일어나야 한다.
4. 쓰레기는 한 번에 한 개씩만 주울 수 있으며, 주운 후 쓰레기통에 가서 넣어야 다시 청소가 가능하다.
5. 코드 입력 시 같은 동작을 연속할 경우 코드 앞에 숫자를 붙이면 인식할 수 있다(예 3Up : 위로 3칸 이동).

① Move(Left, Up, 2Left), Act(Sit, Clean, Stand), Move(3Down), Act(Sit, Put, Stand), Move(2Up, Right), Act(Sit, Clean, Stand), Move(Left, 2Down), Act(Sit, Put, Stand)

② Move(2Left), Act(Sit, Clean, Stand), Move(Down, Left, Down), Act(Put), Move(3Up), Act(Sit, Clean, Stand), Move(3Down), Act(Put)

③ Move(Up, 3Left), Act(Sit, Clean, Stand), Move(Down, Right), Act(Sit, Clean, Stand), Move(2Down, Left), Act(Put)

④ Move(2Down, 2Left, 2Up), Act(Sit, Clean, Stand), Move(Left, 2Down), Act(Put), 3Up, Act(Sit, Clean, Stand), Move(3Down), Act(Put)

⑤ Move(Left, Up, 2Left), Act(Clean), Move(3Down), Act(Put), Move(2Up, Right), Act(Clean), Move(Left, 2Down), Act(Put)

55. 다음 정보 수집과 관련된 설명 중 적절하지 않은 것은?

① 신문과 연구보고서는 1차 자료, 편람과 연감은 2차 자료에 해당한다.

② 정보는 인간력이므로 신뢰관계가 좋을수록 좋은 정보를 얻을 수 있다.

③ 정보를 남들보다 빨리 수집하는 것이 정보의 내용이나 질보다 중요한 경우가 있다.

④ 단순정보인 인텔리전스(Intelligence)보다는 직접적으로 더 도움이 되는 인포메이션(Information)을 수집할 필요가 있다.

⑤ 정보 수집을 위한 물리적인 하드웨어를 적극적으로 활용한다.

56. 다음 중 기업윤리에 대한 설명으로 적절하지 않은 것은?

① 기업의 윤리 문제는 비즈니스의 성과와 무관하게 존재한다.

② 기업의 지배구조가 안정적일수록 윤리적 가치를 존중하는 경향이 크다.

③ 내부고발제도와 내부고발자의 보호는 윤리경영 체계를 공고히 하기 위해 필수적이다.

④ 기입윤리는 해당 이슈의 옳고 그름에 대한 판단보다는 개인과 조직의 판단에 따라 이러한 결정을 실행에 옮길 수 있는지 없는지가 핵심이다.

⑤ 기업의 고용, 시장, 조직, 환경, 소비자 마케팅에 이르기까지 광범위하게 적용된다.

57. 다음 사례에서 나타나는 직업윤리의 덕목으로 적절하지 않은 것은?

> 디자이너 A 씨는 자신의 직무에 만족하며 능력을 개발하고자 하는 의욕을 가지고 본인의 직업에 종사하고 있다. 자신의 직업 활동을 통해 사회에 기여하고, 자신이 만드는 도안을 통해 세상이 아름다워진다고 믿는다. 그는 자신의 일은 자신의 재능과 부합하여 하늘이 맡긴 일이라는 생각을 종종 하기도 한다. 큰 프로젝트를 마친 후, 그는 보육원 벽화 봉사 등 자신의 손길이 필요한 곳을 찾아가기도 한다.

① 소명의식 ② 직분의식 ③ 천직의식
④ 봉사의식 ⑤ 전문가의식

58. 다음은 □□공사에서 강조하는 임직원 행동강령을 정리한 그림이다. 이에 대한 설명으로 적절하지 않은 것은?

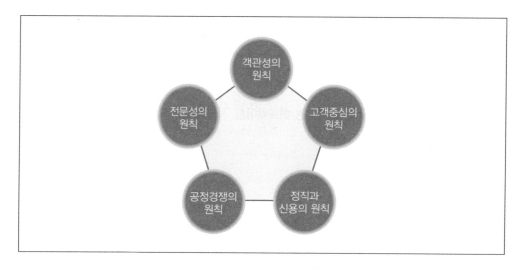

① 기본적인 윤리기준에 입각하여 개인이익을 최우선으로 공인으로서의 직분을 수행해야 한다.
② 업무의 공공성을 바탕으로 모든 것을 숨김없이 투명하게 처리해야 한다.
③ 자기업무에 자부심을 가지고 직무 능력을 향상시키며 성실하게 맡은 바 임무에 최선을 다해야 한다.
④ 업무와 관련된 모든 것을 숨김없이 정직하게 수행하고 본분과 약속을 지켜 신용을 유지해야 한다.
⑤ 고객 봉사를 최우선으로 생각하고 현장과 실천을 중심으로 일한다.

59. 다음 P 회사 내 〈전화 응대 매뉴얼〉 중 옳지 않은 것은?

〈전화 응대 매뉴얼〉

① 전화 응대의 하위 요소 중 하나인 '말하기'에는 목소리 톤, 억양, 속도, 뉘앙스 등이 있습니다.

② 전화 응대를 잘하기 위해서는 말하기·듣기·생각하기가 서로 유기적으로 연결되어야 합니다.

③ 전화 응대 시 펜과 메모지를 곁에 두어 고객의 말을 메모하고 고객이 원하는 것이 무엇인지 정확하게 파악하는 것이 중요합니다.

④ 생동감 있고 명랑하게 말하며, 고객에게 신뢰를 주기 위해 전문적이고 추상적인 단어를 선택하도록 합니다.

⑤ 고객의 용건에 즉답하기 어려운 경우 시간이 조금 걸리더라도 어떻게든 확인해 주겠다는 긍정적인 태도로 응대합니다.

---

60. 조선 후기의 실학자 정약용은 『목민심서』에서 수령이 지켜야 할 지침으로 율기육조(律己六條)를 제시하였다. 그중 일부인 다음의 내용과 가장 가까운 원칙은?

선물로 보내온 물건이 비록 아주 작은 것이라 하더라도 온정(溫情)이 이미 맺어졌으니 사사로운 정이 이미 행하게 되는 것이다. 격 고을의 수령 원의가 조신에게 뇌물을 보내어 명예를 사고자 일찍이 산도에게 살 때 근을 보냈다. 산도가 남달리 하고 싶지 않아서 실을 받아 대들보 위에 얹어 두었다. 뒤에 원의의 일이 탄로되었는데, 산도가 대들보 위에서 실을 가져다가 아전에게 내주었다. 이미 몇 해가 지났기 때문에 실에 먼지가 끼고 누렇고 검게 되었는데, 봉인한 것은 처음 그대로였다.

---

① 절용(節用)　　　　② 칭심(淸心)　　　　③ 병객(屛客)

④ 칙궁(飭躬)　　　　⑤ 제가(濟家)

고시넷
NCS
피듈형

직업기초

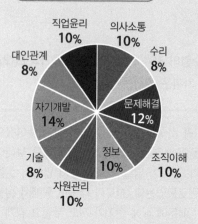

영역별 출제비중

- 직업윤리 10%
- 대인관계 8%
- 자기개발 14%
- 기술 8%
- 자원관리 10%
- 정보 10%
- 조직이해 10%
- 문제해결 12%
- 수리 8%
- 의사소통 10%

▶ 자료의 내용 이해 및 분석하기
▶ 조직의 내·외부 분석하기
▶ 정보 관리 및 활용하기
▶ 조건에 맞는 자원 선정하기
▶ 기술의 특성 이해하기
▶ 경력과 조직 내 대인관계 관리하기
▶ 기업의 윤리 이해하기

피듈형 의사소통능력에서는 글의 세부 내용과 주제를 이해하고 문서 작성법에 따라 공문서를 검토하는 문제가 출제되었다. 수리능력에서는 그래프 자료를 분석하고 수치를 계산하는 문제가 출제되었다. 문제해결능력에서는 제시된 조건과 상황을 이해하고 타당한 결론을 도출하는 문제가 출제되었다. 조직이해능력에서는 조직 특성과 전략 및 목표 수립을 이해하는 문제가 출제되었다. 정보능력에서는 정보 자료를 관리하는 문제와 컴퓨터 보안에 관한 문제가 출제되었다. 자원관리능력에서는 제시된 자료와 상황, 조건 등을 고려하여 합리적으로 자원을 선정하는 문제가 주로 출제되었다. 기술능력에서는 기술의 특징을 이해하는 문제, 자기개발능력에서는 경력개발에 관한 문제가 다수 출제되었다. 대인관계능력에서는 리더십, 협상 등 다양한 소재의 문제가 골고루 출제되었다. 직업윤리에서는 직장 내 전화예절과 같은 개인윤리에서부터 법령과 같은 기업윤리에 이르기까지 다양한 범위의 윤리의 이해를 평가하는 문제가 출제되었다.

통합 오픈봉투모의고사

6회 기출예상문제

영역	문항 수	시험시간	비고
의사소통능력 수리능력 문제해결능력 조직이해능력 정보능력 자원관리능력 기술능력 자기개발능력 대인관계능력 직업윤리	40문항	40분	서울교통공사 등의 필기시험 유형을 기반으로 구성하였습니다.

NCS란? 산업 현장에서 직무를 수행하기 위해 요구되는 각종 지식, 기술, 태도 등의 내용을 국가가 체계화한 것을 의미한다.

[01 ~ 02] 다음은 ○○연구원의 '열차 출발 · 도착 데이터와 교통카드 데이터를 활용한 도시철도 역사 시설물 서비스 수준 추정 방안 연구'의 제1장 서론 부분이다. 이어지는 질문에 답하시오.

4차 산업혁명 시대에 교통은 모빌리티 4.0이라고 일컬으며, 대중교통 중심의 지속가능한 교통체계를 중심으로 이용자 맞춤형, 수요 대응형 서비스를 지향하고 있다. 이로 인해 교통시장의 기능이 강조되고 있으며, 사람 중심의 교통체계 구축, 국민의 삶의 질 향상 등의 정부 정책에 따라 국민체감형 편의서비스 제공이 요구되고 있다. 특히 대중교통 중심의 교통체계는 터미널을 거점으로 발생한다. 따라서 터미널에 대한 계획, 설계 및 활용 기술에 대한 과학적이고 객관적인 정량화 기법을 기반으로 이용자 중심의 편의성에 대한 정교한 분석 및 평가의 필요성이 대두되고 있다.

철도 및 도시철도 역사는 단지 이동의 공간뿐만이 아니라 이동, 상업, 여가 등의 다양한 공간으로 변화하고 있다. 이러한 역사를 이용하는 이용자들에게 편의성을 제공하기 위해 다양한 연구 및 기술개발이 수행되고 있으며, 이를 위해서는 대중교통 이용자들에 대한 현상 파악, 서비스 분석, 이동행태 분석이 선행되어야 한다. 그러나 이러한 요구와 기대를 담아내기에는 다양한 이용자 특성에 대한 대중교통 이동 패턴 조사 및 데이터 기반의 문제점 파악이 미비한 실정이다. 우리나라는 2004년 대중교통체계개편사업을 통해 전국 호환 스마트카드 기반의 대중교통 통합 이용이 가능해졌으며, 이로 인해 서울 98%, 대도시 90% 이상의 전수에 가까운 대중교통 통행데이터 획득이 용이해졌다. 이를 통해 열차 승 · 하차 정보를 이용하여 역사 서비스 수준, 혼잡도 등을 예측하고 있으나, 도시철도 역사 내의 이동패턴, 이동시간 등은 교통카드 데이터만으로 분석하기에는 한계가 존재한다. 현장조사, 설문조사 및 시뮬레이션 등을 통해 도시철도 역사 내 이용자들의 이동 패턴, 이동성 등에 대한 연구는 다수 수행되었으나 데이터 기반의 이동시간, 서비스 분석 등에 대한 연구는 미비한 실정이다.

이에 본 연구에서는 도시−광역철도 간 노선별 개별 열차의 실시간 위치 정보를 기반으로 한 열차 출발 · 도착 데이터와 교통카드 데이터를 연계하여 실적기반의 도시철도와 관련된 두 데이터에 대한 연계성을 검토하였다. 역사 내 하차 이용객의 이동시간을 분석하여 이용객 수와 이동속도 기반의 도시철도 역사별 보행 서비스 수준 추정을 위한 방안을 제시하고자 한다.

본 연구에서는 2017년 10월 31일의 교통카드 데이터와 열차 출발 · 도착 데이터를 활용하여 각기 다른 두 데이터의 연계 분석 가능성을 검토하고, 연계된 데이터셋 기반으로 이용객 특성에 따른 도시철도 역사 내 이동성을 분석하였다. 데이터에 대한 누락데이터 검토 및 보정과정을 통해 데이터와 교통카드 하차 정보를 이용하여 자료의 연관성을 분석하였으며, 시간 기준으로 열차 도착 데이터와 교통카드 하차 정보를 연계하였다. 분석시간대에 따른 누적 하차량과 열차 도착정보를 이용하여 자료의 연관성을 분석하였으며, 열차 도착시간과 하차태그 시간을 이용하여 역사 내 하차 이동시간을 분석하고 도시철도 역사 내 서비스 수준을 추정하기 위한 데이터 기반의 분석 및 활용 가능성을 제시하였다.

본 논문의 구성은 다음과 같다.

제2장에서는 철도 및 도시 철도 역사 관련 서비스 평가 관련 기존 연구를 고찰하였고, 제3장에서는 연구방법론 및 분석자료에 대한 내용을 제시하였다. 제4장에서는 열차 출발 · 도착 데이터와 교통카드 데이터 연계 및 이동성 분석 결과를 제시하였으며, 제5장에서는 연구 결과에 대한 논의와 결론을 제시하였다.

01. 다음 중 제시된 글의 내용을 통해 유추할 수 있는 사실로 적절하지 않은 것은?

① 정부는 사람 중심의 교통체계 구축과 국민의 삶의 질 향상 등에 대한 정책을 수립하고 있다.

② 교통카드 데이터만으로는 도시철도 역사 내의 이용패턴, 이용시간 등을 분석하는 데 한계가 있다.

③ 4차 산업혁명 시대의 교통은 지속가능한 대중교통체계를 중심으로 이용자 맞춤형 서비스를 지향한다.

④ 철도 및 도시철도 역사를 이용하는 사람들을 위한 편의성 제공에 대한 연구가 거의 이루어지지 않고 있다.

⑤ 대중교통 이용자 특성을 파악하기 위한 대중교통 이용패턴 조사 및 데이터 기반의 문제점 파악에 대한 연구가 제대로 이루어지지 않고 있다.

02. 다음의 (가)와 (나)는 제시된 글에서 언급한 논문 목차 중 각각 어느 항목과 관련된 내용인가?

> (가) 본 연구에서는 교통카드 데이터와 열차 출발·도착 데이터를 활용한 도시철도 역사 서비스 수준 추정을 위해 3단계로 연구 체계를 구성하였다. 1단계에서는 분석 자료를 구축하기 위해 분석대상 역사를 설정하고 열차 출발·도착 데이터에 대한 누락데이터 검토 및 보정 과정을 수행하였다. 2단계에서는 열차 도착시간과 교통카드 데이터의 하차 태그 데이터를 기준으로 분석 데이터를 연계하였다. 3단계에서는 열차 도착 시간과 하차 태그 시간 차이를 분석하여 역사별로 이동시간을 분석하였다.
>
> (나) 본 연구에서 제안한 방법론의 신뢰성 및 활용가능성을 증가시키기 위해서는 다음과 같은 추가 연구가 필요하다. 첫째, 본 연구에서는 2017년 10월 31일 하루 자료를 이용하여 3개 역사만을 대상으로 분석을 수행하였으나 다양한 요일별 특성, 역사별 특성 및 이용객 수요를 반영하기 위해 분석 범위를 확대할 필요가 있다. 둘째, 결과에서 도출한 이동속도 비수와 열차 하차 이용객 간의 관계에 대하여 보다 세부적인 분석이 필요하며 이를 통해 개찰구, 보행통로 등의 시설물별 서비스 수준 평가 방안을 제시할 필요가 있다. 셋째, 최근 도시철도 역사가 복합 환승역사의 기능으로 확대되고 있음에 따라 승강장에서 개찰구까지의 서비스 수준 분석 외에 승차 이용객에 대한 영향 분석, 환승 이용객을 위한 환승 통로에 대한 서비스 수준 분석이 가능하도록 추가 분석을 수행해야 할 것이다.

	(가)	(나)
①	제3장 연구방법론 및 분석자료	제4장 분석 및 결과
②	제5장 논의 및 결론	제3장 연구방법론 및 분석자료
③	제4장 분석 및 결과	제3장 연구방법론 및 분석자료
④	제4장 분석 및 결과	제5장 논의 및 결론
⑤	제3장 연구방법론 및 분석자료	제5장 논의 및 결론

03. 공문서 작성요령에 따를 때 ㉠ ~ ㉤ 중 바르게 표기된 것은?

철도차량 운전면허 취소 · 효력정지 처분 통지서

성명	㉠남궁 현		생년월일	㉡1982 − 4 − 13
주소	서울특별시 ○○구 ××로 9길 32			
행정처분	처분면허	△△△△	면허번호	123 − 4567
	처분내용	6월의 운전면허 정지		
	처분일	2020. ○○. ○○.		
	처분사유	운전면허의 효력정지기간 중 철도차량운전		

「철도안전법」 제20항 제2호에 따라 위와 같이 철도차량 운전면허 행정처분이 ㉢<u>決定</u>되어 같은 법 시행규칙 제34조 제1항에 따라 통지하오니 같은 법 제20조 제3항에 따라 운전면허의 취소나 효력정지 처분통지를 받은 날부터 ㉣<u>십오일</u> 이내에 교통안전공단에 면허증을 반납하시기 바랍니다.

㉤<u>단기 4351년</u>　09월　17일

국토교통부장관　| 직인 |

유의사항

1. 운전면허가 취소 또는 정지된 사람이 취소 또는 정지처분 통지를 받은 날부터 15일 이내에 면허증을 반납하지 않은 경우에는 「철도안전법」 제81조에 따라 1천만 원 이하의 과태료 처분을 받게 됩니다.
2. 운전면허증을 반납하지 않더라도 위 행정처분란의 결정내용에 따라 취소 또는 정지처분이 집행됩니다.
3. 운전면허 취소 또는 효력정지 처분에 대하여 이의가 있는 사람은 「행정심판법」 또는 「행정소송법」에 따라 기한 내에 행정심판 또는 경쟁소송을 제기할 수 있습니다.

① ㉠ ② ㉡ ③ ㉢

④ ㉣ ⑤ ㉤

04. 다음 글의 ㉠에 들어갈 내용으로 가장 적절한 것은?

> 토크쇼의 여왕으로 불리는 오프라 윈프리는 풍부한 감정을 장점으로 활용해 토크쇼를 진행했다. 오프라는 출연자의 마음을 이해하는 데 뛰어났고, 시카고의 30분짜리 아침 프로그램을 미국 대표 토크쇼로 만들었다. 이것이 바로 '오프라 윈프리 쇼'다.
>
> 그녀는 상대방을 설득하기 위한 방법으로 다섯 가지를 들었다. 첫째, 언제나 진솔한 자세로 말하여 상대방의 마음을 열어야 한다. 둘째, 아픔을 함께 하는 자세로 말하여 상대방의 공감을 얻어야 한다. 셋째, 항상 긍정적으로 말한다. 넷째, 사랑스럽고 따뜻한 표정으로 대화한다. 다섯째, 말할 때는 상대방을 위한다는 생각으로 정성을 들여 말한다. 그녀는 (㉠)을 가장 잘 알고 있었던 것이다.

① 인종차별을 이겨내기 위한 노력의 힘
② 자신의 의도를 정확하게 전달하는 비결
③ 상대방을 설득하여 협상에서 이기는 비법
④ 공감을 통한 화법이 가지는 힘
⑤ '듣기'보다 '말하기'의 힘이 크다는 것

05. 다음 의료폐기물의 배출량과 유역별 발생현황에 관한 자료를 이해한 내용으로 적절한 것은?

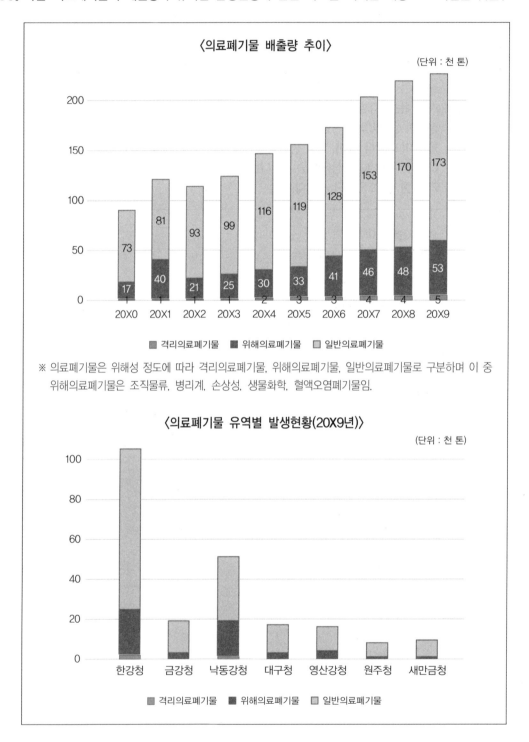

〈의료폐기물 배출량 추이〉

(단위 : 천 톤)

※ 의료폐기물은 위해성 정도에 따라 격리의료폐기물, 위해의료폐기물, 일반의료폐기물로 구분하며 이 중 위해의료폐기물은 조직물류, 병리계, 손상성, 생물화학, 혈액오염폐기물임.

〈의료폐기물 유역별 발생현황(20X9년)〉

(단위 : 천 톤)

① 의료폐기물 소각장은 한강 주변에 가장 많이 밀집되어 있다.

② 인구 고령화로 인한 요양시설의 증가 및 새로운 전염병 발생 등으로 의료폐기물이 증가하고 있다.

③ 1인당 의료폐기물의 발생량이 가장 적은 지역은 원주청이다.

④ 20X9년 일반의료폐기물의 양은 20X0년 대비 약 2.54배 증가하였다.

⑤ 주어진 자료에서 일반의료폐기물 배출량의 전년 대비 상승률이 가장 큰 해는 20X7년이다.

06. 다음은 ○○공사 직원인 갑, 을, 병에 대한 고객들의 평가 내용이다. (가) ~ (라)에 들어갈 점수의 합은?

구분	친절	희생	신속	전문	신뢰	합계
갑	(가)		(다)		Ⓐ	10점
을		(나)			Ⓒ	9점
병				(라)	Ⓑ	26점

※ 1등은 Ⓐ, 2등은 Ⓑ, 3등은 Ⓒ점을 주며, Ⓐ, Ⓑ, Ⓒ는 각각 다른 자연수이다.

① 4점   ② 6점   ③ 7점

④ 10점   ⑤ 11점

6회 기출예상

07. 다음은 음료류 섭취량에 관한 자료이다. 이에 대한 설명으로 적절한 것은?

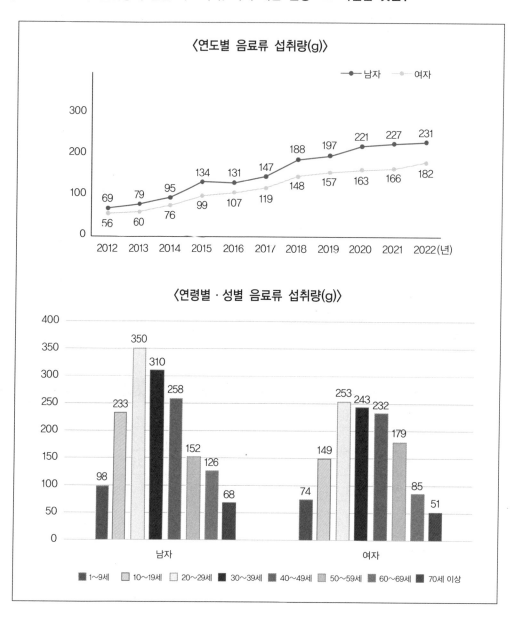

① 음료류에 대한 소비자 선택의 폭이 넓어졌다.

② 모든 음료에서 남자가 여자보다 구매력이 높다.

③ 음료류 섭취량은 연평균 약 12.7%씩 성장하였다(단, $1.127^{10}=3.3$으로 계산한다).

④ 스포츠 활동은 음료류의 섭취량을 늘린다.

⑤ 음료수 시장에서 가장 높은 성장률을 기대할 수 있는 연령대는 10 ~ 19세이다.

08. 다음은 '가' 지역에서 '나' 지역으로 이동할 수 있는 도로를 도식화한 것이다. 갑작스런 폭우에 따른 침수로 인해 A ~ J 10개의 교차로가 통제되었으며 통제가 해제되어야 '가' 지역에서 '나' 지역으로 이동할 수 있다. 이에 대한 〈보기〉의 설명 중 옳은 것을 모두 고르면?

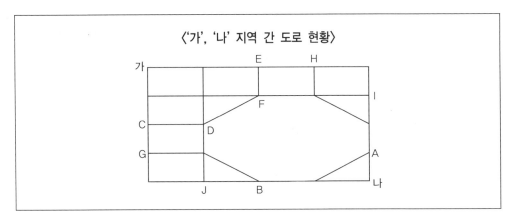

〈'가', '나' 지역 간 도로 현황〉

보기

㉠ '가'와 '나' 지역 간에 이동이 가능하기 위해서는 최소 2개의 교차로에 대해 통제가 해제되어야 한다.

㉡ 3개 교차로에 대한 통제 해제만으로는 '가'와 '나' 지역 간에 이동이 불가능할 수 있다.

㉢ 4개 교차로에 대한 통제가 해제된다면 '가'와 '나' 지역 간에 이동이 항상 가능해진다.

---

① ㉠

② ㉢

③ ㉠, ㉡

④ ㉡, ㉢

⑤ ㉠, ㉡, ㉢

[09 ~ 10] 다음은 ○○부에서 각 기관에 송부한 반부패 협조사항이다. 이어지는 질문에 답하시오.

〈반부패 행동지침 기관별 협조사항〉

협조사항	일정	대상기관
공공기관 채용 공정성 강화		
정기 전수조사 후속조치(비리 연루 시 배제, 피해자 구제 등) 및 제도 개선 적극적 이행 및 점검 협조	상 · 하반기	전 공공기관
관련 민간분야의 공정채용협약 등 공정채용대책 민간 혁신 적극 이행	상 · 하반기	전 공공기관
행동강령 내재화 및 이행점검 강화		
기관별 소속 공직자 대상 행동강령 교육 실시	상반기	전 공공기관
부패취약시기 등 행동강령 이행상태 자체 결정 강화	하반기	전 공공기관
행동강령 위반 신고사건 조사 또는 이행실태 점검 시 자료제출 등 협조	상 · 하반기	전 공공기관
기관별 자체 행동강령 제 · 개정 사항 제출	12월 내	공직자 단체
		전 공공기관
신규 공사공단 반부패 행동강령 제정 회의 참석	4월 / 10월	해당기관
평가 환류를 통한 자율적 개선 노력 지원 확대		
청렴도 측정 및 부패예방 시책평가 지원 계획 통보에 따른 자료 · 의견 제출	9월	측정 · 평가 대상 공공기관
국가청렴포털(청렴e시스템)에 부패예방 우수 사례 등록	3월 내	20X9년 자체평가 우수기관
20X9년 청렴도 측정 및 부패예방 시책평가 결과 공개 실적 제출	3월 내	측정 · 평가 대상 공공기관
청렴도 측정 및 부패예방 시책평가 담당자 워크숍 참석	2/4분기 중	측정 · 평가 대상 공공기관
청렴도 측정 및 통보에 따른 자료 제출	7 ~ 8월	청렴도 측정 대상기관
선정된 대상기관 통보에 따른 점검 및 협조사항 제출 (청렴도 측정 상 · 하반기, 부패방지 시책평가 하반기)	상 · 하반기	측정 · 평가 대상 공공기관

09. 다음 중 제시된 협조사항을 이해한 내용으로 적절하지 않은 것은?

① 공공기관 채용 공정성 강화 관련 사항은 모든 공공기관을 대상으로 한다.

② 부패예방을 위한 온라인 시스템이 운영되고 있다.

③ 청렴도 측정과 부패예방 시책평가 관련 사항들은 모두 같은 기간에 시행한다.

④ ○○부는 채용의 공정성을 위해 민간분야와 협약하는 등 혁신에 적극적으로 임할 것을 요청하였다.

⑤ 반부패 관련 행동강령과 관련한 지침은 강령의 개정에서부터 이행실태를 점검하는 것까지 포함된다.

10. 제시된 협조사항들 중 상반기에 요청한 협조사항은 몇 개인가?

① 9개   ② 10개   ③ 11개

④ 12개   ⑤ 13개

[11 ~ 12] 다음 자료를 읽고 이어지는 질문에 답하시오.

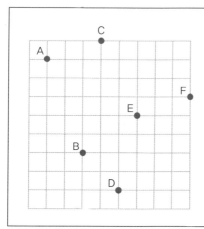

그림과 같이 가로, 세로로 연결돼 있으면서 간격이 일정한 도로망이 있다. 이 도로망 위 점(●)에 위치해 있는 A ~ F 6개의 소매점에 물건을 공급하는 물류센터를 건설하려고 한다 (단, 가장 작은 정사각형의 한 변의 길이는 1km이다).

11. 다음 〈조건 1〉에 맞추어 물류센터를 건설했을 때, 물류센터로부터 A ~ F 6개 소매점에 물류를 운송하는 데 필요한 비용은?

> **조건 1**
>
> (가) 물류센터는 도로와 도로의 교차점에 건설하며, 도로망 위로만 이동한다.
> (나) 물류센터는 각 소매점까지의 거리의 합이 최소가 되는 지점에 건설한다.
> (다) 비용은 거리 1km당 10,000원이다.

① 220,000원   ② 230,000원   ③ 240,000원
④ 250,000원   ⑤ 260,000원

12. 다음 〈조건 2〉에 맞추어 물류센터를 건설했을 때, 물류센터로부터 A ~ F 6개 소매점에 물류를 운송하는 데 필요한 비용은?

조건 2

(가) 물류센터는 도로와 도로의 교차점에 건설하여, 도로망 위로만 이동한다.

(나) 물류센터는 각 소매점까지의 물류를 운송하는 데 필요한 비용이 최소가 되는 지점에 건설한다.

(다) 물류센터로부터 A, B, C 소매점으로 물류를 운송하는 비용은 거리 1km당 10,000원이고, D, E, F 소매점으로 운송하는 비용은 거리 1km당 20,000원이다.

① 360,000원 ② 370,000원 ③ 380,000원
④ 390,000원 ⑤ 400,000원

13. 다음 글이 암시하는 주제는?

A 회사 김 대리는 출장을 갔다가 돌아오는 길에 황당한 광경을 목격했다. 길가에서 한 사람은 열심히 구덩이를 파는데, 뒤쫓아 오는 사람은 계속해서 파낸 구덩이를 흙으로 메우는 것이었다. 그들의 행동을 도저히 이해할 수 없어서 두 사람에게 묻자 대답은 다음과 같았다.

"원래는 오늘 세 명이 나무 심는 일을 맡았는데 나무를 세우고 잡아주는 사람이 몸이 아파 안 나와서 우리 두 사람은 각자가 맡은 땅 파는 일과 메우는 일만 하고 있습니다."

① 계획의 부재 ② 과도한 분업화의 병폐
③ 개인과 조직의 책임 할당 ④ 구성원 간의 조정과 통합
⑤ 조직의 시스템 구축

[14 ~ 15] ○○공사에서 조직의 중장기 발전전략을 수립하는 프로젝트팀을 구성하였다. 이어지는 질문에 답하시오.

14. 조직의 중장기 발전전략 수립에 대한 프로젝트팀 직원들 간의 다음 대화에서 잘못된 내용을 말하고 있는 직원은?

> 김 팀장 : 전략은 계층별로 사업전략, 기업전략, 기능전략으로 구분할 수 있는데, 사업전략은 전사적 전략으로 어디서 경쟁을 하여야 하는지를 결정합니다.
>
> 박 과장 : 조직 중장기 발전전략 수립을 위하여 환경 분석을 할 수 있는데, 외부환경 분석과 내부환경 분석으로 구분됩니다.
>
> 이 대리 : 대표적인 외부환경 분석 도구로 마이클 포터의 산업구조분석 모형이 있습니다.
>
> 안 주임 : 대표적인 내부환경 분석 도구로 마이클 포터의 가치사슬 분석이 있습니다.
>
> 최 사원 : 환경 분석 후, 전략을 수립, 실행하고 평가와 통제를 수행할 수 있습니다.

① 김 팀장　　　　② 박 과장　　　　③ 이 대리
④ 안 주임　　　　⑤ 최 사원

15. 프로젝트팀에서 환경 분석을 수행하여 ○○공사에 대한 산업분석 모형을 도출한 결과, 잠재적 진입자가 존재함을 발견하였다. 이에 대한 프로젝트팀 직원들의 다음 대화에서 잘못된 대처방안을 말하고 있는 직원은?

> 김 팀장 : 잠재적 진입자가 시장에 들어오지 못하도록 진입장벽을 구축하여야 합니다.
>
> 박 과장 : 정부의 진입규제를 활용하여 진입장벽을 구축할 수 있습니다.
>
> 이 대리 : 투자비용을 낮게 만들어 진입장벽도 높아지도록 하여야 합니다.
>
> 안 주임 : 우리 공사의 브랜드가 강력할수록 진입장벽이 높아질 수 있습니다.
>
> 최 사원 : 규모의 경제로 인한 원가차이가 나타나면 진입장벽이 높아질 수 있습니다.

① 김 팀장　　　　② 박 과장　　　　③ 이 대리
④ 안 주임　　　　⑤ 최 사원

16. 다음은 조직목표에 관한 글이다. 조직목표의 하위목표에 대한 설명으로 옳지 않은 것은?

> 조직은 조직의 목표를 달성하기 위해서 여러 부서를 신설하고 전체 목표를 달성하기 위한 하위목표(세분목표)를 분할해 준다. 그러므로 한 개의 조직 안에는 많은 종류의 목표가 존재한다.
>
> 조직설계 학자인 리처드(Richard L. Daft)는 조직이 일차적으로 수행해야 할 과업인 운영목표에는 조직 전체의 성과, 자원, 시장, 인력개발, 혁신과 변화, 생산성에 관한 목표가 포함된다고 하였다. 즉, 조직목표에는 아래 그림과 같이 조직의 존재 목적인 공식목표가 있으며, 그러한 사명을 달성하기 위해 조직이 실행해야 하는 운영목표가 있다.

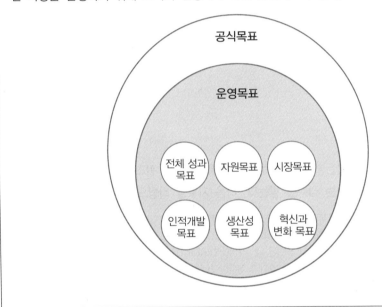

① 공식목표는 조직의 목적(사명)을 하나로 대표하는 것으로 공식목표에 따라 조직의 활동 범위가 정해진다.

② 운영목표는 조직이 공식목표를 완수하기 위해 분야별로 달성하려는 것으로 조직에는 다수 운영목표가 존재한다.

③ 운영목표는 조직이 구체적으로 달성하기 위한 업무와 이를 달성해 가는 프로세스의 순서와 방법이 명확하게 명시된다.

④ 공식목표는 조직의 목적과 가치를 전달하고 조직에 정당성과 합법성을 부여하기 때문에 구성원에게 구체적인 행동지침을 제시한다.

⑤ 공식목표와 운영목표는 조화를 이루어야 하지만 조직의 존재 목적에 충실하기 위해 과도한 운영목표를 세우게 되면 조직의 존립을 위협하게 된다.

17. IT 시스템을 관리하는 정보화기획부의 K 부장이 담당하는 IT 예산의 편성 및 변경 업무의 내용으로 가장 적절하지 않은 것은?

① 예산 편성 절차 및 일정
② 정부의 내년도 국정 목표
③ 예산 편성 제출자료 양식 및 작성 요령
④ 사업계획 수립 지침 및 예산 편성 기준
⑤ 기타 예산 편성 참고 자료

18. ○○공사 사내 골든벨 대회에 해킹 유형에 대한 OX 퀴즈 문제가 출제되었는데, 문제를 맞히면 각 문제에 해당하는 점수를 받는다. 다음 자료를 바탕으로 A 사원이 받은 총점을 구하면?

	OX 퀴즈 문제	A 사원의 답안	점수
Q1	스미싱은 문자메시지(SMS)와 피싱(Phishing)의 합성어로, 문자 메시지를 이용한 새로운 휴대폰 해킹 기법이다.	O	20점
Q2	파밍은 사용자가 자신의 웹 브라우저에서 정확한 웹페이지 주소를 입력해도 가짜 웹페이지에 접속하게 하여 개인정보를 훔치는 것을 말한다.	O	30점
Q3	랜섬웨어는 고성능 컴퓨터를 이용해 초당 엄청난 양의 접속신호를 한 사이트에 집중적으로 보냄으로써 상대 컴퓨터의 서버를 접속 불능 상태로 만들어 버리는 해킹 수법이다.	X	40점

① 30점   ② 50점   ③ 60점
④ 70점   ⑤ 90점

19. ○○공사 전산팀이 공사 업무자료의 유출을 방지하기 위해 직원들의 개인용 PC 보안을 강화하고자 할 때, 적절한 방법이 아닌 것은?

(ㄱ) CMOS 비밀번호 설정
(ㄴ) 백신 프로그램의 주기적인 업데이트
(ㄷ) 화면 보호기 설정 및 공유 폴더 사용
(ㄹ) 윈도우 로그인 비밀번호 설정
(ㅁ) 문서 암호화를 위한 비밀번호 설정

① (ㄱ)   ② (ㄴ)   ③ (ㄷ)
④ (ㄹ)   ⑤ (ㅁ)

20. 다음은 P 전자에서 새로 개발한 TV 'PANO-X' 런칭을 위해 작성 중인 마케팅 기획서 초안이다. 5W2H에 맞추어 작성하려고 할 때, (가)에 들어갈 문장은?

〈'PANO-X' 마케팅 개요〉
– 202X년 P 전자의 야심작 PANO-X의 성공을 위한 마케팅 전개 –

구분	내용	비고
What		
Why		
When		
Where	P 전자 남한강기념홀	
How	(가)	
Who		
How much	1.5억 원	재무이사님과 협의

① 새로운 시대의 제안, PANO-X
② QLED시대 시장에서의 수도적 위치를 선점하기 위한 전략적 보고회
③ 기획 1, 2팀과 마케팅 3, 4팀이 주도적으로 진행한다.
④ 제품의 시연과 QLED의 우수성을 체험할 수 있도록 체험관을 설치한다.
⑤ 202X년 10월 11일(금)

[21 ~ 22] 다음의 제시 상황과 자료를 보고 이어지는 질문에 답하시오.

○○기업에서는 이번 신입사원 집체교육에서 진행할 소양 교육 프로그램을 새로 선정하려고 한다.

기준 프로그램	가격	난이도	수업 만족도	교육 효과	소요시간
요가	100만 원	보통	보통	높음	2시간
댄스 스포츠	90만 원	낮음	보통	낮음	2시간
요리	150만 원	보통	매우 높음	보통	2시간 30분
캘리그래피	150만 원	높음	보통	낮음	2시간
코딩	120만 원	매우 높음	높음	높음	3시간

〈순위－점수 환산표〉

순위	1	2	3	4	5
점수	5	4	3	2	1

- 5개의 기준에 따라 5개의 프로그램 간 순위를 매기고 순위－점수 환산표에 의한 점수를 부여함.
- 가격은 저렴할수록, 난이도는 낮을수록, 수업 만족도와 교육 효과는 높을수록, 소요시간은 짧을수록 높은 순위를 부여함.
- 2개 이상의 프로그램의 순위가 동일할 경우, 그 다음 순위의 프로그램은 순위가 동일한 프로그램 수만큼 순위가 밀려남(예 A, B, C가 모두 1위일 경우 그 다음 순위 D는 4위).
- 각 기준에 따른 점수의 합이 가장 높은 프로그램을 선택함.
- 점수의 합이 가장 높은 프로그램이 2개 이상일 경우, 교육 효과가 더 높은 프로그램을 선택함.

21. 제시된 자료에 따라 점수를 환산할 때, 다음 중 ○○기업이 선택할 프로그램은?

① 요가　　　　　　　　② 댄스 스포츠　　　　　　③ 요리
④ 캘리그래피　　　　　⑤ 코딩

22. ○○기업은 일부 프로그램의 가격 및 소요시간이 변동되었다는 사실을 알게 되어 새로이 점수를 환산하려고 한다. 변동된 가격 및 소요시간이 〈보기〉와 같을 때, 다음 중 ○○기업이 선택할 프로그램은?

보기

프로그램	요가	댄스 스포츠	요리	캘리그래피	코딩
가격	120만 원	100만 원	150만 원	150만 원	120만 원
소요시간	3시간	2시간 30분	2시간	2시간 30분	3시간

① 요가　　　　　　　　② 댄스 스포츠　　　　　　③ 요리
④ 캘리그래피　　　　　⑤ 코딩

23. 다음 중 4차 산업혁명시대의 인적자원관리의 변화에 대한 설명으로 옳지 않은 것은?

① 인간을 모방한 감각기능과 재능을 탑재하여 진보된 로봇이 다양한 수작업을 수행하고, 이는 산업에 영향을 주어 결국 근로의 유형을 변경시킨다.

② 신기술의 등장과 기존 산업 간의 융합은 새로운 산업 생태계를 만들고 직업에도 많은 변화를 일으킨다.

③ 일자리의 양극화는 더욱 심화되며, 대기업을 중심으로 우수인재 영입 및 유지를 위한 데이터 기반 인적 자원관리가 강화된다.

④ 공유 플랫폼은 노동자의 고용안정성을 더욱 향상시킨다.

⑤ 기술진보에 따른 새로운 직무에 적응할 수 있도록 지속적인 능력개발이 뒷받침되어야 한다.

24. 다음은 □□기업 생산부 홍길동 씨가 진행할 작업에 사용될 〈부품 리스트〉이다. 〈부품 선정 우선순위〉에 따라 세 종류의 부품을 선택하여 작업을 시행할 때, 선정된 부품으로 알맞은 것은? (단, 작업에 필요한 시간은 사용 품목 및 수량에 따라 더하여 계산하며, 40분을 넘기면 안 된다)

〈부품 리스트〉

부품	금액(개당)	작업 시 필요한 수량(개)	작업에 필요한 시간(개당)
A	200,000원	3	5분
B	180,000원	4	4분
C	250,000원	2	3분 30초
D	300,000원	3	3분
E	300,000원	2	2분
F	100,000원	4	4분

〈부품 선정 우선순위〉

1) 총금액이 저렴하여야 한다.
2) 작업에 필요한 시간의 합이 짧아야 한다.
3) 사용되는 부품의 수량의 합이 적어야 한다.

① A, B, C
② A, B, D
③ A, C, E
④ A, C, F
⑤ C, E, F

25. 다음은 철도안전법상 철도시설의 기술기준에 관한 내용이다. 밑줄 친 '기술'에 관한 A ~ E의 발언 중 적절하지 않은 것은?

> **철도안전법 제25조(철도시설의 기술기준)** ① 철도시설관리자는 국토교통부장관이 정하여 고시하는 <u>기술</u>기준에 맞게 철도시설을 설치하여야 한다.
> ② 철도시설관리자는 국토교통부령으로 정하는 바에 따라 제1항에 따른 기술기준에 맞도록 철도시설을 점검·보수하는 등 유지·관리하여야 한다.

① A : 해당 기술은 하드웨어나 인간에 의해 만들어진 것으로 비자연적인 대상 혹은 그 이상을 의미해.

② B : 이러한 기술은 노와이(Know-why)를 의미하는 것이며 경험적인 지식인 노하우(Know-how)는 포함되지 않지.

③ C : 이러한 기술은 결국 하드웨어를 생산하는 과정과 연관될 거야.

④ D : 이러한 기술은 인간의 능력을 확장시키기 위한 하드웨어와 그 하드웨어의 활용을 의미해.

⑤ E : 기술은 정의 가능한 문제를 해결하기 위해 순서화되고 이해 가능해진 노력이야.

26. 다음 중 4차 산업혁명의 주요 분야 및 기술에 대한 설명으로 적절하지 않은 것은?

① 농업 분야의 생산성 및 효율성을 높이고 작물의 품질 향상을 통해 농업을 고부가가치 산업으로 발전시키기 위한 시스템으로, 기후 변화와 농촌 인구 감소, 농가 소득 정체 등의 문제를 개선하고 농업의 경쟁력을 제고하는 것을 목적으로 한다.

② 2D 프린터는 디지털화된 파일이 전송되면 잉크를 종이 표면에 분사하여 앞뒤(x축)와 좌우(y축)로만 운동하지만, 이 기술은 상하(z축) 운동을 더하여 입력한 도면을 바탕으로 입체 물품을 만들어 낸다.

③ 분산 데이터 저장 기술의 한 형태로, 지속적으로 변경되는 데이터를 모든 참여 노드에 기록한 변경 리스트로서 분산 노드의 운영자에 의한 임의 조작이 불가능하도록 고안되었다.

④ 표준인터넷 프로토콜 집합(TCP/IP)을 사용해 개인, 학교, 기업, 정부 네트워크 등을 한정적 지역에서 전체 영역으로 유선, 무선, 광케이블 기술 등을 통해 연결하고 마크업 언어(HTML)나 전자우편을 지원하는 기반 기술 등을 통해 광대한 범위의 정보 자원과 서비스를 운반한다.

⑤ 유선통신을 기반으로 한 인터넷이나 모바일 인터넷보다 진화된 단계로, 인터넷에 연결된 기기나 사람의 개입 없이 상호 간에 알아서 정보를 주고받아 처리한다. 통신장비와 사람 간의 통신을 주목적으로 하는 M2M의 개념을 인터넷으로 확장하여 사물은 물론이고 현실과 가상세계의 모든 정보와 상호작용하는 개념으로 진화한 단계이다.

27. 다음은 ○○공사가 확보하고 있는 20XX년 산업재산권 현황을 그래프로 나타낸 것이다. 이를 바탕으로 ○○공사의 산업재산권에 대해 안내 자료를 작성할 때, 적절한 내용을 〈보기〉에서 모두 고른 것은?

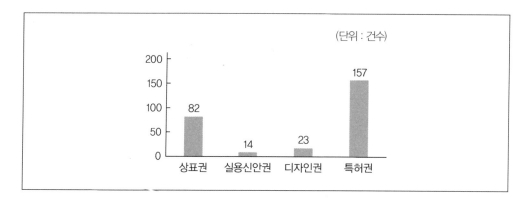

(단위 : 건수)

<보기>

㉠ 물품의 외관에 미적 감각을 느낄 수 있게 하여 등록한 산업재산권은 157건이다.

㉡ 자연법칙을 이용한 기술적 아이디어의 창작으로서 기술 수준이 높은 산업재산권 등록이 50%를 넘는다.

㉢ 발명처럼 수준이 높지는 않으나 물품의 형상, 구조 및 조합을 통해 산업재산권을 등록한 건수의 비율이 가장 낮다.

㉣ 제품의 신용을 유지하기 위해 제품이나 포장 등에 표시하는 상호나 마크에 해당하는 산업재산권의 등록 비율이 가장 높다.

---

① ㉠, ㉡ ② ㉠, ㉢ ③ ㉡, ㉢

④ ㉡, ㉣ ⑤ ㉢, ㉣

28. ○○디자인 회사에서 김서윤 씨가 최종 면접을 보고 있다. 다음 대화를 읽고 김서윤 씨가 집단에 속하려는 가장 큰 이유를 고르면?

> 면접관 : 마지막 질문입니다. 김서윤 씨는 △△디자인 회사에서 8년간 일한 후, 프리랜서로 3년간 일했다고 했는데요, 왜 다시 회사에 들어오려고 하십니까?
>
> 김서윤 : 면접관님 말씀대로 저는 지난 3년간 프리랜서로 디자인 일을 해 왔습니다. 처음에는 시간을 자유롭게 쓸 수 있다는 장점이 있었는데 어려운 점도 많았습니다. 거래하던 회사가 갑자기 폐업하는 바람에 하던 일이 중단돼 버린 일이 있었고, 거래처가 일방적으로 계약을 파기해 법적 공방까지 갔던 일도 있었습니다. 몇 번 마음고생을 하고 나니 앞으로는 회사의 보호를 받으며 일하고 싶다는 생각을 하게 됐습니다.

① 자기존중감(Self-Esteem) ② 지위(Status)
③ 안정감(Security) ④ 소득(Income)
⑤ 목표달성(Goal Achievement)

29. 심리학자 마틴 셀리그만 교수는 지속적인 충만감을 위해 꼭 필요한 5가지 요소의 머리글자를 모은 페르마(PERMA)라는 개념을 제시했다. 다음 빈칸에 들어갈 내용으로 적절한 것은?

P	Positive Emotion 기쁨, 자신감, 낙관
E	( )
R	Relationship 타인과 함께 하는 것, 기뻤던 순간, 인생 최고의 순간은 대부분 타인과 함께 했을 때이다.
M	Meaning 스스로 의미 있다고 생각하는 것에 소속되고 거기에 기여하고 있다고 느끼는 것
A	Accomplishment 남을 이기거나 금전적 목적이 아닌 성취 그 자체로서 좋은 것

① Encouragement : 자기 스스로를 격려, 고무하는 것
② Enjoyment : 어떤 일이든 그 자체에서 기쁨과 즐거움을 느끼는 것
③ Engagement : 시간 가는 줄 모르고 무언가에 빠져 있는 것
④ Energy : 어떤 일을 하든 정신적, 육체적으로 힘이 넘치는 것
⑤ Entire family : 무엇을 하든 온 가족이 함께 하는 것

30. '안드라고지(Andragogy)'에 대한 설명으로 옳지 않은 것은?

① 성인들의 학습을 돕기 위해 성인교육의 이론, 과정, 기법을 연구하는 학문을 말한다.

② '성인'을 뜻하는 그리스어 안드로스(Andros)와 '이끌다', '지도하다'를 뜻하는 아고기스(Agogus)의 합성어로서 교육학에서뿐만 아니라 일반적인 사회 용어로도 정착되었다.

③ 성인교육학의 필요성과 아동교육과의 차별성을 강조한다.

④ 교사의 역할은 교육을 계획하고 학습자들의 학습욕구를 설정하며 그에 따라 교육목표를 설정하고 평가하는 것이다.

⑤ 학습자의 경험이 학습자원으로서의 가치가 있다.

31. 경력개발의 가장 일반적인 모형으로 슈퍼(Super)의 경력개발 5단계가 있다. 다음 중 25 ~ 44세에 해당하는 '확립기'에 관한 설명은?

단계	성장기	탐색기	확립기	유지기	쇠퇴기
연령	출생 ~ 14세	15 ~ 24세	25 ~ 44세	45 ~ 64세	65세 이후

① 흥미, 능력, 가치 등 자아를 검증하고 직업을 탐색한다.

② 정해진 직업에서 자신의 위치를 확고히 하고 안정된 삶을 유지한다.

③ 자신에게 적합한 직업을 발견하고 이를 토대로 생활 터전을 마련한다.

④ 욕구나 환상이 지배적이지만 점차 현실을 검증하고, 흥미와 능력을 중시하여 진로를 선택한다.

⑤ 은퇴 후 새로운 역할과 활동을 찾는다.

32. 진로정체성(Career Identity), 직업적응(Work Adjustment)에 대한 설명으로 옳지 않은 것은?

① 진로정체성은 내가 누구인지, 무엇이 되고 싶은지에 대한 자아관을 형성해 가도록 동기를 부여하는 인지적 나침반이다.

② 진로정체성은 진로를 형성하는 데 있어서 어떤 진로를 구성할 것인지를 강조한다.

③ 진로정체성은 개인의 동기, 관심, 진로 역할수행 역량과 관련된 의미구조이며, 환경과의 지속적인 상호작용을 통해 형성해 나가는 인지적 개념이다.

④ 직업적응은 개인과 직업 환경 간의 조화를 성취하고 유지하는 과정이다.

⑤ 직업적응의 개념에서 개인과 환경의 불일치가 발생하게 될 경우 개인은 환경을 거부할 수 없다.

33. 철도종사자의 스트레스 관리를 위한 예방대책 중 '개인 차원에서 실천할 수 있는 자기관리 방법'으로 적합하지 않은 것은?

① 직장에서 함께 근무하는 동료들과 유대관계를 강화하고 여가 시간을 활용하여 취미생활을 한다.

② 균형 있는 식사와 규칙적인 운동을 하고, 긴장을 풀고 스트레스를 해소하기 위한 이완요법을 생활화한다.

③ 소음이 많이 발생하는 공간에서는 청력보호구를 착용하고, 주기적으로 청력검사를 받는다.

④ 직원들의 직무스트레스 평가 결과와 직무스트레스의 원인이 되는 여건에 대한 내부 의견을 분석하여 대책을 마련한다.

⑤ 직무스트레스가 심하거나 정신건강문제로 인한 증상이 지속될 경우에는 정신건강의학과나 임상심리의학과 의사의 상담을 받는다.

34. 다음 글에서 파악할 수 있는 리더십 유형은?

> 유비가 다스렸던 촉나라의 국력은 위나라의 10% 정도에 불과했다. 물자, 사람, 군대 등 모든 불리함을 극복하기 위해 유비가 선택한 방법은 바로 인재 등용과 그들의 자발적인 충성심 유도였다. 그것은 국가와 자신의 생존과도 직결되는 일이었다. 유비는 겸손과 신의, 상황에 따라 지혜롭게 머리를 굽히는 처세학을 바탕으로 리더십을 펼쳤다. 유비야말로 '실리 추구 리더십'의 대표 인물이다.
>
> 그의 겸손과 굽힘 리더십의 결정체는 제갈량을 얻을 때 나타났다. 당시 유비는 제갈량보다 스무 살 연상이었다. 그럼에도 유비는 제갈량을 세 번 찾아가 머리를 숙였다. 세 번째는 낮잠을 자는 제갈량을 몇 시간 동안 서서 기다리며 제갈량의 마음을 얻었다. 또한 유비는 나이, 신분, 부, 출신 지역 등을 가리지 않고 인재를 등용했다. 그리고 인재를 얻기 위해 자신을 낮추는 데 있어 주저함이 없었다.

① 셀프 리더십　　　　② 독재적 리더십　　　　③ 민주석 리더십
④ 서번트 리더십　　　⑤ 카리스마 리더십

35. Y사는 신입사원들을 대상으로 협상과정에 대한 교육을 실시하기로 하였다. 인사팀 최 사원은 교육 자료파일을 급히 가져가다가 실수로 바닥에 떨어뜨려 순서가 모두 섞이고 말았다. 다음 중 자료파일을 협상과정 순서에 따라 바르게 연결한 것은?

㉠
- 겉으로 주장하는 것과 실제로 원하는 것을 구분하여 실제로 원하는 것을 찾아냄.
- 분할과 통합기법을 활용하여 이해관계를 분석함.

㉡
- 협의문을 작성함.
- 협의문상의 합의 내용, 용어 등을 재점검함.
- 협의문에 서명함.

㉢
- 협상당사자들 사이에 상호 친근감 발동
- 간접적인 방법으로 협의 의사를 전달함.
- 상대방의 협상 의지를 확인함.
- 협상진행을 위한 대화를 함.

㉣
- 갈등문제의 진행상황과 현재의 상황을 점검함.
- 적극적으로 경청하고 자기주장을 제시함.
- 협상을 위한 협상대상 안건을 결정함.

㉤
- 협상 안건마다 대안들을 평가함.
- 개발한 대안들을 평가함.
- 최선의 대안에 대해서 협의하고 선택함.
- 대안 이행을 위한 실행계획을 수립함.

	협상시작	상호이해	실질이해	해결대안	합의문서
①	㉠	㉡	㉢	㉣	㉤
②	㉡	㉣	㉤	㉠	㉢
③	㉢	㉣	㉠	㉤	㉡
④	㉣	㉠	㉢	㉤	㉡
⑤	㉤	㉣	㉡	㉢	㉠

36. 대인관계의 형성 과정을 근거로 할 때, 다음 내용은 '대인관계 발전 모형' 중 어느 단계에 해당하는가?

인간과 인간이 만나서 대인관계가 형성되는 과정을 살펴보는 것은 대인관계의 제 면모를 이해하는 데 유용하다. 대인관계는 아래와 같이 일련의 과정을 거쳐 발전하게 된다. 한 단계에서 다른 단계로서의 이동은 대인관계 기술에 달려 있다. 대인관계 기술이란 관계를 처음 시작하는 법, 상대방에게 호감을 보이는 태도, 자신을 적절히 드러내 놓은 기술이나 적극적인 애정 표현 방법, 상대방을 이해하려는 마음 등을 대인관계의 발전과정에 따라 적절히 활용하는 것을 의미한다. 이러한 기술은 대면적 대인관계뿐만 아니라 온라인이나 SNS 등과 같은 매체가 개입된 대인관계에서도 유효하다. 성공적인 대인관계를 형성하기 위해서는 대인관계가 발전되는 과정을 이해하고, 관계의 시점(자신과 상대방이 처한 대인관계 형성 정도)에 적절한 기술을 활용하는 것이 필요하다.

〈대인관계 발전 6단계 모형〉

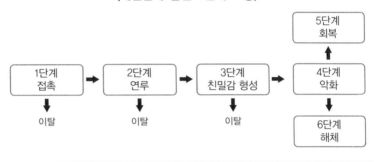

대인관계를 형성하고자 하는 사람들과의 상호감정이 교류되기 시작하는 단계이다. 따라서 상대방에 대해서 탐색하거나 배우려고 하고, 때로는 서로에 대해 일종의 테스트를 하기도 한다. 이 단계에 놓인 당사자들은 상대방을 이해하고 자신에 대해 오픈하면서 각자의 느낌과 감정을 공유하기 시작한다. 이것이 로맨틱한 관계라면 데이트를 하게 되고, 우정이라면 상호 간에 관심과 관련된 활동을 공유하기 위해 여가 활동을 함께 하게 된다.

① 1단계 : 접촉
② 2단계 : 연루
③ 3단계 친밀감 : 형성
④ 4단계 : 악화
⑤ 5단계 : 회복

37. 다음 글에서 기업이 추구해야 할 윤리적 덕목과 가장 관련이 깊은 것은?

MOT(Moment Of Truth)란 스페인의 투우용어인 'Moment De La Verdad'를 영어로 옮긴 말인데, 투우사가 소의 급소를 찌르는 순간을 뜻한다. 즉 '피하려고 해도 피해지지 않는 순간', '실패가 허용되지 않는 중요한 순간'이라는 맥락과 비슷하다.

스웨덴의 마케팅 학자 리차드 노만(R. Norman)은 이 MOT라는 것을 서비스 품질관리에 처음으로 사용하였다고 한다. 서비스에서 MOT라는 것은 고객이 직접적이든 간접적이든 기업의 어떤 일면과 접촉을 하게 되는 그 순간을 일컫는다. 일반적으로 종업원이 주는 서비스를 받는 그 순간, 광고를 보는 그 순간, 청구서를 받는 그 순간 등 서비스를 제공하는 그 조직이나 품질에 대해 어떠한 인상을 받거나 사상을 지니게 되는 그 순간을 뜻한다.

이 MOT라는 말은 스칸디나비아 항공에 3,000만 달러의 적자가 생기고 당시 39세로 적은 나이었던 얀 칼슨이 취임하게 되면서 처음으로 생겨났다. 이후 그 내용을 「Moments of Truth」라는 책에 집필함으로써 MOT라는 말이 보급되기 시작하였다. 승객들이 비행기를 탔을 때 접시 등이 지저분하다는 느낌을 받게 되면 그 순간 자신이 탄 비행기에 대해 불결한 이미지를 느낀다고 설명한다. 이처럼 MOT는 서비스 제공자가 고객에게 이미지를 제공할 수 있는 시간은 매우 순간적이고 짧으며, 이 순간은 자사에 대한 인식을 결정짓고, 더 나아가 회사의 성공을 좌우한다는 주장에 근거한다.

이 결정적인 순간들이 하나하나 쌓이면서 서비스 전체의 품질이 되므로, 고객을 상대하는 종업원들은 고객이 서비스를 받는 그 순간에 최선의 서비스를 받고 있다는 느낌이 들도록 해야 한다.

MOT가 중요한 가장 결정적인 이유 중에 하나는 고객이 경험하는 서비스의 품질이나 만족도에 곱셈의 법칙이 적용되기 때문이다. $1 \times 2 = 2$, $3 \times 4 = 12$이지만, $9 \times 0 = 0$이 될 수밖에 없는 형태이다. 즉 MOT 중 단 한 순간에 한 부분만 나쁜 인상을 주었더라도 고객을 잃기는 쉽다. 흔히 서비스 형태로 잘 알려져 있는 주차관리요원, 상담접수원 등이 그러하다. 이런 서비스요원들의 태도에 따라 그 회사의 이미지가 순식간에 하락이 되기도, 더욱 더 상승하게 되는 요인이 되기도 한다. 즉 MOT 그 자체가 상품성을 띄게 되는 것이다.

이 MOT의 경험으로 칼슨 사장은 1년 만에 적자에서 흑자로 돌리는 것에 성공을 했다. 뿐만 아니라 스칸디나비아 항공사는 1983년도에 최우수 항공사로, 1986년에는 고객서비스 최우수 항공사로 선정되기도 했다.

---

① 성실한 자세   ② 근면한 자세   ③ 정직한 자세

④ 책임감 있는 자세   ⑤ 봉사하는 자세

38. 다음 기업윤리경영의 유형 중 '4유형 : 대외적 적극적 기업윤리'에 대한 설명으로 적절한 것은?

'기업윤리경영의 유형'은 행위의 주체 측면에서 기업 내 도덕적 경영, 내부통제 등의 개인에 초점을 두는 내적 윤리와 사회적 책임, 기업의 외적 이미지 등의 조직에 초점을 두는 외적 윤리로 구분해 볼 수 있다. 그리고 행위의 성격 측면에서는 '해서는 안 될(Should Not)' 문제를 다루는 소극적 윤리와 '할수록 좋은(Had Better)' 문제를 다루는 적극적 윤리로 구분해 볼 수 있다.

이와 같이 두 가지 차원의 축을 사용해 '기업윤리경영'을 다음과 같이 4가지로 유형화할 수 있다.

성격 영역	소극적	적극적
대내적	1유형 : 대내적 소극적 기업윤리	3유형 : 대내적 적극적 기업윤리
대외적	2유형 : 대외적 소극적 기업윤리	4유형 : 대외적 적극적 기업윤리

① 경영자를 포함한 모든 조직구성원들이 행동하기를 권장하는 바람직한 행동을 포함한다.

② 외부의 이해관계자, 정부, 생태계, 일반 공중과의 관계에 있어 요구되는 바람직한 기업의 행동을 포함한다.

③ 경영자의 개인적인 윤리적 문제가 기업 자체의 윤리적 문제로 확대될 뿐만 아니라 사회로까지 비화되는 경향이 나타난다.

④ 경영자를 포함한 모든 조직구성원들이 지켜야 할 조직 내부에 대한 윤리로, 비윤리적인 행위를 금지하는 내용을 포함한다.

⑤ 기업 외부의 이해관계자, 정부, 환경 그리고 포괄적인 일반 공중 또는 전체 사회와 관련된 문제로 사회적 지탄을 받을 만한 비윤리적이고 비도덕적인 행위를 금지하는 내용을 포함한다.

6회

기출예상

39. 다음 중 직장에서의 바람직한 전화예절로 적절하지 않은 것은?

① 긍정적인 말로 전화통화를 마치고, 전화를 받은 경우에는 전화를 건 상대방에게 감사표시를 한다.

② 정보를 얻기 위해 전화를 하는 경우라면 얻고자 하는 내용을 미리 메모하여 모든 정보를 빠뜨리지 않도록 한다.

③ 높은 직급에 있는 상급자가 고객에게 전화를 걸 경우에는 먼저 비서를 통해 고객에게 전화를 걸어서 통화 약속을 잡는다.

④ 하루 이상 자리를 비우고 다른 사람이 전화를 받아줄 수 없는 경우에는 자리를 비우게 되었다는 메시지를 남긴다.

⑤ 정상적인 업무가 이루어지고 있는 근무 시간에 걸도록 하되, 가급적이면 출근 직후나 퇴근 직전에 전화를 거는 것은 지양한다.

40. '제조물 책임'이란 '제조물의 결함(제조상의 결함, 설계상의 결함, 표시상의 결함)으로 발생한 인적, 물적 손해에 대한 제조업자 등의 손해배상 책임'을 의미한다. 다음 글을 바탕으로 할 때, 제조물 책임법의 주요 내용에 대한 설명으로 옳지 않은 것은?

> '제조물 책임법(製造物責任法, Product Liability, PL법)'은 제조되어 시장에 유통된 상품(제조물)의 결함으로 인하여 그 상품의 이용자 또는 제3자(=소비자)의 생명, 신체나 재산에 손해가 발생한 경우에 제조자 등 제조물의 생산, 판매과정에 관여한 자의 과실 유무에 관계없이 제조자 등이 그러한 손해에 대하여 책임을 지도록 하는 법리를 말한다.

① 제조업자는 제조물의 결함으로 생명 · 신체 또는 재산에 손해를 입은 자에게 그 손해를 배상하여야 한다.

② '제조물'이란 제조되거나 가공된 동산을 뜻하는 것으로 다른 동산이나 부동산의 일부를 구성하는 경우는 제외된다.

③ '제조상의 결함'이란 제조업자가 제조물에 대하여 제조 · 가공상의 주의의무를 이행하였는지에 관계없이 제조물이 원래 의도한 설계와 다르게 제조 · 가공됨으로써 안전하지 못하게 된 경우를 말한다.

④ '설계상의 결함'이란 제조업자가 합리적인 대체설계(代替設計)를 채용하였더라면 피해나 위험을 줄이거나 피할 수 있었음에도 대체설계를 채용하지 아니하여 해당 제조물이 안전하지 못하게 된 경우를 말한다.

⑤ '표시상의 결함'이란 제조업자가 합리적인 설명 · 지시 · 경고 또는 그 밖의 표시를 하였더라면 해당 제조물에 의하여 발생할 수 있는 피해나 위험을 줄이거나 피할 수 있었음에도 이를 하지 아니한 경우를 말한다.

피통행 통합 오프봉투모의고사

1회 기출예상문제

감독관 확인란

성명표기란

수험번호

수험생 유의사항

※ 답안은 반드시 컴퓨터용 수성사인펜으로 보기와 같이 바르게 표기하여야 합니다.
〈보기〉 ① ② ③ ● ⑤

※ 성명표기란 위 칸에는 성명을 한글로 쓰고 아래 칸에는 성명을 정확하게 표기하여야 합니다.
(단, 성과 이름은 붙여 씁니다)

※ 수험번호 표기란 위 칸에는 숫자와 일치하게 ● 표기하십시오.

※ 수험번호 / 월일 위 칸에는 아래 칸에 숫자와 일치하게 ● 표기하십시오.

※ 출생월일은 반드시 본인 주민등록번호의 생년월일 제외하 월 두 자리, 일 두 자리를 표기하십시오.
오 〈예〉 1994년 1월 12일 → 0112

문번	답란
1	① ② ③ ④ ⑤
2	① ② ③ ④ ⑤
3	① ② ③ ④ ⑤
4	① ② ③ ④ ⑤
5	① ② ③ ④ ⑤
6	① ② ③ ④ ⑤
7	① ② ③ ④ ⑤
8	① ② ③ ④ ⑤
9	① ② ③ ④ ⑤
10	① ② ③ ④ ⑤
11	① ② ③ ④ ⑤
12	① ② ③ ④ ⑤
13	① ② ③ ④ ⑤
14	① ② ③ ④ ⑤
15	① ② ③ ④ ⑤

문번	답란
16	① ② ③ ④ ⑤
17	① ② ③ ④ ⑤
18	① ② ③ ④ ⑤
19	① ② ③ ④ ⑤
20	① ② ③ ④ ⑤
21	① ② ③ ④ ⑤
22	① ② ③ ④ ⑤
23	① ② ③ ④ ⑤
24	① ② ③ ④ ⑤
25	① ② ③ ④ ⑤
26	① ② ③ ④ ⑤
27	① ② ③ ④ ⑤
28	① ② ③ ④ ⑤
29	① ② ③ ④ ⑤
30	① ② ③ ④ ⑤

문번	답란
31	① ② ③ ④ ⑤
32	① ② ③ ④ ⑤
33	① ② ③ ④ ⑤
34	① ② ③ ④ ⑤
35	① ② ③ ④ ⑤
36	① ② ③ ④ ⑤
37	① ② ③ ④ ⑤
38	① ② ③ ④ ⑤
39	① ② ③ ④ ⑤
40	① ② ③ ④ ⑤
41	① ② ③ ④ ⑤
42	① ② ③ ④ ⑤
43	① ② ③ ④ ⑤
44	① ② ③ ④ ⑤
45	① ② ③ ④ ⑤

문번	답란
46	① ② ③ ④ ⑤
47	① ② ③ ④ ⑤
48	① ② ③ ④ ⑤
49	① ② ③ ④ ⑤
50	① ② ③ ④ ⑤

gosinet (주)고시넷

피듈형 통합 오프라인모의고사

2회 기출예상문제

성명표기란

수험번호

(주민등록 앞자리 생년제외) 월일

수험생 유의사항

※ 답안은 반드시 컴퓨터용 수성사인펜으로 보기와 같이 바르게 표기해야 합니다.
〈보기〉 ① ② ③ ● ⑤

※ 성명표기란 위 칸에는 성명을 한글로 쓰고 아래 칸에는 성명을 정확하게 ● 표기하십시오.
(단, 성과 이름은 붙여 씁니다)

※ 수험번호 표기란 위 칸에는 아라비아 숫자로 쓰고 아래 칸에는 숫자와 일치하게 ● 표기하십시오.

※ 출생월일은 반드시 본인 주민등록번호의 생년월을 제외한 월 두 자리, 일 두 자리를 표기하십시오.
(예) 1994년 1월 12일 → 0112

문번	답란	문번	답란	문번	답란	문번	답란
1	① ② ③ ④	16	① ② ③ ④	31	① ② ③ ④	46	① ② ③ ④
2	① ② ③ ④	17	① ② ③ ④	32	① ② ③ ④	47	① ② ③ ④
3	① ② ③ ④	18	① ② ③ ④	33	① ② ③ ④	48	① ② ③ ④
4	① ② ③ ④	19	① ② ③ ④	34	① ② ③ ④	49	① ② ③ ④
5	① ② ③ ④	20	① ② ③ ④	35	① ② ③ ④	50	① ② ③ ④
6	① ② ③ ④	21	① ② ③ ④	36	① ② ③ ④		
7	① ② ③ ④	22	① ② ③ ④	37	① ② ③ ④		
8	① ② ③ ④	23	① ② ③ ④	38	① ② ③ ④		
9	① ② ③ ④	24	① ② ③ ④	39	① ② ③ ④		
10	① ② ③ ④	25	① ② ③ ④	40	① ② ③ ④		
11	① ② ③ ④	26	① ② ③ ④	41	① ② ③ ④		
12	① ② ③ ④	27	① ② ③ ④	42	① ② ③ ④		
13	① ② ③ ④	28	① ② ③ ④	43	① ② ③ ④		
14	① ② ③ ④	29	① ② ③ ④	44	① ② ③ ④		
15	① ② ③ ④	30	① ② ③ ④	45	① ② ③ ④		

문번	답란				문번	답란				문번	답란				문번	답란			
1	①	②	③	④	16	①	②	③	④	31	①	②	③	④	46	①	②	③	④
2	①	②	③	④	17	①	②	③	④	32	①	②	③	④	47	①	②	③	④
3	①	②	③	④	18	①	②	③	④	33	①	②	③	④	48	①	②	③	④
4	①	②	③	④	19	①	②	③	④	34	①	②	③	④	49	①	②	③	④
5	①	②	③	④	20	①	②	③	④	35	①	②	③	④	50	①	②	③	④
6	①	②	③	④	21	①	②	③	④	36	①	②	③	④					
7	①	②	③	④	22	①	②	③	④	37	①	②	③	④					
8	①	②	③	④	23	①	②	③	④	38	①	②	③	④					
9	①	②	③	④	24	①	②	③	④	39	①	②	③	④					
10	①	②	③	④	25	①	②	③	④	40	①	②	③	④					
11	①	②	③	④	26	①	②	③	④	41	①	②	③	④					
12	①	②	③	④	27	①	②	③	④	42	①	②	③	④					
13	①	②	③	④	28	①	②	③	④	43	①	②	③	④					
14	①	②	③	④	29	①	②	③	④	44	①	②	③	④					
15	①	②	③	④	30	①	②	③	④	45	①	②	③	④					

피톨형 통합 오픈봉투모의고사

4회 기출예상문제

수험번호

성명표기란

(주민등록 앞자리 생년제외) 월일

수험생 유의사항

※ 답안은 반드시 컴퓨터용 수성사인펜으로 보기와 같이 바르게 표기해야 합니다.
　〈보기〉 ① ② ③ ● ⑤

※ 성명표기란 위 칸에는 성명을 한글로 쓰고 아래 칸에는 성명을 정확하게 ● 표기하시고
　(단, 성과 이름은 붙여 씁니다)

※ 수험번호 표기란 위 칸에는 아라비아 숫자로 쓰고 아래 칸에는 숫자와 일치하게 ● 표기하시오.

※ 출생월일은 반드시 본인 주민등록번호의 생년월을 제외한 월 두 자리, 일 두 자리를 표기하십시오.
　오. (예) 1994년 1월 12일 → 0112

문번	답란				문번	답란				문번	답란			
1	①	②	③	④	16	①	②	③	④	31	①	②	③	④
2	①	②	③	④	17	①	②	③	④	32	①	②	③	④
3	①	②	③	④	18	①	②	③	④	33	①	②	③	④
4	①	②	③	④	19	①	②	③	④	34	①	②	③	④
5	①	②	③	④	20	①	②	③	④	35	①	②	③	④
6	①	②	③	④	21	①	②	③	④	36	①	②	③	④
7	①	②	③	④	22	①	②	③	④	37	①	②	③	④
8	①	②	③	④	23	①	②	③	④	38	①	②	③	④
9	①	②	③	④	24	①	②	③	④	39	①	②	③	④
10	①	②	③	④	25	①	②	③	④	40	①	②	③	④
11	①	②	③	④	26	①	②	③	④					
12	①	②	③	④	27	①	②	③	④					
13	①	②	③	④	28	①	②	③	④					
14	①	②	③	④	29	①	②	③	④					
15	①	②	③	④	30	①	②	③	④					

피듈형 통합 오픈봉투모의고사

감독관 확인란	

5회 기출예상문제

성명표기란

수험번호

(주민등록 앞자리 생년제외) 월일

수험생 유의사항

※ 답안은 반드시 컴퓨터용 수성사인펜으로 보기와 같이 바르게 표기해야 합니다.
  〈보기〉 ① ② ③ ❹ ⑤
※ 성명표기란 위 칸에는 성명을 한글로 쓰고 아래 칸에는 성명을 정확하게 ● 표기하십시오.
  (단, 성과 이름은 붙여 씁니다)
※ 수험번호 표기란 위 칸에는 아라비아 숫자로 쓰고 아래 칸에는 숫자와 일치하게 ● 표기하십시오.
※ 출생월일은 반드시 본인 주민등록번호의 생년을 제외한 월 두 자리, 일 두 자리를 표기하십시오. 〈예〉 1994년 1월 12일 → 0112

문번	답란	문번	답란	문번	답란	문번	답란	문번	답란
1	① ② ③ ④ ⑤	16	① ② ③ ④ ⑤	31	① ② ③ ④ ⑤	46	① ② ③ ④ ⑤		
2	① ② ③ ④ ⑤	17	① ② ③ ④ ⑤	32	① ② ③ ④ ⑤	47	① ② ③ ④ ⑤		
3	① ② ③ ④ ⑤	18	① ② ③ ④ ⑤	33	① ② ③ ④ ⑤	48	① ② ③ ④ ⑤		
4	① ② ③ ④ ⑤	19	① ② ③ ④ ⑤	34	① ② ③ ④ ⑤	49	① ② ③ ④ ⑤		
5	① ② ③ ④ ⑤	20	① ② ③ ④ ⑤	35	① ② ③ ④ ⑤	50	① ② ③ ④ ⑤		
6	① ② ③ ④ ⑤	21	① ② ③ ④ ⑤	36	① ② ③ ④ ⑤	51	① ② ③ ④ ⑤		
7	① ② ③ ④ ⑤	22	① ② ③ ④ ⑤	37	① ② ③ ④ ⑤	52	① ② ③ ④ ⑤		
8	① ② ③ ④ ⑤	23	① ② ③ ④ ⑤	38	① ② ③ ④ ⑤	53	① ② ③ ④ ⑤		
9	① ② ③ ④ ⑤	24	① ② ③ ④ ⑤	39	① ② ③ ④ ⑤	54	① ② ③ ④ ⑤		
10	① ② ③ ④ ⑤	25	① ② ③ ④ ⑤	40	① ② ③ ④ ⑤	55	① ② ③ ④ ⑤		
11	① ② ③ ④ ⑤	26	① ② ③ ④ ⑤	41	① ② ③ ④ ⑤	56	① ② ③ ④ ⑤		
12	① ② ③ ④ ⑤	27	① ② ③ ④ ⑤	42	① ② ③ ④ ⑤	57	① ② ③ ④ ⑤		
13	① ② ③ ④ ⑤	28	① ② ③ ④ ⑤	43	① ② ③ ④ ⑤	58	① ② ③ ④ ⑤		
14	① ② ③ ④ ⑤	29	① ② ③ ④ ⑤	44	① ② ③ ④ ⑤	59	① ② ③ ④ ⑤		
15	① ② ③ ④ ⑤	30	① ② ③ ④ ⑤	45	① ② ③ ④ ⑤	60	① ② ③ ④ ⑤		

피듈형 통합 오픈봉투모의고사

6회 기출예상문제

성명표기란

수험번호

(주민등록 앞자리 생년제외) 월일

문번	답란	문번	답란	문번	답란
1	① ② ③ ④ ⑤	16	① ② ③ ④ ⑤	31	① ② ③ ④ ⑤
2	① ② ③ ④ ⑤	17	① ② ③ ④ ⑤	32	① ② ③ ④ ⑤
3	① ② ③ ④ ⑤	18	① ② ③ ④ ⑤	33	① ② ③ ④ ⑤
4	① ② ③ ④ ⑤	19	① ② ③ ④ ⑤	34	① ② ③ ④ ⑤
5	① ② ③ ④ ⑤	20	① ② ③ ④ ⑤	35	① ② ③ ④ ⑤
6	① ② ③ ④ ⑤	21	① ② ③ ④ ⑤	36	① ② ③ ④ ⑤
7	① ② ③ ④ ⑤	22	① ② ③ ④ ⑤	37	① ② ③ ④ ⑤
8	① ② ③ ④ ⑤	23	① ② ③ ④ ⑤	38	① ② ③ ④ ⑤
9	① ② ③ ④ ⑤	24	① ② ③ ④ ⑤	39	① ② ③ ④ ⑤
10	① ② ③ ④ ⑤	25	① ② ③ ④ ⑤	40	① ② ③ ④ ⑤
11	① ② ③ ④ ⑤	26	① ② ③ ④ ⑤		
12	① ② ③ ④ ⑤	27	① ② ③ ④ ⑤		
13	① ② ③ ④ ⑤	28	① ② ③ ④ ⑤		
14	① ② ③ ④ ⑤	29	① ② ③ ④ ⑤		
15	① ② ③ ④ ⑤	30	① ② ③ ④ ⑤		

피듈형 통합 오픈봇투모의고사

기출예상문제_연습용

성명표기란

수험번호

(주민등록 앞자리 생년제외) 월일

수험생 유의사항

※ 답안은 반드시 컴퓨터용 수성사인펜으로 보기와 같이 바르게 표기해야 합니다.
〈보기〉 ① ② ③ ❹ ⑤
※ 성명표기란 위 칸에는 성명을 한글로 쓰고 아래 칸에는 성명을 정확하게 ● 표기하십시오.
(단, 성과 이름은 붙여 씁니다)
※ 수험번호 표기란 위 칸에는 아라비아 숫자로 쓰고 아래 칸에는 숫자와 일치하게 ● 표기하십시오.
※ 출생월일은 반드시 본인 주민등록번호의 생년을 제외한 월 두 자리, 일 두 자리로 표기하십시오.
(예) 1994년 1월 12일 → 0112

문번	답란			
1	①	②	③	④
2	①	②	③	④
3	①	②	③	④
4	①	②	③	④
5	①	②	③	④
6	①	②	③	④
7	①	②	③	④
8	①	②	③	④
9	①	②	③	④
10	①	②	③	④
11	①	②	③	④
12	①	②	③	④
13	①	②	③	④
14	①	②	③	④
15	①	②	③	④

문번	답란			
16	①	②	③	④
17	①	②	③	④
18	①	②	③	④
19	①	②	③	④
20	①	②	③	④
21	①	②	③	④
22	①	②	③	④
23	①	②	③	④
24	①	②	③	④
25	①	②	③	④
26	①	②	③	④
27	①	②	③	④
28	①	②	③	④
29	①	②	③	④
30	①	②	③	④

문번	답란			
31	①	②	③	④
32	①	②	③	④
33	①	②	③	④
34	①	②	③	④
35	①	②	③	④
36	①	②	③	④
37	①	②	③	④
38	①	②	③	④
39	①	②	③	④
40	①	②	③	④
41	①	②	③	④
42	①	②	③	④
43	①	②	③	④
44	①	②	③	④
45	①	②	③	④

문번	답란			
46	①	②	③	④
47	①	②	③	④
48	①	②	③	④
49	①	②	③	④
50	①	②	③	④

잘라서 활용하세요

gosinet (주)고시넷

피듈형 통합 오프봉투모의고사

기출예상문제_연습용

수험번호

성명표기란

수험생 유의사항

※ 답안은 반드시 컴퓨터용 수성사인펜으로 보기와 같이 바르게 표기해야 합니다.
〈보기〉 ① ② ③ ● ⑤

※ 성명표기란 위 칸에는 성명을 한글로 쓰고 아래 칸에는 성명을 정확하게 ● 표기하십시오.
(단, 성과 이름은 붙여 씁니다)

※ 수험번호 위 칸에는 아라비아 숫자로 쓰고 아래 칸에는 숫자와 일치하게 ● 표기하십시오.

※ 출생월일은 반드시 본인 주민등록번호의 생년월일을 제외한 월 두 자리, 일 두 자리를 표기하십시오.
(예) 1994년 1월 12일 → 0112

(주민등록 앞자리 생년제외) 월일

문번	답란	문번	답란	문번	답란	문번	답란
1	① ② ③ ④ ⑤	16	① ② ③ ④ ⑤	31	① ② ③ ④ ⑤	46	① ② ③ ④ ⑤
2	① ② ③ ④ ⑤	17	① ② ③ ④ ⑤	32	① ② ③ ④ ⑤	47	① ② ③ ④ ⑤
3	① ② ③ ④ ⑤	18	① ② ③ ④ ⑤	33	① ② ③ ④ ⑤	48	① ② ③ ④ ⑤
4	① ② ③ ④ ⑤	19	① ② ③ ④ ⑤	34	① ② ③ ④ ⑤	49	① ② ③ ④ ⑤
5	① ② ③ ④ ⑤	20	① ② ③ ④ ⑤	35	① ② ③ ④ ⑤	50	① ② ③ ④ ⑤
6	① ② ③ ④ ⑤	21	① ② ③ ④ ⑤	36	① ② ③ ④ ⑤	51	① ② ③ ④ ⑤
7	① ② ③ ④ ⑤	22	① ② ③ ④ ⑤	37	① ② ③ ④ ⑤	52	① ② ③ ④ ⑤
8	① ② ③ ④ ⑤	23	① ② ③ ④ ⑤	38	① ② ③ ④ ⑤	53	① ② ③ ④ ⑤
9	① ② ③ ④ ⑤	24	① ② ③ ④ ⑤	39	① ② ③ ④ ⑤	54	① ② ③ ④ ⑤
10	① ② ③ ④ ⑤	25	① ② ③ ④ ⑤	40	① ② ③ ④ ⑤	55	① ② ③ ④ ⑤
11	① ② ③ ④ ⑤	26	① ② ③ ④ ⑤	41	① ② ③ ④ ⑤	56	① ② ③ ④ ⑤
12	① ② ③ ④ ⑤	27	① ② ③ ④ ⑤	42	① ② ③ ④ ⑤	57	① ② ③ ④ ⑤
13	① ② ③ ④ ⑤	28	① ② ③ ④ ⑤	43	① ② ③ ④ ⑤	58	① ② ③ ④ ⑤
14	① ② ③ ④ ⑤	29	① ② ③ ④ ⑤	44	① ② ③ ④ ⑤	59	① ② ③ ④ ⑤
15	① ② ③ ④ ⑤	30	① ② ③ ④ ⑤	45	① ② ③ ④ ⑤	60	① ② ③ ④ ⑤

저마다의 일생에는,

특히 그 일생이 동터 오르는 여명기에는

모든 것을 결정짓는 한 순간이 있다.

그 순간을 다시 찾아내는 것은 어렵다.

그것은 다른 수많은 순간들의 퇴적 속에

깊이 묻혀있다.

　- 장 그르니에, 섬 LES ILES

2025 | 직업기초능력평가 | **NCS**

고시넷
공기업

NCS 피듈형
통합 오픈봉투모의고사
6회

정답과 해설

고시넷 공기업

모듈형/피듈형
NCS 베스트셀러

350여 공공기관
및 출제사
최신 출제유형

NCS 완전정복 초록이 시리즈

산인공 모듈형 + 응용모듈형
필수이론, 기출문제 유형

고시넷 NCS
초록이 ① 통합기본서

고시넷 NCS
초록이 ② 통합문제집

2025 | 직업기초능력평가 | **NCS**

고시넷
공기업

NCS 피듈형
통합 오픈봉투모의고사
6회

정답과 해설

1회 기출예상문제

▶문제 20쪽

01	④	02	③	03	④	04	①	05	①
06	⑤	07	②	08	②	09	①	10	②
11	②	12	④	13	①	14	⑤	15	④
16	⑤	17	③	18	④	19	③	20	③
21	②	22	①	23	④	24	⑤	25	④
26	②	27	②	28	④	29	③	30	②
31	③	32	⑤	33	④	34	②	35	⑤
36	④	37	③	38	④	39	⑤	40	①
41	③	42	①	43	①	44	③	45	④
46	④	47	③	48	②	49	⑤	50	⑤

01 문서작성능력 문장의 형태소 분석하기

| 정답 | ④

| 해설 | 각 선택지의 문장을 실질 형태소와 형식 형태소를 분류하면 다음과 같다.

① • 실질 형태소 : 산, 꽃, 많-, 피-
   • 형식 형태소 : -에, -이, -이, -었-, -다
   따라서 형식 형태소는 5개이다.

② • 실질 형태소 : 어제, 나, 그, 선물, 주-
   • 형식 형태소 : -에게, -을, -었-, -다
   따라서 형식 형태소는 4개이다.

③ • 실질 형태소 : 그, 아이, 이름, 물으-, 보-, 수, 없-
   • 형식 형태소 : -의, -을, -어, -ㄹ, -었-, -다
   따라서 형식 형태소는 6개이다.

④ • 실질 형태소 : 전화, 받-, 실수, 끊-, 버리-
   • 형식 형태소 : -를, -으려, -다가, -로, -어, -었-, -다
   따라서 형식 형태소는 7개이다.

⑤ • 실질 형태소 : 할머니, 할아버지, 진지, 잡수-
   • 형식 형태소 : -와, -께서, -를, -시-, -다
   따라서 형식 형태소는 5개이다.

이에 따라 형식 형태소가 가장 많은 문장은 ④이다.

02 문서작성능력 올바른 맞춤법 사용하기

| 정답 | ③

| 해설 | ㄱ. '서슴다'의 어간 '서슴-'에 어미 '-지'가 붙어 '서슴지'가 되어야 한다.
ㄹ. '불고염치(不顧廉恥)'는 염치가 없지만 그보다 더 중요한 일이 있어 염치를 뒤돌아보지 않는다는 의미로 '염치를 불고(不顧)하다'가 적절한 표현이다.

03 문서작성능력 글의 내용에 어울리는 제목 작성하기

| 정답 | ④

| 해설 | 두 번째 문단까지는 불면증의 개념과 불면증으로 오해하기 쉬운 질병에 대해 설명하고 있으며, 세 번째 문단부터는 불면증 원인별 치료방법에 대해 제시하고 있다. 따라서 글의 내용을 포괄하는 제목으로 '불면증 원인에 따른 치료방법'이 적절하다.

04 문서이해능력 필자의 의도 파악하기

| 정답 | ①

| 해설 | 4차 산업혁명 속에서 산업 및 일자리 변화에 따른 교육과 훈련에 투입되는 비용을 줄이기 위해 노동시장의 변화를 분석하고 향후 근로자에게 요구되는 기능에 대한 고찰이 중요함을 말하고 있다.

05 문서작성능력 글의 흐름에 맞게 단락 구분하기

| 정답 | ①

| 해설 | ㉠ 이전의 내용은 기술진보가 일자리를 대체 또는 보완하는지에 관한 것이다. 특히 4차 산업혁명이 일자리를 소멸시키는지에 대한 두려움이 커지고 있다는 현실을 보여 준다. ㉠ 이후로는 4차 산업혁명 이후 노동시장 변화에 대한 구체적 연구의 진행, 한계, 의의 등이 나타나 있다.

06 문서작성능력 문장 바르게 쓰기

| 정답 | ⑤

| 해설 | '충족하다'가 서술어로 쓰일 때는 목적어를 필요로 하는데 목적어인 '공공언어 요건'이 있기에 '충족해야 한다'는 문장 성분 간 호응을 이루고 있다.

| 오답풀이 |

④ '-로써'는 어떤 일의 수단이나 도구, 어떤 물건의 재료나 원료를 나타내는 격조사이다.

07 문서이해능력 세부 내용 이해하기

| 정답 | ②

| 해설 | 다른 반응은 딥페이크 기술에 의한 다양한 부정적인 측면에 대한 내용임에 반해 ②는 딥페이크 기술의 긍정적인 측면을 말하고 있다.

08 문서작성능력 글의 흐름에 맞는 어휘 파악하기

| 정답 | ②

| 해설 | 필자는 양주 지역의 역사(연혁)와 문화유적 등을 고찰할 때 필요한 연구 범위에 대해 설명하고 있다. 양주 지역은 명칭과 지역의 범위가 수없이 변해왔기 때문에 양주 지역은 물론 양주 일대를 광범위하게 분석해야 한다고 했으므로 어떤 대상(양주 일대)을 행동(역사 고찰)의 중심으로 삼는다는 뜻의 '둘러싼'이 적절하다.

| 오답풀이 |

① 양주 일대 지역에서 특정 지역을 골라 분석하라는 내용은 없다.

③, ④ 양주 지역의 역사와 문화유적 등을 고찰하는 것이므로 양주 일대를 벗어나거나 제외한다는 표현은 적절하지 않다.

⑤ 양주 일내를 광범위하게 분석해야 한다고 주장하고 있으므로 축소시킨다는 표현은 적절하지 않다.

09 문서이해능력 글의 전개방식 이해하기

| 정답 | ①

| 해설 | 제시된 글에서는 산수화의 표현 방식에는 풍경화를

그릴 때 필요한 기법들이 필요 없음을 밝히면서 차이점을 중심으로 산수화의 특징을 서술하고 이를 통해 산수화의 특징에 대한 독자들의 깊은 이해를 돕고 있다. 또한, 마지막 문단에서는 실제 작가들의 실경산수도를 예로 들어 설명하기도 한다.

10 문서이해능력 글의 주제와 맞는 내용 찾기

| 정답 | ②

| 해설 | 글의 주제는 지적장애인 시설에 대한 응급상황 발생 시의 체계화된 기준이 마련되어야 한다는 것이다.

| 오답풀이 |

③ 응급상황 발생 시의 체계화된 기준이 마련되어 있지 않은 상황에서 장애인 시설 담당자 나름의 판단에 의한 행동이 미흡했다고 단정하기는 어렵다.

11 문서이해능력 사업 계획서 이해하기

| 정답 | ②

| 해설 | 사업 계획서 순서에 맞게 처음으로 (가)를 배열하여 친환경 연료 설비로의 개체 요구, 대기질에 대한 관심 증대, 화석 연료의 과도한 사용으로 인한 글로벌 기온 상승 등의 추진 배경을 언급한 후, 이를 바탕으로 (다)와 같이 '친환경 연료 설비 개체'와 '에너지 활용 융합 사업'으로 나누어 세부적으로 추진 내용을 정리한다. 그다음, 일정 및 예산, 인력 등을 계획한 (마)와 연도별로 성과지표 및 목표를 작성한 (라) 순서로 제시한다. 마지막으로 (나)와 같이 효율적이고 경제적인 집단 에너지 사업 추진, 국민의 편익 증대 및 신기후체제 대응 등의 기대효과를 정리한다. 따라서 (가)-(다)-(마)-(라)-(나) 순이 적절하다.

12 문서작성능력 글의 흐름에 맞는 어휘 파악하기

| 정답 | ④

| 해설 | '착공(着工)'은 공사를 시작한다는 의미를 나타내는 말이므로 ②에는 공사를 다 마치고 완성한다는 의미의 '준공(竣工)' 또는 '완공(完工)'이 와야 한다.

| 오답풀이 |

① '개체(改替)'는 새롭게 고치어 바꾼다는 의미를 나타내는 말이다.

② '제고(提高)'는 수준이나 정도 따위를 끌어올림을 나타내는 말이다.

③ '저감(低減)'은 낮추어 줄임의 의미를 나타내는 말이다.

⑤ '증설(增設)'은 더 늘려 설치한다는 의미를 나타내는 말이다.

13 문서이해능력 문맥에 맞지 않는 문장 파악하기

| 정답 | ①

| 해설 | 제시된 글은 전반적으로 VR이 실내 공간에 활용되는 배경을 소개하고 있다. 첫 번째 문단은 글의 서두로서 VR이 점차 사람들에게 주목받고 있으며 다양한 분야에서 그 가능성을 인정받고 있다는 내용이다. 그러나 ㉠은 VR이 저널리즘 영역에서 활용되기 시작하고 있으나 이에 대한 비판도 존재한다는 내용으로 문맥상 적절하지 않다.

14 문서이해능력 세부 내용 이해하기

| 정답 | ⑤

| 해설 | 어반베이스가 증강현실과 가상현실의 발전을 목표로 하는 것이 아니라 증강현실과 가상현실의 발전으로 어반베이스와 같은 홈디자이닝 솔루션이 탄생한 것이다.

15 문서이해능력 상황에 적용하기

| 정답 | ④

| 해설 | 가전제품의 전원을 켜고 끄는 기능은 3D 화면을 기반으로 공간데이터의 공간감을 최대한 살린 VR 기술의 활용 사례로 적절하지 않다.

16 문서이해능력 글의 내용을 바탕으로 추론하기

| 정답 | ⑤

| 해설 | 달걀을 삶을 때 온도를 급격하게 올리면 달걀 내의 공기가 팽창하면서 달걀 껍데기가 깨지게 된다. 즉 삶는 온도를 급격하게 올릴 경우 달걀이 깨지는 주원인은 달걀 껍데기의 두께차이가 아니라 달걀 내 공기가 팽창하는 속도인 것이다.

| 오답풀이 |

① 흰자위의 소수성 사슬이 물과의 상호작용을 피해서 자기들끼리 서로 결속하면 단백질이 뭉쳐져 점차 단단해지면서 젤 형태로 변한다. 여기에 열이 더 가해질 경우 내부에 갇혀 있던 물 분자마저 빠져나오면서 더욱 단단한 고체로 변한다.

② 흰자위 단백질에서 가장 높은 비중을 차지하는 것은 오발부민이며 이는 온도, pH 변화에 따라 변성이 된다.

③ 노른자위의 단백질은 흰자위보다는 조금 적지만, 지용성 비타민(A, D, E)은 흰자위보다 훨씬 더 많이 녹아 있다. 약 90%가 물로 이루어진 흰자위에는 지용성 물질이 녹아 있기 힘들기 때문이다.

④ 삶은 달걀의 노른자위 색이 검푸르게 변하는 것은 노른자위에 포함된 철 이온과 단백질의 분해로 형성된 황화이온이 반응하여 황화철이 형성되었기 때문이다.

17 문서이해능력 세부 내용 이해하기

| 정답 | ③

| 해설 | 필자는 헉슬리와 오웰의 의견 차이를 설명하면서 현대 사회에서 텔레비전이 새롭게 부여하는 왜곡된 '진실'에 대해 설명하고 있다. 즉 보이는 것이 전부인 텔레비전에서는 교감을 하되 인격이 사라진 방식이며, 논리적인 언어의 전달이나 '진실'의 전달이 이루어지지 않는다고 설명하고 있다. 특정 소수가 중요한 정보를 독점하고 있다는 것은 언급하고 있지 않다.

| 오답풀이 |

① 세 번째 문단을 통해 알 수 있다.

②, ④ 네 번째 문단을 통해 알 수 있다.

⑤ 여섯 번째 문단을 통해 알 수 있다.

18 문서작성능력 글의 흐름에 맞게 문단 배열하기

| 정답 | ④

| 해설 | 먼저, 무한대(Infinity)의 개념에 대해 설명하고 질문을 던지며 관심을 환기하는 (다)가 오고, 무한대라는 개념이 사용된 흔적을 제시하며 처음 기호가 등장한 월리스

의 책을 소개하는 (나)가 와야 한다. 그리고 윌리스의 또 다른 업적을 소개하며 무한대 기호를 ∞로 선택한 이유를 분석한 (마)가 온 후, 기호가 등장한 이후에도 개념이 명확하지 않고 금기시되는 상황을 언급하는 (라)가 와야 한다. 마지막으로 이러한 금기에 도전한 칸토어의 일화인 (가), (바)가 차례로 와야 한다. 따라서 (다)−(나)−(마)−(라)−(가)−(바) 순이 적절하다.

19 문서이해능력 빈칸에 들어갈 내용 파악하기

| 정답 | ③

| 해설 | 칸토어는 "수학의 본질은 자유에 있다."라고 말했으며, 당시 사회에서 인정하던 상식에 갇히지 않고 무한의 개념을 정리해 나갔다. 이는 상식을 뒤집어 생각을 전환할 때 위대한 발견을 할 수 있다는 내용과 연결된다.

20 기초연산능력 직원 수 구하기

| 정답 | ③

| 해설 | 30대 남성 직원의 수를 x 명이라고 할 때 30대 여성 직원의 수는 $4x$ 명이므로 30대 직원의 인원수는 총 $5x$ 명이 된다. 30대 직원의 수는 전체 직원의 40%이므로 전체 직원의 수는 $\frac{5x}{0.4}=12.5x$ (명)이다. 이에 따라 성별 연령별 직원 수를 다음과 같이 정리할 수 있다.

(단위 : 명)

구분	여성	남성	합계
30대	$4x$	x	$5x$
40대	5		
50대	$7x \times 0.25$ $= 1.75x$		
합계	$12.5x \times 0.56$ $= 7x$	$12.5x \times 0.44$ $= 5.5x$	$12.5x$

여성 직원의 수를 기준으로 다음과 같은 식이 성립된다.

$4x + 5 + 1.75x = 7x$

$1.25x = 5$

$\therefore x = 4$

따라서 30대 남성 직원 수는 4명, 전체 남성 직원 수는 5.5 ×4=22(명)이므로 30대가 아닌 남성 직원의 수는 22−4 =18(명)이다.

21 기초연산능력 거리·속력·시간 구하기

| 정답 | ②

| 해설 | 거리·속력·시간의 공식을 이용하여 태풍의 예상 도착 시간을 구한다. 수도권까지의 거리는 450km이고 태풍의 속력은 36 ~ 40km 범위를 벗어나지 않는다고 했으므로 예상소요시간은 11.25 ~ 12.5시간이다. 7월 8일 오전 10시 기준 태풍이 제주도에 위치하고 있으므로 예상도착시간 범위는 오전 10시에서 해당 시간을 더한 오후 9시 15분 ~ 10시 30분이다. 따라서 이에 해당되는 시간은 ②이다.

22 기초통계능력 경우의 수 구하기

| 정답 | ①

| 해설 | 연속된 강의 시간이 가장 긴 영역부터 배치해 문제를 해결한다. 강의 시간이 연속 4시간으로 제일 긴 의사소통 영역 강의를 들으려면 하루가 필요하므로, 5일 중 하루를 선택하는 경우의 수는 $_5C_1=5$(가지)이다. 다음으로 긴 수리 영역은 의사소통 영역을 듣는 날을 제외한 4일 중 3일을 선택하므로 $_4C_3=4$(가지)이며, 정보 영역은 의사소통과 수리 영역을 듣는 날을 제외한 나머지 하루에 들어가야만 한다. 마지막으로 문제해결 영역은 수리 영역을 듣는 3일에 함께 듣는 것만 가능한데, 수리 영역을 먼저 들을지, 문제해결 영역을 먼저 들을지 선택할 수 있으므로 하루에 2가지 경우씩 3일, 즉 $2 \times 2 \times 2 = 8$(가지)가 가능하다.
따라서 〈강의 정보〉에 따라 NCS 강의 시간표를 짤 때 가능한 전체 경우의 수는 $5 \times 4 \times 8 = 160$(가지)이다.

23 기초통계능력 평균 활용하기

| 정답 | ④

| 해설 | A, B, C 부서의 사원 수를 각각 a, b, c명이라 하면 제시된 조건을 다음과 같이 나타낼 수 있다.

• A 부서의 근무만족도 총점 : $80a$점
• B 부서의 근무만족도 총점 : $90b$점
• C 부서의 근무만족도 총점 : $40c$점

- A, B 부서의 근무만족도 평균 : $\dfrac{80a+90b}{a+b}=88$ ⋯㉠

- B, C 부서의 근무만족도 평균 : $\dfrac{90b+40c}{b+c}=70$ ⋯㉡

㉠을 정리하면,

$80a+90b=88a+88b$

$8a=2b$

$\therefore b=4a$

㉡을 정리하면,

$90b+40c=70b+70c$

$20b=30c$

$2b=3c$

$\therefore c=\dfrac{2}{3}b=\dfrac{2}{3}\times 4a=\dfrac{8}{3}a$

따라서 A, B, C 부서 사원 수의 비는 $a:b:c=a:4a:$

$\dfrac{8}{3}a=3:12:8$이므로 C 부서의 사원 수는 A 부서 사원

수의 $\dfrac{8}{3}$배로 3배 이하이다.

| 오답풀이 |

③ C 부서의 사원 수는 8의 배수이므로 짝수이다.

⑤ A, B, C 부서의 근무만족도 평균은 $\dfrac{80a+90b+40c}{a+b+c}$

$=\dfrac{80a+360a+\dfrac{320}{3}a}{a+4a+\dfrac{8}{3}a}=\dfrac{\dfrac{1,640}{3}a}{\dfrac{23}{3}a}≒71.3$(점)으로

70점을 초과한다.

24 기초연산능력 연면적과 건축면적 구하기

| 정답 | ⑤

| 해설 | 대지면적 9,900m²에서 용적률을 900%로 설정하였

다고 하였으므로 연면적은 $\dfrac{900\times 9,900}{100}=89,100(\text{m}^2)$,

건폐율을 60%로 설정하였다고 하였으므로 건축면적은

$\dfrac{60\times 9,900}{100}=5,940(\text{m}^2)$이다. 이때 건축면적은 1층의 바

닥면적, 연면적은 각 층의 바닥면적의 합계이며, 모든 층의

바닥면적이 1층과 동일하다고 하였으므로, 1층부터 건축하

는 해당 상업시설의 건물층수는 연면적을 건축면적으로 나

눈 값과 같다.

따라서 상업시설의 건물층수는 $\dfrac{89,100}{5,940}=15(\text{층})$이다.

25 도표분석능력 자료의 수치 분석하기

| 정답 | ④

| 해설 | 농가수의 전년 대비 증감률을 바탕으로 20X1년부
터 20X4년까지의 농가수를 구하면 다음과 같다.

(단위 : 가구, %)

구분	전체 농가		전업 농가	
	농가 수	증감률	농가수	증감률
20X1년	29,182		15,674	
20X2년	30,962.1	6.1	17,366.8	10.8
20X3년	30,466.7	−1.6	16,811.1	−3.2
20X4년	32,812.6	7.7	18,626.6	10.8

구분	1종 겸업		2종 겸업	
	농가수	증감률	농가수	증감률
20X1년	5,967		7,541	
20X2년	5,710.4	−4.3	7,895.4	4.7
20X3년	6,098.7	6.8	7,563.8	−4.2
20X4년	6,385.4	4.7	7,798.3	3.1

따라서 1종 겸업 농가수가 가장 많았던 해는 20X4년으로,
이때의 전업 농가수는 18,626.6(가구)로 18,200가구 이상
이다.

| 오답풀이 |

① 20X2년 전체 농가수는 30,962.1가구, 겸업 농가수는
5,710.4+7,895.4=13,605.8(가구)이므로, 20X2년 겸

업 농가수는 20X2년 전체 농가수의 $\dfrac{13,605.8}{30,962.1}\times 100$

≒44.0(%)로 47% 이하이다.

② 20X2년과 20X3년 2종 겸업 농가수의 차이는 7,895.4
−7,563.8=331.6(가구)로 310가구 이상이다.

③ 20X3년 1종 겸업 농가수 대비 2종 겸업 농가수의 비중

은 $\dfrac{7,563.8}{6,098.7}\times 100≒124.0$(%)로 120% 이상이다.

⑤ 20X1~20X4년까지 전체 농가수에서 전업 농가수 비

중이 가장 높았던 해는 $\dfrac{18,626.6}{32,812.6}\times 100≒56.8$(%)를

기록한 20X4년이다.

26 도표분석능력 자료의 수치 분석하기

| 정답 | ②

| 해설 | 〈자료 1〉에서 2024년의 전체 스트레스 인지율과 2022년 대비 증감률을 통해 2022년의 스트레스 인지율을 확인할 수 있으나, 그 이전인 2020년의 전체 스트레스 인지율은 제시된 그래프만으로는 확인할 수 없다.

| 오답풀이 |

① 2022년의 전체 스트레스 인지율은 〈자료 1〉에 제시된 2024년 전체 스트레스 인지율과 2022년 대비 증감률을 통해 확인할 수 있다. 따라서 2022년 스트레스 인지율은 $\frac{44.9}{1-0.111} ≒ 50.5(\%)$이다.

③ 〈자료 2〉에서 직접 제시하고 있다.

④, ⑤ 2022년 연령대별 스트레스 인지율은 〈자료 1〉에 제시된 2024년 연령대별 스트레스 인지율과 2022년 대비 증감률을 통해 확인할 수 있다.

27 도표분석능력 자료를 바탕으로 수치 계산하기

| 정답 | ②

| 해설 | 2024년 60세 이상의 스트레스 인지율인 38.1%는 2022년 60세 이상 스트레스 인지율 대비 16.1%가 감소한 수치이다. 따라서 2022년 60세 이상 스트레스 인지율은 $\frac{38.1}{1-0.161} ≒ 45.4(\%)$이다.

28 도표분석능력 자료의 수치 분석하기

| 정답 | ④

| 해설 | 2023년 '피자(햄버거 포함)'의 전년 대비 가맹점 매출액의 증감률은 $\frac{4.1-3.8}{3.8} \times 100 ≒ 8(\%)$이다.

| 오답풀이 |

① 〈업종별 가맹점 종사자 수 현황〉 자료에서 '의약품' 업종을 제외한 모든 업종에서 감소하고 있다. 따라서 전체 업종의 종사자 수는 2023년보다 2022년에 더 크다.

② 기타 업종은 제외한다고 했으므로 전년 대비 2023년에 매출액이 같거나 증가한 업종은 '문구점', '의약품', '외국식', '제과(제빵 포함)', '피자(햄버거 포함)', '치킨', '김밥(간이 음식 포함)'이다. 따라서 모두 7개이다.

③ 2023년 매출액 구성비가 가장 낮은 업종은 '가정용 세탁'(0.5%)이며 가맹점 종사자 수가 가장 적은 업종은 '문구점'(4,379명)이다.

⑤ 2023년 전년 대비 가맹점 종사자 수가 가장 많이 감소한 업종은 126,022-114,161=11,861(명) 감소한 '한식'이다.

29 도표분석능력 자료를 바탕으로 수치 계산하기

| 정답 | ③

| 해설 | 2023년 자료에서 '치킨' 가맹점 수가 차지하는 비중은 $\frac{25,867}{135,113} \times 100 ≒ 19.2(\%)$이고, '피자' 가맹점 수가 차지하는 비중은 $\frac{7,023}{135,113} \times 100 ≒ 5.2(\%)$이다. 따라서 $\frac{19.2}{5.2} ≒ 3.7$이므로 4배를 초과한다는 설명은 적절하지 않다.

| 오답풀이 |

① 2021년부터 2023년까지 122,574 → 129,126 → 135,113으로 계속 증가하므로 적절한 설명이다.

② 전체 외식업 항목을 제외한 개별 업종 중 2021년부터 2023년까지 가맹점 수가 꾸준히 증가하고 있는 업종은 '치킨', '한식', '커피', '피자'이므로 적절한 설명이다.

④ 가맹점 1개당 평균 매출액은 가맹점 매출액을 가맹점 수로 나눈 값이다. '한식'과 '제과(제빵 포함)' 업종의 가맹점 1개당 평균 매출액은 다음과 같다.

- 제과(제빵 포함) : $\frac{3.1(조)}{8,325(개)} ≒ 0.00037$

- 한식 : $\frac{9.0(조)}{25,758(개)} ≒ 0.00035$

따라서 '제과' 업종 창업이 더 유리하다.

⑤ 2022년의 전년 대비 외식 업종별 증감률을 표로 나타내면 다음과 같다.

구분	치킨	한식	커피(비알콜음료 포함)	제과(제빵 포함)	피자(햄버거 포함)
증감률(%)	1.1	17.2	7.6	1.4	4.7

따라서 '한식'의 증감률이 가장 크다.

30 도표분석능력 자료의 수치 분석하기

|정답| ②

|해설| 연도별 A 지역의 신고업체 수 대비 C 지역의 신고업체 수는 다음과 같다.

- 20X1년 : $\frac{369}{624} ≒ 0.59$(개)

- 20X2년 : $\frac{380}{607} ≒ 0.63$(개)

- 20X3년 : $\frac{397}{610} ≒ 0.65$(개)

따라서 20X3년이 가장 많다.

|오답풀이|

① 연도별 A 지역의 비중은 다음과 같다.

- 20X1년 : $\frac{624}{1,795} × 100 ≒ 34.76$(%)

- 20X2년 : $\frac{607}{1,756} × 100 ≒ 34.57$(%)

- 20X3년 : $\frac{610}{1,785} × 100 ≒ 34.17$(%)

따라서 모두 40% 미만이다. 3개년 모두 A 지역의 신고업체 수와 전체 신고업체 수가 서로 비슷하므로, 한 해의 비중만 구하면 나머지 연도의 대략적인 비중을 추론할 수 있다.

③ 20X1년부터 20X3년까지 D 지역의 비중이 가장 낮은 해는 $\frac{131}{1,785} × 100 ≒ 7.34$(%)인 20X3년, B 지역 비중이 가장 높은 해는 $\frac{285}{1,795} × 100 ≒ 15.88$(%)인 20X1년이다.

④ E 지역이 차지하는 비중은 20X1년 $\frac{108}{1,795} × 100 ≒ 6.02$(%)에서 20X2년 $\frac{120}{1,756} × 100 ≒ 6.83$(%), 20X3년 $\frac{131}{1,785} × 100 ≒ 7.34$(%)로 계속 증가한다.

⑤ 20X3년 C 지역의 신고업체 수가 D 지역보다 더 많으므로 지역별 비중 역시 C 지역이 D 지역보다 더 높다. 즉, 20X3년 신고업체 수의 지역별 비중은 A>C>D>B>E 순이다.

31 도표분석능력 자료의 수치 분석하기

|정답| ③

|해설| 2005년 온실가스 총배출량 중 에너지 부문을 제외한 나머지 부문이 차지하는 비율은 $\frac{49.9+21.6+18.8}{500.9} × 100 ≒ 18$(%)이다.

|오답풀이|

① 〈자료 1〉의 온실가스 총배출량에서 에너지, 산업공장, 농업, 폐기물의 배출량을 보면 에너지의 배출량이 현저히 크다는 것을 알 수 있다.

② 2020년 1인당 온실가스 배출량은 13.5톤 CO_2eq/명으로, 1995년의 6.8톤 CO_2eq/명에 비해 2배 가까이 증가하였다.

④ 〈자료 1〉을 보면 온실가스 총배출량은 계속해서 증가한 것을 알 수 있고, 2020년 온실가스 총배출량은 69,020만 톤 CO_2eq로 1995년 온실가스 총배출량인 29,290만 톤 CO_2eq의 $\frac{69,020}{29,290} ≒ 2.4$(배)이다.

⑤ 〈자료 1〉의 온실가스 배출량은 계속 증가함에 반해 GDP 대비 온실가스 배출량은 계속 감소한 것을 알 수 있는데, 이는 온실가스 배출량(분자에 해당)의 증가하는 속도보다 GDP(분모에 해당) 증가 속도가 상대적으로 더 빠르기 때문이다.

32 도표분석능력 자료의 수치 분석하기

|정답| ⑤

|해설| 11개국 중 호주는 2010년 대비 2015년 1인당 온실가스 배출량이 -2.6으로 가장 많이 감소하였으며, 1인당 온실가스 배출량은 26.5톤 CO_2eq/명으로 다른 국가들의 1인당 온실가스 배출량보다 높다.

|오답풀이|

① 프랑스의 1인당 온실가스 배출량은 최대 9.2, 최소 7.9로 변화폭이 1.3인 반면, 인도의 1인당 온실가스 배출량은 최대 2.3, 최소 1.6으로 변화폭이 0.7이다.

② 한국, 중국, 브라질의 경우 2005년 이후 1인당 온실가스 배출량이 증가하고 있고, 이탈리아, 일본, 호주의 경우 증가하다가 다시 감소하고 있다.

③ 11개국의 2015년 1인당 온실가스 배출량의 평균을 구하면 $\dfrac{2.3+7.9+8.2+8.0+9.4+11.5+10.1+5.5+21.0+26.5+13.2}{11}$ ≒11.2로 우리나라 1인당 온실가스 배출량인 13.2에 비해 낮은 수준이다.

④ 1995년에서 2005년 사이 1인당 온실가스 배출량의 증가폭은 호주가 27.9-26.1=1.8, 우리나라가 10.7-6.8=3.9로 우리나라가 가장 큰 폭으로 증가하였다.

33 도표분석능력 자료의 수치 분석하기

|정답| ④

|해설| 대출 A의 금리는 4%대, 가계대출의 금리는 7%대를 계속 유지하면서 매년 2%p 이상의 차이를 계속 유지한다.

|오답풀이|

① 대출 A의 상반기 공급액은 2021년에 처음으로 연간 목표액의 50%를 초과했으나, 제시된 자료만으로는 2021년 하반기를 포함한 대출 A의 연간 공급액을 알 수 없다.

② 2015년 대출 A의 연간 목표액은 20,000천만 원을 초과하고, 2023년 대출 A의 상반기 공급액은 20,000천만 원 미만을 기록하였다.

③ 2018년 대출 A의 연 목표액은 약 30,000천만 원이며, 2018년 대출 A의 금리가 5% 미만이므로 2018년 대출 A의 연 목표 대출이자수익은 30,000×0.05=1,500(천만 원) 미만이었다.

⑤ 70천만 원을 대출했을 때 채무자가 부담해야 하는 이자지출이 2.8천만 원이 되기 위해서는 금리가 4%이어야 한다. 2019년 대출 A의 금리는 4%대, 가계대출의 금리는 7%대이므로 두 상품의 금리 차이는 4%p 미만이다. 따라서 대출 A 대신 가계대출을 선택했을 때 채무자가 부담해야 했던 이자지출의 차이는 2.8천만 원 미만이다.

34 도표분석능력 자료의 수치 계산하기

|정답| ②

|해설| ㉠ 2017년 대출 A의 하반기 공급액을 a천만 원이라고 할 때, 2017년 상반기 대출 A의 공급액이 13,000천만 원이고 하반기 공급액의 비율이 53%이므로

$\dfrac{a}{13,000+a}\times100=53(\%)$가 성립한다.

이를 정리하면 다음과 같다.

$100a=53(13,000+a)$

$\therefore a=\dfrac{53\times13,000}{47}$ ≒ 14,660(천만 원)

㉡ 2023년 상반기 대출 A의 연간 목표액이 39,000천만 원, 목표액 달성률이 110%이므로 2023년 전 기간 대출 A의 공급액은 39,000×1.1=42,900(천만 원)이다. 2023년 하반기 공급액이 24,120천만 원이므로 2023년 하반기 공급액의 비율은 $\dfrac{24,120}{42,900}\times100$ ≒ 56(%)이다.

35 문제처리능력 자료 분석하기

|정답| ⑤

|해설| 보고서의 주제가 '온라인 서비스시장의 활성화 방안'이기 때문에 온라인 서비스시장의 성장 가능성을 위한 조사가 이뤄져야 한다. 온라인 서비스의 확대로 피해를 입은 시장에 대한 구제는 주제와 관련 없다.

36 사고력 적절한 캠페인 문구 작성하기

|정답| ④

|해설| 차선을 지키지 못하며 운전하는 것은 난폭운전에 해당한다. 난폭운전은 2회 이상의 행위를 연달아 하거나 하나의 행위를 지속, 반복할 때 성립된다고 하였으므로 한 번의 실수가 벌로 돌아온다는 캠페인 문구는 적절하지 않다.

|오답풀이|

① 보복운전은 형법의 적용을 받아 법적 처벌이 있으므로 범죄가 된다.

② 난폭운전은 불특정 다수인을 대상으로 하며, 행정처분의 경우 구속 시 면허가 취소된다고 하였다.

③ 난폭운전은 도로교통법의 적용을 받는다고 하였다.

⑤ 보복운전은 특정 인물을 대상으로 하고, 협박 등의 행위가 포함되므로 적절한 문구이다.

37 문제처리능력 우수 사원 선정하기

| 정답 | ①

| 해설 | ⅰ) 이달의 사원 선정하기

직전 3개월간 한 번이라도 '이달의 사원'으로 선정된 이력이 있으면 선정 대상에서 제외되므로 9월, 10월, 11월에 선정된 을과 정은 제외된다.

갑, 병, 무의 점수를 계산하면 다음과 같다.

- 갑 : $\{(18 \times 15 + 20 \times 20) - (6 \times 5 + 9 \times 10)\} \times 1.2 = 660$(점)

- 병 : $\{(22 \times 15 + 19 \times 20) - (8 \times 5 + 12 \times 10)\} \times 1.2 = 660$(점)

- 무 : $\{(16 \times 15 + 25 \times 20) - (10 \times 5 + 15 \times 10)\} = 540$(점)

갑과 병이 동점이므로 '총합 계약 건수−총합 실수 건수'를 비교하면 갑은 $(18+20)-(6+9)=23$(건), 병은 $(22+19)-(8+12)=21$(건)으로 갑이 더 높다.

따라서 이달의 사원으로 선정되는 사람은 갑이다.

ⅱ) 올해의 사원 선정하기

2023년 12월을 포함하여 2회 이상 이달의 사원으로 선정된 사원들을 대상으로 선정하므로 이달의 사원 선정 횟수가 1회인 정, 무는 제외된다. 갑, 을, 병 모두 2023년 계약 건수의 총합이 30건 이상이지만, 2023년 실수 건수의 총합이 20건 이상인 병이 제외된다. 요건에 해당하는 갑과 을의 '중대한 계약 건수−중대한 실수 건수'를 비교하면 갑은 $20-9=11$(건), 을은 $30-10=20$(건)으로 을이 더 높다.

따라서 올해의 사원으로 선정되는 사람은 을이다.

38 문제처리능력 내년도 사업 예측하기

| 정답 | ④

| 해설 | 조건에 따라 5개 사업별 컨설턴트들의 점수 평균과 등급을 구하면 다음과 같다.

- □□콜라보 마케팅 : $\dfrac{92+87+90+83}{4}=88$(점) → 3등급

- △△업체 지원 : $\dfrac{87+90+89+90}{4}=89$(점) → 3등급

- ○○펀드 투자 : $\dfrac{82+89+92+79}{4}=85.5$(점) → 3등급

- ◇◇선박 운용 : $\dfrac{89+98+95+96+98}{5}=95.2$(점) → 1등급

- 인도 ◎◎사 인수 : $\dfrac{79+83+84+85}{4}=82.75$(점) → 4등급

E 컨설턴트가 ◇◇선박 운용에 99점을 부여하는 경우 평가자들 중 최고점을 부여하는 것이 되어 점수의 평균을 구하는 과정에서 제외된다. 따라서 ◇◇선박 운용의 평균 점수가 $\dfrac{89+98+95+96}{4}=94.5$(점)이 되어 1등급에서 2등급으로 변한다.

| 오답풀이 |

① 인도 ◎◎사 인수는 4등급으로 폐지된다.

② 컨설팅 결과가 적어도 2등급이어야 내년에도 시행될 수 있는데, 2등급 이상인 프로젝트는 1등급인 ◇◇선박 운용 하나이다. 따라서 최소 1개의 프로젝트가 내년에 시행될 수 있고, 나머지 3등급인 프로젝트는 내부 회의 결과에 따라 지속되거나 안 될 수도 있다.

③ 2등급 프로젝트에 관한 설명으로, 컨설팅 결과가 2등급인 프로젝트가 없으므로 적절한 예측이다.

⑤ B 컨설턴트가 ○○펀드 투자에 C 컨설턴트와 동일한 92점을 주면 평균 점수가 $\dfrac{82+92+92+79}{4}=86.25$(점)이 되고, 등급은 3등급으로 변화가 없다.

39 문제처리능력 자료를 읽고 추론하기

| 정답 | ⑤

| 해설 | 〈신·재생에너지설비 설치계획서 첨부서류〉를 보면 건물설계개요에는 건물명, 주소, 용도, 연면적, 주차장 면적 등의 내용이 포함되어야 한다고 건물설계개요의 비고란에 제시되어 있다.

| 오답풀이 |

①, ④ 해당 내용은 검토 사항으로 언급되어 있을 뿐, 그에 대한 구체적인 방법이나 기준 등이 자료에 제시되어 있지는 않다.

40 문제처리능력 자료를 바탕으로 계산하기

|정답| ①

|해설| 먼저, A ~ D 부서의 총영업이익을 구하면 다음과 같다.

- A : 8(명)×360(백만 원)=2,880(백만 원)
- B : 10(명)×310(백만 원)=3,100(백만 원)
- C : 12(명)×320(백만 원)=3,840(백만 원)
- D : 15(명)×300(백만 원)=4,500(백만 원)

이를 바탕으로 기준 1), 2)에 따라 각 부서의 성과급을 구하면 다음과 같다.

(단위 : 만 원)

부서	기준 1	기준 2	합계
A	200	8×10×10=800	1,000
B	300	10×13×10=1,300	1,600
C	400	12×12×10=1,440	1,840
D	500	15×8×10=1,200	1,700

기준 3)에 따라 A는 전년과 올해 모두 효율성 평가에서 '상'을 받았으므로 1,000×1.2=1,200(만 원), B와 C는 효율성 평가가 하락했으므로 각각 1,600×0.9=1,440(만 원), 1,840×0.9=1,656(만 원), D는 효율성 평가가 향상되었으므로 20%를 추가로 지급하여 1,700×1.2=2,040(만 원)을 받게 된다.

이를 토대로 1인당 성과급을 구하면 A는 $\frac{1,200}{8}$=150(만 원), B는 $\frac{1,440}{10}$=144(만 원), C는 $\frac{1,656}{12}$=138(만 원), D는 $\frac{2,040}{15}$=136(만 원)이다.

따라서 1인당 가장 높은 성과급을 받는 부서는 A이다.

41 문제처리능력 시험 유의사항 이해하기

|정답| ③

|해설| 전화를 걸 수 있는 시간은 콜센터 운영 시간인 평일 09:00 ~ 18:00, 토/일요일 09:00 ~ 15:00로 정해져 있다.

42 사고력 조건을 바탕으로 배치 추론하기

|정답| ①

|해설| 〈희망 근무지 배치 규칙〉의 네 번째 규칙에 따라 근무지 배치가 처음인 직원의 1지망을 우선 배치한다. A는 현재 근무지가 없고 조건에서 올해부터 근무지 배치를 시작했다고 하였으므로 내년 근무지 배치가 처음이다. 따라서 A는 1지망에 우선 배치되어 여의도가 아닌 종로에 배치된다.

|오답풀이|

② 두 번째 규칙에 의해 직원의 1지망 근무지를 우선으로 고려하는데, 김포공항점은 D 이외에 아무도 1지망 근무지로 선택하지 않았으므로 D가 배치된다.

③ B의 1지망인 종로점에는 A가 배치된다. B보다 평가점수가 더 높은 E의 1지망 근무지인 춘천 경춘로점에는 평가점수가 더 높은 C가 배치되므로, E는 2지망 근무지인 여의도점에 배치된다. 따라서 B는 1지망 근무지인 종로점과 2지망 근무지인 여의도점 모두 배치되지 못하여 세 번째 규칙에 의하여 희망 인원이 미달인 지역인 대전 유성구점에 임의로 배치된다.

④ C는 올해 평가점수가 모든 직원들 중에 가장 높으므로 두 번째 규칙에 의해 근무배치에 있어서 A 다음으로 우선권을 가진다. 따라서 C는 1지망 근무지인 춘천 경춘로점에 배치된다.

⑤ E의 1지망 근무지인 춘천 경춘로점에는 평가점수가 더 높은 C가 배치되므로 E는 2지망 근무지인 여의도점에 배치된다.

43 문제처리능력 조건에 맞는 상품 선택하기

|정답| ①

|해설| 박 씨는 호주 달러(AUD)로 예금거래가 가능하면 좋겠다고 하였으므로 ㉣은 제외되며, 5 ~ 6만 원 정도로 시작하고 싶다고 하였으므로 가입금액이 USD 100불(110,000원) 이상인 ㉢도 제외해야 한다. 3년 정도 두고 싶다고 하였으므로 예치기간이 1년인 ㉡도 적절하지 않다. 따라서 환율 우대 혜택도 제공하여 모든 조건을 충족하는 ㉠을 추천받을 것이다.

44 문제처리능력 규정을 바탕으로 추론하기

| **정답** | ③

| **해설** | 제3조 제4항에 따르면 교통비는 출장 출발지점부터 도착지점까지, 출장지 간 이동에 필요한 비용을 말한다. 따라서 A 주임이 출장을 위해 집에서 출발하여 택시를 탔다면 그 비용인 택시비도 여비 중 교통비에 포함된다.

| **오답풀이** |

① 제3조를 통해 여비의 종류를 모두 알 수 있다.

② 제3조 제3항과 제4항을 통해 숙박비와 교통비는 별개임을 알 수 있다.

④ 제8조에 의해 휴일 때 출장을 가거나 가 있는 경우 휴일 근무수당을 별도로 지급받는다.

⑤ 제12조에 의해 공적 항공마일리지만으로 부족한 경우 인사혁신처장이 정하는 바에 따라 사적 항공마일리지를 합산하여 사용할 수 있다.

45 문제처리능력 임상시험 이해하기

| **정답** | ④

| **해설** | 임상시험 2상에서 약 67% 정도의 약물이 떨어지고 약 33% 정도의 약물이 임상시험 3상으로 진행된다고 제시돼 있다.

| **오답풀이** |

① 임상시험은 총 3상에 걸쳐 진행되며 3~10년의 소요시간을 거친다.

② 임상시험 1상에서는 안전성을 평가하고 임상시험 2상에는 안전성과 효능 그리고 임상시험 3상에서는 효능을 평가한다. 따라서 효능을 평가하기에 앞서 안전성을 먼저 평가한다.

③ 사람에게 사용할 수 있는 최대용량과 부작용을 조사하는 과정은 임상시험 1상이다.

⑤ 전임상시험은 약물이 사람에게 안전하고 효과가 있는지를 시험하기 전에 그 안정성과 효과를 확인하기 위해 동물 모델을 대상으로 진행하는 시험단계이다.

46 문제처리능력 증가하는 보험료 계산하기

| **정답** | ④

| **해설** |
• 무보험자동차로 발생할 사고에 대비하기 위한 항목은 '무보험차상해'이다. 현재 확인한 보장 범위는 2억 원이므로, 이를 늘릴 시 가능한 보장범위는 5억 원이다. 이때 늘어나는 보험료는 $2,890-2,790=100$(원)이다.

• 피보험자(부부)가 피보험차량으로 인해 사고를 당해 상해나 사망한 경우를 대비하기 위한 항목은 '자동차상해'이다. 현재 확인한 보장 범위는 3억 원/5천만 원이므로, 이를 둘 다 늘릴 시 5억 원/1억 원이 된다. 이때 늘어나는 보험료는 $27,820-22,240=5,580$(원)이다.

• 피보험차량으로 타인의 자동차나 물건에 손해를 가하는 경우를 보장하기 위한 항목은 '대물배상'이다. 현재 확인한 보장범위는 3억 원이므로, 이를 2억 원 늘릴 시 보장 범위는 5억 원이다. 이때 늘어나는 보험료는 $138,240-137,370=870$(원)이다.

따라서 증가하는 보험료는 총 $100+5,580+870=6,550$(원)이다.

47 문제처리능력 복지 포인트 금액 산출하기

| **정답** | ③

| **해설** | A 사원은 2023년 고용보험 가입자로, 중증질환(당뇨질환자)을 가진 외국인(일본국적 보유)이다. 따라서 본인부담 병원비는 '병·의원별 본인부담 병원비'에 '중증질환자 차등 본인부담률(30%)'을 곱하여 산정한다. 〈A 사원의 본인부담 병원비 결제 내역〉에 따라 2023년 본인부담 병원비를 구하면 다음과 같다.

• 갑 한방병원(읍·면 지역)

$$\left\{(180,000-100,000)\times\frac{35}{100}+100,000\times\frac{30}{100}\right\}\times0.3$$
$$=(28,000+30,000)\times0.3=17,400(원)$$

• 을 치과병원(시·군 지역)

$$\left\{(150,000-60,000)\times\frac{40}{100}+60,000\times\frac{30}{100}\right\}\times0.3$$
$$=(36,000+18,000)\times0.3=16,200(원)$$

• 병 종합병원(시·군 지역)

$$\left\{(100,000-50,000)\times\frac{50}{100}+50,000\times\frac{30}{100}\right\}\times0.3$$
$$=(25,000+15,000)\times0.3=12,000(원)$$

• 정 한방병원(읍 · 면 지역)

$$\left\{(300,000-200,000)\times\frac{35}{100}+200,000\times\frac{30}{100}\right\}\times0.3$$
$$=(35,000+60,000)\times0.3=28,500(원)$$

• 무 치과병원 : 2024년에 해당하므로 제외한다.

전년도 기준 본인부담 병원비의 평균 금액을 복지 포인트로 지급하려고 하므로, 지급해야 할 복지 포인트는

$$\frac{17,400+16,200+12,000+28,500}{4}=18,525(원)이다.$$

48 문제처리능력 병원비 산출하기

|정답| ②

|해설| N 사원의 본인부담 병원비를 구하면 다음과 같다.

$$\left\{(180,000-90,000)\times\frac{50}{100}+90,000\times\frac{30}{100}\right\}\times0.1$$
$$=(45,000+27,000)\times0.1=7,200(원)$$

따라서 지원해야 할 금액은 7,200원이다.

|오답풀이|

① M 사원 본인부담 병원비(지원 금액) :

$$200,000\times\frac{40}{100}=80,000(원)$$

③ O 사원 본인부담 병원비(지원 금액) :

$$100,000\times\frac{45}{100}\times0.3=13,500(원)$$

④ R 사원 본인부담 병원비(지원 금액) :

$$(120,000-80,000)\times\frac{40}{100}+80,000\times\frac{30}{100}$$
$$=16,000+24,000=40,000(원)$$

⑤ S 사원 본인부담 병원비(지원 금액) :

$$\left\{(100,000-40,000)\times\frac{35}{100}+40,000\times\frac{30}{100}\right\}\times0.15$$
$$=(21,000+12,000)\times0.15=4,950(원)$$

49 문제처리능력 자료 이해하기

|정답| ⑤

|해설| 반의 인원 33명이 다 함께 들어갈 수 있는 테마는 수용 인원이 33명 이상인 무협, 마법, 곰돌이 테마로 총 3개이다.

|오답풀이|

① 로봇 테마와 마법 테마는 사진 촬영이 금지된다.

② 구내식당의 정원은 200명으로 380명의 학생이 식사를 할 경우 교대로 식사를 해야 한다.

③ 로봇 테마는 자원봉사자의 수가 한 명 부족하므로 다른 선생님이 인솔자로 참여해야 한다.

④ 문의사항은 ○○시청(339-9999)에 연락하여 문의할 수 있다.

50 문제처리능력 견학 일정 계획하기

|정답| ⑤

|해설| 5월 마지막 주에는 5월 30일이 가정의 달 행사라 견학을 갈 수 없고, 5월 31일에는 무협 테마에서만 행사가 진행되므로 무협 테마가 아닌 다른 테마 참여 일정을 잡을 수 없다.

|오답풀이|

① 학생들이 학교에 가는 평일 2, 3, 4, 5, 6일 중 5~6일에는 어린이날 교외 행사로 학교를 비우므로 학교에 있는 날은 최대 3일뿐이다.

② 평일에 학교 행사 일정이 없는 주는 둘째 주와 넷째 주이다. ○○시 어린이날 행사 중 곰돌이 테마는 넷째 주인 23일과 28일에 진행하는데 28일은 주말이므로 23일에 참여해야 한다. 무협 테마의 경우 다른 주에도 참여가 가능하므로 아이들이 학교에 가장 많이 있을 수 있는 주는 둘째 주이다.

③ 토요일, 일요일에는 행사에 참여할 수 없으므로 로봇 테마에 아이들을 데리고 갈 수 있는 날은 5월 20일 하루뿐이다.

④ 셋째 주에 견학 가능한 날은 17일, 18일, 19일, 20일이므로 가능한 테마는 마법, 숲속의 친구, 무협, 로봇으로 총 4개다.

2회 기출예상문제

▶ 문제 72쪽

01	①	02	③	03	④	04	②	05	①
06	③	07	④	08	④	09	①	10	④
11	④	12	③	13	②	14	②	15	④
16	②	17	①	18	④	19	②	20	④
21	④	22	④	23	②	24	④	25	③
26	②	27	④	28	③	29	③	30	②
31	④	32	①	33	②	34	④	35	②
36	①	37	①	38	②	39	②	40	④
41	③	42	②	43	④	44	③	45	④
46	④	47	④	48	④	49	④	50	③

01 의사표현능력 언어의 특징 이해하기

| 정답 | ①

| 해설 | 음성언어는 사용되는 맥락에 대한 의존도가 높고, 문자언어는 사용되는 맥락에 대한 의존도가 낮다.

02 문서작성능력 올바른 맞춤법 사용하기

| 정답 | ③

| 해설 | '사람만이'의 '만'은 다른 것으로부터 제한하여 어느 것을 한정함을 나타내는 보조사로 앞말과 붙여 쓴다.

| 오답풀이 |

㉠ 체장암 → 췌장암

㉡ 끈으려다 → 끊으려다

㉣ 번번히 → 번번이

03 문서작성능력 표준 발음법 이해하기

| 정답 | ④

| 해설 | 허허실실(虛虛實實)은 제26항에 따라 같은 한자가 겹쳐진 경우이므로 제26항에 따라 된소리로 발음하지 않는다. 따라서 [허허실실]이 올바른 발음이다.

04 문서이해능력 음운 동화 이해하기

| 정답 | ②

| 해설 | 국민[궁민]은 역행 동화, 건강[건ː강]은 동화가 일어나지 않았으며, 석류[성뉴]는 상호 동화이다.

| 오답풀이 |

① 종로[종노], 신라[실라], 섭리[섬니]

③ 칼날[칼랄], 손난로[손날로], 독립[동닙]

④ 강릉[강능], 권력[궐력], 막론[망논]

05 의사표현능력 맞장구의 기능 이해하기

| 정답 | ①

| 해설 | ⓐ는 서 대리의 생일을 깜빡한 것에 대한 놀라움을 표현하는 맞장구이며, ⓓ는 상대방의 말에 동의를 표현하는 맞장구이다.

06 문서작성능력 표현기법 파악하기

| 정답 | ③

| 해설 | (가) 제시된 기법들은 모두 문장의 형태나 단어의 형태 등에 변화를 주어 나타내고자 하는 의미를 강조하는 표현 기법의 종류이다. 따라서 음성언어에 따른 수사법의 종류로 볼 수 없다.

(다) '별을 흘릴수록, 나는 채워진다'는 앞 문장과 뒤 문장이 서로 모순되는 역설법의 예시로 적절하다.

(마) ⓐ는 돈호법에 대한 설명이다. 설의법은 질문 형식을 사용하여 상대가 스스로 결론을 내리게 하는 표현법이다.

| 오답풀이 |

(나) '여자가 하우젠을 꿈꾸면…'은 뒤 문장을 생략하고 있으므로 생략법에 해당한다.

(라) '세상에서 가장 맛있는 밥'은 '세상에서 가장'이라는 과장된 표현을 하고 있으므로 과장법에 해당한다.

07 문서이해능력 글의 내용을 바탕으로 추론하기

| 정답 | ④

| 해설 | 단체 승차권은 20인 이상의 1단체가 1매를 구매하는 것이므로 15인의 단체는 단체 승차권을 구매할 수 없다.

| 오답풀이 |

① 보호자 동반에 대한 규정은 알 수 없다.

② 매주 월요일은 프로그램을 운영하지 않지만 그 이유가 임진왜란 역사관 휴관 때문인지는 알 수 없다.

③ 1회 탐방 소요시간은 알 수 없다.

08 문서이해능력 글의 내용을 바탕으로 추론하기

| 정답 | ④

| 해설 | 마지막 문단에 제시된 사례를 보면 일본과 중국에서 자율주행을 적용한 로봇을 운용하고 있음을 알 수 있다.

| 오답풀이 |

① '코로나19에 의료진이 감염되는 사태를 막기 위해 이전에 시범적으로 운영되던 로봇 기술'을 통해 추론할 수 있다.

② '미생물에 대한 심층 지식, 자율 로봇 기술 및 자외선을 결합해 10 ~ 15분 이내에 실내 병원균을 제거할 수 있다'를 통해 추론할 수 있다.

③ '파나소닉의 로봇 'AHR HOSPI'는 ~ 24시간 가동되며 자동 충전되는 이 로봇은 자율주행 시스템도 갖추고 있다'를 통해 추론할 수 있다.

09 문서작성능력 문단 배열하기

| 정답 | ①

| 해설 | 먼저 악어에게 물린 사례를 들어 '악어의 법칙'에 대해 설명하고 있는 (가)가 오고, 이를 일상생활에 대입해 포기할 줄 아는 것이 '악어의 법칙'의 요점임을 다시 설명한 (라)가 이어진다. 그러나 '악어의 법칙'과는 달리 포기는 곧 끝이라는 생각에 포기를 두려워하는 사람이 많이 있음을 언급한 (다)가 다음에 오고, 포기는 무조건 끝이 아닌 더 많은 것을 얻기 위한 길이기도 함을 얘기하는 (나)가 마지막에 온다. 따라서 (가) - (라) - (다) - (나) 순이 적절하다.

10 문서이해능력 세부 내용 이해하기

| 정답 | ④

| 해설 | 제시된 글은 무작정 포기를 많이 하는 사람이 현명한 것이 아니라 어쩔 수 없는 결정적인 순간에 과감하게 포기할 줄 아는 사람이 지혜롭다는 점을 설명하고 있다.

11 기초연산능력 인터넷 사용량 구하기

| 정답 | ④

| 해설 | 인터넷 사용량을 x분이라 하면 식은 다음과 같다.

$10,000 + 10x = 5,000 + 20x$

$20x - 10x = 10,000 - 5,000$

$\therefore x = 500(분)$

12 도표분석능력 자료의 수치 분석하기

| 정답 | ③

| 해설 | 30 ~ 34세 남성과 여성의 경우 '재학 · 비취업'의 비중이 가장 낮으며, 15 ~ 19세 여성의 경우 '비재학 · 취업'의 비중이 가장 낮다.

| 오답풀이 |

① 20 ~ 24세에서 재학 · 비취업의 비중은 남성의 경우 41.6%, 여성의 경우 36.2%로 가장 큰 비중을 차지한다.

② 20 ~ 24세 여성의 비취업자 비중은 36.2+20.8= 57(%), 20 ~ 24세 남성의 비취업자 비중은 41.6+ 26.8=68.4(%)로 남성이 여성보다 11.4%p 더 높다.

④ 30 ~ 34세 남성 중 재학 중인 사람의 비중은 1.2+0.9 =2.1(%), 30 ~ 34세 여성 중 재학 중인 사람의 비중은 0.9+0.7=1.6(%)으로 남녀 모두 2.5% 미만이다.

13 기초연산능력 연산규칙 찾기

| 정답 | ②

| 해설 | 제시된 연산 a★b=c는 b+c가 a의 배수라는 규칙을 가진다.

2★3=9 → (3+9)÷2=6

3★2=7 → (2+7)÷3=3

$5 \bigstar 4 = 26 \rightarrow (4+26) \div 5 = 6$

$4 \bigstar 5 = 19 \rightarrow (5+19) \div 4 = 6$

따라서 $7 \bigstar 9 = 61$일 때, $(9+61) \div 7 = 10$으로 규칙을 만족한다.

14 기초연산능력 운동에너지 구하기

|정답| ②

|해설| 물체별 운동에너지는 다음과 같다.

(가) : $\frac{1}{2} \times 10 \times 6^2 = 180(E)$

(나) : $\frac{1}{2} \times 8 \times 7^2 = 196(E)$

(다) : $\frac{1}{2} \times 6 \times 8^2 = 192(E)$

(라) : $\frac{1}{2} \times 12 \times 5^2 = 150(E)$

(마) : $\frac{1}{2} \times 15 \times 4^2 = 120(E)$

따라서 운동에너지가 가장 큰 물체는 (나)이고 가장 작은 물체는 (마)이다.

15 도표분석능력 자료의 수치 분석하기

|정답| ④

|해설| 2013 ~ 2022년까지의 원자력 소비량을 보면 증감을 거듭하고 있다.

$36.7 \underset{+}{\longrightarrow} 37.2 \underset{-}{\longrightarrow} 30.7 \underset{+}{\longrightarrow} 32.4 \underset{-}{\longrightarrow} 31.8 \underset{+}{\longrightarrow}$

$31.9 \underset{+}{\longrightarrow} 33.3 \underset{-}{\longrightarrow} 31.7 \underset{-}{\longrightarrow} 29.3 \underset{+}{\longrightarrow} 33.0$

|오답풀이|

① 모든 해에서 석유 소비량이 나머지 에너지 소비량의 합보다 적다.

② 석탄 소비량은 2013 ~ 2019년까지는 증가세를 띠고 있으며 2020년에 감소되었다가 다시 2022년까지 증가세를 보이고 있다.

③ 기타 에너지는 2013 ~ 2022년까지 한 해도 감소하지 않고 지속적으로 증가하고 있다.

16 도표분석능력 자료의 수치 분석하기

|정답| ②

|해설| 전년도와 비교하여 막대그래프의 높이 차이가 가장 큰 해를 찾으면 된다. 따라서 1차 에너지 소비량의 증가가 가장 많은 해는 2018년이다.

1차 에너지 소비량을 연도별로 살펴보면 2013년은 228.7, 2014년은 233.4, 2015년은 236.5, 2016년은 240.8, 2017년은 243.3, 2018년은 263.8, 2019년은 276.6, 2020년은 278.8, 2021년은 280.3, 2022년은 282.9백만 TOE이다.

따라서 1차 에너지 소비량의 증가가 가장 많은 연도는 2022년(282.9−280.3=2.6)이 아니라 2018년(263.8−243.3 =20.5)이다.

|오답풀이|

① 막대그래프의 높이를 보면 1차 에너지 소비량은 꾸준한 증가세를 보이고 있다.

③ 기타 에너지에서 여러 에너지 간에 구분이 없어 재생에너지의 비중은 알 수 없다.

④ 석탄의 증가량을 보면 2014년 1.9백만 TOE, 2015년 3백만 TOE, 2016년 6.4백만 TOE, 2017년 2.5백만 TOE, 2018년 8.5백만 TOE, 2019년 6.5백만 TOE, 2020년 −2.6백만 TOE, 2021년 0.9백만 TOE, 2022년 2.7백만 TOE이다. 따라서 석탄 사용량의 증가폭이 가장 큰 연도는 2018년이다.

17 기초연산능력 안타와 홈런 개수 구하기

|정답| ①

|해설| 3아웃으로 공수가 교대되고, 아웃의 경우 1점이 감점되기 때문에 매 회마다 3점이 감점된다. 청팀과 홍팀의 감점(아웃)을 제외한 점수와 각각의 점수가 나올 수 있는 경우는 다음과 같다.

• 청팀

구분	1회	2회	3회	4회	5회
점수	5점	7점	5점	4점	2점
3아웃	−3점	−3점	−3점	−3점	−3점
감점을 제외한 점수	8점	10점	8점	7점	5점
홈런과 안타의 개수	안타 4개	홈런 2개 또는 안타 5개	안타 4개	홈런 1개 안타 1개	홈런 1개

청팀 선수들의 타석수는 총 $4 \times 4 + 3 \times 5 = 31$(타석)이고, 5회까지 총 15번이 아웃되므로 16번의 타석에서는 안타 또는 홈런이 나왔음을 알 수 있다. 따라서 2회에는 안타 5개를 친 것이 된다.

∴ 안타 $4+5+4+1=14$(개), 홈런 $1+1=2$(개)

• 홍팀

구분	1회	2회	3회	4회	5회
점수	3점	6점	8점	7점	4점
3아웃	−3점	−3점	−3점	−3점	−3점
감점을 제외한 점수	6점	9점	11점	10점	7점
홈런과 안타의 개수	안타 3개	홈런 1개 안타 2개	홈런 1개 안타 3개	홈런 2개 또는 안타 5개	홈런 1개 안타 1개

홍팀 선수들의 타석수는 총 $4 \times 2 + 3 \times 7 = 29$(타석)이고, 5회까지 총 15번이 아웃되므로 14번의 타석에서는 안타 또는 홈런이 나왔음을 알 수 있다. 따라서 4회에는 홈런 2개를 친 것이 된다.

∴ 안타 $3+2+3+1=9$(개), 홈런 $1+1+2+1=5$(개)

따라서 안타를 더 많이 친 팀은 청팀이고, 그 팀의 홈런 개수는 2개이다.

18 도표분석능력 자료의 수치 분석하기

|정답| ④

|해설| 표의 빈칸에 들어갈 숫자를 구하면 다음과 같다.

〈연도별 만족도〉

(단위 : 점)

구분		20X7년 고객만족도 (A)	20X8년 고객만족도 (B)	증감 (B−A)
종합만족도		84.34	88.60	4.26(↑)
차원별 만족도	서비스 환경	82.41	86.44	4.03
	서비스 과정	84.30	87.21	2.91
	서비스 결과	85.20	89.42	4.22
	사회적 만족	85.76	90.38	4.62
	전반적 만족	83.48	88.53	5.05

〈20X8년 차선별 만족도〉

(단위 : 점)

구분		경기선	전라선	강원선	경남선
종합만족도 (차선별 만족도 항목의 평균)		87.742	88.394	90.588	87.732
차원별 만족도	서비스 환경	86.70	85.38	86.95	88.33
	서비스 과정	86.77	87.04	88.45	87.71
	서비스 결과	88.71	89.24	91.89	89.17
	사회적 만족	89.24	91.08	93.30	88.17
	전반적 만족	87.29	89.23	92.35	85.28

ㄹ. 〈20X8년 차선별 만족도〉에 따르면 강원선은 서비스 과정, 서비스 결과, 사회적 만족, 전반적 만족 총 4개 부분에서 최고 점수를 받았고, 경기선은 서비스 과정, 서비스 결과 총 2개 부분에서 최저 점수를 받았다.

ㅁ. 〈20X8년 차선별 만족도〉에 따르면 종합만족도가 90점을 넘는 노선은 강원선 1개이다.

|오답풀이|

ㄱ. 〈연도별 만족도〉에 따르면 20X8년 고객만족도가 가장 높은 항목은 90.38점을 받은 사회적 만족이며, 가장 낮은 항목은 86.44점을 받은 서비스 환경이다. 따라서 그 차이는 $90.38 - 86.44 = 3.94$(점)이다.

ㄴ. 〈연도별 만족도〉에 따르면 종합만족도 증감보다 더 큰 증감을 보인 항목은 사회적 만족, 전반적 만족 총 2개이다.

ㄷ. 〈20X8년 차선별 만족도〉에 따르면 서비스 환경 차원에서 경남선이 가장 높은 점수(88.33)를 받았으며, 전라선이 가장 낮은 점수(85.38)를 받았다.

19 도표분석능력 자료의 수치 분석하기

|정답| ②

|해설| (가) ~ (라) 지역의 2019년 대비 2023년의 에너지공급량 증가율과 2009년 대비 2023년의 에너지공급량 증가율을 계산하면 다음과 같다.

구분	2009년 대비	2019년 대비
(가)	$\dfrac{2,216 - 2,273}{2,273} \times 100$ $\fallingdotseq -2.51\,(\%)$	$\dfrac{2,216 - 2,215}{2,215} \times 100$ $\fallingdotseq 0.05\,(\%)$

(나)	$\dfrac{3{,}066-1{,}149}{1{,}149}\times 100$ $\fallingdotseq 166.84(\%)$	$\dfrac{3{,}066-2{,}629}{2{,}629}\times 100$ $\fallingdotseq 16.62(\%)$
(다)	$\dfrac{1{,}741-1{,}038}{1{,}038}\times 100$ $\fallingdotseq 67.73(\%)$	$\dfrac{1{,}741-1{,}526}{1{,}526}\times 100$ $\fallingdotseq 14.09(\%)$
(라)	$\dfrac{721-354}{354}\times 100$ $\fallingdotseq 103.67(\%)$	$\dfrac{721-623}{623}\times 100$ $\fallingdotseq 15.73(\%)$

두 번째 조건에 따라 (나)는 중국이고, 세 번째 조건에 따라 중동은 (다) 또는 (라)가 될 수 있다. 네 번째 조건에 따라 미국은 $\dfrac{4{,}277-4{,}139}{4{,}139}\times 100 \fallingdotseq 3.33(\%)$보다 작은 (가)이므로 중동이 (라), 중국 외 아시아가 (다)임을 알 수 있다.

20 도표분석능력 자료의 수치 분석하기

| 정답 | ④

| 해설 | 1차 에너지 공급량은 매 시기 증가하고 있으나, 증가분은 1,496백만 toe → 1,419백만 toe → 747백만 toe로 매 시기 감소한 것을 알 수 있다.

| 오답풀이 |

① 매 시기 증가한 에너지원은 석유, 석탄, 천연가스, 신재생 등이며, 원자력은 2014년 이후 감소하였다.

② '그 외 국가'를 제외하면 2009년과 2014년은 미국이, 2019년과 2023년은 중국이 가장 많은 공급량을 나타내고 있다.

③ 중국 외 아시아와 중동의 1차 에너지 공급량 증가분 합은 $(1{,}741-1{,}038)+(721-354)=703+367=1{,}070$(백만 toe)이며, 중국의 증가분은 이보다 큰 $3{,}066-1{,}149 =1{,}917$(백만 toe)이다.

21 문제처리능력 탐색형 문제 이해하기

| 정답 | ④

| 해설 | 탐색형 문제는 현재의 상황을 개선하거나 효율을 높이기 위한 문제를 의미하며 눈에 보이지 않는 문제를 말한다. 이러한 문제는 방치하면 뒤에 큰 손실이 따르거나 결국 해결할 수 없는 문제로 나타나게 된다. 따라서 ⓓ와 같은 설명은 탐색형 문제에 대한 설명으로 적절하지 않다.

22 사고력 진위 추론하기

| 정답 | ④

| 해설 | A ~ E가 범인인 경우로 나누어 성립되는 경우를 찾는다. 먼저 A가 범인인 경우, A의 말은 거짓이므로 B도 범인이 되어 성립하지 않는다. B가 범인인 경우, A의 말이 거짓이 되어 성립하지 않는다. C가 범인인 경우, E의 말이 거짓이 되어 성립하지 않는다. D가 범인인 경우 A, B, C, E의 말이 모두 참이 되므로 성립된다. 따라서 거짓을 말한 범인은 D이다.

23 사고력 조건을 바탕으로 추론하기

| 정답 | ②

| 해설 | 제시된 〈조건〉을 표로 정리하면 다음과 같다.

구분	이탈리아	미국	일본	중국
민경	○	○		
은희		○	○	
화영			○	○
주은	○		○	

따라서 가고 싶어 하는 나라가 겹치지 않는 사람은 민경과 화영이다.

24 사고력 창의적 사고를 위한 전략 파악하기

| 정답 | ②

| 해설 | ㉠ 학생들에게 도달해야 할 목표점을 설정해 주는 것은 Project에 해당한다.

㉡ 학생에게 어려운 과제를 끈기 있게 하고자 하는 감정을 불러일으키는 것은 Passion에 해당한다.

㉢ 아이들에게 동료와 함께 일할 수 있게 해 주는 것은 Peers에 해당한다.

㉣ 아이들이 실패를 놀이처럼 생각하는 것은 Play에 해당한다.

따라서 Pride는 ㉠ ~ ㉣에 해당하지 않는다.

25 사고력 사고력의 종류 이해하기

| 정답 | ③

| 해설 | 논리적인 사고는 적절한 근거를 바탕으로 상대방을 설득할 수 있는 능력에 필요한 사고력이며, 비판적인 사고는 무엇을 선택하고 판단하여 결정을 내릴 때 필요한 사고력이다.

26 문제처리능력 적절한 지침 추가하기

| 정답 | ②

| 해설 | 지침번호 1, 3, 4에 의해 8개의 과제는 (A, C), (B, D, E), (F), (G), (H)로 5개의 팀에게 부여된다. 또한 지침번호 1과 2에 의해 우정팀이 4개, 나머지 팀이 3개씩 과제를 수행하게 된다. 따라서 과제 A, C는 사랑팀, B, D, E는 희망팀이 맡게 된다. 지침번호 5에 의해 과제 H는 소망팀 또는 끈기팀에서 맡게 되므로 ② 지침이 추가된다면, 과제 F는 우정팀, 과제 G는 소망팀, 과제 H는 끈기팀이 맡게 되어 과제 배분이 명확해진다.

| 오답풀이 |

① 과제 F를 우정팀이 맡으면 과제 H를 소망팀과 끈기팀 중 누가 맡는지 명확히 알 수 없다.

③ 과제 H를 끈기팀이 맡으면 나머지 우정팀과 소망팀이 F와 G 중 무엇을 맡는지 명확히 알 수 없다.

27 문제처리능력 열차별 조건 파악하기

| 정답 | ④

| 해설 | LED 행선안내 표시기, LCD 광고 및 행선안내 화면, 휠체어 장애인에게 불편한 통로문이 없는 광폭연결막 차량 등의 설비는 4호선 전동차에 모두 해당된다.

28 문세처리능력 설명서 이해하기

| 정답 | ③

| 해설 | 원료를 원료통에 넣을 때 원료통을 약간 기울여 주어야 한다.

| 오답풀이 |

① 커피머신은 수평이 맞지 않으면 소음이 생길 수 있다고 제시되어 있다.

② 컵 보관통에 컵을 넣을 때 5 ~ 10개씩 나누어 넣고, 넣은 후에는 컵이 정상 추출되는지 확인해야 한다.

④ 220V 전용 콘센트에 전원 플러그를 꽂고, 제품 옆면에 있는 전원 스위치를 켰는지 확인해야 한다.

29 문제처리능력 실험 방법 이해하기

| 정답 | ③

| 해설 | 실험 준비물을 보면 황산나트륨으로 수산화나트륨을 대체할 수 있다고 적혀 있다. 이를 통해 황산나트륨도 증류수에 전류를 흐르게 함을 알 수 있다.

| 오답풀이 |

④ 원소는 전하에 따라 그 반대되는 극에서 만들어진다. [결과 1]에서 수소는 (−)극에서 만들어지고 산소는 (+)극에서 만들어진다고 하였으므로, 수소는 (+)전하, 산소는 (−)전하를 띤다.

30 문제처리능력 자료를 바탕으로 문제해결하기

| 정답 | ②

| 해설 | 주어진 내용을 토대로 각 라운드별 가위바위보 상황을 표로 나타내면 다음과 같다.

라운드	1	2	3	4	5
A	가위	바위	보	가위	바위
B	바위	가위	바위	가위	가위
C	바위	보	바위	가위	바위

이에 따른 승패 및 음식값 부담 금액을 정리하면 다음과 같다.

라운드	1	2	3	4	5
A	(패) 10,000원	(비김) 15,000원			
B			(패) 10,000원	(비김) 12,500원	(패) 30,000원
C			(패) 10,000원	(비김) 12,500원	

A는 25,000원, B는 52,500원, C는 22,500원을 부담했다. 따라서 B가 52,500원으로 가장 많은 금액을 부담하였다.

31 | 자원관리능력 | 자원의 낭비요인 이해하기

|정답| ④

|해설| 〈조건〉을 바탕으로 김 대리의 하루 일과 중 자원의 낭비요인을 정리하면 다음과 같다.

ⓐ : 시간 낭비요인

ⓑ : 예산 낭비요인

ⓒ : 예산 낭비요인

ⓓ : 예산 낭비요인

ⓔ : 시간 낭비요인

따라서 ⓑ, ⓒ, ⓓ가 예산 낭비요인으로 분류된다.

32 | 예산관리능력 | 직접비·간접비 이해하기

|정답| ①

|해설| 예산은 크게 직접비용(Direct Cost)과 간접비용(In-direct Cost)으로 나눌 수 있다. 직접비용은 제품 또는 서비스를 창출하기 위해 직접 소비된 것으로 여겨지는 비용을 말하며 재료비, 원료와 장비, 시설, 인건비, 여행(출장)비 등이 해당된다. 반면 간접비용은 과제를 수행하기 위해 소비된 비용 중에서 직접비용을 제외한 비용으로 생산에 직접 관련되지 않은 비용을 말한다. 간접비용은 과제에 따라 매우 다양하며, 과제가 수행되는 상황에 따라서도 다양하게 나타날 수 있다. 간접비용에는 보험료, 건물관리비, 광고비, 통신비, 사무비품비, 각종 공과금 등이 있다. 따라서 광고비는 직접비용이 아닌 간접비용에 해당한다.

33 | 물적자원관리능력 | 효과적인 물품 관리 이해하기

|정답| ②

|해설| • C : 유사성의 원칙은 유사품을 가까운 장소에 보관한다는 것이다.

• F : 물품을 적절하게 보관할 수 있는 장소를 선정하는 것이 중요하다.

보충 플러스+

효과적인 물적자원관리 과정

구분	내용
사용 물품과 보관 물품의 구분	물품을 정리하고 보관하고자 할 때, 해당 물품을 앞으로 계속 사용할 것인지, 그렇지 않은지를 구분
동일 및 유사 물품의 분류	보관한 물품을 다시 활용하기 위해 보다 쉽고 빠르게 찾을 수 있도록 동일성의 원칙과 유사성의 원칙 적용
물품의 특성에 맞는 보관 장소 선정	해당 물품을 적절하게 보관할 수 있는 장소 선정

34 | 인적자원관리능력 | 합격자 선정하기

|정답| ④

|해설| 평가 비율을 토대로 합산한 점수는 다음과 같다.

(단위 : 점)

구분	A	B	C	D
서류평가	60×0.2 =12	70×0.2 =14	50×0.2 =10	50×0.2 =10
필기시험	80×0.3 =24	60×0.3 =18	70×0.3 =21	90×0.3 =27
실기시험	70×0.4 =28	80×0.4 =32	90×0.4 =36	80×0.4 =32
면접평가	50×0.1 =5	60×0.1 =6	60×0.1 =6	50×0.1 =5
합계	69	70	73	74

따라서 점수가 제일 높은 D가 합격자이다.

35 | 자원관리능력 | 표적시장 선정 전략 이해하기

|정답| ②

|해설| '정확한 시장 세분화와 합리적인 표적시장 선택에 실패하면 수익성 보장이 어려움.'은 차별화 전략의 단점이므로 (라)에 해당한다.

36 인적자원관리능력 ERP 활용 이해하기

|정답| ①

|해설| ERP(Enterprise Resource Planning, 전사적 자원관리)란 기업 내 생산, 물류, 재무, 회계, 영업과 구매, 재고 등 경영 활동 프로세스들을 통합적으로 연계해 관리해 주며, 기업에서 발생하는 정보들을 서로 공유하고 새로운 정보의 생성과 빠른 의사결정을 도와주는 전사적 자원관리시스템 또는 전사적 통합시스템을 말한다.
ERP는 '회사 등록→사업장 등록→부문 등록→부서 등록→사원 등록→사용자 권한 설정' 순서로 입력한다.

37 물적자원관리능력 공간 활용하기

|정답| ①

|해설| 최대한 많은 박스를 정리하기 위해 작은 크기의 박스부터 창고를 채워 나가면 다음과 같다.

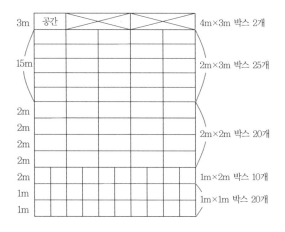

따라서 창고 안에 정리할 수 있는 박스는 최대 77개이다.

38 인적자원관리능력 일중독증 이해하기

|정답| ②

|해설| 일중독(Workaholic)은 알코올이나 약물중독처럼 일에서 벗어나면 극심한 불안을 느끼며, 업무 시간 외에도 계속해서 일을 하는 것을 의미한다. A는 '일중독은 경쟁에서

의 승리, 목표나 사명에 대한 동일시, 해고 또는 경제적 어려움에 대한 두려움 등 외재적 요인에 의해 강화되는 경우가 대부분'이라고 하였는데, 목표나 사명에 대한 동일시, 경제적 어려움에 대한 두려움은 내재적 동기요인으로 볼 수 있어 이는 잘못된 설명임을 알 수 있다. 또한 E의 이야기와 달리 일중독은 한번 중독에 빠지면 극복하기가 쉽지 않고 우리 사회에서는 이러한 일중독을 독려하는 분위기가 존재하기 때문에 본인과 타인 모두 알아채기 쉽지 않다. 따라서 A, E의 설명은 잘못되었다.

39 예산관리능력 수량 구하기

|정답| ②

|해설| (가) 비고에 따르면 숙소는 4인실, 교육에 참여하는 인원은 총 100명이므로 숙소의 수량은 100÷4=25이다. 또한 단가는 200,000원, 금액은 5,000,000원이므로 5,000,000÷200,000=25로 역시 같은 결과를 얻을 수 있다.
(나) 100(수량)×660,000(단가, 원)×0.95(1인당 5%씩 할인)=62,700,000(원)이다.

40 예산관리능력 운영 계획안 이해하기

|정답| ④

|해설| • 갑 : 효과적인 예산 수립을 위해서는 우선적으로 예산이 필요한 모든 활동과 소요될 것으로 예상되는 예산을 정리해야 하므로 갑의 조언은 적절하다.
• 을 : 효과적인 예산 수립을 위해서는 예상외의 비용이 발생할 경우를 대비하기 위한 항목을 마련해야하므로 을의 조언은 적절하다.
• 병 : 예산 계획의 목표는 한정된 예산을 효율적으로 사용하여 최대의 성과를 달성하는 것이므로 병의 조언은 적절하다.
• 정 : 예산관리는 예산계획과 실제 지출을 비교하여 성과를 평가하는 과정을 포함하므로 정의 조언은 적절하다.
따라서 갑, 을, 병, 정 모두 적절한 조언을 하였다.

41 예산관리능력 원가 계산하기

|정답| ③

|해설| 제품 A, B, C의 노동시간 비는 1.5 : 1 : 1.5이다. 노동시간을 기준으로 제조간접원가를 배부하면 제품 A, C는 3,750만 원, 제품 B는 2,500만 원이 된다. 당기총제조원가는 직접재료원가와 직접노무원가, 제조간접원가를 더한 비용이다. 따라서 제품 B의 당기총제조원가는 3,000＋5,000＋2,500＝10,500(만 원)이다.

42 정보처리능력 네티켓 이해하기

|정답| ②

|해설| ㉠ 온라인 대화(채팅)에서의 네티켓에 대한 내용이다. 온라인 대화에서는 다양한 대화방에서 다양한 사람들과의 대화가 실시간으로 진행된다는 점에서 그에 맞는 네티켓에 각별히 신경을 써야 한다.
㉡ 인터넷 게시판에서의 네티켓에 대한 내용이다. 인터넷 게시판의 게시물은 회원이나 불특정 다수의 사용자들에게 공개되는 글인 만큼, 많은 사람들이 게시물을 활용하는 곳임을 명심하고 그에 맞는 네티켓을 지켜야 한다.

43 컴퓨터활용능력 CPU 이해하기

|정답| ④

|해설| RISC에 대한 내용이다. RISC는 비교적 적은 수의 명령 집합을 신속하고 효율적으로 처리하도록 설계된 프로세서를 말하고, CISC는 마이크로 프로그래밍을 통해 사용자가 작성하는 고급 언어에 각각 하나씩 기계어를 대응시킨 회로로 구성된 프로세서를 말한다.

44 정보처리능력 IoT 기술 이해하기

|정답| ③

|해설| TCMS에 사용된 기술인 사물인터넷(IoT)은 각종 사물에 센서와 통신 기능을 내장하여 인터넷에 연결하는 것으로, 무선통신을 통해 각종 사물을 연결하는 기술이다.

45 컴퓨터활용능력 엑셀 함수 이해하기

|정답| ④

|해설| [Criteria_range2] 인수에서 B로 시작하는 것을 구하기 위해서는 [Criteria2] 인수에 "B*"를 입력해야 한다. "B"를 입력하면 [Criteria_range2] 인수의 범위에서 그 값이 B인 것을 구하게 된다. 〈조건〉에 해당하는 값을 COUNTIFS 함수로 구한 함수식은 ＝COUNTIFS(C2: C27,">50000", D2:D27,"B*")로 그 값은 6이 된다.

46 정보처리능력 개인정보제공동의서 이해하기

|정답| ④

|해설| 개인정보 보호위원회의 가이드라인(2022.03)에 따라 개인정보제공동의서 양식에 기재되어야 하는 내용은 다음과 같다.
• 동의서 제목
• 수집하려는 개인정보의 항목
• 수집의 목적, 보유 · 이용기간
• 개인정보 제3자 제공 내용(필요시)
• 민감정보 · 고유식별정보 처리 내용(필요시)
• 정보주체의 동의 없이 처리하는 개인정보내역
• 개인정보처리주체
• 동의 거부권 및 동의 거부에 따른 불이익 등
따라서 개인정보 피해 시 처리 절차는 개인정보제공동의서 항목에 포함되지 않는다.

47 컴퓨터활용능력 워드프로세서 활용하기

|정답| ④

|해설| 아래한글의 계산 기능은 계산하고자 하는 셀에 커서를 놓고 Ctrl＋N＋F를 눌러 다음과 같은 계산식 창을 열 수 있다.

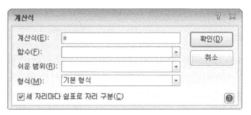

함수란에서 원하는 함수를 선택하여 계산식란에 엑셀과 같
은 방식으로 계산식을 입력할 수 있다. 따라서 설비용량의
합계인 '=SUM(C2:C6)'과 발전량의 합계인 '=D2+D3
+D4+D5+D6' 모두 입력 가능하다. 한편 창의 하단에서와
같이 합계 결과에 대하여 세 자리마다 쉼표로 자리를 구분
할 수도 있다.
그러나 '쉬운 범위'를 눌러 '현재 셀의 위쪽 모두'를 선택하
면 ABOVE를 입력할 수 있으며, 이때의 계산식은 '=
ABOVE'가 아닌 '=SUM(ABOVE)'로 입력해야 한다.

48 컴퓨터활용능력 엑셀 함수 이해하기

|정답| ④

|해설| 지정한 범위 내에서 n번째로 가장 낮은 값을 구하려
면 SMALL 함수를 이용하면 된다. 재고율 범위(D5 : D9)
내에서 두 번째로 낮은 값을 구하는 것이므로 '=SMALL
(D5:D9,2)'를 입력해야 한다.

49 컴퓨터활용능력 엑셀 함수 이해하기

|정답| ④

|해설| VLOOKUP 함수(찾을 데이터, 지정 범위, 열 번호,
0)를 이용하면 된다. 범위 내(B5:D9)에서 품목이 노트북
(B8)인 판매량 개수(2번째 열)를 찾고자 하므로 '=VLOOK
UP(B8,B5:D9,2,0)'을 입력해야 한다.

|오답풀이|

①, ② HLOOKUP 함수는 찾을 값(데이터)을 지정한 범위
　에서 찾은 후 행 번호에 해당하는 값을 찾는 함수이다.

50 컴퓨터활용능력 워드프로세서 활용하기

|정답| ③

|해설| 변경 후에는 첫 줄을 제외하고 일정 간격 왼쪽에 내
어쓰기가 되어 있다.

|오답풀이|

① (가)는 문서 작성 시 문단 왼쪽에 여백을 주는 것으로,
　변경 후의 '2. 가.'와 '2. 나.'가 이를 적용한 예이다.

② (나)는 윗줄 상단에서부터 아랫줄 상단까지의 간격을

조절하는 것이다.

④ (라)는 낱말 사이의 빈칸 간격을 일정 범위까지 줄임으
로써 줄 끝에 걸린 낱말이 다음 줄로 넘어가지 않고 그
줄에 남을 수 있는 자리를 확보해 주는 것이다.

3회 기출예상문제

▶ 문제 108쪽

01	④	02	③	03	②	04	③	05	③
06	④	07	①	08	①	09	③	10	③
11	②	12	③	13	②	14	②	15	②
16	②	17	④	18	①	19	①	20	②
21	④	22	④	23	③	24	④	25	②
26	④	27	②	28	①	29	③	30	①
31	②	32	②	33	④	34	③	35	③
36	④	37	①	38	③	39	④	40	①
41	④	42	④	43	④	44	③	45	②
46	①	47	④	48	②	49	④	50	③

01 문서작성능력 공문서 작성법 이해하기

| 정답 | ④

| 해설 | 잘못된 유의사항은 다음과 같이 수정해야 한다.
㉠ 장기간 보관되므로 정확하게 기술한다.
㉡ 한 장에 담아내는 것을 원칙으로 한다.
㉢ 복잡한 내용은 항목을 만들어 구분한다.
㉣ 문서 마지막은 '끝' 자로 마무리한다.
㉤ 날짜는 연도, 월, 일을 모두 쓴다.

보충 플러스+

공문서 작성법
• 목적을 먼저 파악한 후 정보를 수집한다.
• 회사 외부로 전달되는 글이므로 육하원칙에 맞게 작성한다.
• 날짜 작성 시에는 연도, 월, 일을 함께 기입하며, 마침표를 찍거나 '년', '월', '일'을 써서 구분한다.
• 날짜 다음에 괄호를 사용할 경우, 마침표를 찍지 않는다.
• 한 장에 담아내는 것을 원칙으로 한다.
• 마지막에는 '끝' 자로 마무리한다.
• 복잡한 내용은 '-다음-' 또는 '-아래-'를 사용하여 항목을 만들어 구분한다.
• 대외문서이며 장기간 보관하는 문서이므로 정확하게 기술한다.
• 상대방이 이해하기 쉽게 작성하며 작성이 완료된 후에는 검토과정을 거친다.

02 경청능력 효과적인 반응의 세 가지 규칙 이해하기

| 정답 | ③

| 해설 | 상대방의 말에 반응을 하는 데는 세 가지 규칙이 있다. 피드백의 효과를 극대화하려면 즉각적이고, 정직하며, 지지하는 자세로 상대를 대해야 한다는 것이다. 즉각적인 것은 피드백의 효과가 시간이 흐를수록 영향이 줄어들기 때문에 상대방의 말을 이해하자마자 피드백을 주어야 한다는 것이다. 정직함은 상대방에게 잘못됐다고 생각한 점까지 솔직하게 말할 수 있어야 한다는 것이다. 지지함은 정직함을 갖추되 상대방에게 상처 줄 정도로 잔인해서는 안된다는 것이다. 따라서 ㉠ 즉각적, ㉡ 정직함, ㉢ 지지함이 적절하다.

03 경청능력 대화에서의 문제점 파악하기

| 정답 | ②

| 해설 | 최 팀장은 전날 오 대리에게 급한 업무를 맡기면서 가장 급한 일이라고 말하였다. 그러나 오 대리는 최 팀장의 의도를 파악하지 못하고 비교적 급하지 않은 다른 일을 하느라 완료하지 못했다고 말하였다. 이는 최 팀장의 의견을 제대로 듣지 않고 자신이 내린 결론에 따라 행동한 경우에 해당한다.

04 문서이해능력 글의 내용을 바탕으로 추론하기

| 정답 | ③

| 해설 | 글쓴이는 변곡점이라는 개념에 대해 수학적으로는 알고 있으나 그래프에 맞도록 활용하지는 못하는 형의 모습을 보며 ⓐ와 같은 생각을 하였다.

05 문서이해능력 연설문의 목적 파악하기

| 정답 | ③

| 해설 | 0 ~ 5세 아동 대상의 무상보육 재원을 마련하기 위하여 ○○시의 지방채 발행 정책을 수립함을 알리고, 필요한 이유와 앞으로의 촉구 사항을 밝히고 있다. 따라서 제시된 글은 새로운 정책을 알리고 이에 대한 이유와 방향성을 밝힘으로써 시민들을 설득해 동의를 구하기 위해 쓰인 글이다.

06 문서작성능력 자료를 바탕으로 기사 작성하기

| 정답 | ④

| 해설 | 행사명에 나타난 행사의 목적과 업무협약 당사자 그리고 협약의 내용에 대해 오류 없이 전달하고 있으므로 적절한 기사문이다.

| 오답풀이 |

① '협약 내용'을 보면 등록비가 아닌 등록 수수료를 면제해 준다고 명시되어 있다.

② '업무협약 참여자'를 보면 대표이사가 아닌 K 지역산업 거점본부 김□□ 본부장, (주)AA 커머스 상품사업본부 박◇◇ 실장이 참석한다고 명시되어 있다.

③ '소상공인들을 위한 마케팅 플랫폼의 역할을 함으로써 이커머스로서의 입지를 더욱 확고히 해 나가기로 하였다'는 점은 〈보기〉를 통해 알 수 없다.

07 문서작성능력 자·모음 순서에 따라 단어 순서 파악하기

| 정답 | ①

| 해설 | 자·모음의 배열 순서에 따르면 다음과 같다.
ⓒ('ㄷ'으로 시작) − ⓔ('ㅅ'+'ㅗ'로 시작) − ⓖ('ㅅ'+'ㅡ' 로 시작) − ⓑ('ㅅ'+'ㅣ'로 시작) − ⓜ('ㅇ'으로 시작)

08 문서이해능력 세부 내용 이해하기

| 정답 | ①

| 해설 | 포스트모더니즘은 모더니즘에 대한 반발로 등장했다. 사실주의와 자연주의에 대한 반발로 등장한 것은 모더니즘이다.

| 오답풀이 |

② 이전 시대의 양식 또는 이미지를 차용하여 만든 차용 미술은 포스트모더니즘 양식에 속한다.

③ 모더니즘 예술가들은 점, 선, 면 또는 색만을 이용하여 작품을 그리기도 했다.

④ 모더니즘은 기존 미술의 전통적인 의무감에서 벗어나 현실을 모방하지 않는 새로운 형태의 미술로 나아가는 아방가르드를 추구하였다.

09 문서이해능력 세부 내용 이해하기

| 정답 | ③

| 해설 | 포스트모더니즘의 가장 큰 특징은 다원성과 상대성이다.

| 오답풀이 |

① 포스트모던이 미국 건축 비평가가 처음으로 사용한 용어라는 언급은 되어 있지만, 건축 분야에서 처음으로 등장한 양식인가에 대해서는 제시되어 있지 않다.

② 모더니즘은 인간 이성에 대한 불신을 바탕으로 생겨난 양식이다.

④ 점, 선, 면 또는 색만을 이용하여 작품을 그린 것은 모더니즘 양식의 특징이다.

10 문서이해능력 대화 속 심리적 효과 파악하기

| 정답 | ③

| 해설 | 제시된 대화에서 식당에 가는 방향으로 A를 열심히 설득하던 B는 A가 도중에 자리를 비우자 끝내지 못한 대화가 신경 쓰여서 다른 조사를 할 수 없었다. 이를 통해 자이가르닉 효과를 파악할 수 있다.

11 기초통계능력 평균 구하기

| 정답 | ②

| 해설 | K사 직원의 전체 평균을 구하는 식은

$$\frac{(전체\ 남직원\ 점수의\ 합)+(전체\ 여직원\ 점수의\ 합)}{(K사\ 전체\ 직원\ 수)}$$

이다. K사 전체 직원 수는 $(x+16)$명이고, 전체 남직원 점수의 합은 $70x$점, 전체 여직원 점수의 합은 $16y$점이므로 K사 직원의 전체 평균은 $\dfrac{70x+16y}{x+16}$ 점이다.

12 기초연산능력 이차함수의 그래프 이해하기

| 정답 | ③

| 해설 | 이차방정식 $y=x^2-2x-3$에 $x=0$을 대입하면 $y=-3$이므로 점 A의 좌표는 $(0,-3)$이다. 또, $y=0$을 대입하면 $x^2-2x-3=0$, 즉 $(x-3)(x+1)=0$이므로

점 C의 좌표는 $(3, 0)$이다.

다음으로 $y = x^2 - 2x - 3 = (x^2 - 2x + 1) - 4 = (x-1)^2 - 4$이므로 B의 좌표는 $(1, -4)$이다.

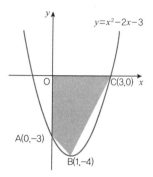

사각형 OABC의 면적은 아래 그림의 직사각형에서 삼각형 P와 삼각형 Q의 면적을 빼면 구할 수 있다.

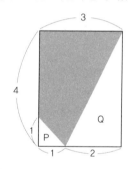

따라서 사각형 OABC의 면적은

$$(3 \times 4) - \left(\frac{1}{2} \times 1 \times 1\right) - \left(\frac{1}{2} \times 2 \times 4\right) = 12 - \frac{1}{2} - 4 = \frac{15}{2} = 7.5$$이다.

13 기초연산능력 규칙에 맞게 식 계산하기

| 정답 | ②

| 해설 | $(763 \times 10) - (522 + 34) = 7,630 - 556 = 7,074$

14 도표작성능력 도표 작성 절차 파악하기

| 정답 | ②

| 해설 | 도표를 작성하는 순서는 사용할 도표 정하기(ⓒ) → 가로축, 세로축 내용 정하기(ⓐ) → 가로축, 세로축 크기 정하기(ⓓ) → 자료 표시하기(ⓑ) → 표시된 점에 따라 도표 작성하기(ⓔ) → 도표의 제목 및 단위 표시하기(ⓕ)이다.

15 도표분석능력 자료의 수치 분석하기

| 정답 | ②

| 해설 | 2023년 남성의 전년 대비 증가율을 백분율로 나타내면

$$\frac{1,314,928 - 1,221,231}{1,221,231} \times 100 ≒ 7.67(\%),$$

여성의 전년 대비 증가율은

$$\frac{1,236,971 - 1,159,349}{1,159,349} \times 100 ≒ 6.70(\%)$$

이므로 옳은 설명이다.

| 오답풀이 |

① 빈칸에 들어갈 수는 2017년부터 차례대로 $932,087$, $1,899,383$, $1,010,393$, $2,206,741$이다. 따라서 조사 기간 중 2018년의 합계는 2017년보다 감소했음을 알 수 있다.

③ 2017년 남성 외국인 수 대비 여성 외국인 수의 비율을 백분율로 나타내면 $\frac{932,087}{994,697} \times 100 ≒ 93.71(\%)$이고, 2019년은 $\frac{1,010,393}{1,064,615} \times 100 ≒ 94.91(\%)$이므로 2019년이 2017년보다 높다.

④ 2022년에는 전년에 비해 $2,380,580 - 2,206,741 = 173,839$(명) 증가했는데, 2017년에는 전년에 비해 $1,926,784 - 1,729,919 = 196,865$(명) 증가했으므로 옳지 않다.

16 도표분석능력 자료의 수치 분석하기

| 정답 | ②

| 해설 | ㉠ 2023년 코트디부아르의 전년 대비 카카오 수출액 증감이 가장 큰 국가는 136백만 달러인 벨기에이다.

㉢ 표에는 2020년 수출 현황에 대해 나와 있지 않으므로 2021년의 전년 대비 수출 증감률을 알 수 없다.

| 오답풀이 |

ⓒ 2023년 코트디부아르가 네덜란드, 미국, 벨기에로 수출한 금액 총합은 1,713백만 달러로 전체 3,581백만 달러의 $\frac{1,713}{3,581} \times 100 ≒ 47.8(\%)$를 차지한다.

ⓔ 2023년의 1 ~ 10위 국가의 수출액 총합은 3,011백만 달러로, 표에 나와 있지 않은 국가의 수출액 총합은 3,581−3,011=570(백만 달러)이며, 11위 이하의 국가들은 모두 캐나다의 수출액보다 적어야 한다. 따라서 표에 나와 있지 않은 국가들은 최소 5개 국가이므로 2023년 코트디부아르가 카카오를 수출한 국가는 15개국 이상이다.

17 기초통계능력 경우의 수 구하기

| 정답 | ④

| 해설 | △△기업 합창 동호회에서 가능한 합창의 구성은 다음과 같다.

- 여성 2부 합창 : 2×2=4(가지) → (B, A), (B, C), (E, A), (E, C)
- 여성 3부 합창 : 1×1×2=2(가지) → (E, B, A), (E, B, C)
- 남성 2부 합창 : 1×1=1(가지) → (D, F)
- 혼성 3부 합창 : 2×3×1=6(가지) → (B, A, F), (B, C, F), (B, D, F), (E, A, F), (E, C, F), (E, D, F)

따라서 가능한 합창의 구성은 4+2+1+6=13(가지)이다.

18 도표작성능력 그래프 작성하기

| 정답 | ①

| 해설 | 제시된 자료는 2년간의 월별 판매실적의 추이를 보여 주고 있다. 따라서 시간에 따른 자료의 추이를 효과적으로 보여 주는 꺾은선 그래프로 축별 단위와 자료의 수치, 범례 등을 모두 제대로 나타내고 있는 ①이 가장 적절하다.

19 도표분석능력 자료의 수치 분석하기

| 정답 | ①

| 해설 | '의사 수 = $\frac{\text{인구 1,000명당 의사 수} \times \text{총인구}}{1,000}$'이므로 20X3 ~ 20X4년 대도시의 의사 수를 구하면 다음과 같다.

구분	20X3년	20X4년
서울	$\frac{1,002 \times 3.3}{1,000}$ ≒ 3.3(만 명)	$\frac{1,000 \times 3.4}{1,000}$ = 3.4(만 명)
부산	$\frac{353 \times 2.5}{1,000}$ ≒ 0.88(만 명)	$\frac{352 \times 2.6}{1,000}$ ≒ 0.92(만 명)
대구	$\frac{250 \times 2.7}{1,000}$ ≒ 0.68(만 명)	$\frac{250 \times 2.7}{1,000}$ ≒ 0.68(만 명)
인천	$\frac{284 \times 1.8}{1,000}$ ≒ 0.51(만 명)	$\frac{288 \times 1.7}{1,000}$ ≒ 0.49(만 명)
광주	$\frac{147 \times 2.8}{1,000}$ ≒ 0.41(만 명)	$\frac{147 \times 2.8}{1,000}$ ≒ 0.41(만 명)
대전	$\frac{152 \times 2.8}{1,000}$ ≒ 0.43(만 명)	$\frac{150 \times 2.8}{1,000}$ = 0.42(만 명)
울산	$\frac{114 \times 1.9}{1,000}$ ≒ 0.22(만 명)	$\frac{110 \times 1.8}{1,000}$ ≒ 0.20(만 명)

전년 대비 20X4년의 의사 수가 증가한 도시는 서울과 부산이다. 의사 수 증가율이 서울은 $\frac{3.4-3.3}{3.3} \times 100 ≒ 3.03$(%), 부산은 $\frac{0.92-0.88}{0.88} \times 100 ≒ 4.55$(%)이므로, 의사 수 증가율이 가장 큰 도시는 부산이다.

| 오답풀이 |

② 인천과 울산의 인구 1,000명당 의사 수가 감소하였으므로 의사의 비율이 감소한 것이나, 인천의 경우 인구수는 증가하였다.

③ 인천만 인구수가 증가하였는데, 인천의 인구 1,000명당 의사 수는 1.8명에서 1.7명으로 감소하였으므로, 의사의 비율은 감소하였다.

④ 20X4년 인구 1,000명당 의사 수가 가장 적은 도시는 1.7명인 인천이지만, 의사 수가 가장 적은 도시는 약 0.20만 명인 울산이다.

20 도표분석능력 자료의 수치 분석하기

|정답| ②

|해설| **19**를 참고하여 20X3 ~ 20X4년 서울의 의사 수를 구한다. 20X3년 의사 수는 $\frac{1,002 \times 3.3}{1,000} = 3.3066$(만 명) 이고 20X4년 의사 수는 3.4만 명이므로, 20X3년부터 1년 간 34,000 − 33,066 = 934(명) 증가하였다.

21 사고력 전제를 근거로 결론 도출하기

|정답| ④

|해설| 요리를 잘하는 사람은 모두 똑똑하며, 요리를 잘하는 어떤 사람은 날씬하다.

따라서 요리를 잘하는 어떤 날씬한 사람은 똑똑하다는 것을 알 수 있다.

벤다이어그램을 그려 보면 다음의 영역에 해당한다.

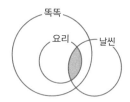

|오답풀이|

① 날씬한 사람 중 똑똑하지 않은 사람도 있으므로 반드시 참은 아니다.

② 요리를 잘하는 어떤 똑똑한 사람이 날씬한 경우도 있으므로 반드시 참은 아니다.

③ 날씬한 사람 중 똑똑한 사람도 있으므로 반드시 참은 아니다.

22 사고력 조건을 바탕으로 추론하기

|정답| ①

|해설| 두 번째, 네 번째 명제에 의하면 사원 중 순위가 높은 순서는 B−F−A이고, 그중 B−F는 연이은 순위임을 알 수 있다. 또한 세 번째 명제에 의하여 C−E−B−F−A임을 알 수 있다. 여기에서 가능한 조합을 정리하면 다음과 같다.

조합 순위	㉠	㉡	㉢	㉣	㉤
1	C	C	C	C	D
2	E	E	D	E	C
3	B	B	E	D	E
4	F	F	B	B	B
5	A	D	F	F	F
6	D	A	A	A	A
D+F	10	9	7	8	6

마지막 명제에 따라 D와 F의 순위 합이 9 미만이어야 하므로 ㉢ ~ ㉤ 조합이 가능하다. 따라서 어떤 경우에든 성과급을 받지 못하는 사원은 A이다.

23 문제처리능력 자료의 내용 파악하기

|정답| ③

|해설| 각 직원들의 진술을 판단하면 다음과 같다.

• 김 사원 : 열등재는 소득이 증가할 때 구매량이 감소하는 재화나 서비스로, 소득과 구매량의 변화가 서로 반대 방향으로 진행된다. 따라서 열등재인 재화 A의 전년 대비 소득이 감소하였다면 전년 대비 구매량은 증가하게 된다.

• 최 대리 : 사치재는 정상재 중 소득탄력성이 1보다 큰 상품으로 다른 정상재와 마찬가지로 소득이 증가하면 구매량도 증가한다.

• 박 과장 : 서비스 B의 소득탄력성은 $\frac{-0.2}{-0.1} = 2$로 그 값이 0보다 크므로 서비스 B는 정상재이다.

따라서 김 사원과 박 과장의 진술이 올바르다.

24 문제해결능력 문제해결을 위한 접근 파악하기

|정답| ④

|해설| 문제해결을 위해 접근할 때에는 문제를 전체적으로 보거나 쉽게 떠오르는 단순한 정보에 의지하기보다는 개별 요소로 나누어 개별 요소별로 분석하고 이에 따라 구체적인 문제해결법을 고안해 내는 것이 바람직하다.

| 오답풀이 |

① 문제해결 시 방해요인 중 문제를 철저하게 분석하지 않는 경우에 해당한다.

② 문제해결 시 방해요인 중 지나치게 많은 자료를 수집하려고 노력하는 경우에 해당한다.

③ 문제해결 시 방해요인 중 고정관념에 얽매이는 경우에 해당한다.

---

25 문제처리능력 주차 요금 계산하기

| 정답 | ②

| 해설 | AA 역에서 BB 역으로 가는 기차를 이용하였으므로 열차 이용 고객에 해당하는 30% 할인을 받을 수 있다. 또한 경형 자동차를 세워 두었으므로 50% 할인을 받을 수 있다. 중복할인이 불가능하므로 더 높은 할인율인 50%를 적용하면 다음과 같다.

$1,000+300×27=9,100$

$9,100×0.5=4,550$(원)

---

26 사고력 논리적 오류 파악하기

| 정답 | ④

| 해설 | 원천봉쇄의 오류는 어떤 특정 주장에 대한 반론이 일어날 수 있는 유일한 원천을 비판하면서 반박 자체를 막아 자신의 주장을 옹호하고자 하는 논리적 오류이다. 제시된 예시들에서는 공통적으로 이와 같은 논리적 오류를 범하고 있음을 알 수 있다.

| 오답풀이 |

① 무지에 호소하는 오류는 전제가 지금까지 거짓으로 증명되어 있지 않은 것을 근거로 참임을 주장하거나, 전제가 참으로 증명되어 있지 않은 것을 근거로 거짓임을 수장하는 오류이다.

② 애매성의 오류는 논증에 사용된 개념이 둘 이상으로 해석될 수 있을 때, 상황에 맞지 않은 의미로 해석하는 데에서 생기는 오류이다.

③ 허수아비 공격의 오류는 상대방의 본래 논리를 반박하기 쉬운 다른 논점으로 변형, 왜곡하여 비약된 반론을 하는 오류이다.

---

27 문제해결능력 탐색형 문제 이해하기

| 정답 | ②

| 해설 | 신규 사업 창출은 미래에 대응하는 경영 전략 문제인 설정형 문제에 해당한다. 설정형 문제는 '앞으로 어떻게 할 것인가'에 대한 문제로, 기존과 관계없이 미래지향적인 새 과제와 목표를 설정함에 따라 발생하는 문제이다.

---

28 문제처리능력 교육과정 이수 날짜 구하기

| 정답 | ①

| 해설 | 각각의 날짜에 수강할 수 있는 과목을 표시하면 다음과 같다. 괄호 안의 숫자는 남은 수강 횟수를 의미한다.

202X년 1월						
일	월	화	수	목	금	토
			1 자(0) 예(1) 직(1)	2 예(1) 직(1)	3 정(1) 커(2)	4
5	6 정(0) 커(1)	7 커(0)	8 문(2)	9 문(1)	10 (문)	11
12	13 실(4)	14 실(3)	15 실(2)	16 실(1)	17 실(0)	18
19	20	21	22	23	24	25
26	27	28	29	30	31	

따라서 가장 빨리 모든 교육과정을 이수할 수 있는 날은 1월 17일이다.

---

29 사고력 상황판단의 프레임워크 이해하기

| 정답 | ③

| 해설 | 분석은 가설 혹은 메시지를 지지하기 위해 필요한 최소한의 수준에서 행하는 것이 바람직하다.

30 사고력 상황판단의 프레임워크 이해하기

|정답| ①

|해설| 상황판단의 프레임워크 도표의 각 분면에 해당하는 내용을 정리하면 다음과 같다.

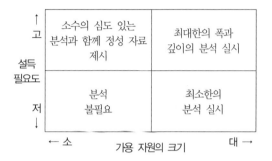

31 인적자원관리능력 인사관리 계획 이해하기

|정답| ②

|해설| 면접법은 면접자와 피면접자가 직접 대면하여 면접자가 질문을 하고, 이에 대한 피면접자의 반응을 분석하는 방법이다. 면접법은 심층적인 응답을 얻을 수 있다(ㄱ)는 장점이 있지만, 피면접자가 거짓으로 답할 수 있고 면접자의 주관이 개입될 수 있으며(ㄷ), 시간과 비용이 많이 든다(ㄹ)는 단점이 있다.

|오답풀이|

ㄴ. 직무에서 결정적 역할을 한 사건이나 사례를 중심으로 기록하는 방법은 중요사건기록법이다.

32 인적자원관리능력 조직의 수명주기 이해하기

|정답| ②

|해설| 조직의 성장기는 조직이 급격하게 성장하는 시기로 인력고용을 확대하고 직원교육, 훈련, 승진 등의 내부 인적자원관리가 활발하게 이루어진다. 인력감축 계획은 조직의 쇠퇴기에 해당하는 내용이다.

|오답풀이|

① 도입기는 조직의 구조가 형성되는 시기로 그 기반을 마련하고 개척하기 위한 우수인력의 영입이 필요하다.

③ 성숙기는 장기근로자들을 대상으로 하는 이직이나 배치전환을 통해 인적 자원을 정비하는 단계이다.

④ 쇠퇴기에는 조직의 규모가 축소되며, 이에 따른 인력감축이나 재훈련 등의 인적자원관리를 실시한다.

33 자원관리능력 자원관리의 기본과정 이해하기

|정답| ④

|해설| 자원관리의 기본과정은 다음과 같다.

1. 어떤 자원이 얼마나 필요한지를 확인하기

2. 이용 가능한 자원을 수집(확보)하기

3. 자원 활용 계획 세우기

4. 계획에 따라 수행하기

따라서 (라)−(다)−(가)−(나)가 자원관리의 기본과정의 순서이다.

34 시간관리능력 SMART 법칙 이해하기

|정답| ③

|해설| 행동 지향적인 목표 설정은 목표 달성을 위해서 구체적으로 어떤 행동을 실천한다는 행동 계획을 설정하는 것을 의미한다. 업무 성과 향상을 위해 고민한다는 것은 목표 달성을 위한 구체적인 행동을 제시하고 있지 않으므로 적절하지 않다.

35 자원관리능력 성격에 맞는 유형 찾기

|정답| ③

|해설| 여행 계획을 철저히 짜며, 멀리 떠나는 여행을 선호한다면 테스트 결과는 '탐험가형'으로 나올 것이다.

36 시간관리능력 우선순위 결정하기

|정답| ②

|해설| 시간관리 매트릭스와 K 사원의 일과를 연결하면 다음과 같다.

• A−(d) 프로젝트 기획안 작성은 중요도가 높은 업무이면서 동시에 마감일자가 다가와 회의를 멈추면서까지 진행을 해야 할 정도로 긴급도가 높은 업무에 해당한다.

- B-(b) 새로운 아이디어 제출은 기획팀의 업무에 관한 중요한 일에 해당하나, 이와 관련된 30분 뒤의 회의는 새로운 아이디어를 제출하는 것보다는 이를 장려하는 목적의 회의이므로 긴급도는 낮다.
- C-(c) 30분 뒤에 열리는 회의를 위한 자료 인쇄는 긴급도는 높으나 회사의 주요 업무와는 직접 연관되어 있지는 않으므로 중요도는 낮다.
- D-(a) 탕비실 정리는 기획팀의 주요 업무를 기준으로 중요도가 낮고 긴급하지도 않은 일이다.

보충 플러스+

시간관리 매트릭스

긴급하면서 중요한 일	긴급하지 않지만 중요한 일
• 위기상황 • 급박한 문제 • 기간이 정해진 프로젝트	• 예방, 생산 능력 활동 • 인간관계 구축 • 새로운 기회 발굴 • 중장기 계획 오락
긴급하지만 중요하지 않은 일	긴급하지 않고 중요하지 않은 일
• 잠깐의 급한 질문 • 일부 보고서 및 회의 • 눈앞의 급박한 상황 • 인기 있는 활동 등	• 바쁜 일, 하찮은 일 • 우편물, 전화 • 시간낭비거리 • 즐거운 활동 등

37 예산관리능력 소비자 관점의 가격 이해하기

|정답| ①

|해설| (가) : 가격이 적당한지 판단하는 기준이 되는 가격인 준거 가격이다.
(나) : 소비자가 제품에 지불할 용의가 있는 최대 가격인 유보 가격이다. 제품의 판매가가 유보 가격보다 낮을 경우 소비자는 구매를 실행한다.
(다) : 소비자가 해당 제품의 품질을 의심하지 않게 하는 최소한의 가격인 최저 수용 가격이다. 판매가가 일정 수준 이하로 내려갈 경우 제품의 질을 의심하고 구매 욕구가 낮아지기도 한다.

38 예산관리능력 최소 비용 구하기

|정답| ③

|해설| 차로 이동하려고 할 때 비용이 적게 들기 위해서는 연비가 높은 차종과 공급가격이 낮은 연료를 사용해야 한다. 따라서 3분기에 S는 (다) 차종과 경유를 이용함으로써 비용을 절약할 수 있다.

39 예산관리능력 예산에 따른 선택하기

|정답| ④

|해설| 예산 10만 원으로 4분기에 경유를 사용할 경우 공급 가능 연료량은 $\frac{100,000}{1,250}=80$(L)이고, 연비가 가장 좋은 차종은 (다)이므로 10만 원의 예산으로 주행할 수 있는 거리는 총 $80\times20=1,600$(km)가 된다. H 기업 본사에서 출발하여 협력업체 전체를 순서대로 방문할 경우 방문거리가 총 200km이므로 $\frac{1,600}{200}=8$(회)의 방문이 가능하다.

40 시간관리능력 도착 시간 파악하기

|정답| ①

|해설| 서울이 올랜도보다 14시간 빠르다. 비행시간이 총 12시간이고, 도착 후 소요시간은 2시간 30분이므로 엑스포 장소까지 도착하는 데 걸리는 시간은 총 14시간 30분이다. 서울과 올랜도의 시차는 서울이 올랜도보다 14시간 빠르므로 서울에서 출발하는 시간은 올랜도 현지 시각으로 4월 5일 오후 6시 30분이다. 따라서 엑스포 장소 도착시간은 올랜도 현지 시각으로 4월 6일 오전 9시이다.

41 경영이해능력 조직의 의사결정 이해하기

|정답| ④

|해설| 여러 사람이 해결해야 할 문제를 놓고 무작위로 아이디어를 교환하며 해결책을 얻는 의사결정 방법은 브레인스토밍이다. 델파이 기법은 해결해야 할 특정 문제에 대해 해당 분야의 전문가들의 의견을 수집한 뒤, 이를 요약하여 다시 전문가들에게 재배포하고 일반적인 합의가 이루어질 때까지 서로의 아이디어에 대해 논평하게 하는 방법이다.

42 경영이해능력 리더의 역할 이해하기

| 정답 | ④

| 해설 | 수단과 방법을 가리지 않고 기업의 이익을 최대한 끌어올려야 한다는 내용은 리더의 역할로 제시되어 있지 않다. '명품 CEO의 조건'에서는 정직한 품성과 무너지지 않는 도덕성을 제시함을 통해 기업을 위해 수단과 방법을 가리지 않는 리더보다는 업무에서의 도덕성을 갖춘 리더상을 제시하고 있다.

| 오답풀이 |

① 사회적 책임, 노블레스 오블리주의 실천에 관한 내용에 해당한다.

② 공부벌레, 배움에 대한 열정에 관한 내용에 해당한다.

③ 용병술, 빼어난 인재 기용능력에 관한 내용에 해당한다.

43 국제감각 글로벌 마인드세트 이해하기

| 정답 | ④

| 해설 | 변화를 위협으로 인지하는 시각과 구체적 지식 및 기술을 습득하는 학습 방향은 전통적 가치 체계에 해당된다. 변화를 기회와 성장으로 인지하는 시각을 갖고 폭넓은 글로벌 학습 방향을 취하는 것이 글로벌 마인드세트 역량을 키우기 위한 적절한 방법이다.

44 조직이해능력 네트워크 조직구조 이해하기

| 정답 | ③

| 해설 | 네트워크 조직이란 상호 독립적인 관계의 조직이 신뢰관계를 바탕으로 정보를 공유하고 서로 협력하는 조직체계를 의미한다. 즉 네트워크 조직에서 리더는 구성원들을 섬세하게 관리하고 통제하는 역할이 아니라 조직의 구체적인 목표를 설정하고, 이를 달성하기 위해 과업을 수행하는 구성원들이 서로 신뢰하는 자율적인 조직 환경을 조성하는 역할을 한다.

45 경영이해능력 STORE 모델 이해하기

| 정답 | ②

| 해설 | • 매장 역할의 재정의 : 매장이 고객에게 편리함, 구매에 필요한 정보, 즉각적인 혜택을 제공하는지에 대해 분석한다.

• 상품 카테고리 및 형식 구성 : 분석한 매장의 역할에 맞추어 고객의 우선순위와 매장효율화를 고려하여 상품을 검토하고 매장의 공간을 최적화한다.

• 매장 포트폴리오 최적화 : 옴니채널의 관점에서 오프라인 매장의 포트폴리오를 재평가하고, 매장의 구매정보와 지리정보를 분석하여 매장 내 고객 유입과 상품 구매 그리고 온라인 구매의 연계를 고려해 분석해야 한다.

• 쇼핑경험 재설계 : 신기술 및 고객경험을 강화하며 고객들이 매장 내에서 다양한 채널에 쉽게 접근하고 끊임없이 경험할 수 있도록 한다.

• 체계적 실행계획 : 단계별 추진계획을 수립하고 테스트를 거쳐 실행프로그램 도입을 검토한다. 또한 옴니채널을 실행할 수 있는 조직체계를 구성하고 온·오프라인 매장의 통합과 유기적인 연계를 위한 직원교육이 요구된다.

따라서 적절한 것은 가, 나, 다, 라 총 4개이다.

46 업무이해능력 회의록 이해하기

| 정답 | ①

| 해설 | A 팀장, B 과장, C 대리, D 대리, E 사원, 작성자 본인인 K 대리 중에서 대리 직급자가 3명인 것은 맞지만, 이 여섯 명은 회의의 참석자일 뿐 경영관리팀의 전 직원이라고 할 수 없다.

| 오답풀이 |

② 20X1년 1월 15일 경영관리팀의 회의에 참석한 팀원은 A 팀장, B 과장, C 대리, D 대리, E 사원, 작성자 본인인 K 대리로 총 6명이다.

③ 팀 업무의 필요 역량을 파악하기 위해 1월 20일까지 기존 직무분석 자료 파악 및 정리를 해야 하므로 적절하다.

④ 자기개발 기간 4개월 이후 6월 첫 주부터 토론을 진행하므로 모든 팀에게 주어지는 기간은 4개월로 동일하다.

47 업무이해능력 결재 프로세스 이해하기

|정답| ④

|해설| 신(新)결재 프로세스에 따르면 휴가를 포함한 근태 관련 사항은 당사자, 담당 팀장 순으로 결재 프로세스를 거친다. 따라서 당사자인 E 사원, 담당 팀장인 A 팀장 순이다.

48 체제이해능력 조직문화의 유형 이해하기

|정답| ②

|해설| (a)는 '혁신 지향문화'로 외부환경에 대한 적응과 변화를 특징으로 하는 문화이며 경영환경변화에 적응하기 위해 조직변화와 혁신을 중시하고 창의성과 도전정신에 가치를 둔다. 따라서 ○○기업에 근무하는 사람은 B이다.

|오답풀이|

① A는 (d) 위계 지향문화가 나타나는 회사에 다니고 있다.

③ C는 (c) 관계 지향문화가 나타나는 회사에 다니고 있다.

④ D는 (b) 과업 지향문화가 나타나는 회사에 다니고 있다.

49 체제이해능력 조직문화의 문제점 파악하기

|정답| ④

|해설| C가 다니는 회사의 조직 문화는 '위계 및 균형 지향 문화'로 내부조직의 통합과 안정성을 지향하는 문화이다. 분명한 위계질서 및 명령계통과 기존의 질서와 규칙을 중시하는 조직문화가 비대화되었을 때 나타날 수 있는 문제점은 규정만능주의, 토론 문화의 부재, 관료주의 등이 있다.

50 조직이해능력 조직의 유형 이해하기

|정답| ③

|해설| ⓒ 비공식조직은 자연스러운 인간관계가 됨에 따라 일체감을 느끼고, 바람직한 가치체계나 행동유형 등이 공유되면서 하나의 조직문화를 이루어 공식조직의 기능을 보완해 주기도 한다.

보충 플러스+

비공식조직

비공식조직은 일반적으로 공식조직 내에서 공동의 관심, 취미를 가진 구성원들이 친밀한 인간관계를 유지하기 위해 자발적으로 형성한 조직이다(직장 내에 만들어진 동창회, 향우회, 동호회, 교내 동아리 등). 비공식조직은 공식조직 내부에 존재하면서 공식조직의 규정에 좌우되지 않는 가치와 행동 유형을 지닌다. 비공식조직은 공식조직 구성원들 사이에 원초적 관계를 형성함으로써 친밀감과 만족감을 높여 공식조직에서의 긴장감을 줄이고, 공식 업무와 관련된 문제를 더 수월하게 해결하는 순기능을 할 수 있다. 또한 구성원들이 정보를 교환할 수 있는 장을 제공해 조직의 과업 능률을 향상시킬 수 있다. 즉, 비공식조직은 공식조직의 목표달성을 위하여 유익한 기능을 수행하기도 한다.

4회 기출예상문제

▶문제 144쪽

01	②	02	④	03	③	04	②	05	④
06	②	07	④	08	④	09	②	10	④
11	③	12	①	13	③	14	④	15	③
16	①	17	④	18	②	19	④	20	④
21	④	22	②	23	②	24	②	25	②
26	③	27	②	28	④	29	③	30	②
31	③	32	③	33	④	34	③	35	④
36	④	37	②	38	③	39	④	40	②

01 문서이해능력 세부 내용 이해하기

|정답| ②

|해설| 제시된 자료는 대인관계 욕망을 중심으로 하는 인간의 경제적 욕구 충족이 로봇이나 인공지능이 아닌 인간을 통해서만 가능하다고 하였다. 따라서 인간 욕망이 로봇이나 인공지능으로 대표되는 과학 발전의 필수요소라는 이□□의 발언은 적절하지 않다.

02 문서작성능력 단어의 의미 파악하기

|정답| ④

|해설| 제시된 답습(踏襲)의 뜻은 '전부터 해 오던 방식이나 수법을 비판적으로 검토하지 않고 있는 그대로 받아들이거나 따르다.'이다.
|오답풀이|
① 관습(慣習)의 뜻이다.
② 습관(習慣)의 뜻이다.
③ 실습(實習)의 뜻이다.

03 의사표현능력 토의 방식 파악하기

|정답| ③

|해설| 제시된 토의방식은 학술적, 전문적인 특정 논제에 대해 각 분야의 전문가(3～6명)가 다양한 관점에서 의견을 발표한 후 청중과 질의응답을 하는 심포지엄(Symposium)이다. 하나의 논제에 대해 다양한 관점에서 체계적으로 토의할 수 있다는 장점이 있다.
|오답풀이|
① 포럼(Forum)은 공공의 문제에 대해 개방된 장소에서 청중과 질의응답을 하는 공개 토의 방식으로 심포지엄과 달리 토의의 처음부터 청중이 참여하고 주도한다.
② 콘퍼런스(Conference)는 특정 전문적, 학술적 주제에 대해 긴 시간 동안 토론하고 해결책을 도출하는 집단토의 방식이다.
④ 패널 토의는 토의에 참가하는 약 3～4명의 배심원과 다수의 일반 청중으로 구성되며, 특정 주제에 대해 상반되는 견해를 대표하는 몇몇 사람들이 사회자의 진행에 따라 토의하는 형태이다. 청중은 주로 듣기만 하는데 경우에 따라서는 실문이나 발언권을 받기도 한다.

04 문서이해능력 세부 내용 이해하기

|정답| ②

|해설| 정치인은 상호 경쟁 관계에 있는 정책 목표들은 되도록 명확하게 규정하지 않고 어느 정도 여지를 남겨 둔 상태에서 정치적 과정을 통해 합의를 도출하고자 하는 반면, 경제인은 명확하게 규정된 목표에 초점을 두고, 문제를 분석하고 정책을 제시하며 이를 위해 전문 지식과 분석 기술을 활용한다고 설명하고 있다.

05 문서이해능력 중심 내용 이해하기

|정답| ④

|해설| 제시된 글은 정치논리와 경제논리를 분류하여 각각의 논리에 따라 사회 문제를 바라보는 시각에 차이가 있음을 설명하고 있다. 글의 마지막에서 "어떤 논리가 더 중요한가, 혹은 어떤 논리에 입각한 자원 배분이 더 바람직한가에 대한 완결된 사회적 합의는 없다. 정치논리와 경제논리는 사안에 따라 적절히 활용되어야 한다."고 언급함에 따라 필자가 전하고자 하는 중심 내용이 ④임을 알 수 있다.

06 문서작성능력 글의 흐름에 맞게 빈칸 채우기

| 정답 | ②

| 해설 | 제시된 내용은 평균값만을 가지고서는 정확한 결론을 낼 수 없다는 것을 설명하고 있다. 따라서 자료의 변수를 포함하여 다양한 요소를 고려해야 한다고 주장함을 추론할 수 있다.

07 문서이해능력 중심 내용 이해하기

| 정답 | ④

| 해설 | 제시된 글에서는 A ~ C 은행의 블록체인을 이용한 기술에 대해 소개하며 금융업계의 새로운 금융 서비스들이 블록체인을 기반으로 하고 있음을 설명하고 있다. 따라서 글의 중심 내용으로는 ④가 적절하다.

| 오답풀이 |

① 4차 산업의 일종인 블록체인을 기반으로 한 다양한 사례들을 소개하고 있을 뿐 이를 통해 은행이 4차 산업혁명 시대를 선도하고 있다고 말하는 것은 비약이다.

② 업무협약을 통한 은행들의 새로운 사업 내용이 소개되고 있으므로 경쟁이 치열하다는 말은 적절하지 않다.

③ 중심 내용이 아닌 본문의 세부 내용이다.

08 기초연산능력 복리 상품 계산하기

| 정답 | ④

| 해설 | 원금을 P, 이자가 연이율 R의 복리로 지급된다고 할 때 1년 뒤의 예금액은 $P(1+R)$이다.

원금 P에서 연이율 2%의 복리로 1년 동안 지급된다고 할 때 1년 뒤의 예금액은 $1.02P$이다. 여기서 다음 1년 동안에는 연이율 2.2%의 복리로 지급된다고 하였으므로 다음 1년 뒤의 예금액은 $1.02P \times 1.022$이다. 여기에서 마지막 1년 동안에는 연이율 2.5%의 복리로 지급된다고 하였으므로 3년 만기가 되었을 때의 예금액은 $1.02P \times 1.022 \times 1.025$가 된다.

3년 만기 후의 예금액이 1,000만 원 이상이 되어야 하므로

$1.02P \times 1.022 \times 1.025 \geq 1,000$(만 원)

$P \geq \dfrac{1,000}{1.02 \times 1.022 \times 1.025} ≒ 935.9$(만 원)

따라서 3년 뒤 통장 잔액이 1,000만 원 이상이 되기 위해 예금해야 할 최소 금액은 936만 원이다.

09 도표분석능력 매매기준율을 바탕으로 환전 금액 구하기

| 정답 | ②

| 해설 | X월 10일 기준, 환율정보를 정리하면 다음과 같다.

구분	매매기준율	현찰 살 때	현찰 팔 때
유로 (EUR)	$1,400 \times 1.05$ $=1,470$(원)	1,500원	$1,470 \times 2 - 1,500$ $=1,440$(원)
위안 (CNY)	180×1.05 $=189$(원)	193원	$189 \times 2 - 193$ $=185$(원)
파운드 (GBP)	$1,600 \times 1.05$ $=1,680$(원)	1,710원	$1,680 \times 2 - 1,710$ $=1,650$(원)

그리고 외화에서 외화로 환전 시 중간에 반드시 원화 환전 단계를 거치게 된다.

이를 3,000위안과 520파운드를 유로로 환전하는 경우에 적용하면 다음과 같다.

위안	→	원화	→	유로
3,000	현찰 팔 때 185(원)	$3,000 \times 185$ $=555,000$ (원)	현찰 살 때 1,500(원)	$555,000$ $\div 1,500$ $=370$

파운드	→	원화	→	유로
520	현찰 팔 때 1,650(원)	$520 \times 1,650$ $=858,000$ (원)	현찰 살 때 1,500(원)	$858,000$ $\div 1,500$ $=572$

따라서 환전을 통해 얻는 액수는 370+572=942(유로)이다.

10 도표분석능력 자료의 수치 분석하기

| 정답 | ④

| 해설 | 각 기업의 순자산과 자산 중 부채비율, 순자산 대비 부채비율을 구하면 다음과 같다.

구분	A	B	C	D	E
자산	14,557	17,697	19,052	21,754	25,912
부채	2,096	3,547	4,501	4,862	5,741
순자산	12,461	14,150	14,551	16,892	20,171

부채/자산 ×100(%)	14.4%	20.0%	23.6%	22.3%	22.2%
부채/ 순자산 ×100(%)	16.8%	25.1%	30.9%	28.8%	28.5%

따라서 순자산 대비 부채 비율이 가장 높은 기업은 C이다.

| 오답풀이 |

① A~E 기업은 상대적으로 부채가 많은 기업이 그 이상으로 자산을 더 많이 보유하고 있어 실제로는 부채가 많을수록 순자산이 더 많다.

② 자산 중 부채비율이 가장 높은 기업은 C이다.

③ 기업 A~E 전체의 자산 대비 부채비율은 $\frac{20,747}{98,972}\times$ 100 ≒ 21.0(%)이다.

11 도표분석능력 자료의 수치 분석하기

| 정답 | ③

| 해설 | 20X1년의 전체 투자규모는 7,590천억 원이고, 이에 대한 10% 증가한 값은 7,590×1.1=8,349(천억 원)이다. 20X2년 전체 투자규모는 8,530천억 원이고, 이에 대한 10% 증가한 값은 8,530×1.1=9,383(천억 원)이다. 20X3년 전체 투자규모는 9,710천억 원이다. 따라서 20X1년부터 20X3년까지 전체 투자규모는 계속 전년 대비 10% 이상 증가했다.

| 오답풀이 |

① 20X4년의 경우 3,090÷640 ≒ 4.8(배)이다.

② 20X0~20X3년까지 자산 투자규모 순위는 국내채권－국내주식－해외주식－가상자산－해외채권－단기자금－기타 순으로 동일했으나, 20X4년에는 가상 자산과 국내 주식의 순서가 변동되었다.

④ 주식 전체의 투자규모는 국내주식과 해외주식의 합이므로 20X3년은 1,670+2,550=4,220(천억 원), 20X4년은 1,320+2,350=3,670(천억 원)이다. 20X3년의 투자규모에서 20% 감소한 경우, 그 규모는 4,220×0.8=3,376(천억 원)인데, 20X4년의 투자규모가 이보다 크므로 20% 미만으로 감소했음을 알 수 있다.

12 도표분석능력 자료의 수치 분석하기

| 정답 | ①

| 해설 | 각 통화별로 현찰을 살 때와 팔 때의 환율을 계산하면 다음과 같다.

구분	살 때와 팔 때 환율 차이(원)
미국 달러	1,355.81−1,309.19=46.62
유럽 유로	1,358.20−1,305.46=52.74
스위스 프랑	1,408.89−1,354.19=54.70
중국 위안	203.73−184.33=19.40
덴마크 크로네	186.68−174.72=8.96

따라서 현찰을 살 때와 팔 때의 환율 차이가 가장 큰 통화는 스위스 프랑이다.

| 오답풀이 |

② 모든 통화의 현찰 구매 환율이 송금 받을 때 환율보다 높다.

③ 유럽 유로를 송금할 때 환율은 1,344.88원이고 스위스 프랑을 송금 받을 때 환율은 1,368.01원이므로 스위스 프랑을 송금 받을 때 환율이 더 높다.

④ 매매기준율을 기준으로 하면 스위스 프랑(1,381.54원), 미국 달러(1,332.50원), 유럽 유로(1.331.83원) 순으로 환율이 높다.

13 도표분석능력 자료의 수치 계산하기

| 정답 | ③

| 해설 | ㉠에 들어갈 숫자를 x라고 할 때 다음과 같은 식을 세울 수 있다.

$$174.72=179.20-179.20\times\frac{x}{100}$$

$$179.20x=448$$

$$\therefore x=2.50$$

따라서 빈칸 ㉠에 들어갈 값은 2.50이다.

14 도표분석능력 자료의 수치 계산하기

| 정답 | ④

| 해설 | 6달러를 송금하고 14위안을 현찰로 산다면,

1,345.20×6+203.73×14

$=8,071.20+2,852.22$

$=10,923.42$

따라서 총 10,923.42원을 지출하게 된다.

15 　사고력 　트리즈 기법 이해하기

| 정답 | ③

| 해설 | 글의 내용에 따르면 트리즈 기법은 문제에 존재하는 '모순'을 파악하고 이를 해결할 수 있는 획기적인 대안을 찾아내는 문제해결 방법론이다. 트리즈 기법에서 말하는 모순이란 둘 이상의 요구가 상충되는 상황을 말한다. 즉, 노천탕 사례의 경우 탕 안에서 소변을 보지 않도록 해야만 한다는 요구와 탕에 들어간 사람들이 소변이 마려운 경우가 자주 생긴다는 두 가지 요구가 상충되는 모순의 상황이 존재하는 것이다. 따라서 이를 적절하게 파악한 ③이 정답이다.

| 오답풀이 |

①, ②, ④ 나머지 선택지들의 경우 이러한 '모순' 개념에 대한 내용이 들어가 있지 않다.

16 　문제처리능력 　변경된 프로세스 이해하기

| 정답 | ①

| 해설 | 15일부터 변경된 프로세스를 적용하기 위해서는 그 전에 개발팀의 개발 작업이 이미 완성된 상태여야 한다. 그러므로 15일보다 훨씬 더 이전에 여유를 가지고 공지해야 한다.

17 　문제처리능력 　적절한 문서의 제목 고르기

| 정답 | ④

| 해설 | 제시된 업무지시의 내용이 배송프로세스의 개선에 관련된 것이었으며 이에 관해 개발팀에도 공지가 필요하다고 제시되어 있으므로 배송프로세스 개선안에 관련된 요청서를 보내는 것이 가장 적절하다.

18 　문제처리능력 　자료를 바탕으로 계산하기

| 정답 | ②

| 해설 | 20X1년과 20X2년 2/4분기의 매출원가를 정리하면 다음과 같다.

(단위 : 천만 원)

구분	20X1년	20X2년 2/4분기	절감비율
A 본부	$2.0-0.5$ $=1.5$	$4.5-1.5=3.0$	$\dfrac{3.0-1.5}{1.5}\times100$ $=100(\%)$
B 본부	$4.0-1.5$ $=2.5$	$5.0-3.0=2.0$	$\dfrac{2.0-2.5}{2.5}\times100$ $=-20(\%)$
C 본부	$6.0-2.5$ $=3.5$	$9.0-3.5=5.5$	$\dfrac{5.5-3.5}{3.5}\times100$ $\fallingdotseq57.1(\%)$
D 본부	$5.0-3.0$ $=2.0$	$5.5-5.0=0.5$	$\dfrac{0.5-2.0}{2.0}\times100$ $=-75(\%)$

따라서 제2목표를 달성한 본부는 B 본부와 D 본부로 총 2개이다.

19 　문제처리능력 　자료를 바탕으로 계산하기

| 정답 | ④

| 해설 | 각 본부별로 제1 ～ 3목표 달성여부를 정리하면 다음과 같다.

• A 본부

구분	1/4분기	달성여부	2/4분기	달성여부	3/4분기	달성여부
제1목표 (매출이익)	$\dfrac{1.0}{0.5}$ $\times100$ $=200(\%)$	○	$\dfrac{1.5}{0.5}$ $\times100$ $=300(\%)$	○	$\dfrac{1.5}{0.5}$ $\times100$ $-300(\%)$	○
제2목표 (매출원가)	$\dfrac{2.0-1.5}{1.5}$ $\times100$ $\fallingdotseq33.3(\%)$	×	$\dfrac{3.0-1.5}{1.5}$ $\times100$ $=100(\%)$	×	$\dfrac{3.5-1.5}{1.5}$ $\times100$ $\fallingdotseq133.3(\%)$	×
제3목표 (매출액)	$\dfrac{3.0}{2.0}$ $\times100$ $=150(\%)$	○	$\dfrac{4.5}{2.0}$ $\times100$ $=225(\%)$		$\dfrac{5.0}{2.0}$ $\times100$ $=250(\%)$	○

A 본부는 1/4분기에 2개, 3/4분기에 2개의 목표를 달성하여 50×4=200(만 원)을, 그리고 2/4분기에 2개의 목표를 달성하여 180만 원을 받게 된다. 따라서 총 200+180=380(만 원)의 보너스를 받을 수 있다.

• B 본부

구분	1/4분기	달성여부	2/4분기	달성여부	3/4분기	달성여부
제1목표 (매출이익)	$\frac{2.0}{1.5}\times100$ ≒133.3(%)	×	$\frac{3.0}{1.5}\times100$ =200(%)	○	$\frac{2.5}{1.5}\times100$ ≒166.7(%)	○
제2목표 (매출원가)	$\frac{2.5-2.5}{2.5}\times100$ =0(%)	×	$\frac{2.0-2.5}{2.5}\times100$ =-20(%)	○	$\frac{2.0-2.5}{2.5}\times100$ =-20(%)	○
제3목표 (매출액)	$\frac{4.5}{4.0}\times100$ =112.5(%)	×	$\frac{5.0}{4.0}\times100$ =125(%)	×	$\frac{4.5}{4.0}\times100$ =112.5(%)	×

B 본부는 1/4분기에 0개, 3/4분기에 2개의 목표를 달성하여 50×2=100(만 원)을, 그리고 2/4분기에 2개의 목표를 달성하여 180만 원을 받게 된다. 따라서 총 100+180=280(만 원)의 보너스를 받을 수 있다.

• C 본부

구분	1/4분기	달성여부	2/4분기	달성여부	3/4분기	달성여부
제1목표 (매출이익)	$\frac{4.0}{2.5}\times100$ =160(%)	○	$\frac{3.5}{2.5}\times100$ =140(%)	×	$\frac{2.5}{2.5}\times100$ =100(%)	×
제2목표 (매출원가)	$\frac{4.5-3.5}{3.5}\times100$ ≒28.6(%)	×	$\frac{5.5-3.5}{3.5}\times100$ ≒57.1(%)	×	$\frac{7.0-3.5}{3.5}\times100$ =100(%)	×
제3목표 (매출액)	$\frac{8.5}{6.0}\times100$ ≒141.7(%)	×	$\frac{9.0}{6.0}\times100$ =150(%)	○	$\frac{9.5}{6.0}\times100$ ≒158.3(%)	○

C 본부는 1/4분기에 1개, 3/4분기에 1개의 목표를 달성하여 50×2=100(만 원)을, 그리고 2/4분기에 1개의 목표를 달성하여 150만 원을 받게 된다. 따라서 총 100+150=250(만 원)의 보너스를 받을 수 있다.

• D 본부

구분	1/4분기	달성여부	2/4분기	달성여부	3/4분기	달성여부
제1목표 (매출이익)	$\frac{4.0}{3.0}\times100$ ≒133.3(%)	×	$\frac{5.0}{3.0}\times100$ ≒166.7(%)	○	$\frac{4.5}{3.0}\times100$ =150(%)	○
제2목표 (매출원가)	$\frac{2.0-2.0}{2.0}\times100$ =0(%)	×	$\frac{0.5-2.0}{2.0}\times100$ =-75(%)	○	$\frac{0.5-2.0}{2.0}\times100$ =-75(%)	○
제3목표 (매출액)	$\frac{6.0}{5.0}\times100$ =120(%)	×	$\frac{5.5}{5.0}\times100$ =110(%)	×	$\frac{5.0}{5.0}\times100$ =100(%)	×

D 본부는 1/4분기에 0개, 3/4분기에 2개의 목표를 달성하여 50×2=100(만 원)을, 그리고 2/4분기에 2개의 목표를 달성하여 180만 원을 받게 된다. 따라서 총 100+180=280(만 원)의 보너스를 받을 수 있다.

따라서 직원 K가 A~D 본부에 지급해야 하는 보너스의 합은 380+280+250+280=1,190(만 원)이다.

20 문제처리능력 자료를 바탕으로 등급 매기기

|정답| ④

|해설| C 본부의 20X2년 분기별 성과의 평균을 계산하면 다음과 같다.

(단위 : 천만 원)

20X2년	
평균 분기 매출액	$\frac{8.5+9.0+9.5+9.0}{4}=9.0$
평균 분기 매출이익	$\frac{4.0+3.5+2.5+4.0}{4}=3.5$
평균 분기 매출원가	$\frac{4.5+5.5+7.0+5.0}{4}=5.5$

이에 따라 C 본부의 목표 달성 여부를 정리하면 다음과 같다.

제1목표 (매출이익)	달성여부	제2목표 (매출원가)	달성여부	제3목표 (매출액)	달성여부
$\frac{3.5}{2.5}\times100$ =140(%)	×	$\frac{5.5-3.5}{3.5}\times100$ ≒57.1(%)	×	$\frac{9.0}{6.0}\times100$ =150(%)	○

C 본부는 제3목표만을 달성했기 때문에 가 등급을 받게 된다.

21 　문제처리능력 자료기반 고객 응대하기

| 정답 | ④

| 해설 | 채택된 제안에 관한 권리는 채택일로부터 G사에 귀속된다고 했으므로, 채택일인 8월 18일부터 제안에 대한 모든 권리는 G사에게 있다.

| 오답풀이 |

① 수시로 제안을 선정하는 것은 해당 업무부서의 소관인데 이때 기념품으로 1만 원 상품권을 1인당, 1개월, 1회에 한하여 제공한다. 이는 단순히 상품권 지급을 인당 1회까지로 한정한 것이 아니라, 한 사람이 1개월 이내 여러 건을 제안하여 그중 복수의 제안이 채택된 경우, 한 개의 건에 대해서만 상품권을 지급하는 것이다.

② 고객제안의 채택은 주말을 포함하여 최대 14일 이내 이루어진다.

③ 10만 원 상품권을 지급하는 것은 분기별 우수 고객제안 선정이다.

22 　문제처리능력 자료 기반 심사결과 작성하기

| 정답 | ②

| 해설 | 평가 항목별 비율을 반영하여 각 제안자의 평가 점수와 심사 결과 내용을 정리하면 다음과 같다.

(단위 : 점)

구분	이철민	윤정숙	이명훈	김정수
효과성 (30%)	38×0.3 $=11.4$	40×0.3 $=12$	89×0.3 $=26.7$	95×0.3 $=28.5$
실용성 (30%)	40×0.3 $=12$	60×0.3 $=18$	85×0.3 $=25.5$	80×0.3 $=24$
창의성 (20%)	90×0.2 $=18$	85×0.2 $=17$	55×0.2 $=11$	72×0.2 $=14.4$
노력도 (20%)	80×0.2 $=16$	70×0.2 $=14$	45×0.2 $=9$	80×0.2 $=16$
총점	57.4	61	72.2	82.9
심사 결과	포상 없음.	포상 없음.	동상	은상

따라서 ②가 '동상'에서 '포상 없음.'으로 수정되어야 한다.

23 　문제해결능력 문제해결절차 이해하기

| 정답 | ②

| 해설 | 문제해결을 위해서는 먼저 문제인식 단계에서 해결해야 하는 문제를 파악하여 우선순위와 목표를 정하고, 문제도출 단계에서 해결해야 할 것이 무엇인지 명확히 해야 한다. 그다음 원인분석 단계에서 파악된 핵심문제의 원인을 도출하고, 해결안 개발 단계에서 최적의 해결방안을 수립한다. 이후 실행 및 평가 단계를 통해 해결방안을 실제 상황에 적용하고 평가한다.

24 　문제처리능력 개인형 퇴직연금(IRP)과 연금저축 이해하기

| 정답 | ②

| 해설 | 갑 : IRP는 퇴직연금의 일종으로, 연금저축과 달리 근로소득자만 가입할 수 있다.

병 : IRP는 위험자산에 적립금의 70%만 투자할 수 있다. 반면, 연금저축은 위험자산 투자 한도가 없다.

| 오답풀이 |

을 : 연금저축은 소득에 따라 연간 300 ~ 400만원까지 세액공제가 가능하다. 반면, IRP는 최대 700만 원까지 세액공제 혜택을 준다.

정 : 연금저축은 중도 인출이 가능하지만 기타소득세가 부과된다. 반면, IRP는 법에서 정한 사유 이외에는 중도 인출이 불가하다.

25 　정보처리능력 순서도 작성하기

| 정답 | ②

| 해설 | (가)에 들어갈 실문의 답은 '예'이어야 하고, (나)에 들어갈 질문의 답은 '아니오'이어야 한다.

㉠ '우대 이자'를 보면 마이데이터 서비스에 가입 시 우대 이자율이 연 0.1%p임을 알 수 있고, '예'에 해당하므로 (가)에 적절하다.

㉣ 우대 이자율을 모두 적용한 최종 이자율은 연 2.1+0.1 +0.3+0.3=2.8(%)이므로 연 3.0% 이상이 아니며, '아니오'에 해당하므로 (나)에 적절하다.

ⓑ 최대 가입기간은 24개월이고, '아니오'에 해당하므로 (나)에 적절하다.

| 오답풀이 |

ⓒ 월 이자지급 방식이 아닌 이자 만기일시지급 방식이고, '아니오'에 해당하므로 (가)에 적절하지 않다.

ⓓ 온라인 전용 상품이므로 '아니오'에 해당하여 (가)에 적절하지 않다.

ⓔ 월 100만 원으로 월 납입한도가 존재하므로 '예'에 해당하여 (나)에 적절하지 않다.

26 정보처리능력 원격상담 예약의 정보처리 과정 이해하기

| 정답 | ③

| 해설 | 〈원격상담 예약 단계〉의 4~5단계에 따르면, 사용자는 이용약관 '동의'를 체크한 후 '다음' 버튼을 누른다. 그리고 원격상담 '접속번호 요청' 버튼을 누르면, 관리자는 사용자에게 6자리 접속번호를 전송한다. 이를 받은 사용자는 번호를 입력하고, 관리자는 사용자에게 상담원을 연결시킨다. 따라서 모든 과정의 위치와 순서가 적절하다.

| 오답풀이 |

① '[2단계] 예약접수'에 따라 '예약접수 신청'은 '고객 정보 및 오류내용 입력'보다 순서상 아래에 배치되어야 하며, 관리자가 아닌 사용자 쪽 위치로 수정되어야 한다. 또한, '상담원 배정'은 사용자 쪽이 아닌 관리자 쪽으로 위치가 바뀌어야 한다.

② 3~5단계에 따라 '원격상담 접속번호 요청'은 사용자 쪽으로 위치가 변경되어야 한다. 또한, '6자리 숫자 전송'은 관리자의 업무이므로 관리자 쪽으로 위치가 바뀌어야 한다.

④ '[2단계] 예약접수'에 따라 진행 순서만 수정하면 된다. 먼저, '고객 정보 및 오류내용 입력'이 순서상 두 번째에 위치해야 하며, '예약접수 신청'이 그 다음 순서에 와야 한다. 다음으로 '예약일자 확정'과 '상담원 배정'이 순서대로 배치돼야 한다.

27 정보처리능력 문제해결마법사 실행 결과 이해하기

| 정답 | ②

| 해설 | J의 모니터에 표시된 내용에서 '등록 기기 여부 : 등록된 기기', '보안프로그램 : 설치됨', '공인인증서 : 정상 인식'인 것에 반해, '페이지 로딩 : 알 수 없는 오류'인 것을 통해 문제는 로딩 과정에 있음을 알 수 있다. 또한 〈문제해결마법사 구동 프로세스〉에 따르면 해당 단계에서 오류 미탐지 시 바로 다음 단계로 이동하게 된다. 따라서 STEP 3 이전 과정에서는 '오류미탐지 〉 다음 단계'로 이동해야 하므로 STEP 2에서 오류 미탐지로 인해 STEP 3로 이동하는 것은 적절하다.

| 오답풀이 |

① 오류 미탐지이므로 바로 STEP 2로 이동해야 한다.

③ 문제해결 마법사 과정에서 오류가 해결되지 않아 원격상담을 진행하는 것이므로, '해결 완료'가 아닌 '미해결'이 되어야 한다.

④ STEP 3 과정에서 미해결되었으므로, 그 다음으로 원격상담 예약화면으로 이동해야 한다. 따라서 문제해결 마법사 과정에서는 STEP 4로 넘어가지 않는다.

28 정보처리능력 순서도 작성하기

| 정답 | ④

| 해설 | 각 선택지에 해당하는 고객을 파악하면 다음과 같다.

① 성별이 여자이고 관심 상품은 대출이며, 투자성향은 안정추구가 아닌 고객 → 없음.

② 마케팅 정보 활용에 동의하고 관심 상품은 펀드이며, 가입 기간은 3년 미만인 고객 → F

③ 20세 이상이고 마케팅 정보 활용에 미동의했으며, 가입 기간이 4년 미만인 고객 → E

④ 가입기간이 1년 이상이고 마케팅 정보 활용에 동의했으며, 30세 미만인 고객 → B, F

따라서 B, F 고객 둘만이 같은 위치에 있을 수 있게 (가)~(다)에 들어갈 적절한 질문을 연결한 것은 ④이다.

29 정보처리능력 순서도 작성하기

| 정답 | ③

| 해설 | 선언된 두 변수 A, B의 값이 서로 바뀌어 출력되므로 출력되는 값은 A=7, B=3이다. 순서도의 구역을 나누어 명령을 역으로 진행하여 두 변수 A, B의 값을 확인해 볼 수 있다.

• '→ [A=A−B] → [종료]' 구역

  [종료]에서 A=7, B=3이 출력되고, [A=A−B]는 A의 값만 변하게 하는 명령이다. 따라서 본래 B는 변함없이 3이고 A는 10이어야 결과로 A=7이 출력될 수 있다.

  ⇒ [A=10, B=3] → [A=A−B] → [종료 : A=7, B=3]

• '→ [B=A−B] →' 구역

  [B=A−B]의 결과로 A=10, B=3이 되어야 한다. 연산 명령에 의해 B의 값만 변하므로, 본래 A는 변함없이 10, B는 7이어야 결과가 B=3이 될 수 있다.

  ⇒ [A=10, B=7] → [B=A−B] → [A=10, B=3]

• '[A=3, B=7 선언] → ㉠ →' 구역

  ㉠의 명령을 거쳐 A=10, B=7이 되어야 한다. 즉, B의 값은 변함이 없고 A만 3에서 10으로 변해야 한다. 제시된 선택지 중 A의 값을 10으로 바꾸는 명령은 A=A+B인 ③이다.

이를 순서대로 다시 정리하면 다음과 같다.

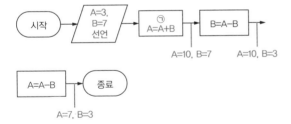

30 정보처리능력 순서도 이해하기

| 정답 | ②

| 해설 | 〈보기〉의 순서도를 분석해보면, 처음으로 선언된 값은 N=1, SUM=5이다. 그리고 N에 2를 더하고, SUM과 N을 합한 값을 SUM에 대입한다. 이때 SUM이 40을 초과할 때까지 앞의 과정을 반복한다. 그리고 SUM 값이 40을 처음으로 넘는 경우의 N 값을 출력한다. 이러한 과정에 따른 N과 SUM의 값을 정리하면 다음과 같다.

N	SUM	SUM (SUM +N)
1	5	
3	5	8
5	8	13
7	13	20
9	20	29
11	29	40
<u>13</u>	40	53

따라서 N=13일 때, SUM 값이 처음으로 40을 넘게 되므로 출력되는 N의 값은 13이다.

31 팀워크능력 팀워크의 의미 이해하기

| 정답 | ③

| 해설 | 단순히 모이는 것을 중요시하는 것이 아니라 목표 달성의 의지를 가지고 성과를 내는 것이 팀워크이다.

| 오답풀이 |

① 팀워크에 대한 설명이다.

②, ④ 응집력에 대한 설명이다.

32 리더십능력 코칭의 기본 원칙 이해하기

| 정답 | ③

| 해설 | ㉠에 들어갈 말은 코칭으로, 조직의 지속적인 성장과 성공을 만들어 내는 리더의 능력을 말한다. 코치인 리더는 지식이나 정보를 하달하기보다 직원에게 프로젝트를 부여한 뒤 업무를 수행하는 동안 모든 결정을 스스로 하도록 권한을 위임해야 한다. 성공적인 코칭을 받은 직원들은 문제를 스스로 해결하려고 노력하는 적극성을 보이게 된다.

> **보충 플러스+**
>
> **코칭과 관리 구분**
>
> | 코칭 | 통제 권한을 버리고 지도하기보다 이끌어주고, 지침보다 논의하고, 통제보다 경청과 지원에 중점을 둔다. |
> |---|---|
> | 관리 | 리더가 지식이나 정보를 하달하며 의사결정의 권한을 가지고 있다. |

33 고객서비스능력 고객응대 행동절차 이해하기

| 정답 | ④

| 해설 | (가)는 판매원이 상품 구매 유도를 위해 고객을 설득하는 '구체적 설명 단계'이다. 이때 판매원은 상품의 정보와 특징을 고객의 입장에서 명확하게 설명하고 구매의 이점을 제시하여 구매동기를 유발해야 한다.

| 오답풀이 |

① 상품에 대한 고객의 흥미를 유발하는 '상품 제시 단계'에 해당한다.

② 고객 응대를 준비하는 '준비 단계'에 해당한다.

③ '구매 결정 단계'에 해당한다.

34 팀워크능력 적절한 직장인 생활 태도 파악하기

| 정답 | ③

| 해설 | 제시된 글은 우승을 목적으로 선수단, 구단 등이 상호협력한 팀워크의 사례이다. 이를 통해 직장인은 한 조직의 구성원으로서 공동 목적의 달성을 위해 상호협력하며 팀워크를 발휘할 수 있어야 함을 알 수 있다.

| 오답풀이 |

② 리더십에 대한 설명으로 리더는 조직원이 조직과 업무 수행에 사명감을 가질 수 있도록 조직의 명확한 목적 및 목표를 공유해야 한다.

35 갈등관리능력 갈등 해결 방안 모색하기

| 정답 | ④

| 해설 | 제시된 상황에서의 최선책은 돌발 상황 속에서도 대안을 강구하여 최대한 회사 차원에서 정한 일정에 맞게 차질 없이 업무를 수행해 내는 것이라고 할 수 있다.

36 갈등관리능력 갈등 해결 방안 모색하기

| 정답 | ④

| 해설 | 신입사원들의 업무 능력과 실무 능력 향상을 위해 진행하는 업무로, 신입사원 평가에 반영되기 때문에 선배 및 지인의 도움을 받지 않고 신입사원 본인들의 역량을 기반으로 끝까지 최선을 다해 완성해야 하며, 결과물에 대해

긍정적 혹은 부정적 피드백을 적극 수용해 반영하는 것 또한 필요하다.

37 고객서비스능력 불만고객 대처하기

| 정답 | ②

| 해설 | 일을 시원스럽게 처리하는 모습을 보여 주는 것이 빨리빨리형 고객에 대응하는 방법으로 가장 좋다. 입사한 지 일주일이 되어 업무에 다소 미숙한 신입사원에게 다수의 고객을 맡기고 강 계장이 보다 간단한 업무인 인출을 맡는 것보다 신입사원에게 ATM을 이용해 고객의 요구 사항을 들어줄 것을 지시한 후 계속해서 대기 중인 고객을 응대하는 것이 바람직하다.

보충 플러스+

고객 유형별 대응법

트집형	"맞습니다. 역시 정확하십니다." 등의 표현을 통해 이야기를 경청하고, 맞장구치고, 추켜세우고, 설득해 가는 방법이 효과적이다.
빨리빨리형	애매한 화법은 금물이며, 만사를 시원스럽게 처리하는 모습을 보이면 응대하기 쉽다.
의심형	분명한 근거나 증거를 제시하여 스스로 확신을 갖도록 유도한다. 때로는 책임자로 하여금 응대하게 하는 것이 좋다.
거만형	정중하게 대하는 것이 좋으며 과시욕이 채워지도록 내버려둔다. 의외의 단순한 면이 있으므로 일단 호감을 얻게 되면 득이 될 경우가 많다.

38 고객서비스능력 불만고객 대처하기

| 정답 | ③

| 해설 | 제시된 상황의 고객은 명백히 본인이 잘못했으나, 거리가 짧아서 일부러 누락시켰을 것이라고 멋대로 생각하며 계속해서 언성을 높이고 있다. 따라서 담당자로서 정중한 태도로 응대하는 것이 가장 중요하며 고객의 말에 맞장구치면서도 분명한 증거를 제시하여 스스로 화를 누그러뜨릴 수 있게 유도하는 것도 필요하다. 단, 고객이 틀렸다는 것을 증명해 비난하려는 의도로 느낄 경우 화를 돋울 수 있으므로 주의해야 한다.

| 오답풀이 |

①, ② 갈등 상황에서 입장 차이를 좁혀 나가려는 노력 없이 문제를 회피하거나 타인(경찰)에게 맡겨 버리는 것은 바람직하지 않은 대응 방안이다.

③ 직원들의 자세한 설명에도 불구하고 고령층 고객들이 상품에 대해 잘 이해하지 못 하는 것이므로, 추가 직원 교육을 시행하는 것은 적절하지 않다.

④ 상품 가입 이후 책임을 묻는 문제는 제시된 상황의 주제에 벗어나므로 적절하지 않다.

39 상황판단 평가 | 적절히 고객 응대하기

| 정답 | ④

| 해설 | 제시된 상황은 한 고객이 H 주임에게 어떠한 문제를 해결해주기를 요청하고 있는 내용이다. 이때, 규정을 어기지 않으면서 고객의 어려움을 해소하기 위해 최선의 방안을 강구하는 것이 적절하다. ④는 규정을 어기지 않는 선에서 인증서 재발급 방법을 안내함과 동시에 고객이 재발급 서비스에 보다 쉽게 접근할 수 있도록 대안을 제시하였으므로 고객을 적절히 응대하였다고 판단할 수 있다.

| 오답풀이 |

① 고객에게 대안을 제시하고는 있지만, 직접 어떠한 조치를 취하는 것이 아니라 고객 개인이나 그 주변인에게 책임을 넘겨 문제해결에 소극적이라는 인식을 줄 수 있다.

② 인증서 재발급을 대신 해줄 수 없는 이유를 잘 설명하고는 있지만, 인증서는 본인 스스로 재발급 받아야 하므로 직원이 대신 해주겠다고 하는 것은 규정에 어긋난다.

③ 이미 고객이 알고 있는 정보를 언급하면서 대신하여 재발급을 해줄 수 없는 이유를 설명하지도, 어떠한 해결책을 제시하지도 않아 적절하지 않다.

40 상황판단 평가 | 적절한 의견내기

| 정답 | ②

| 해설 | 제시된 상황은 Q 대리가 직원들의 의견을 반영하여 신규 상품 영업 방향에 대해 의견을 제시하려는 내용이다. 고령층 고객들이 평소 상품에 대한 설명을 쉽게 이해하지 못 하는 것이 주요 문제이므로, 영업 시 고객들이 상품을 쉽게 이해할 수 있도록 도움을 주는 방법을 고안하는 것이 적절하다. 따라서 신규 상품에 관한 안내 유인물을 보조자료로 제작하자는 의견은 적절하다.

| 오답풀이 |

① 신규 상품의 영업 방향에 대한 의견이 아닌 상품의 수정에 대해 건의를 하는 것은 의도에 맞지 않다.

▶ 문제 176쪽

5회 기출예상문제

01	②	02	④	03	④	04	⑤	05	③
06	②	07	④	08	②	09	②	10	③
11	③	12	⑤	13	⑤	14	④	15	⑤
16	②	17	②	18	①	19	③	20	①
21	①	22	①	23	②	24	②	25	①
26	③	27	②	28	⑤	29	④	30	②
31	③	32	②	33	①	34	④	35	①
36	⑤	37	①	38	②	39	⑤	40	④
41	②	42	②	43	③	44	⑤	45	②
46	⑤	47	④	48	④	49	⑤	50	③
51	③	52	①	53	①	54	②	55	④
56	④	57	⑤	58	①	59	④	60	②

01 문서작성능력 문단 배열하기

| 정답 | ②

| 해설 | 한쪽 손만 사용하면 숙련되지만 관절에 문제가 생긴다는 말로 화두를 던지는 (라)가 가장 앞에 오고 이를 기업에 적용하는 (다)가 이어져야 한다. 이후 (다)의 예시가 되는 (가)가 이어지고, 이를 이겨내는 '양손잡이 경영'을 언급하는 (마)가 온다. 그 후 이를 바탕으로 우리에게 100세 시대를 준비할 것을 이야기하는 (나)로 끝맺음한다. 따라서 (라) – (다) – (가) – (마) – (나) 순이 적절하다.

02 문서작성능력 문장 삽입하기

| 정답 | ④

| 해설 | 주로 사용하는 손의 역할을 다른 손 또한 할 수 있도록 노력해 보았다는 내용을 담고 있으므로 (라) 문단 다음에 이어지는 것이 가장 적절하다.

03 문서이해능력 세부 내용 이해하기

| 정답 | ④

| 해설 | 네 번째 문단에서 공동체주의는 공동선이 옳기 때문에 정의의 자격이 부여되는 것이 아니라, 사람들이 좋아하고 그로 인해 행복할 수 있기 때문에 공동선이 정의로서 자격을 갖춘다고 했다. 즉, 공동체가 공유하는 가치가 변한다면 공동선 또한 변할 수 있다. 따라서 공동체주의가 절대적으로 정의로운 공동선을 설정한다고 보는 것은 옳지 않다.

| 오답풀이 |

① 두 번째 문단에서 현대 바이오테크놀로지가 내놓은 생명윤리적 쟁점과 질문을 해결하기 위해 공동체주의적 관점의 생명윤리학이 출현하였다고 했다. 따라서 기존의 자유주의 윤리학적 관점만으로는 해결이 어려웠음을 추론할 수 있다.

③ 네 번째 문단에서 공동체주의 접근방식이 개인이 현실적으로 속해 있는 공동체와 대화할 수 있는 길을 열어주었다고 했다. 즉, 자유주의적 관점은 인간을 추상화된 개념의 이상(理想) 속에 고립되고 한정된 존재로 보고 있음을 추론할 수 있다.

04 문서이해능력 세부 내용 이해하기

| 정답 | ⑤

| 해설 | 공동체주의 생명윤리 사상은 개인의 결정뿐 아니라 사회적인 영향까지 고려하므로 이에 대해 고려하고 있는 ⑤가 적절하다.

| 오답풀이 |

①, ②, ③, ④ 환자 또는 의사와 같은 개인의 자율성을 강조한 자유주의 생명윤리 사상의 입장을 나타내고 있다.

05 문서이해능력 세부 내용 이해하기

| 정답 | ③

| 해설 | '종합적인 계산서'는 영국의 브렉시트 결정에 따른 파운드화 가치 하락과 통합에 따른 편익 상실과 함께 브렉시트를 결정하게 된 계기인 유럽 이민자들의 유입 문제 등을 모두 고려하여 영국의 브렉시트 결정에 따른 손익을 산정하는 것을 비유한 표현이다.

06 문서이해능력 세부 내용 이해하기

|정답| ②

|해설| 필자는 브렉시트 결정에 대해 '종합적인 계산서를 지금 당장 뽑아 보기는 어려울 것이다'라고 하며 평가를 유보하는 입장을 보이고 있다.

|오답풀이|

① 두 번째 문단을 통해 필자는 지난 수십 년 동안 유일무이한 정답으로 인식되던 자유무역의 확장과는 반대되는 방향성을 브렉시트가 가진다고 생각하고 있음을 알 수 있다.

③ 필자의 대학 시절 일화에서 노교수가 아날학파를 설명하면서 한 말의 일화를 들고 그 뒤로 루시앙 페브르와 마르크 블로흐에 대한 이야기를 했다는 점에서 두 인물이 아날학파에 관한 인물임을 유추할 수 있다.

④ 브렉시트를 결정한 배경으로 유럽 이민자의 유입을 거론하는 한편, 출렁이는 파도가 아니라 그 밑에 거대하게 흐르고 있는 해류의 모습을 이해하는 자세가 필요하다는 점을 역설하면서 필자는 브렉시트의 배경에 유럽 이민자 문제뿐만 아니라 그 저변에 있는 큰 역사적 흐름에서 그 원인을 찾고자 한다.

⑤ 브렉시트는 '국경 없는'이란 표현이 진부하게마저 느껴지는 요즘 세상에 국경의 담벼락을 높이 쌓는 결정이다.

07 문서이해능력 세부 내용 이해하기

|정답| ④

|해설| 전국 확진자 수 300명 초과 상황이 1주 이상 지속된다면 2단계로 격상되고 스포츠 관람은 전체 관중의 10%로 입장을 제한하게 된다.

08 문서이해능력 세부 내용 이해하기

|정답| ②

|해설| 마스크 착용 의무화는 실내외 전체가 아닌 실내 전체와 위험도가 높은 실외 활동일 경우에 해당한다.

09 도표분석능력 자료의 수치 분석하기

|정답| ②

|해설| 중국의 전력 소비량 증가값은 1,073−478=595 (TWh)이고 미국의 전력 소비량 증가값은 3,500−2,634=866(TWh)으로, 중국보다 미국의 증가값이 더 크다.

|오답풀이|

① 제시된 국가들 중 1990년 전력 소비량이 가장 큰 국가는 2,634TWh의 미국이며, 전 세계 합계 전력 소비량의 25%는 9,702×0.25=2,425.5(TWh)이다. 따라서 1990년 전력 소비량이 가장 큰 미국은 같은 해 전 세계 합계 전력 소비량의 25% 이상을 소비했다.

③ 2000년 대비 2010년의 전력 소비량은 변화가 없는 영국을 제외한 모든 국가가 증가했다.

④ 제시된 10개 국가들 중 2010년 대비 2020년 전력 소비량이 감소한 국가는 미국, 일본, 독일, 프랑스, 영국, 이탈리아로 총 6개로 전력 소비량이 감소한 국가 수가 증가한 국가 수보다 더 많다.

⑤ 제시된 국가들 중 2020년 전력 소비량이 가장 많은 중국(5,582TWh)과 가장 적은 이탈리아(292TWh)의 전력소비량 차이는 5,582−292=5,290(TWh)이다.

10 도표분석능력 자료를 바탕으로 수치 계산하기

|정답| ③

|해설| ⓒ 1990년 대비 2000년 전 세계 전력 소비량은 $\frac{12,698-9,702}{9,702} \times 100 ≒ 30.9(\%)$ 증가하였다.

|오답풀이|

㉠ 1990년 대비 2000년 한국의 전력 소비량은 $\frac{240-94}{94} \times 100 ≒ 155.3(\%)$ 증가하였다.

㉡ 2000년 대비 2010년 한국의 전력 소비량은 $\frac{434-240}{240} \times 100 ≒ 80.8(\%)$ 증가하였다.

㉢ 2000년 대비 2010년 전 세계 전력 소비량은 $\frac{17,887-12,698}{12,698} \times 100 ≒ 40.9(\%)$ 증가하였다.

11 도표분석능력 자료의 수치 분석하기

| 정답 | ③

| 해설 | 다른 도시에서 전입해 온 서울의 인구는 3,225+2,895+8,622+3,022=17,764(명)인데, 이는 전체 서울 전입 인구 207,829명의 10% 이상이 아니므로 적절하지 않다.

12 도표분석능력 자료의 수치 분석하기

| 정답 | ⑤

| 해설 | ⓒ 20X0년 10월 이동자 수는 $\frac{529}{1-0.142}$ ≒ 617(천명), 시도 내 이동자 수는 $\frac{365}{1-0.141}$ ≒ 425(천 명)이므로 전체 이동자 수에서 시도 내 이동자 수가 차지하는 비중은 $\frac{425}{617} \times 100$ ≒ 68.9(%)이다. 따라서 20X1년 전체 예상 이동자 수에서 시도 내 이동자 수가 차지하는 비중은 20X0년 10월에 비해 증가할 것으로 예상된다.

ⓔ 이동률은 20X1년 10월에 전년 동월 대비 0.17%p 감소할 것으로 예상된다.

| 오답풀이 |

ⓛ 20X1년 10월 이동 예상 인원 중 시도 내 이동자 수가 차지하는 비중은 $\frac{365}{529} \times 100$ ≒ 69(%)이다.

13 도표분석능력 자료의 수치 분석하기

| 정답 | ⑤

| 해설 | 〈조건〉에서 알 수 있는 A~F에 해당하는 6개 지역은 경북, 대전, 전북, 서울, 강원, 충남이다. 첫 번째 조건에 따르면 B, C, D, F 중 경북, 대전, 전북, 서울이 있으므로 A, E는 각각 강원, 충남 중 하나가 된다. 마지막 조건에서 A, D가 강원 또는 전북이므로 A는 강원, E는 충남, D가 전북임을 알 수 있으며 B, C, F 중에 경북, 대전, 서울이 있음을 알 수 있다.

A	B	C	D	E	F
강원			전북	충남	

두 번째 조건에 따르면 A, B, E, F 중에 강원, 경북, 충남, 서울이 있으므로 B, F 중에 경북, 서울이 있고 이에 따라 C가 대전이 된다.

세 번째 조건에 따르면 A, D, E, F 중에 강원, 전북, 충남, 서울이 있으므로 F가 서울이고, 이에 따라 B가 경북이 된다.

A	B	C	D	E	F
강원	경북	대전	전북	충남	서울

따라서 A는 강원, C는 대전이다.

14 도표분석능력 자료의 수치 분석하기

| 정답 | ④

| 해설 | 수력 발전원의 발전전력양이 가상 적은 달은 425 GWh를 기록한 11월이다.

| 오답풀이 |

① 2X20년 4월 총발전량의 3월 대비 증감률은 $\frac{42,252-46,141}{46,141} \times 100$ ≒ -8.4(%)이다.

② 2X20년 4월 복합 발전원은 동년 전월 대비 발전전력량이 감소하였다. 2X20년 4월의 전월 대비 발전 전력량이 증가한 발전원은 기력과 대체에너지이다.

③ 2X20년 6월의 발전원별 발전전력량이 두 번째로 많은 발전원은 원자력, 9월은 복합이다.

⑤ 2X20년 10월 원자력과 대체에너지 발전원의 발전전력량이 전월 대비 증가하였고, 감소한 기력, 복합, 수력, 기타 발전원보다 그 수가 적다.

15 도표작성능력 그래프 작성하기

| 정답 | ⑤

| 해설 | ⊙ 복합 발전원의 발전량은 3월 13,477GWh에서 4월에 9,287GWh로, 5월에 7,555GWh까지 감소하였다가 6월에 9,439GWh, 7월에는 10,367GWh로 다시 10,000GWh 이상의 발전량을 기록하였다. 따라서 ⊙ 그래프는 왼쪽 세로축을 기준으로 볼 때 복합 발전원임을 알 수 있다.

ⓛ 대체에너지의 발전량은 3월 2,904GWh로 시작하여 4월에 소폭 증가한 후 5월부터 7월까지 2,607GWh, 2,402GWh, 2,153GWh로 계속 하락하는 추세를 보인

다. 따라서 ⓒ 그래프는 왼쪽 세로축을 기준으로 볼 때 대체에너지 발전원임을 알 수 있다.

ⓒ 수력 발전원은 3월 534GWh부터 시작해서 7월까지 소폭 감소와 증가를 반복하다 7월에 612GWh를 기록하였다. 따라서 ⓒ 그래프는 오른쪽 세로축을 기준으로 볼 때 수력 발전원임을 알 수 있다.

ⓔ 기타 발전원은 3월 738GWh로 시작하여 4월에 소폭 하락하고 6월까지 882GWh로 상승한 후 7월에 다시 788GWh로 소폭 하락하는 추세를 보인다. 따라서 ⓔ 그래프는 오른쪽 세로축을 기준으로 그래프가 인접한 기준선을 700 ~ 750GWh 사이로 해석하면 기타 발전원임을 알 수 있다.

16 | 도표분석능력 | 자료의 수치 분석하기

| 정답 | ②

| 해설 | ㉠ 20X5년 우리나라의 수출액은 604,127.29백만 달러, 수입액은 518,292.67백만 달러이므로, 흑자규모는 604,127.29 − 518,292.67 = 85,834.62(백만 달러)이다.

㉣ 20X5년에 기타를 제외한 7개 지역 중 우리나라가 상품수지 적자를 보이고 있는 지역은 수출액보다 수입액이 더 많은 중동, 일본 2개 지역이다.

| 오답풀이 |

㉡ 상품수지 흑자액을 계산하면 다음과 같다.

(단위 : 백만 달러)

구분		20X0년	20X5년
중국	수출	131,577.1÷1.1404 ≒115,378.0	131,577.1
	수입	88,973.7÷0.9367 ≒94,986.3	88,973.7
	흑자액	115,378.0−94,986.3 −20,391.7	131,577.1−88,973.7 =42,603.4
미국	수출	95,485.0÷1.0496 ≒90,972.8	95,485.0
	수입	48,511.9÷0.7726 ≒62,790.4	48,511.9
	흑자액	90,972.8−62,790.4 =28,182.4	95,485.0−48,511.9 =46,973.1

따라서 20X0년에 비해 20X5년 우리나라 상품수지 흑자액은 중국(42,603.4−20,391.7=22,211.7)보다 미국(46,973.1−28,182.4=18,790.7)이 더 적게 증가했다.

㉢ 20X6년에 20X5년의 수출 상위 3개 지역만 수출액이 20%씩 증가한다면 수출 총액은 (143,868.1+131,577.1 +95,485.0)×1.2+65,306.5+35,593.0+34,758.3 +33,747.3+63,791.99=678,313.33(백만 달러)가 된다.

17 | 문제처리능력 | 세미나 장소 선정하기

| 정답 | ②

| 해설 | 각 평가 기준에 따른 점수를 계산하면 다음과 같다.

(단위 : 점)

구분	갑 센터	을 구민 회관	병 교통 회관	정 지역 상공 회의소	무 빌딩
이동시간	4	3	5	1	2
수용가능인원	2	3	1	5	4
대관료	4	5	2	3	1
교통편	2	4	4	4	5
빔 프로젝터	2	2	2	2	0
합계	14	17	14	15	12

따라서 총점이 가장 높은 을 구민회관 2층이 채택된다.

18 | 문제처리능력 | 자료 분석하기

| 정답 | ①

| 해설 | 특수지질로 인해 균열과 단면변형은 일어나지 않는다. 특수지질로 인한 침하, 이동, 경사는 복공내력 저하를 유발할 수 있다.

19 | 문제처리능력 | 자료 분석하기

| 정답 | ③

| 해설 | ㉠은 자연적 요인, ㉡은 인위적 요인으로 구분할 수 있다.

| 오답풀이 |

① 지반이완의 주요 원인은 천장공극, 시공불량, 특수지질이며 그 외 원인으로는 배수불량이 있다.

② 특수지형, 특수지질, 저온, 설계불량, 복공불량 중 특수지질로 인해 발생하는 문제가 가장 많다.

④ 배수불량으로 인한 문제는 7가지가 있다.

⑤ 지형의 특수성은 하중 증가 중 토압증대의 주요 원인이자 복공내력 저하 중 구조열화의 원인이 된다.

20 [문제해결능력] SWOT 분석하기

| 정답 | ①

| 해설 | □□식당의 강점(S)인 저렴하고 깔끔한 식당 이미지를 강화하여 기회(O)인 1인 가구 증가로 인한 간단한 식사에 대한 선호 증가를 활용하는 SO 전략으로 적절하다.

| 오답풀이 |

③ WT 전략에 해당한다.

21 [문제해결능력] SWOT 분석하기

| 정답 | ①

| 해설 | ○○케이크 전문점의 강점(S)인 SNS 활용 능력을 이용하여 기회(O)인 버스 노선 신설 소식을 알리는 것은 강점을 통해 기회를 활용하는 SO 전략으로 적절하다.

| 오답풀이 |

② WT 전략에 해당한다.

⑤ SO 전략에 해당한다.

22 [문제처리능력] 결재선 파악하기

| 정답 | ①

| 해설 | ① 2천만 원 초과 ~ 3천만 원 이하의 수의계약이므로 최종 결재선은 부원장이지만, (가) 센터는 원장 직속 기관이므로 원장에게 받는다.

② 1천만 원 초과 ~ 3천만 원 이하의 인쇄이며, 수의계약이 적용되지 않아 센터장에게 받는다.

③ 3천만 원 초과 ~ 5천만 원 이하의 용역이므로, 센터장에게 받는다.

④ 1천만 원 초과 ~ 3천만 원 이하의 물품이므로, 센터장에게 받는다.

⑤ 3천만 원 초과 ~ 5천만 원 이하의 용역이므로, 센터장에게 받는다.

따라서 (가) 센터의 박 연구원만 최종 결재선이 다르다.

23 [문제처리능력] 용역 계약 파악하기

| 정답 | ②

| 해설 | 해당 계약은 용역에 해당한다. 부가세 10%를 별도로 계산하여도 1억 원을 넘지 않으므로, 특정한 경우 사유서를 제출할 시 수의계약이 가능하다.

| 오답풀이 |

① 5천만 원 초과 ~ 1.5억 원 이하이므로 차상위부서장에게 받아야 한다. (나) 센터는 원장 직속 기관이므로 원장에게 받는다.

③ 3천만 원을 초과하는 용역이므로 경쟁입찰로 진행할 수 있다.

④ 3천만 원을 초과하는 용역이므로 견적서는 2개 이상 필수적으로 필요하다.

⑤ 용역과 수의계약을 맺을 경우 견적서 혹은 산출내역서 1개를 첨부해야 한다.

24 [문제처리능력] 일자리 안정자금 지원 기준 이해하기

| 정답 | ②

| 해설 | A : 30인 미만 고용사업주는 아니지만 업종이 공동주택 경비이므로 20X8년, 20X9년 모두 지원대상이다.

B : 30인 미만 고용사업주가 아니므로 20X8년, 20X9년 모두 지원대상이 아니다.

C : 30인 미만 고용사업주가 아니므로 20X8년엔 지원대상이 아니지만, 20X9년엔 노인돌봄서비스제공기관에 해당되어 지원대상이다.

D : 30인 미만 고용사업주가 아니므로 20X8년엔 지원대상이 아니지만, 20X9년엔 55세 이상 고령자를 고용하고 있는 경우에 해당되어 지원대상이다.

E, I : 30인 미만 고용사업주이므로 20X8년, 20X9년 모두 지원대상이다.

F : 30인 미만 고용사업주이지만 국가로부터 인건비 재정 지원을 받고 있으므로 20X8년, 20X9년 모두 지원대상이 아니다.

G : 30인 미만 고용사업주가 아니므로 20X8년엔 지원대상이 아니지만, 20X9년엔 사회적기업에 해당되어 지원대상이다.

H : 30인 미만 고용사업주이지만 고소득 사업주이므로 20X8년, 20X9년 모두 지원대상이 아니다.

J : 30인 미만 고용사업주이지만 임금체불 명단 공개 중인 사업주이므로 20X8년, 20X9년 모두 지원대상이 아니다.

K : 30인 미만 고용사업주는 아니지만 업종이 공동주택 청소이므로 20X8년, 20X9년 모두 지원대상이다.

따라서 20X8년 대비 20X9년에 새롭게 지원대상 기업이 될 수 있는 사업주는 C, D, G로 3개이다.

25 | 문제처리능력 | 지원금 계산하기

|정답| ①

|해설| 〈자료 2〉에 월평균 보수액을 월평균 근로시간으로 나눈 금액이 20X9년 최저임금(8,350원)보다 적은 근로자가 있는 사업장에 대한 지원이 불가능하다고 명시되어 있다. 최○○의 20X9년 월평균 보수액은 1,650,000원, 월평균 근로시간은 209시간이므로 $\frac{1,650,000}{209} \fallingdotseq 7,895$(원)이 되어 지원이 불가능하다.

26 | 체제이해능력 | 조직도의 전후 비교하기

|정답| ③

|해설| 탄소강 사업부는 마케팅부서의 이름을 개편한 것이지, 생산기술부서와 통합해 개편한 것은 아니다.

27 | 업무이해능력 | 업무량 산정 이해하기

|정답| ②

|해설| 추석은 법정 공휴일이므로 기준근무시간에 포함되지 않는다.

28 | 업무이해능력 | 업무량 산정 이해하기

|정답| ⑤

|해설| 여유율은 업무의 성격에 따라 그 비율이 달라질 수 있으므로, 국가에서 정해 놓은 비율을 적용한다는 설명은 적절하지 않다.

29 | 경영이해능력 | 5 Force Model 활용하기

|정답| ④

|해설| 공급자의 협상력은 기업의 제품과 서비스를 제공하기 위해 도와주는 개인 혹은 기업이 기업에게 미치는 영향력을 의미한다. 공급자의 협상력이 강해지는 요인은 다음과 같다.

• 시장에 공급자의 수가 적다.
• 공급하는 제품 및 서비스에 대한 대체재를 찾기 어렵다.
• 공급되는 제품 및 서비스가 자사에게 중요한 자원이다.
• 공급자가 자사의 영역까지 전방 통합이 가능하다.
• 공급원을 교체하는 데 드는 전환비용이 크다.
• 구매자가 공급자에게 중요한 영향을 미치지 않는다.
• 현재 공급자가 다른 대체 공급자에 비해 법적 혹은 공식적 영향력이 강하다.

따라서 대체재가 많을 경우 공급자의 협상력은 약해진다.

30 | 업무이해능력 | 조직 갈등 이해하기

|정답| ②

|해설| 제시된 사례는 조직 내 소위들 말하는 '꼰대' 유형에 대해 설명하고 있다. 단정적이고 권위적인 표현을 자주 사용하며 일방적인 지시와 복종을 강요하는 등의 행동을 보이는 '꼰대' 유형이 조직에 있을 경우 조직 내에 여러 가지 분란이 조장될 수 있다. 하지만 경쟁사와의 갈등은 '꼰대' 유형에 따라 발생하는 문제로 보기 어렵다.

31 경영이해능력 강화전략 활용하기

| 정답 | ③

| 해설 | 지속적으로 악의적 후기를 작성하는 바람직하지 않은 행동을 하는 고객에게 법적 제재 조치를 가하는 것은 부정적 자극을 준 것이므로 ㉣에 해당한다.

32 경영이해능력 강화전략 활용하기

| 정답 | ②

| 해설 | 근무 태도가 불량한 바람직하지 않은 행동에 대해 경고를 부여한 것은 부정적 자극을 준 것이므로 ㉣에 해당한다.

33 업무이해능력 결재양식 이해하기

| 정답 | ①

| 해설 | 프로모션 행사비는 업무 추진비에 해당하고 2백만 원 이하이므로 처장 전결의 기안서가 적절하다.

34 업무이해능력 결재양식 이해하기

| 정답 | ④

| 해설 | 소방시설공사 비용은 시설공사 추진비에 해당하고 1천만 원이므로 부장 전결사항이며 결재서류는 기안서, 공사계획보고서, 지급요청서이다.

35 업무이해능력 결재양식 이해하기

| 정답 | ①

| 해설 | 외부 강사 초청 비용은 교육훈련비에 해당하고 총 450만 원이므로 기안서, 출장계획서는 처장, 지출결의서는 이사 전결사항이다.

36 대인관계능력 심리적 방어기제 이해하기

| 정답 | ⑤

| 해설 | Displacement Activity란 치환(置換) 또는 전위(轉位)라고 한다. 특정 대상에 대한 자신의 감정을 다른 대상에게 돌리는 것이다. 공 대리는 자신보다 강한 대상(박 과장)으로부터 혼이 나서 그것에 대한 분풀이를 약한 대상(진 사원)에게 표출하는 치환의 방어기제를 사용하고 있다.

| 오답풀이 |

① Sublimation(승화) : 욕구불만으로 인해 생겨나는 충동과 갈등을 사회적으로 인정되는 형태와 방법을 통해 발산하는 것이다.

② Forgiveness(용서) : 상대방의 허물이나 과실을 눈감아 주며 그 책임을 면제해 주거나 관계를 회복시켜 주는 것이다.

③ Introjection(내적 투사) : 다른 사람의 태도, 가치, 혹은 행동을 마치 자기 자신의 것처럼 동화시키는 무의식적 과정이다.

④ Passive Aggression(수동 공격) : 상대를 방해하거나 기분을 거슬리게 하는 등의 방식으로 분노를 표현하는 것이다.

37 팀워크능력 올바른 협력정신 이해하기

| 정답 | ①

| 해설 | 제시된 글에서는 협력과 화합의 중요성을 강조하고 있다. 동시에 다른 이들과의 경쟁과 투쟁에 대해서는 비판적인 태도를 보이고 있으므로 주변 사람들과의 평화를 주장하는 ㉠과 ㉡이 적절하다.

| 오답풀이 |

㉣ 필자는 경쟁 자체를 부정적으로 바라보고 있다.

38 협상능력 협상의 5단계 이해하기

| 정답 | ②

| 해설 | 협상의 5단계 중 2단계인 상호 이해 단계는 갈등의 진행 상황을 점검하고 적극적으로 경청하고 주장을 제시함으로써 협상 안건을 결정하는 단계이다. 대화 속 집주인과 세입자는 계약 연장에 대한 상대방의 입장을 존중하고 본인들의 주장도 제시함으로써 안건을 결정하고 있다.

39 팀워크능력 효과적인 팀의 특징 알기

| 정답 | ⑤

| 해설 | 효과적인 팀은 의견 불일치가 발생하지 않는 것이 아니라 의견 불일치를 건설적으로 해결하는 팀이다.

40 팀워크능력 팔로워십 이해하기

| 정답 | ④

| 해설 | 팔로워십은 어떤 문제에 대해 리더와는 독립적으로 생각하고 자발적으로 행동함으로써 리더가 목표를 달성할 수 있게끔 도와주는 것이다. 그러나 자신의 의견대로 리더를 움직이게 하는 것은 팔로워십의 조건으로 적절하지 않다. 팔로워십의 기본 조건과 행동강령은 다음과 같다.

책임감 가지기	팔로워는 리더의 아래에 있지만 엄연히 자기의 일을 가지고 있으며 리더와는 하나의 공동 목표를 정해 두고 일하는 파트너이다. 각자의 역할을 책임감 있게 완수해 내고 각자의 일을 완벽히 해 낸다면 리더의 업무에 도움이 되어 줄 수 있을 것이다.
헌신하기	조직의 일은 개인의 상황이나 조건에 따라 달라지기 마련이므로, 본의 아니게 예정에 없던 업무가 생긴다면 대부분의 리더는 신임하는 팔로워에게 일을 맡길 것이다.
대안 제시하기	조직이 길을 잃어 헤맬 때 리더가 갈피를 잡지 못한다면 팔로워들이 대안을 제시할 수 있어야 한다. 조직을 이끄는 것은 리더의 업무지만, 조직을 움직이는 것은 팔로워들이다.

41 팀워크능력 팀의 발전 단계 파악하기

| 정답 | ②

| 해설 | 격동기에 대한 설명이다. 격동기에는 경쟁과 마찰이 일어나며, 책임, 규칙, 보상체계, 평가 기준 등에 대한 질문이 제기된다.

보충 플러스+

팀의 발달 단계

[1단계] 형성기	– 안전하고 예측할 수 있는 행동에 대한 안내가 필요하여 리더에게 의지한다. – 인정받기를 원하며 팀원들을 신뢰할 수 있는지 확인한다. – 심각한 논의는 회피하지만 성장을 위해서 마찰 가능성을 각오해야 한다.
[2단계] 격동기	– 집단 내부적으로 갈등이 생기기 시작하는 단계로, 하위집단이 형성되고 의사결정 과정에서 다양한 분열이 일어난다. – 리더와 팀 운영 방식에 불만을 갖는 팀원이 나타나기 시작하고 의사결정이 늦어져 일처리가 지연된다. – 팀의 생산성이 매우 낮다.
[3단계] 규범기	– 팀원 간 신뢰 관계가 형성되기 시작하고 결속력이 강화된다. – 공동의 목표에 대한 공감대가 형성되고 목표 달성 의지가 높아진다. – 의견 차이가 발생했을 때 서로 존중하고 더 나은 대안을 찾기 위해 노력한다. – 생산적인 일 수행 방법 절차를 찾고 팀의 성과를 본격적으로 기대할 수 있다.
[4단계] 성취기	– 가장 높은 성과와 만족도를 내는 단계로, 집단이 성숙되어 각자의 역할에 충실하고 팀원들이 서로 조화롭게 일을 수행한다. – 누군가의 지시 없이도 팀원들이 각자 해야 할 일을 찾아 움직이며 개방된 소통을 즐긴다. – 기존의 성과에 만족하지 않고 더 높은 성과 창출을 목표로 한다.

42 팀워크능력 팀워크 저해 요소 알기

| 정답 | ②

| 해설 | 모두가 같이 준비해야 하는 워크숍에서 오 박사는 다른 팀원들과 협력하는 태도를 전혀 보이지 않고 있다. 따라서 오 박사에게 부족한 대인관계능력은 협력하며 각자의 역할에 대해 책임을 다하는 태도이다.

43 리더십능력 임파워먼트 이해하기

| 정답 | ③

| 해설 | 임파워먼트의 관리 차원 장애요인에는 통제적 리더십 스타일, 효과적 리더십 결여, 경험 부족, 정책 및 기획의 실행 능력 결여, 비전의 효과적 전달능력 결여 등이 있다.

보충 플러스+

임파워먼트의 장애요인

장애요인	내용
개인 차원	역량 결여, 동기 결여, 결의 부족, 책임감 부족, 의존성
대인 차원	성실성 결여, 약속 불이행, 성과를 제한하는 조직의 규범, 갈등처리 능력 부족, 승패를 대하는 태도
관리 차원	통제적 리더십 스타일, 효과적 리더십 결여, 경험 부족, 정책 및 기획의 실행 능력 결여, 비전의 효과적 전달능력 결여
조직 차원	공감대 형성 없는 구조와 시스템, 제한된 정책과 절차

44 팀워크능력 팀워크 관련 설문조사 이해하기

| 정답 | ⑤

| 해설 | B 사원은 '~상대방의 입장을 이해하고자 노력하는 편이다'에 '그렇다'라고 답했고, '동료가 나와 상반된 의견을 주장하면 한 귀로 듣고 한 귀로 흘린다'에 '매우 그렇지 않다'라고 답했으므로 ⑤는 옳지 않다.

| 오답풀이 |

①, ④ '~개인 업무를 파악하는 것이 조직 전반에 대해 파악하는 것보다 더 중요하다'에 '그렇다', '팀 성과를 내는 것이 나의 역량을 개발하는 것보다 중요하다'에 '매우 그렇지 않다'라고 답했으므로 조직보다 본인을 더 우선시하는 경향이 있고, 이는 조직 내 협력에 부정적인 영향을 미칠 수 있다.

② '동료에게 솔직하게 의견을 말하며 상대방의 입장을 이해하고자 노력하는 편이다'에 '그렇다'라고 답하였으므로 동료들과 솔직한 대화를 한다는 점에서 팀워크에 도움이 된다고 평가할 수 있다.

③ '나는 주로 팀 내에서 동기를 부여하는 역할을 맡는다'에 '그렇지 않다'라고 답하였으므로 팀의 사기를 높이는 타입은 아니다.

45 협상능력 협상전략 파악하기

| 정답 | ②

| 해설 | 박 과장은 문제를 해결하고자 회사와 협력하고, 자신의 우선순위가 낮은 것에 대해서는 양보하는 협력적 과정을 통해 합의에 이르렀다. 따라서 박 과장이 사용한 협상전략은 협력전략이다.

| 오답풀이 |

① 유화전략 : 상대방이 제시하는 것을 일방적으로 수용하여 협상의 가능성을 높이려는 전략이다.

③ 회피전략 : 협상을 피하거나 잠정적으로 중단하거나 철수하는 전략이다.

⑤ 강압전략 : 상대방의 주장을 무시하고 자신의 힘으로 일방적으로 밀어붙여 상대방에게 자신의 입장을 강요하는 전략이다.

46 고객서비스능력 고객 서비스 이해하기

| 정답 | ④

| 해설 | 고객서비스의 S.E.R.V.I.C.E.는 다음의 의미를 가진다.

- Smile&Speed : 서비스는 미소와 함께 신속하게 하는 것이다. –㉠
- Emotion : 서비스는 감동을 주는 것이다.
- Respect : 서비스는 고객을 존중하는 것이다. –㉢
- Value : 서비스는 고객에게 가치를 제공하는 것이다. –㉣
- Image : 서비스는 고객에게 좋은 이미지를 심어 주는 것이다.
- Courtesy : 서비스는 예의를 갖추고 정중하게 하는 것이다. –㉥
- Excellence : 서비스는 고객에게 탁월하게 제공되어야 하는 것이다.

따라서 ㉡, ㉤, ㉦이 해당하지 않는다.

47 팀워크능력 팀워크 향상 요인 파악하기

| 정답 | ④

| 해설 | 제시된 자료에서는 팀워크 향상을 위해 필요한 요인으로 의사소통능력이 가장 높은 점수를 받았다. 따라서 의사소통능력에 대해 설명하고 있는 ④가 가장 적절한 조언이다.

| 오답풀이 |

① 유머에 대한 조언이다.

② 책임감에 대한 조언이다.

③ 창의성에 대한 조언이다.

⑤ 업무능력에 대한 조언이다.

48 정보처리능력 컴퓨터 관련 용어 이해하기

| 정답 | ④

| 해설 | IRC(Internet Relay Chat)에 대한 설명이다.

| 오답풀이 |

① WAIS(Wide Area Information Service) : 인터넷의 정보검색 시스템이다.

② FTP(File Transfer Protocol) : 인터넷을 통해 한 컴퓨터에서 다른 컴퓨터로 파일을 전송할 수 있도록 하는 방법과, 그런 프로그램을 모두 일컫는 말이다.

③ USENET : 인터넷을 이용해 이야기를 나누는 토론공간으로 전자게시판의 일종이다.

⑤ TELNET : 원격지의 컴퓨터에 인터넷을 통해 접속하여 자신의 컴퓨터처럼 사용할 수 있는 원격 접속 서비스이다.

49 정보처리능력 프로그램 조작법 이해하기

| 정답 | ⑤

| 해설 | 탐지된 에러에 관하여 반드시 3종의 조치 코드를 입력해야 하므로, HV, CV, IV가 모두 3인 Error에 대해서는 I+J+K를 입력해야 한다.

| 오답풀이 |

① 모든 종류의 Error Factor에 조치 능력을 지닌 조치 코드는 HV, CV, IV가 모두 1인 G 그리고 HV, CV, IV가 모두 2인 H로 총 2개이다.

② 제어장치(C), 연산/논리 장치(L), 기억장치(M) 모두에 적용되는 조치 코드는 G, H, I, J, K로 총 5개이다.

③ 각 장치별로 처리 가능한 Error Factor의 최대치와 그 조치 코드는 다음과 같다.

적용 Device	Hazard		Complexity		Influence	
	최대 치	조치 코드	최대 치	조치 코드	최대 치	조치 코드
C	7	B+H+I	6	A(G)+H +J	6	G+H+ K
L	6	G+H+I	7	D+H+J	6	C(G)+H +K
M	6	E(G)+H +I	6	G+H+J	7	F+H+ K

따라서 처리 가능한 조치 능력이 가장 높은 Error Factor는 C는 HV, L은 CV, M은 IV로 서로 다르다.

④ 기억장치(M)의 경우 가장 높은 Influence Value에 대한 조치 능력은 조치 코드 F+H+K를 입력했을 때의 2+2+3=7이다.

50 정보처리능력 프로그램 조작법 이해하기

| 정답 | ③

| 해설 | Device Type은 Memory, 각 Error Factor의 합산값은 HV : 1+2=3, CV : 3+0=3, IV : 2+4=6이다. IV의 합산값이 6이 되기 위해서는 (E 또는 G)+(F 또는 H)+K가 되어야 한다. 이 네 가지 경우 중 HV와 CV의 합산값이 모두 3이 되게 하는 조치 코드는 G+H이므로, 입력해야 할 코드는 G+H+K이다.

| 오답풀이 |

① CV : 0+2+0=2이므로 옳지 않다.

② HV : 0+1+0=1, CV : 0+1+0=1이므로 옳지 않다.

④ HV : 2+3+0=5, CV : 2+0+0=2, IV : 2+0+3=5이므로 옳지 않다.

⑤ IV : 0+0+3=3이므로 옳지 않다.

51 정보처리능력 프로그램 조작법 이해하기

| 정답 | ③

| 해설 | Device Type은 Logic, 각 Error Factor의 합산값은 HV : 2+2=4, CV : 1+2=3, IV : 1+0=1이다. HV의 합산값이 4가 되기 위해서는 조치 코드 G와 I가 반드시 포함되어야 하며, 그 외에 C, D, J, K 중 하나가 입력되어야 한다. 조치 코드 G와 I를 입력했을 때의 CV와 IV의

합산값은 각각 1이므로 세 조치 코드를 모두 입력한 결과의 CV와 IV의 합산값이 3, 1이 되기 위해서는 남은 하나의 조치 코드의 CV와 IV가 각각 2, 0인 D를 입력해야 한다. 따라서 입력해야 하는 조치 코드는 D+G+I이다.

| 오답풀이 |

① HV : 0+0+2=2, CV : 1+2+2=5, IV : 1+0+2=3이므로 옳지 않다.

② CV : 1+1+0=2, IV : 1+1+0=2이므로 옳지 않다.

④ CV : 1+0+3=4이므로 옳지 않다.

⑤ HV : 3+0+0=3, IV : 0+0+3=3이므로 옳지 않다.

52 　정보처리능력　프로그램 조작법 이해하기

| 정답 | ①

| 해설 | Device Type은 Memory, 각 Error Factor의 합산값은 HV : 1+2+0=3, CV : 1+0+1=2, IV : 1+1+3=5이다.

CV의 합산값이 2가 되기 위해서는 조치 코드 H가 반드시 포함되어야 하며, 조치 코드 H의 HV가 2이므로 HV의 합산값이 3이 되기 위해서는 조치 코드 E가 반드시 포함되어야 한다. 조치 코드 E와 H를 합한 IV는 3이며, IV의 합산값이 5가 되기 위해서는 IV가 2인 조치 코드 F가 포함되어야 한다. 따라서 입력해야 할 조치 코드는 E+F+H이다.

| 오답풀이 |

② HV : 1+0+0=1, CV : 0+0+0=0, IV : 1+2+3=6이므로 옳지 않다.

③ CV : 0+1+2=3이므로 옳지 않다.

④ HV : 0+1+0=1, CV : 0+1+0=1, IV : 2+1+3=6이므로 옳지 않다.

⑤ CV : 1+2+0=3, IV : 1+2+3=6이므로 옳지 않다.

53 　정보능력　사이버 공간에서 지켜야 할 예절 알기

| 정답 | ①

| 해설 | 욕설, 비방(명예 훼손), 도배, 성적 욕설(음담패설), 유언비어, 악성 댓글 등은 인터넷의 역기능 중 사이버 언어폭력에 해당한다.

| 오답풀이 |

② 사이버 사기 : 온라인 거래 시 금전적으로 사기행각을 벌이는 것이다.

③ 인터넷 중독 : 인터넷 이용이 보편화되면서 인터넷에 지나치게 빠져 생활에 곤란을 겪게 되는 것이다.

④ 언어 훼손 : 보다 쉽게, 보다 빠르게, 또는 단순히 재미를 위해 줄여 쓰거나 이어 쓰고 발음 나는 대로 쓰는 등 올바른 언어를 사용하지 않아 실제 생활에서 언어 사용의 문제를 가져오는 것이다.

⑤ 저작권 침해 : 저작권법상의 보호 대상인 저작물을 창작한 사람인 저작자의 허락 없이 무단으로 사용하거나 게재하는 경우가 해당한다.

54 　정보처리능력　로봇청소기 운전하기

| 정답 | ②

| 해설 | 주어진 코드를 해석하면 다음과 같다.

'왼쪽으로 두 칸 이동 → 앉기, 청소하기, 일어나기 → 아래로 한 칸, 왼쪽으로 한 칸, 아래로 한 칸 이동 → 넣기 → 위로 세 칸 이동 → 앉기, 청소하기, 일어나기 → 아래로 세 칸 이동 → 넣기'

따라서 모든 쓰레기를 청소할 수 있게 된다.

| 오답풀이 |

① 코드를 따라 경로를 이동하면 두 쓰레기 모두 쓰레기통에 버릴 수 있지만, 쓰레기를 버리는 행동을 명령할 때 'Sit, Stand'의 전후 과정을 거쳐야 한다는 조건이 없으므로 적절하지 않다.

③ 한 번에 한 개의 쓰레기만 주울 수 있다고 하였으므로 적절하지 않다.

④ 중간 '3Up'의 명령에 있어서 움직임을 지시하는 'Move'가 생략되었으므로 적절하지 않다.

⑤ 코드를 따라 경로를 이동하면 두 쓰레기 모두 쓰레기통에 버릴 수 있지만, 쓰레기를 청소하는 행동을 명령할 때 'Sit, Stand'의 전후 과정을 거쳐야 한다.

55 　정보처리능력　정보 수집 방법 파악하기

| 정답 | ④

| 해설 | '인포메이션'은 하나하나의 개별적인 정보를 말하고, '인텔리전스'는 정보의 홍수라고 불리는 사회의 무수히 많은 인포메이션 중에 몇 가지를 선별해 그것을 연결시켜 판단하기 쉽게 도와주는 하나의 정보덩어리를 말한다. 정

보를 수집할 때는 단순한 인포메이션을 수집할 것이 아니라 직접적으로 도움을 줄 수 있는 인텔리전스를 수집할 필요가 있다.

56 직업윤리 기업윤리 이해하기

| 정답 | ④

| 해설 | 윤리는 이슈의 옳고 그름만이 최우선적이며 유일한 판단조건이다. 따라서 기업윤리는 개인과 조직에 의해 사적으로 판단될 수 없다.

| 오답풀이 |

① 기업의 윤리 문제는 비즈니스의 성과와 관계없이 언제나 존재하며 기업윤리는 항상 지켜져야 한다.

② 기업의 지배구조가 안정적이라면 윤리적 가치를 존중할 수 있는 조건들을 갖추기 쉽다.

③ 내부고발제도와 내부고발자의 보호를 통해 기업이 지속적으로 윤리경영을 하도록 감시할 수 있다.

⑤ 기업윤리는 기업과 관련된 광범위한 분야에 걸쳐서 구성원들에게 행동기준을 제시한다.

57 근로윤리 직업윤리의 덕목 파악하기

| 정답 | ⑤

| 해설 | 전문가의식이란 자신의 일이 누구나 할 수 있는 것이 아니라 해당 분야의 지식과 교육을 밑바탕으로 성실히 수행해야만 가능한 것이라 믿고 수행하는 태도이다. 따라서 디자이너 A 씨의 사례에서는 전문가의식이 나타나 있지 않다.

| 오답풀이 |

① 소명의식은 자신이 맡은 일은 하늘에 의해 맡겨진 일이라 생각하는 태도이다.

② 직분의식은 자신이 하고 있는 일이 사회나 기업을 위해 중요한 역할을 하고 있다고 믿고 자신의 활동을 수행하는 태도이다.

③ 천직의식은 자신의 일이 자신의 능력과 적성에 꼭 맞는다고 여기고 그 일에 열성을 가지고 성실히 임하는 태도이다.

④ 봉사의식은 직업 활동을 통해 다른 사람과 공동체에 대하여 봉사하는 정신을 갖추고 실천하는 태도이다.

58 직업윤리 직업윤리의 기본원칙 이해하기

| 정답 | ①

| 해설 | 개인이익을 최우선으로 하는 것이 아니라 공동의 이익을 최우선으로 하여 공인으로서의 직분을 수행해야 한다.

| 오답풀이 |

② 객관성의 원칙에 해당하는 설명이다.

③ 전문성의 원칙에 해당하는 설명이다.

④ 정직과 신용의 원칙에 해당하는 설명이다.

⑤ 고객중심의 원칙에 해당하는 설명이다.

59 공동체윤리 직장 내 전화예절 알기

| 정답 | ④

| 해설 | 전화는 서로의 얼굴을 대면하지 않으므로 비교적 신속하게 일을 처리할 수 있다는 장점이 있지만, 상대방의 표정, 동작, 태도 등을 알 수 없으므로 오해를 불러일으킬 수 있다는 단점이 있다. 따라서 추상적인 단어를 사용하는 것은 신뢰를 주기보다는 오해의 소지를 담을 수 있기 때문에 옳지 않다.

60 직업윤리 정약용의 윤리관 파악하기

| 정답 | ②

| 해설 | 다산 정약용의 율기육조는 목민관이 고을에 부임하면서부터 임무를 완수하고 떠날 때까지 지켜야 할 6가지 원칙을 칙궁, 청심, 제가, 병객, 절용, 낙시로 구분하였다. 제시된 글의 내용은 뇌물을 받지 않은 공직자의 이야기를 다루고 있으므로, 청렴함이 공직자의 책무이며 모든 선과 덕의 근원이라는 청심(淸心)과 가장 가깝다고 할 수 있다.

| 오답풀이 |

① 절용은 백성이 피와 땀으로 나라에 바친 세금을 절약해야 한다는 것이다.

③ 병객은 민닐 손님과 만나지 말아야 할 사람을 엄격하게 구분해야 한다는 것이다.

④ 칙궁은 스스로의 몸가짐을 삼가고 자세를 바르게 가지며 언제나 깨끗하고 정중한 몸가짐으로 백성을 대해야 한다는 것이다.

⑤ 제가는 청탁과 뇌물이 오갈 수 없도록 먼저 자기 집안의 법도를 바르게 하여 집안을 다스려야 한다는 것이다.

6회 기출예상문제

▶ 문제 228쪽

01	④	02	⑤	03	①	04	④	05	⑤
06	④	07	③	08	③	09	③	10	①
11	⑤	12	①	13	②	14	①	15	③
16	④	17	②	18	⑤	19	③	20	④
21	①	22	②	23	④	24	⑤	25	②
26	④	27	②	28	③	29	③	30	④
31	③	32	⑤	33	④	34	④	35	③
36	②	37	⑤	38	②	39	③	40	②

01 문서이해능력 글의 내용을 바탕으로 추론하기

| 정답 | ④

| 해설 | 두 번째 문단에 "철도 및 도시철도 역사는 ~ 역사를 이용하는 이용자들에게 편의성을 제공하기 위해 다양한 연구 및 기술개발이 수행되고 있으며 ~"라고 제시되어 있으므로 철도 및 도시철도 역사를 이용하는 사람들을 위한 편의성 제공 관련 연구가 거의 이루어지지 않고 있다는 것은 사실이 아니다.

| 오답풀이 |

① 첫 번째 문단에 "~ 사람 중심의 교통체계 구축, 국민의 삶의 질 향상 등의 정부 정책에 따라 ~"라고 제시되어 있으므로 적절하다.

② 두 번째 문단에 "도시철도 역사 내의 이동패턴, 이동시간 등은 교통카드 데이터만으로 분석하기에는 한계가 존재한다."고 제시되어 있으므로 적절하다.

③ 첫 번째 문단에 "4차 산업혁명 시대에 교통은 모빌리티 4.0이라고 일컬으며, 대중교통 중심의 지속가능한 교통체계를 중심으로 이용자 맞춤형, 수요 대응형 서비스를 지향하고 있다."라고 제시되어 있으므로 적절하다.

⑤ 두 번째 문단에 "다양한 이용자 특성에 대한 대중교통 이동 패턴 조사 및 데이터 기반의 문제점 파악이 미비한 실정이다."라고 제시되어 있으므로 적절하다.

02 문서이해능력 관련 내용 파악하기

| 정답 | ⑤

| 해설 | (가) 교통카드 데이터와 열차 출발·도착 데이터를 활용한 도시철도 역사 서비스 수준 추정을 위한 연구방법을 3단계로 나누어 구성하였음을 알 수 있으며 이를 통해 각 단계에서 수행하는 일들을 제시하였으므로 '제3장 연구방법론 및 분석자료'와 관련되어 있다.

(나) '본 연구에서는 제안한 방법론의 신뢰성 및 활용가능성을 증가시키기 위해서는 다음과 같은 추가 연구가 필요하다'라고 하면서 지금까지 수행했던 연구 이외의 추가로 수행해야 하는 일을 제시하고 있으므로 '제5장 논의 및 결론'과 관련된다.

03 문서작성능력 공문서 작성 방법 파악하기

| 정답 | ①

| 해설 | 성과 이름은 붙여 쓰는 것이 원칙이지만 성이 두 글자일 때는 예외가 허용된다. '남궁수, 황보영' 같은 성명의 경우, '남/궁수, 황/보영'인지 '남궁/수, 황보/영'인지 혼동될 염려가 있으므로 성과 이름을 분명하게 밝히기 위해 띄어 쓰는 것도 허용된다.

| 오답풀이 |

② 날짜는 숫자로 표기하며 마침표를 찍거나 '년', '월', '일'을 써서 구분한다.

③ 공문서에서는 한글인 '결정'으로 써야 한다.

④ '15일'로 작성해야 한다.

⑤ 단기가 아닌 서기를 사용한다.

04 경청능력 공감적 태도 이해하기

| 정답 | ④

| 해설 | 제시된 글은 오프라 윈프리가 출연자의 마음을 이해하는 데 뛰어났다고 설명하고 있으며 상대방을 설득하기 위한 방법으로 상대방의 마음을 이해하고 그것을 통해 상대방의 공감을 얻어야 한다고 설명하고 있다. 따라서 ㉠에 들어갈 내용으로 '공감을 통한 화법이 가지는 힘'이 적절하다.

05 도표분석능력 자료의 수치 분석하기

|정답| ⑤

|해설| 일반의료폐기물 배출량의 전년 대비 상승률은 20X7년이 $\frac{153-128}{128} \times 100 ≒ 19.5(\%)$로 가장 많이 상승하였다.

|오답풀이|

① 의료폐기물 소각장과 관련된 내용은 자료로부터 알 수 없다.

② 의료폐기물 증가의 원인과 관련된 내용은 자료로부터 알 수 없다.

③ 자료에 유역별 인구는 나와 있지 않으므로 알 수 없다.

④ 20X9년 일반의료폐기물은 20X0년 대비 $\frac{173}{73} ≒ 2.37$배 증가하였다.

06 기초연산능력 점수 계산하기

|정답| ④

|해설| 1등은 Ⓐ, 2등은 Ⓑ, 3등은 Ⓒ점을 주기 때문에 5개의 평가항목에서 Ⓐ, Ⓑ, Ⓒ는 각각 5번씩 나온다.

$5×Ⓐ+5×Ⓑ+5×Ⓒ=10+9+26=45$

$Ⓐ+Ⓑ+Ⓒ=9$

Ⓐ>Ⓑ>Ⓒ이므로, 가능한 경우는 다음과 같다.

구분	Ⓐ	Ⓑ	Ⓒ
i	4	3	2
ii	5	3	1
iii	6	2	1

i)

구분	친절	희생	신속	전문	신뢰	합계
갑	(가)		(다)		4	10점

4, 3, 2 중 4개의 숫자를 골라 합했을 때 6이 되는 경우가 없으므로 불가능하다.

ii)

구분	친절	희생	신속	전문	신뢰	합계
갑	(가)		(다)		5	10점

5, 3, 1 중 4개의 숫자를 골라 합했을 때 5가 되는 경우가 없으므로 불가능하다.

iii)

구분	친절	희생	신속	전문	신뢰	합계
갑	1	1	1	1	6	10점
을	2	2	2	2	1	9점
병	6	6	6	6	2	26점

따라서 (가), (나), (다), (라)에 들어갈 점수의 합은 $1+2+1+6=10$(점)이다.

07 도표분석능력 자료의 수치 분석하기

|정답| ③

|해설| 남자와 여자의 음료류 섭취량의 합은 2012년이 $69+56=125$(g)이고, 2022년이 $231+182=413$(g)이다. $125×(1+0.127)^{10}=125×3.3=412.5≒413$(g)이므로 음료류 섭취량이 연평균 약 12.7%씩 성장하였다는 것은 옳은 설명이다.

08 사고력 상황에 따른 결과 예상하기

|정답| ③

|해설| ㉠ 다음과 같이 B, D 또는 A, F 교차로의 통제가 해제된다면 '가'와 '나' 지역 간에 이동이 가능하다.

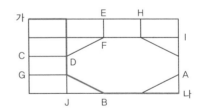

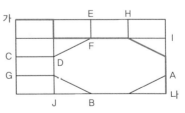

㉡ 만약 C, G, J 교차로의 통제가 해제된다면 '가'와 '나' 지역 간에 이동은 불가능하다.

|오답풀이|

㉢ 만약 C, E, G, J 교차로의 통제가 해제된다면 '가'와 '나' 지역 간에 이동은 불가능하다.

09 문제처리능력 자료 이해하기

|정답| ③

|해설| 청렴도 측정과 부패예방 시책평가 관련 사항이 시행되는 기간은 9월이나 3월, 2/4분기, 7~8월 등으로 각기 다르다.

10 문제처리능력 자료 이해하기

|정답| ①

|해설| 상반기는 1~6월을 말하므로, 상반기가 일정인 협조사항은 전체 13개 중 일정이 3월, 4월, 2/4분기인 협조사항을 포함하여 총 9개이다.

11 사고력 최소 비용 산출하기

|정답| ⑤

|해설| 〈조건 1〉에 따라 물류센터를 거리의 합이 최소가 되는 지점에 건설하려면 다음 표시한 지점 중 한 곳에 건설하면 된다.

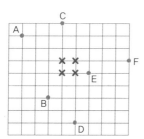

두 지점 모두 각 소매점까지의 거리의 합은 26이며, 따라서 최소 운송비용은 260,000원이다.

12 사고력 최소 비용 산출하기

|정답| ①

|해설| 소매점에 따라 운송비용이 달라지므로 비용을 줄이기 위해 1km당 20,000원인 D, E, F 소매점 쪽에 물류센터를 건설해야 한다.

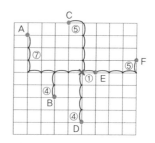

A(7)+B(4)+C(5)+2{D(4)+E(1)+F(5)}=36이므로 따라서 최소 운송비용은 360,000원이 된다.

13 업무이해능력 분업화의 병폐 이해하기

|정답| ②

|해설| 제시된 글은 상황 변화에 대처하지 못하고 자신의 일만 하고 있는 두 사람의 모습을 통해 과도한 분업화의 문제점을 보여주고 있다.

14 경영이해능력 조직의 중장기 발전전략 수립하기

|정답| ①

|해설| 전략은 계층별로 기업전략, 사업전략, 기능전략으로 구분할 수 있다.

기업전략은 전사적 전략으로 기업 전체가 어떤 영역에서 사업을 진행할 것인지, 즉 기업이 경쟁할 시장과 산업의 범위를 결정하는 전략이다. 사업전략은 기업전략에서 정한 사업 영역에서 '어떻게 경쟁할 것인가'를 결정짓는 것으로, 각 사업의 경쟁적 우위를 점하기 위한 구체적인 방향과 방법을 다룬다. 기능전략은 각 사업부서가 사업전략을 달성하기 위한 기능별 분야에서의 세부적인 수행방법을 다룬다. 따라서 김 팀장의 주장은 옳지 않다.

|오답풀이|

③ 마이클 포터의 산업구조분석 모형(5 Force 모델)은 5가지 주요 경쟁세력이 산업에 어떻게 영향을 미치는지를 이해하기 위한 분석 프레임워크이다.

④ 가치사슬이란 기업이 서비스나 제품을 생산하기 위해 필요한 여러 자원을 결합하는 과정으로, 기업 활동에서 부가가치가 생성되는 과정이다. 가치사슬 분석은 최종의 제품이나 서비스에 부가되는 가치의 관점에서 각각의 활동을 분석하는 것으로, 그 개별 활동의 경쟁력에 관심을 둔다.

15 경영이해능력 환경분석 이해하기

|정답| ③

|해설| 진입장벽이란 기존 기업들이 신규진입 기업에 갖는 우위로, 경쟁기업의 진입을 저지하고 높은 수익률을 유지할 수 있게 한다. 대표적인 진입장벽은 높은 자본소요량, 규모의 경제, 절대적 비용우위, 제품차별화, 강력한 유통채널, 정부규제 등이 있다. 따라서 투자비용을 높게 만들어야 진입장벽이 높아져 잠재적 진입자가 시장에 들어오는 것이 어렵게 되므로 이 대리의 주장은 옳지 않다.

16 체제이해능력 조직목표의 기능 및 특징 이해하기

|정답| ④

|해설| 공식목표가 조직의 정당성과 합법성을 제공하지만 구성원에게 구체적인 행동지침을 제시하는 것은 운영목표이다. 운영목표는 조직이 나아갈 방향을 제시하고 조직구성원들이 여러 가지 행동대안 가운데 적합한 것을 선택하고 의사결정을 할 수 있는 기준을 제시한다.

17 정보처리능력 IT 예산 관리하기

|정답| ②

|해설| 정부의 내년도 국정 목표는 정부에서 관리해야 하는 업무로 K 부장의 예산 편성 및 변경 업무의 내용에 해당하지 않는다.

18 정보능력 해킹 유형 파악하기

|정답| ⑤

|해설| Q1 : 스미싱(Smishing)은 문자메시지(SMS)와 피싱(Phishing)의 합성어로 무료쿠폰 제공, 돌잔치 초대장, 모바일 청첩장 등을 내용으로 하는 문자메시지의 인터넷주소를 클릭하면 악성코드가 스마트폰에 설치되어 피해자가 모르는 사이에 소액결제 피해 발생 또는 개인·금융정보를 탈취하는 기법이다. 따라서 답은 ○이다.

Q2 : 파밍(Pharming)은 악성코드에 감염된 사용자 PC를 조작하여 사용자가 정상 홈페이지에 접속하여도 피싱(가짜)사이트로 유도하여 금융정보를 탈취하고 범행 계좌로 이체 등 금융정보를 입력하게 하여 개인정보를 훔치는 수법이다. 따라서 답은 ○이다.

Q3 : 랜섬웨어(Ransomware)는 '몸값(Ransom)'과 '소프트웨어(Software)'의 합성어로, 시스템을 잠그거나 데이터를 암호화해 사용할 수 없도록 만든 뒤 이를 인질로 금전을 요구하는 악성 프로그램이다.
고성능 컴퓨터를 이용해 초당 엄청난 양의 접속신호를 한 사이트에 집중적으로 보냄으로써 상대 컴퓨터의 서버를 접속 불능 상태로 만들어 버리는 해킹 수법은 스머핑(Smurfing)에 대한 설명이다. 따라서 답은 ×이다.

따라서 A 사원은 Q1, Q2, Q3을 모두 맞췄으므로 20+30+40=90(점)을 받는다.

19 정보능력 PC 보안 강화방법 이해하기

|정답| ③

|해설| 공유 폴더를 이용할 경우 악성 코드에 감염되면 PC 전체를 손상시킬 수 있으므로 PC 보안을 강화하기 위한 방법으로 적절하지 않다.

|오답풀이|

(ㄱ) CMOS(Complementary Metal-Oxide Semiconductor)는 컴퓨터의 BIOS 설정을 저장하는 메모리로, 시스템의 부팅 설정이나 날짜와 시간 등의 중요 정보를 저장하고 있다. 컴퓨터 보안과 자료 유출 방지를 위해 CMOS 비밀번호를 설정할 수 있다.

20 정보능력 5W2H 이해하기

|정답| ④

|해설| How(어떻게)에 해당하는 (가)에는 상품을 어떻게 마케팅할 것이며 어떤 수단을 이용할지에 대한 내용이 들어가야 한다. 따라서 제품의 시연과 QLED의 우수성을 체험할 수 있도록 체험관을 설치하는 방법을 제시하는 것이 적합하다.

21 예산관리능력 합리적 선택하기

| 정답 | ①

| 해설 | 제시된 기준에 따라 점수를 매기면 다음과 같다.

(단위 : 점)

기준 프로그램	가격	난이도	수업 만족도	교육 효과	소요 시간	합계
요가	4	4	3	5	5	21
댄스 스포츠	5	5	3	2	5	20
요리	2	4	5	3	2	16
캘리그래피	2	2	3	2	5	14
코딩	3	1	4	5	1	14

따라서 ○○기업이 선택할 프로그램은 요가이다.

22 예산관리능력 합리적 선택하기

| 정답 | ③

| 해설 | 변경된 기준에 따라 자료를 다시 정리하고 점수를 매기면 다음과 같다.

기준 프로그램	가격	난이도	수업 만족도	교육 효과	소요 시간
요가	120만 원	보통	보통	높음	3시간
댄스 스포츠	100만 원	낮음	보통	낮음	2시간 30분
요리	150만 원	보통	매우 높음	보통	2시간
캘리그래피	150만 원	높음	보통	낮음	2시간 30분
코딩	120만 원	매우 높음	높음	높음	3시간

(단위 : 점)

기준 프로그램	가격	난이도	수업 만족도	교육 효과	소요 시간	합계
요가	4	4	3	5	2	18
댄스 스포츠	5	5	3	2	4	19
요리	2	4	5	3	5	19
캘리그래피	2	2	3	2	4	13
코딩	4	1	4	5	2	16

따라서 ○○기업은 점수가 가장 높은 댄스 스포츠와 요리

중 교육 효과가 더 높은 요리를 선택한다.

23 인적자원관리능력 인적자원관리의 변화 이해하기

| 정답 | ④

| 해설 | 4차 산업혁명은 사물인터넷(IoT), 인공지능, 빅데이터 등 정보통신기술(ICT)의 융합으로 이뤄지는 차세대 산업혁명을 말한다. 이러한 4차 산업혁명의 영향으로 온디맨드 및 공유경제와 같은 디지털플랫폼을 이용한 비즈니스가 확대되었으며, 공유경제에 필요한 인력 수요는 긱 이코노미(Gig Economy)라는 새로운 임시고용 형태로 이루어지고 있다. 긱 이코노미란 기업들이 필요에 따라 단기계약직이나 임시직으로 인력을 충원하고 그 대가를 지불하는 형태로, 이의 확산은 비경제활동인구의 노동시장 재진입 기회를 부여하는 등 고용시장에 긍정적인 효과를 부여한다. 그러나 동시에 비정규직, 임시직이 크게 늘어 고용의 질과 안정성이 저해되거나 임금이 극도로 억제되는 등의 부정적인 측면도 공존하고 있다.

> **보충 플러스+**
>
> 긱 이코노미(Gig Economy)
> • 서비스 공급자가 소유한 도구와 자산을 이용해 서비스를 제공
> • 서비스 공급자가 자신이 일하고 싶은 시간 및 기간을 선택할 수 있는 시간적 유연성
> • 변화하는 시대에서 비정규적인 일자리를 선호하는 현상

24 물적자원관리능력 우선순위에 따라 부품 선정하기

| 정답 | ⑤

| 해설 | 필요한 A ~ F 부품에 대한 총금액과 소요시간, 생산 개수는 다음과 같다.

부품	총금액(원)	소요시간(분)	부품 생산 개수(개)
A	600,000	15	3
B	720,000	16	4
C	500,000	7	2
D	900,000	9	3
E	600,000	4	2
F	400,000	16	4

위 표를 바탕으로 선택지에 있는 세 부품의 금액의 합과 시간의 합, 부품 수량의 합을 구하면 다음과 같다.

구분	금액의 합(원)	작업에 필요한 시간(분)	사용되는 부품 수량(개)
①	600,000+720,000 +500,000 =1,820,000	15+16+7 =38	3+4+2 =9
②	600,000+720,000 +900,000 =2,220,000	15+16+9 =40	3+4+3 =10
③	600,000+500,000 +600,000 =1,700,000	15+7+4 =26	3+2+2 =7
④	600,000+500,000 +400,000 =1,500,000	15+7+16 =38	3+2+4 =9
⑤	500,000+600,000 +400,000 =1,500,000	7+4+16 =27	2+2+4 =8

따라서 〈부품 선정 우선순위〉에서 총 금액이 저렴하고, 금액이 같다면 작업에 필요한 시간이 더 짧아야 하므로 C, E, F가 선정된다.

25 기술능력 기술의 특징 이해하기

| 정답 | ②

| 해설 | 기술은 노하우(Know-how)와 노와이(Know-why)로 나눌 수 있는데 노하우란 흔히 과학자, 엔지니어 등이 가지고 있는 체화된 기술이며, 노와이는 어떻게 기술이 성립하고 작용하는가에 관한 원리적 측면에 중심을 둔 개념이다. 기술을 설계하고 생산하고 사용하기 위해 필요한 정보, 기술, 절차를 갖는 데 노하우가 필요하므로 노하우가 기술에 포함되지 않는다는 설명은 적절하지 않다.

26 기술이해능력 4차 산업혁명의 주요 기술 알기

| 정답 | ④

| 해설 | 월드 와이드 웹(World Wide Web)에 대한 설명으로, 3차 산업혁명의 주요 기술이다.

| 오답풀이 |

① 스마트 팜에 대한 설명이다.

② 3D 프린터에 대한 설명이다.

③ 블록체인에 대한 설명이다.

⑤ 사물인터넷에 대한 설명이다.

27 기술선택능력 산업재산권 보호 방법 알기

| 정답 | ③

| 해설 | ⓛ 특허권에 관한 내용이다. 특허권은 전체 276건 중 157건이 등록되었으므로 50%가 넘는다.

ⓒ 실용신안권에 대한 내용이다. 실용신안권은 14건이 등록되어 등록 건수의 비율이 가장 낮다.

| 오답풀이 |

㉠ 디자인권에 대한 내용으로 등록건수는 23건이다.

㉣ 상표권에 대한 내용이다. 상표권은 82건이 등록되어 등록 비율이 2번째로 높다.

28 자아인식능력 집단에 속하려는 이유 파악하기

| 정답 | ③

| 해설 | 프리랜서는 자유계약자 혹은 자유 직업인을 말한다. 이는 일정한 직장이나 회사에 소속되어 있지 않고 자유계약에 의해 일을 하는 사람을 일컫는다. 김서윤 씨의 말을 보면 프리랜서로 일하던 중에는 거래하던 회사가 폐업해 일을 중단하는 경우나 계약을 파기하는 경우가 있었으며 앞으로는 회사의 보호를 받으며 일하고 싶다고 하였다. 따라서 김서윤 씨가 집단에 속하려는 가장 큰 이유는 '안정감'임을 알 수 있다.

29 자기관리능력 행복의 5요소(PERMA) 이해하기

| 정답 | ③

| 해설 | 마틴 셀리그만(Martin E. P. Seligman)은 행복의 다섯 가지 요소를 '페르마(PERMA)'라고 칭하였으며 이는 긍정 정서(Positive Emotion), 몰입(Engagement), 관계(Relationship), 의미(Meaning) 그리고 성취(Accomplishment)를 뜻한다.

6회

기출예상

30 경력개발능력 성인교육(안드라고지) 이해하기

| 정답 | ④

| 해설 | '안드라고지'에서의 교사는 학습자들이 무엇을 배우고 싶어하는지 그 요구를 인식할 수 있도록 도와주어야 하므로 학생들과 함께 그들의 학습욕구를 파악하고 교육목표를 설정하며, 그들의 의사를 반영한 평가과정을 준비해야 한다. 따라서 교육을 계획하고 학습자들의 학습욕구를 설정하며, 그에 따라 교육목표를 설정하고 평가한다는 설명은 적절하지 않다.

31 경력개발능력 경력개발 단계 이해하기

| 정답 | ③

| 해설 | '확립기'는 적합한 직무를 선택하고 동료로부터 인정을 받으며 업무를 배우면서 삶의 안정감·소속감을 형성하는 시기이다.

| 오답풀이 |

① 흥미, 능력, 가치 등 자아를 검증하고 직업을 탐색하는 시기는 '탐색기'에 해당한다.

② 정해진 직업에 자신의 위치를 확고히 하고 안정된 삶을 유지하는 시기는 '유지기'이다.

④ 욕구나 환상이 지배적이지만 점차 현실검증능력이 생기면서 흥미와 능력을 중시하여 진로를 선택하는 시기는 '성장기'이다.

⑤ 은퇴 후 새로운 역할과 활동을 찾는 시기는 '쇠퇴기'이다.

32 자아인식능력 진로정체성과 직업적응 이해하기

| 정답 | ⑤

| 해설 | 직업적응은 크게 능동적인 것과 수동적인 것으로 나눌 수 있는데 능동적인 적응은 개인이 작업 환경을 변화시키려고 시도하는 것이고, 수동적인 적응은 개인의 요구조건 등을 변화시키거나 환경의 요구조건에 적합하도록 개인의 직무기술 등을 향상시키는 것을 의미한다. 따라서 ⑤는 옳지 않다.

33 자기관리능력 직무스트레스 대응하기

| 정답 | ④

| 해설 | 직원들의 직무스트레스를 관리하고 직무스트레스의 원인이 되는 직장환경에 대해 대책을 마련하는 것은 조직 차원에서 실천해야 할 관리 방법이다.

보충 플러스+

직무스트레스에 대한 대응
- 조직 차원의 관리
  1. 관리감독자의 부하직원 대하기
     - 평상시와는 다른 부하직원에 대한 파악과 대응
     - 부하직원과의 상담에 대한 대응
     - 정신적 불건강에 빠진 부하직원의 직장복귀 지원
  2. 직장환경 개선을 통한 스트레스 줄이기
- 개인 차원의 관리
  1. 스트레스 인지하기
  2. 스트레스와 친해지기
     - 자신에게 맞는 이완방법 익히기(스트레칭 등)
     - 규칙적인 생활을 하고 수면을 충분히 취하기
     - 가능한 편안한 환경 만들기
     - 일과 관계없는 취미 가지기
     - 친한 사람들과 교류하는 시간 가지기 등
  3. 자발적인 건강 상담하기

34 리더십능력 리더십의 유형 파악하기

| 정답 | ④

| 해설 | 서번트 리더십은 '섬기는 리더십'이라는 뜻으로 강력하고 지배적이기보다는 리더가 다른 이들을 섬기며 돌보는 리더십이다. 유비는 제갈량을 얻기 위해 나이가 많음에도 불구하고 자신을 낮추는 데 있어 주저함 없이 제갈량을 섬겼으므로 이는 서번트 리더십이라고 볼 수 있다.

| 오답풀이 |

① 셀프 리더십은 자기 자신 스스로가 자신의 리더가 되어 스스로를 통제하고 행동하는 리더십이다.

② 독재적 리더십은 자신의 권위를 강조하고 집단의 활동, 장기적 목표에 관하여 집단과 토의하지 않고 혼자서 결정하는 리더십이다.

③ 민주적 리더십은 지도자가 조직 구성원들의 참여와 합의에 따라 의사 결정을 하고 지도해 가는 리더십이다.

⑤ 카리스마 리더십은 목표가 정해지면 자기의 주관을 갖고 팀을 이끌어 가는 리더십이다.

35 협상능력 협상의 과정 이해하기

|정답| ③

|해설| 협상과정은 협상시작, 상호이해, 실질이해, 해결대안, 합의문서 총 5단계로 구분할 수 있다.

- 협상시작 : 협상당사자들 사이에 상호 친근감을 쌓고 협상 의사를 전달하는 단계
- 상호이해 : 갈등문제의 진행상황과 현재의 상황을 점검하고 경청하며 자기주장을 제시하는 단계
- 실질이해 : 실제로 원하는 것을 찾아내고 분할과 통합기법을 활용하여 이해관계를 분석하는 단계
- 해결대안 : 협상 안건마다 대안을 평가하고 개발한 대안들을 평가하는 단계
- 합의문서 : 협의문을 작성하고 합의 내용, 용어 등을 재점검하는 단계

따라서 협상시작은 ㉢, 상호이해는 ㉣, 실질이해는 ㉠, 해결대안은 ㉤, 합의문서는 ㉡에 해당한다.

36 대인관계능력 대인관계 발전 모형 파악하기

|정답| ②

|해설| 2단계에서는 서로 사적인 자아를 드러내고 상호의존적이게 되며 상대방에 대해 탐색하고자 한다.

|오답풀이|

① 1단계 접촉 : 다른 사람을 만나고 매력을 느낀다.

③ 3단계 친밀감 형성 : 다른 사람에게는 밝힐 수 없는 생각이나 감정을 표현하며 상대방에게 헌신하는 절친한 친구나 연인, 동료가 되는 등 안정적인 관계가 된다.

④ 4단계 악화 : 일부 관계는 여러 요인에 의해 붕괴된다.

⑤ 5단계 회복 : 관계가 끝남으로써 예상되는 보상과 관계 지속으로 생기는 보상을 비교하여 가능한 해결책을 찾고 변화해야 한다. 분리를 합의하거나 한 사람이 떠날 때 6단계(해체)가 이루어진다.

37 근로윤리 봉사의 중요성 파악하기

|정답| ⑤

|해설| 진실의 순간(MOT ; Moment Of Truth) 또는 결정적 순간은 고객접점 서비스에 관련된 내용이며, MOT는 고객이 경험하는 서비스의 품질, 만족도와 관련된 개념이므로 이와 가장 관련된 윤리적 덕목은 봉사정신이다.

38 공동체윤리 기업윤리 경영의 유형 파악하기

|정답| ②

|해설| 외부의 이해관계자, 정부, 생태계, 일반 공중과의 관계라고 하였으므로 외적 윤리에 해당하며, 요구되는 바람직한 기업의 행동을 포함하므로 적극적 윤리라고 할 수 있다. 따라서 ②는 대외적 적극적 기업윤리인 4유형에 대한 설명이다.

|오답풀이|

① 3유형(대내적 적극적 기업윤리)에 대한 설명이다.

③ 기업윤리경영의 모든 유형에 해당하지 않는다.

④ 1유형(대내적 소극적 기업윤리)에 대한 설명이다.

⑤ 2유형(대외적 소극적 기업윤리)에 대한 설명이다.

39 공동체윤리 전화예절 파악하기

|정답| ③

|해설| 비서를 통해 고객에게 전화를 건다면 고객은 상대가 자신의 시간을 고객보다 더 소중하게 여긴다는 느낌을 받게 된다. 따라서 고객에게 전화를 걸 경우에는 높은 직급에 있는 상급자라도 비서를 통해서 보다는 직접 전화를 거는 것이 적절하다.

40 공동체윤리 제조물 책임법 이해하기

|정답| ②

|해설| 제조물 책임법에 포함된 '제조물'은 제조되거나 가공된 동산(다른 동산이나 부동산의 일부를 구성하는 경우를 포함한다)을 말한다.

Memo

미래를 창조하기에 꿈만큼 좋은 것은 없다.
오늘의 유토피아가 내일 현실이 될 수 있다.

There is nothing like dream to create the future.
Utopia today, flesh and blood tomorrow.

빅토르 위고 Victor Hugo

고시넷 공기업

공기업 통합전공

핵심이론 + 문제풀이
사무직 필기시험 대비

- 경영학 / 경제학 / 행정학 / 법학
- 주요 공기업 기출문제
- 테마별 이론 + 대표기출유형 학습
- 비전공자를 위한 상세한 해설

NCS 피둘형
통합 오픈봉투모의고사

공기업_NCS